编辑部地址：

福建省厦门市思明南路422号

厦门大学法学院罗马法研究所

电子信箱：

guodong@xmu.edu.cn

et lux in tenebris lucit

厦门大学法学院罗马法研究所主办

罗马法与现代民法

第八卷（2014年号） Vol.VIII（2014）

Roman Law and Modern Civil Law

徐国栋 主编

Edited by Prof. Xu Guodong

The Annals of Institute of Roman Law,Xiamen University

厦门大学出版社 XIAMEN UNIVERSITY PRESS
国家一级出版社
全国百佳图书出版单位

图书在版编目(CIP)数据

罗马法与现代民法. 第8卷/徐国栋主编. —厦门:厦门大学出版社,2014.12
ISBN 978-7-5615-5380-0

Ⅰ.①罗…　Ⅱ.①徐…　Ⅲ.①罗马法-文集②民法-文集　Ⅳ.①D904.1-53
②D913.04-53

中国版本图书馆 CIP 数据核字(2014)第 306682 号

厦门大学出版社出版发行
(地址:厦门市软件园二期望海路 39 号　邮编:361008)
总编办电话:0592-2182177　传真:0592-2181253
营销中心电话:0592-2184458　传真:0592-2181365
网址:http://www.xmupress.com
邮箱:xmup@xmupress.com
厦门市明亮彩印有限公司印刷
2014 年 12 月第 1 版　2014 年 12 月第 1 次印刷
开本:720×970　1/16　印张:28.5　插页:2
字数:496 千字　印数:1~2 000 册
定价:60.00 元

主编絮语

本年刊的第7卷出版于2010年，一晃过了4年，才着手出版第8卷，原因有二：其一，灰心；其二，事故。容分述之。

灰心乃因为这样的以书代刊出版物在现有的评价体系中没有任何地位。尽管本年刊的口碑不错，但它一点也不能为我赢得点数，而且为编辑一卷，我至少要花1个月的工夫。经过屡屡打击，心一懒，就不编了。光阴飞逝，这一懒就过了4年。

事故是2011年9月在圣彼得堡开金砖国家的法律方面会议时丢了电脑：业余出租车把我们送到机场，电脑忘了拿下来，从此它就跟我永别了，尽管其中有我的名片，尽管我向俄罗斯警察报了警，尽管托了俄罗斯友人帮助寻找，但我还是没有机会与它重逢。俄罗斯，一个没有正规出租车的国家，可以称之为文明么？不然可以凭票找车从而找物了。从此我对这个国家深怀恶感，重要原因是丢掉的电脑中包含我在2011年夏天对第8卷的所有编辑劳动。那可是快编完了处在即将交付出版社的状态的稿子哟！

无论有多少客观原因，我还是构成了对本卷的所有中外作者、译者的冒犯——富有讽刺意味的是，其中包括俄罗斯人，他在今年的元旦向我问好，期望我主动说起他文章的发表情况——他们许多是2008年在厦大召开的第一届拉丁法律术语译名统一研讨会的参加者。算起来，他们对本卷出版的等待，已持续了5年，换言之，他们差不多要因为我对他们文章的长期占有丧失自己的著作权了，假设5年是允许著作权时效取得的法定期间的话。他们对我没有一句怨言。少数人提到自己文章的下落，也只有淡淡的一语。而我知道，在这个数字化评估的时代，他们多么需要发表，哪怕是在以书代刊出版物上的发表！为了这个，我要对他们说抱歉，请你们原谅我，原谅俄罗斯人！

现在我终于打起精神编辑本卷，把它出版，以此不负作者、译者。按我的心愿，本年刊就此收摊，但许多的友人说，这是一个阵地，丢不得。说这个话的友人可能不知编一卷的辛苦。无论如何，我心犹豫焉。那么，先编出此卷再说，至于以后还出不出，看身体状况和心情吧！

现在到了介绍本卷的基本内容的时候。要言之，此等内容由两个部分构成。第一部分大体上是2008年在厦大召开的第一届拉丁法律术语译名统一研讨会的论文集。说“大体上”，乃因为“论文集”只是底本，在它的基础上有所增删。

“增”者，有马侬奥·马罗内的《有关诉名的〈学说汇纂〉意大利语翻译》和卡萨齐、莎丽达的《意大利汉语词典编撰浅谈》两文。前者之补入，乃因为在第一届拉丁法律术语译名统一研讨会的进行中，中意双方的与会者都感到罗马法中诉权名的翻译是一个大问题，容易出错，于是安排娄爱华翻译了马罗内的这篇有代表性的文章作为会议内容的补强。后者的第一作者当时是意大利驻上海领事馆的文化参赞，那波里大学东方学院的著名汉学家，多卷本《意汉大词典》的主编。他对我们的这个会很感兴趣，冒着“越界”的风险（福建属于广州领事馆的辖区，按理他来本省公干就是犯规）与会，没有提交论文，会后补交此篇，为我们提供了一部汉西词典编纂简史。当然他在会上也有所得。他编的《意汉大词典》相当于中国的《辞海》，卡萨齐教授扬言它把所有的中文词汇一网打尽了。我翻看了一下该词典稿件中的“水”字条，发现竟然没有收“水货”一词，该词原本为武汉方言，已经在全国流行，但卡教授要我解释才明白此词，看来他的中文水平还是不如老徐。值得庆幸的是，这部大辞典的出版稿最终收了“水货”条，这可能就是卡教授的收获。

以上说的是全须全尾的“增”，实际上，本卷还有“量增”，齐云的《罗马的法律和元老院决议大全》即为其例。它被提交给上述会议时不包括元老院决议的部分，经我请求，齐云后来补充了这一部分。此文后来成为我讲罗马法课的最有用的材料之一，因为罗马是个法治国家，凡做一事，往往立一法记其事，所以，看罗马的法律，就等于复现罗马的政治生活。把同类的法律集成起来，文章自己说话，罗马人在这一类法律反映的生活现实中的修为，就在其中了。在利用的过程中，我不断增补、纠正、补全这一文件，让它达到一个更高的程度：中文世界里关于罗马人的立法的最权威资料。希望我们的努力已达到这个目标。

“删”者，有我的《Praetor的实与名》、《〈民法大全〉翻译中的标点符号翻译问题》。由于约稿的关系，它们已先行发表于其他刊物，这里就不再重复发表了。本卷的基本原则是，凡是已在别处发表的，本卷就不再发表。

不同语言之间的标点符号竟然需要翻译？这是一个振聋发聩的小问题，我相信我当时喊的那一嗓子出了结果，除了我的学生现在已全部有了标点符号翻译意识，一些意大利的汉学家也如此。最近作为外审专家审看一篇意大利汉学家写的研究拉丁语传入对汉语语法影响的文章，发现他翻译了所有的应翻译的标点符号。

此番把第一届拉丁法律术语译名统一研讨会的论文集出版，让更多的人看到，乃积一功德。因为它纠正了许多长期的谬误。例如，把 *Ad Sabino* 翻译成《论萨宾》，把 *Ad Edictum* 翻译成《论告示》。与会者肖俊以《〈萨宾评注〉、〈告示评注〉的内涵及其体系谈——古罗马法律评注作品类型介绍》一文，经过详密的论证，说明前者应翻译成《萨宾评注》，严格说来，是《萨宾的〈市民法〉评注》，后者应翻译为《告示评注》，其中的"评注"二字，揭示了有关著作属于一种特殊的体裁。由于此等纠误辨错有理，这一论文集的打印本已产生广泛影响，留意的学生大多被其迷倒，在翻译《民法大全》的某卷时采用会议成果的译名处理。不幸的是，他们的正确译法要经过一些未参与"研讨会"，也没有时间看或不愿看该会论文集[统统寄给过他（她）们]的肉食者的审查，结果正确的往往被改回错误的，构成学术史上的重大不幸事件，造成了"以黑暗吞没光明"的结果，而本年刊的座右铭恰恰是"以光明照亮黑暗"（et lux in tenebris lucit）。确实，在涉及翻译的场合，我讲得最多的话就是"好的翻译基于研究"、"翻译问题，不仅是语言问题，更重要的是知识问题"，但中国许多时候的情形都是"以其昏昏，捆死昭昭"，奈何？为何？

逃脱昏昏者的也有，多是厦大学生或在其他高校受教于我的学生，他们不为其他利益牺牲第一届拉丁法律术语译名统一研讨会找到的真理，坚持了正确的译法。看来，昏昏者能捆死昭昭者，昭昭者自己也有问题，太多的稻粱之谋了吧！

在这个问题上不得不佩服日本人。本卷收录的尹春海的论文《对优士丁尼引用古代著作名称拉—中—日对照表的分析》提供了日本人对如上书名的译法，都是属于昭昭者的手法。

第一届拉丁法律术语译名统一研讨会的论文集也引起了留学意大利者圈子外学人的震撼。不久前参加一部研究希腊—罗马法大型著作的鉴定会，该著作中的书名、人名、法律名翻译极为混乱，当参与这一著作的我的一个学生拿出这一论文集时，其他作者都额手称庆，情形颇似遵义会议后的红军找到了毛委员当统帅。

第二部分是在开完第一届拉丁法律术语译名统一研讨会会约到的稿件或

接受的投稿。首先是2014年6月我邀请的两位意大利学者讲座的记录稿。卡尔迪里的《罗马法学家思想中对归责问题的经验把握与过错概念的扩张》是我见到的对罗马法中过错问题的最哲学化研究，用的也是最让外国人头痛的意大利文。我作为意大利文章的翻译老手，平常可以按照中文的写作速度翻译意大利文文章，此番遭遇了滑铁卢，我的翻译进行得无比艰难，而且译文也颇为晦涩。意大利学者以把文章写得让人看不懂为傲，与美国人的"可以用一分的词表达的绝不用两分"的写作哲学相反，影响了意大利精美思想的传播。这是个老问题，已经有一些意大利学者意识到了，但他们还不是多数。萨科丘的《罗马法系中的扶养之债——历史、内容、义务人和发生根据》可能是第一篇，至少是我见到的第一篇研究罗马法中的扶养的论文，以前的学说史扶养制度从中世纪开始。第三篇约稿是俄国青年学者亚历山大·谢甫琴科的《对奴隶提起的诉讼——奴隶权利在晚期罗马出现的历史》，讲述了罗马法史上佃农制对奴隶制的取代，其中援引了提到奴隶主出租自己的土地给自己的奴隶的法言，这可能让一些沉浸于传统的奴隶制观念的人莫名其妙。

黄文煌的《论罗马法上的公共引水道——兼论公有物的法律制度》是一篇投稿，它讲述了作为罗马奇迹之一的罗马水道的运作机制，尤其愿意触碰古罗马的征收问题。佐藤笃士的《罗马法学在日本的作用——对日本罗马法研究进程的一省察》是其译者尹春海投来的，讲述了日本罗马研究的学术史，这是一个业余研究与专业研究交织的过程，也是一个日本的本土研究与外国研究相互作用的过程。文章提到纳粹德国对罗马法的排斥和意大利法西斯对罗马法的重视，现在有的意大利的罗马法研究老大的地位可能就是那时从德国学界抓来的。文章讲到我经常光顾的罗马一大罗马法研究所的前身是"罗马法及东方法学院"，其目的之一是为意大利培养统治殖民地的人才，这是我见到的对罗马法的最新奇的运用。仔细一想这种安排并不奇特，因为罗马法本来就是在统治殖民地（行省）的过程中发展起来的。文章中一些对拉丁词的日文译法令我大笑，例如，我们常常翻译为"拘押"的"manus iniectio"被日本人翻译为"拿捕"，叫我想起了中国古代的捕头、捕快，拿捕以公权力的名义行之，拘押是私人权力的行使，两者应该不同，所以，在赞美日本人的许多良好做法之余，我要说他们的这个译法不如中国同行的。

埃·马里奥·阿庇亚诺的《欧盟关于酒精饮料的生产与销售的法律规范》也是一篇投稿，作者是都灵的一位律师，他说服我采用此文的理由是：在葡萄酒生产国之间已建立起联盟，中国置身此等联盟之外，但又生产不少葡萄酒，并日益增多葡萄酒的进口，因此，让中国读者知道一些葡萄酒生产国的规则是有益的。这一理由说服了我。

最后是两个会议综述和一个书评。会议综述是李飞的《第12届中—东欧国家和亚洲国家罗马法学者研讨会综述》和徐铁英的《第四届"罗马法·中国法与民法法典化"国际研讨会综述》，它们都从作者自己的角度记载了两场盛大的学术活动，可以让未与会者分享会议中观念的交流。书评是尹春海为汪琴的《基督教与罗马私法》写的一个评价。当然是只栽花，不栽刺。如果尹春海不这样写，他就是一个特别的中国人了。

徐国栋

2014年8月29日于胡里山炮台之侧

目 录

拉丁法律术语译名统一专题研究

罗马法研究

杂项研究

拉丁法律术语译名统一专题研究

罗马法系及其内部关联·拉丁语及其他语言·体系的内部交流

[意]桑德罗·斯奇巴尼*著　娄爱华译**

一、罗马法与拉丁语

我们的法系通常被界定为"罗马法的"或"罗马的",有时候也被界定为"罗马的—教会的"、"罗马的—日耳曼的"、"大陆的"、"法典法的"、"民法的"。存在着其他的法律经验的集合体,如"普通法的"、"伊斯兰法的",以及那些被界定为"宗教的"、"传统的"法律经验的集合体等等。罗马法体系以及普通法的法律经验集合体分享了所谓的西方的法律身份,且在体系方面,我们不能说存在"一个"西方法。

在体系方面,罗马法系后来表现出法体制的多样性,不能与某一政治共同体的法制与体系混同。法制的多样性可能来自同一体系,且各自并不构成子体系。法律科学承认作为一个子体系的拉美法系内部的统一性与特殊性;拉

* 罗马第一大学罗马法教授。

** 苏州大学王健法学院教师。

美法系内部的各法制是多样的，从墨西哥到智利及阿根廷各有不同。人们可以讨论在欧洲是否存在一个、两个或三个子体系。但可以肯定的是，欧洲社会主义国家的法构成了一个有别于西欧法的子体系。现在，前社会主义国家的制度处在一个转变期。人们也在讨论是否区分日耳曼子体系和拉丁子体系：区分不能仅仅基于民法典的形式，也必须考虑法的原则。不能把阐述和建构法律问题的顺序与法系混同，尽管此等顺序肯定很重要。中国取法于罗马法系，但仍不能确定是否发展出了一个中国或东亚的子体系。可以肯定的是，在各个子体系之间，以及在取法于同一体系或同一子体系的法制间存在着法的交流，此等交流源于共同的原则，此等原则是认识有关体系的最现实的关键。

正如我们可以在古罗马法原始文献中确证的那样，古罗马法学家强调构成罗马法的规则集合体的多样性与统一性，他们谈到了罗马人民各种各样的法，然后谈罗马人的共同法。这一罗马共同法并不放弃盖尤斯和乌尔比安写到过的法的多样性。盖尤斯区分了自然法、万民法、市民法。而乌尔比安强调自然法是自然教授给所有生灵的法[①]，万民法是所有人共同的法，而盖尤斯进一步界定说万民法根植于自然理性。[②] 市民法被乌尔比安强调为并不是完全与自然法和万民法背离的法，也并非在所有的事情上都遵从这个法，它是每个政治共同体自己的法。[③]

古典希腊世界意图表明语言与法的耦合，或者更准确地说，希腊语与希腊法的耦合，在拉丁语与罗马法之间并不存在这样的耦合。按拜凡尼斯特（Benveniste）的说法，由“市民”（civis）一词衍生了“城邦”（civitas）一词和“城邦的”（civilis）一词。在希腊语中，其发展过程是反的，是从“城邦”（πόλις）一词衍生出了“市民”（πολίτης）和“城邦的”（πολιτικός）等词（德语中的发展路径也不同于拉丁语，从“城堡”一词衍生了“市民”、“城市的”等词汇）。语言揭示了其视角，在罗马人的经验中，市民（以及相关的人民）先于城邦。人民是“罗马人”。我们非常清楚地知道，罗马市民的资质与他是否讲拉丁语无关：实际上，这纯粹是一种法律上的资质。

和我们难以总结出其发生时间的市民权的授予相比，语言的传播有自己的渠道。在公元前 89 年，罗马市民资格被授予意大利半岛的所有居民，但显然拉丁语没有同样地在半岛的全境如此扩散。公元 212 年的《卡拉卡拉告示》

---

① D.1,1,1,3.

② D.1,1,9.

③ D.1,1,6pr.

授予了帝国所有的人罗马市民资格，尽管此等授予意味着使用罗马法的可能，但显然大部分新市民不讲拉丁语。在相反的意义上，或许授权使用一种语言可等同于加入使用这种语言记载的法（出卖法）。李维记录了这样的案例，库玛（Cuma）城在公元前 180 年要求授权"在公文书中讲拉丁语且在公共的拍卖中适用罗马出卖法"①。语言和法律有相互交织的不同历程，但罗马法已走入了讲拉丁语的城邦。

如果人们能把所有的法都用来炮制它们的语言并因此将该语言的词汇、语法及句法结构看作是普遍的，那么发生在罗马法中的对拉丁语词汇及语法结构的塑造，构成了一个我认为可实实在在地界定为独一无二的现象，这一现象在希腊、埃及、美索不达米亚等发展出了更为古老的伟大文明的国家中并不存在。② 僧侣团体（大祭司以及随军祭司）及后来的法学家阶层的专业知识持续地支撑着法的塑造。法学家们对如果制定法律提出了建议，并在后来将之集合在一个有序的整体中③；他们也塑造了最为古老的在程序中的起诉方式④，并在后来建议了永久告示的条款并解释了它们；他们是元首起草其敕令的顾问委员会（consilium）的成员。他们在日常地陈述着法的同时完善着法。⑤ 法学家们在其作品中发展了术语的科学性，此等术语被法学家使用，通过根据越来越严格、科学的内在规则进行讨论的方法被精致化。此种科学方法通过对术语—概念的建构及论证的形式表达出来，它们塑造了文本的结构，以该结构，法律制度、原则、规则的类型及其后果得以描述。该方法塑造的概念、原则、制度以及规则，存于优士丁尼及其法学家编纂的罗马共同法的《学说

---

① 李维：《罗马史》41，42。

② 重要的有 B. 比扬迪（Biondi）的作品：《作为法的最初教义的罗马术语》，载《阿兰乔·鲁伊兹致敬文集》第 2 卷，那波里，1952 年，第 73 页及以次；最近的作品有 L. 蓝岱拉（Lantella）：《罗马法术语中的语义发展以及结构模式》，载《"法的拉丁语"国际会议文集》佩鲁贾 1992 年，斯奇巴尼及 N. 西沃莱多（Scivoletto）主编，罗马，1994 年，第 39 页及以次。

③ 彭波尼在 D. 1，2，2，2 说道：帕比流斯……将无序的法律放入一个文本中（Papirius [...] leges sine ordine latae in unum contulit）。

④ 彭波尼在 D. 1，2，2，6 说道：形成了诉（actiones compositae sunt）。

⑤ 彭波尼在 D. 1，2，2，13 说道：若没有一些人（法学家），就不会有稳定的法（quod non potest constare ius，nisi sit aliquis）。

汇纂》体系[①]的协调统一性（协调[②]而没有冲突[③]）之中。哲学家与数学家莱布尼茨，在十五个世纪后，经过数学和几何学推理，认为从未遇到过如罗马法学家作品那样严密的论证。又经过了两个世纪，法学家萨维尼把这一建构描述为“利用概念的计算”。

确实，罗马法学家有时也使用希腊语词汇[④]，或引用希腊语材料[⑤]，有时也会用希腊语命名自己的作品[⑥]；在元首的政府的官僚中，在一个确定的时期及之后，我们可以找到一个与希腊语文学相关的官职。此外，罗马共同法被君士坦丁堡（新罗马[⑦]）以及贝鲁特（Berito）的法学家们再塑造也是明显的，他们生活在一个讲希腊语并用希腊语称自己为罗马人的社会中。但被编纂并施用于所有人民的法仍然是以拉丁语写成的。

同样真实的是，此等用拉丁语编纂的罗马共同法被迅速翻译成希腊语。

实际上，我已强调其与拉丁语有本质联系的罗马法，已经包括了在使用拉丁语的地区以外的地方的使用经验，因此，其概念、原则及其规则在其他语言中的翻译，本身就是根本问题。对罗马法而言，被不讲拉丁语的人民使用的可能，以及在其他语言中被改造的可能之问题，从法典编纂之时开始到法典形成时代结束，都挥之不去。对于罗马法来说，这是一种结构上的可能。

就罗马法对其他语言的翻译的开放而言，我想马上强调两个方面。一方面，正因为对罗马法科学的构建，也因为“罗马法拉丁语”作为“特别的学科语言”已形成，它的术语—概念以及逻辑结构获得了严格和稳定的一致性，这些是能够移入其他语言中的。继受了上述特性的语言，扩张了其表达被分配的“意义”的能力。当然，继受罗马法的语言及其表达的文化，也对罗马法有反作用。另一方面，如每位罗马法学家所知的那样，君士坦丁堡的伟大法学家们有

① 在 Tanta 敕令中出现了学说汇纂（digesta）与体系（σστημα）间的关连。

② Imperatoriam 敕令 2。

③ Tanta 敕令 15。

④ 人们可以考虑率在拉贝奥和阿里斯托间有关“债或其履行之相互性”（συνὰλλαγμα [sinallagma]）的正确用法的精致讨论（D. 5,16,19 及 D. 2,14,7,2）。

⑤ 参见马尔切勒在 D. 1,3,2 中有关法律的论述。

⑥ 例见彭波尼的《教本》（单卷本）（liber singularis enchiridii），它们在前注中被多次引用（D. 1,2,2），或 Q. 穆丘斯·谢沃拉的《定义集》单卷本，拉贝奥的《值得相信的观点》。

⑦ 381 年的世界圣公会议，教规 3；这方面有 Deo auct or 敕令 10；《新律》79,2;81,1.

时被迫保留被希腊化的拉丁术语的做法[①]，以及罗马法拉丁语作为语言符号的穿透力几乎导致了拉丁语超越了被抵制的命运。

这些发展过程是我们要牢记的。

二、罗马法、希腊语、斯拉夫语及与东欧的拉丁语传统的重逢

罗马法系在欧洲东部的发展路径后来从希腊语转到了斯拉夫语。我已经在别的场合探究了这种发展[②]，这里只重提一下。但我想强调罗马法系这一发展路径的意义，以便加深罗马法系在整个斯拉夫地区以及从该地区完成继受的国家的存在的研究。与这些国家合办的罗马法大会非常重要，且中国同事们已加入了这一工作组，这对我们大家都很重要。

三、西欧的罗马法与拉丁语

应教皇维吉里奥(Vigilio)的要求于 554 年 8 月 13 日颁布了《国事诏令》(Pragmatica Sancti)，优士丁尼的系列法典从君士坦丁堡流入意大利。此后发生了帝国权力的重建，由此导致的结果是之前在这里适用的《狄奥多西法典》被取代(但这一法典在若干世纪里在包括伊比利亚半岛的若干地区仍然是重要的参考依据)。

人们认为因伊尔内留(Irnerio)(1055—约 1130)诞生了博洛尼亚学派。该地的教学成果传播到整个欧洲。通过此等教学，在上个千年最初的几个世纪里，由第一罗马和第二罗马的罗马法学家们发展出的“公平与正义的艺术”的内容和方法，它们凝聚在优士丁尼的诸法典中，在很高的水准上，以广泛证实的丰富方法，重新得到研究并尔后投入运用。与此同时，罗马法的拉丁语、

① 一个笔者研究过的例子是过错(culpa)，它经常被翻译为疏忽(ραθυμία[rathumía])，这是正确的，因为“疏忽归因于过错”；但有时候，并非明确地表明“疏忽”，但另有一个因过错(κούλπα[coúlpa])的对行为规则的违反，而这一术语，按德沃特(Devoto)的观点，是被直接转写的意大利式的术语。

② [意]S. 斯奇巴尼：《扬弃优士丁尼〈学说汇纂〉以继续发展和解释罗马法体系》，曾健龙译，载徐国栋主编：《罗马法与现代民法》第 6 卷，厦门大学出版社 2008 年版，第 1～33 页。

其句法结构、篇章构造以及基于可合理确证的理由将法律事实和法律效果相连的论证形式也得到复活。

当巴黎的大学致力于神学研究时，从博洛尼亚传播出一种以法学作为研究中心的大学理念：接受这一理念的有以如下以地名命名的大学，它们是萨拉曼卡（Salamanca）（1218 年）、帕多瓦（Padova）（1222 年）、托洛萨（Tolosa）（1229 年）、奥尔良（Orleans）（1235 年）、蒙彼利埃（Montepellier）（约 1260 年）、阿维尼翁（Avignon）（约 1256 年）、瓦拉杜利德（Valladolid）（1293 年）、罗马（1303 年）、佩鲁贾（Perugia）（1308）、布拉格（Praga）（1348）、帕维亚（Pavia）（1361）、科隆（Colonia）（1388 年）、鲁汶（Lovanio）（1425 年），还有那波里（Napoli）（1224 年）、里斯本/科因布拉（Lisbona/Coimbra）（1288 年）、克拉科维亚（Cracovia）（1364 年）、维也纳（Vienna）（1365 年）、海德堡（Heidelberg）（1386 年）、埃尔福特（Erfurt）（1392 年）、都灵（Torino）（1404 年）、罗斯托克（Rostock）（1419 年）等等。它们所用的教学语言是拉丁语。

博洛尼亚学派的发展以稳固的方式将拉丁语置于法学研究的中心。在伊比利亚半岛，智者阿方索十世的《七章律》（1265 年）构建了一个更广泛的文本。它是以西班牙语制定的，但 1500 年，格列高利·洛佩斯（Gregorio Lopez）以拉丁语为它做了旁批。据说有人把优士丁尼的《法典》译成了葡萄牙语，它看来是佚失了。后来到 16 世纪，基于教学的需要有了优士丁尼《法学阶梯》的德语译本（Th. Murner，1519 年），优士丁尼法典编纂的其他成果后来也被译成德文。美第奇（Medici）家族的柯西莫（Cosimo）一世和弗朗切斯科（Francesco）首先用托斯卡纳方言立法（1585 年），但主流的语言仍然是拉丁语。1673 年，律师 G. B. 德·卢卡（De Luca），在以拉丁语写作了数本著作后，写作了著名的《通俗的博士》（*Dottor Volgare*），在这部 15 卷的著作中第一次出现了很多意大利语的法律术语。

拉丁语作为大学中的研究用语言，不只限于研究罗马法。有必要提及罗马法与教会法的联系。这是一个范围广泛的主题，要由其他比我更有能力的人探索。[①] 对我而言，仅仅提到两个法律大全就够了，即《罗马法大全》和《教会法大全》。且还要提到在大学中罗马法和教会法的学位是分开的两个学位。我也想提到一个很小、也可以说很大的例子。公平（aequitas）这一术语被扩张用来指称彼此间有深刻区别的几个概念。不只是该词在被无数次援引时其意

① ［法］J. 高德梅（Gaudemet）：《教会与城市：教会法的历史》，巴黎，1994 年（意大利语译本，米兰，1998 年，第 62 页及以次，第 432 页及以次）。

义的多样性，且还存在用法的特殊性：教会法公平与市民法公平被用来指称两种替代性的路线。事实上，如现行《教会法典》第1752条说的那样，在教会中，人们必须考虑灵魂的救赎，这对它来说是高级法，教会的公平指向这一目标，且超越了法律。但在罗马法中，市民法上的公平表现在相同条件下相同的处理。

拉丁语后来也被英国的大学使用（在1200年前建立的牛津大学，和1209年建立的剑桥大学），而它是后来数量庞大的英文法律术语的基础。12世纪达成的盎格鲁撒克逊世界对罗马法的封闭，使得我们必须注意相关的术语：有些拉丁词源的词汇经常指称不同的东西，因为此时术语被使用的语境是不同的（术语的类似能够掩饰所谓的“假朋友”）。

因此，如果我在上文中指出了罗马法如何超越拉丁语使用者的世界，现在我论述的是拉丁语如何超越使用罗马法的市民的世界。拉丁语与罗马法的这种关系进一步表明了这种关系是如何开放性地展开并涉及诸多的因素的。

四、民族国家语言的普遍使用

18世纪，在科学及法学讨论中使用民族国家语言的做法在欧洲传播开来。

在德语地区，《特蕾莎市民法典》(*Codex Theresianus juris civilis*)1753年的草案是拉丁语的。1756年的《马克西米连·巴伐利亚民法典》也使用拉丁语，而修订委员会(阿佐尼和强克，Azzoni e Zencker)制作了它的一个德文本。德语后来如希望的那样在西部加里西亚(Galizia Occidentale)公布的草案中被实验性地采用，后来在东部加里西亚公布的草案也是这样，因而也被1811年的《奥地利民法典》(ABGB)采用。普鲁士1794年的《普鲁士邦法》(ALR)用德语编订。在新拉丁语地区，多马的名著《在其自然秩序中的民法》用法语写成，正如前面提到的德·卢卡(De Luca)的作品用意大利语写成；这些并非孤立的现象。《法国民法典》(1804年)以法语撰写。19世纪初意大利的诸法典皆用意大利语写成；指出这一点是有意思的，为意大利王国引进的《法国民法典》的官方版本，包括了法语本、拉丁语译本以及意大利语译本。[单一的意大利语版本只有大学里用的教材《〈法国民法典〉与罗马法之对照》，其作者是塔里奥尼(Taglioni)，3卷本，米兰，1809—1811年]。1838年的《皮埃蒙特法典》是用意大利语写的，但生效时，仍是在都灵大学，教学活动中使用的却是拉丁语，只是到1841年才允许使用意大利语。

这一项使用民族国家语言的过渡伴随着一系列的对古罗马法原始文献的翻译活动。

我们看一下《民法大全》翻译的情况，我们分别考察：

在法国，有 H. 雨洛（Hulot）、P. A. 迪索（Tissot）、J. F. 贝特洛（Berthelot）、A. 贝兰热（Bérenge）翻译的《罗马市民法大全》，7 卷本，贝莫与拉莫尔（Behmer et Lamort）出版社，梅斯—巴黎，1803—1804 年；

在普鲁士，有 C. E. 奥托（Otto）、B. 席林（Schilling）、C. F. F. 森特尼斯（Sintenis）的《罗马市民法大全德译本》，4 卷本，C. 弗克（Focke）出版社，莱比锡，1830—1832 年；

在意大利，有 F. 弗拉米蒂（Foramiti）的《民法大全》，4 卷本，G. 安东奈利（Antonelli）出版社，威尼斯，1836—1844 年；G. 维涅利（Vignali）的《法之大全》，10 卷本，V. 佩祖蒂（Pezzuti）出版社，那波里，1856—1862 年；

在西班牙，有 I. L. 格雷西亚·德·卡罗尔（García del Corral）的《罗马市民法大全》，6 卷本，简穆·莫利纳斯（Jaime Molinas）出版社，巴塞罗那，1889—1898 年。

很明显，人们认为《民法大全》继续被掌握在法学家手中是必要的，并通过翻译来推动这种掌握。法典实际上不能与法系分离，它们沉浸在法系之中，而《民法大全》是这一法系的基础；它们在后来的诸多发展中被丰富，但仍然是法系的基础。

通过一系列更为广泛的活动，在 20 世纪中叶翻译的工作重新展开，尽管其中的若干译本如今只是部分完成。我们来看看这些翻译：

西班牙语中，有 A. 多勒斯（D'Ors）、F. 厄尔南德斯（Hernandez）、特赫罗（Tejero）、P. 福恩特赛卡（Fuenteseca）、M. 加尔恰·伽利多（García Garrido）、J. 布利哟（Burillo）的《优士丁尼学说汇纂》，3 卷本，阿兰扎蒂（Aranzadi）出版社，潘普洛纳，1968—1975 年；

俄语中，先是采用了选译的形式，有 E. A. 斯科利皮列夫（Skripilev）的《优士丁尼学说汇纂：片段选》（涉及第 1—26 卷），1 卷，诺卡（Nauka）出版社，莫斯科，1984 年。当前采用全译，成果是 L. L. 科凡诺夫组织翻译的《优士丁尼学说汇纂》，5 卷本（涉及第 1—36 卷），斯塔图特（Statut）出版社，莫斯科，2002—2004 年，第 6 卷（涉及第 37—40 卷）在出版中（进行中）。

英语中，有艾伦·沃森组织翻译的《优士丁尼学说汇纂》，4 卷本，宾夕法尼亚大学出版社，费城，1985 年；

德语中，有 O. 贝伦茨（Behrends）、R. 克纽特尔（Knütel）、B. 库比希

(Kupisch)、H. H. 塞勒(Seiler)的《民法大全:文本与翻译》,3 卷本[《法学阶梯》及《学说汇纂》第 1—20 卷,该书的续集由 C. F. 穆勒(Müller)组织],于 1990—1999 年出版于海德堡;

荷兰语中,有 J. E. 斯普鲁伊特(Spruit)、R. 芬斯特拉(Feenstra)、K. E. M. 本杰那(Bongenaar)的《民法大全:文本与翻译》,6 卷本,沃堡·泼斯(Walburg Pers)出版社,聚特芬(Zutphen),1994—2001 年。

A. 马雷尼查(Malenica)进行了塞尔维亚语的翻译,《优士丁尼学说汇纂:权利之书》,官方公报(Službeni glasnik)出版社,贝尔格莱德,1977 年,还没有看到一个全译本开工;

我确切地知道《学说汇纂》部分地被译成日语,然而它包括许多卷,但我至今也没有看到这个译本;

译成中文的工作也是以选译的形式开始的,《民法大全选译》,由黄风、费安玲、丁玫、米健、范怀俊、徐国栋翻译,6 卷,中国政法大学出版社,北京,1992—2001 年。现在的同事们致力于进行整卷的翻译:米健的《民法大全,学说汇纂第 7 卷》,法律出版社,北京,1999 年;刘家安的《买卖契约:学说汇纂第 18 卷》,中国政法大学出版社,北京,2001 年;薛军的《学说汇纂第 48 卷:罗马刑事法》,中国政法大学出版社,北京,2005 年;罗智敏的《学说汇纂第 1 卷》,中国政法大学出版社,北京,2008 年;陈汉的《学说汇纂第 6 卷:原物返还》,中国政法大学出版社,北京,2009 年;陈汉的《学说汇纂第 8 卷:地役权》,中国政法大学出版社,北京,2009 年;贾婉婷的《学说汇纂第 41 卷:所有权、占有与时效取得》,中国政法大学出版社,北京,2011 年;翟远见的《学说汇纂第 12 卷:请求返还之诉》,中国政法大学出版社,北京,2012 年;陈汉的《学说汇纂第 8 卷:地役权》,中国政法大学出版社,北京,2009 年;罗冠男的《学说汇纂第 4 卷:婚姻与嫁资》,中国政法大学出版社,北京,2013 年。

此外,已经提到的 19 世纪的法语、德语以及西班牙语的译本已分别被重印:科学(Scientia)出版社,阿伦(Aalen),1979;科学出版社,阿伦(Aalen),1984;新法(Lex Nova)出版社,瓦拉杜利德(Valladolid),1989。

撇开了拉丁文本,前面提到的所有译本都十分易读。但同时,它们都是一个被对应的文本的译本,而对此,人们也乐意退回到一个即时地展示了内部联系的双语的文本结构中:拉丁语并不必然构成障碍,而从来都是根基。由此我们获得了富有生机的力量以对这些文本的若干内容进行革新。

五、法律方面使用自己语言的必要性

这种必要性体现为，语言作为"桥梁"的翻译及在内部有差别且多语种的法系中的交流。

正如我在本文开头说的，罗马法系以万民法，即所有人共同的法的视角统一法；但在每一政治共同体自己的法（市民法）的角度，也支持"使用自己的法"，而语言是伴随着这两条发展路线的。每一政治共同体使用自己的法（市民法），后来在罗马共同法的框架中找到了有利于其发展的框子并被置于与其他特有法进行交流的环境中，它可从这些特有法中汲取营养，同时也可把它产生的更新提供给这些特有法。

在法律领域使用自己的语言是很关键的。它是使用自己的法的一个部分。

每个文本总都有一个自己的生命。法律文本也总是进入一个持续解释的圈子。完全确定且稳定的术语本身，趋向于改变其意义。此外，法律文本也是有关人、其行为及争议的规则的载体。其意义的改变具有规范的效力。因此，法律文本及其词汇、意义的变化并不能委诸某一语言，该语言有自身的重心和新意义成熟的中心，且这一重心或中心又脱离了使用这一法的人民，他们共有此等法的文本记载的规则。

拉丁语、《民法大全》以及其他的罗马法文本是一个符号的体系，也是一个几乎封闭的规则的体系。另一方面，它们总是对持续的新的要求保持开放，并由此增加和发展对文本的"重读"。

如我上面指出的，罗马法系以拉丁语塑造；但有一个对其他语言的译本开放的结构。翻译是对原始文献最初的也是基本的"重读"，与此同时转化为属于继受罗马法的人民自己的文本，并启发它们制定自有法的若干原则。将之变为自己的，意味着不接受来自外部的改变。

《民法大全》的翻译将来可以与罗马法系中法律讨论的"民族国家化"的进程同时展开，并使此等讨论少一些共同法的意味；但我相信肯定会出现翻译与回归共同源泉并行的相反情况，此等源泉体现为罗马法原始文献，它们向来是概念统一、结构比较的基本工具，我们必须让它们继续承担如此功能。事实上，翻译是古老文本和今人作品之间的桥梁，后者是对这一基础的发展和丰富，并且像每个桥梁都可双向通行一样，前者和后者可以互相补益；它们提供了总是可以对照原始文献的机会，其中，不同的重读和不同的发展都有各自的原则，此等原则是它们总体统一与和谐的基础，以及它们间交流的基础。

运用当代的信息化工具，建设一个多语种的文本库并非特别困难。也就是说，在电子技术的支持下，一个信息化地管理原始文献翻译的方案有可能实现，它能给我们提供原始文献的拉丁语文本以及若干其他语言的译本，并能在不同版本之间轻易地转换。

六、结论

为了回应体系内部的变动，在优士丁尼及其法学家的伟大作品之后，几乎周期性地对其原则进行反思：在注释法学派的作品之后，评注法学派的作品对其原则进行了反思，之后是人文主义法学派对先前学派的原则的反思，再后来是学说汇纂的现代运用学派如此行，再后来是自然法学派如此，再后来是潘得克吞学派如此行，再后来就是现代民法典如此行。这种对优士丁尼作品的"重读"，这种回归对其原则的反思，无疑只能通过罗马法拉丁语进行，这种语言陪伴着罗马法系为了人而型构的整个过程，它是我们体系中所有法学家的成果的背景；但从拉丁语到民族国家语言的过渡，从严格的方法论角度看，不应损害而是应增益共同法与自有法的成长以及共同的专业术语在许多种语言中的成长，而它们是通过翻译来滋养自身的。

“interrogationibus in iure”诸译名评析

肖 俊*

一、导言

“Interrogationibus in iure et interrogatories actionibus”是《学说汇纂》第11卷第1题的名称。① 对于“interrogationibus in iure(Interrogatio in iure, Interrogationum in iure)”一词，现在笔者看到有四种译名，其中两种中文译名，两种英文译名。两种中文译名是：徐国栋先生翻译的“在法庭进行的询问”②和黄风先生翻译的“法律审询问”③；两种英文译名是：Allan Waston 翻译的“interrogations before the magistrate”以及 S. P. Scott 翻译的“interrogatories which should be put in court”④。如果把“interrogation”翻译成“询问”的话，徐国栋先生的译名就与 Scott 的译名相同，那么这里只存在三种译名：“在法庭进行的询问”、“法律审询问”和“长官面前的询问”(关于“magistratus”又存在两种中文译名：“长官”和“执法官”，此处先从周枏先生和徐国栋先生的翻译“长官”，以后再专文论述此种区别)。比较三个译名，我们发现实际上存在的争议是关于“in iure”这个词组的含义，到底应该是“在法庭上”，“法律审”还是“在长官面前”？因此，本文就从“in iure”的含义入手，对诸译名展开评析。

---

* 上海交通大学凯原法学院讲师。

① The Digest of Justinian, Vol. I, Latin text edited by Theodor Mommsen with the aid of Paul Krueger, English Alan Waston, University of Pennsylvania Press, 1985. 本文主要根据其中的英译本进行翻译。

② [意]桑德罗・斯奇巴尼选编：《民法大全选译・法律行为》，徐国栋译，中国政法大学出版社 1998 年版，第 133 页。

③ 黄风编著：《罗马法词典》，法律出版社 2002 年版，第 135 页。

④ The Digest, Translated from the Original Latin, Edited and Compared with All Accessible Systems of Jurisprudence Ancient and Modern By S. P. Scott.

二、"in iure"的含义考察

本文对"in iure"含义的考察从两方面进行：一方面是根据第 11 卷中的原始文献确定它在本卷中的特殊含义，另一方面是根据现有的罗马法辞书，考察"in iure"的一般含义，

第一，乌尔比安对"Interrogationibus in iure"的解释。在第 11 卷中的一个片段中，乌尔比安分析了"in iure"的具体含义，以下是该片段的拉丁文译本和英译本。

D.11,1,4,1 Quod ait praetor ：'qui in iure interrogatus responderit' sic accipiend um est apud magistratus populi Romani uel praesides prouinciarum uel si domi uel itinere hoc agat.

Allan Waston 的英译文是：

The praetor's word "who replies when interrogated before the magistrate" should be understood to include magistrates of the Roman people, provincial governors, or other judges; for "jus" refers simply to a place where a magistrate or judge stops for the purpose of administering justice, even if he does this at home or journey.

我们先看"qui in iure interrogatus responderit"，responderit 是主动态单数第三人称，表示回答，相关联的"qui"应该是单数，表示"任何人"，所以这个片段所阐述的第一个问题就是，如何理解"回答 interrogationibus in iure 的人"？乌尔比安对此的释义是"就是在罗马人民的长官，或者行省总督，或者其他的法官面前"进行回答的人；其次，为什么做出这样的解释？原因在于，"ius"(iure 是 ius 的单数第五格)这个词仅仅表示这样一个地方，即长官或者法官为了审理案件而停留的地方，即使他这样做的时候是在家里或在路途中。由此可见，在乌尔比安看来，所谓的"in iure "就是在长官面前进行，而不是一个具体的地点，比如法院。与此相似的关于 ius 的论述还有 D.1,1,11："……从另一个意义上讲，ius 这个词指执法的地点，其依据来自于人们在执法地所做的事。我们可以用此说法确定某个地点，无论裁判官决定在什么地方执法，只要他们保持自己权力的尊严并遵守祖先的习俗，这个地点都有理由

被称为 ius"[①]

第二，"in iure"的一般含义。黄风先生的《罗马法词典》对它的释意是："法律诉讼和程式诉讼的基本诉讼阶段之一，诉讼当事人在执法官面前进行陈述，以确定各自的身份、争议的事项和有关的诉讼请求。法律审以证讼程序而告终。诉讼当事人在法律审中提出的争议可能在裁判审中加以解决。"[②]Adolf Berger 的《罗马法百科辞典》的解释与此相差不多："就是在长官面前。它是法律诉讼和程式诉讼的第一阶段，在长官面前进行；而诉讼的第二阶段，发生在法官面前，通常以一项判决告终"。[③] 由此可见，"in iure"既可以表示在长官面前，也可以表示法律诉讼和程式诉讼中的法律审，如同一个硬币的两面。

因此，通过以上的考察，我们首先可以放弃的就是"在法院上"这种译法，乌尔比安说得很明白，所谓的"in iure"的就是在长官面前进行，而且并不是指一个具体的地点。那么，再来看是"法律审"还是"在长官面前"。两者似乎难以取舍，因为大家认为它们是同义词，两者只不过是从不同的侧面来描述同一个现象。"法律审"显得更为专业，它强调的是进行询问的特定的诉讼阶段；而"在长官面前"只是简单地描述了一种现象，描述了询问时的场景。无论是选择专业性强的术语还是选择一种简单的描述性的话语，前提都是准确的。那么，哪个更准确呢？

"in iure"一词表示了两个时代的诉讼制度（法律诉讼和程式诉讼）中的法律审阶段，所以如果要把"interrogationibus in iure"翻译成"法律审中的询问"，首先要回答的问题是：它是在法律诉讼中进行的询问，还是在程式诉讼中进行的询问，抑或是在两种程式诉讼中都可以进行的询问？如果是第三种情况，自然这种译法就没有问题，但如果是前两种情形，那么这种译法就不够准确。所以下文将对"interrogationibus in iure"适用的年代进行说明。

三、适用"interrogationibus in iure"的诉讼模式

对这一问题，本文从两方面进行分析，首先是《学说汇纂》第 11 卷提到的

---

① ［意］桑德罗·斯奇巴尼选编：《民法大全选译·正义与法》，黄风译，中国政法大学出版社 1982 年版，第 40 页。

② 黄风编著：《罗马法词典》，法律出版社 2002 年版，第 126 页。

③ Adolf Berger, *Encyclopedic Dictionary of Roman Law*, The American Philosophical Society, Philadelphia, Reprinted 1991, p. 495.

“interrogationibus in iure”的适用范围；其次，通过现有的罗马法教材对于法律诉讼和程式诉讼过程的描述，确定“interrogationibus in iure”的适用年代。

第一，interrogationibus in iure 的适用范围。伽里斯特拉杜斯说道：“当一项诉讼是对人之诉并且关系到特定数额的金钱时，询问是必要的”。[①] 由此可见，这一制度与“对人之诉”(actiones in personam)有着密切的联系。通读本题，询问适用于四种情况：最常见的一种情况是，被告是债务人的继承人，原告可以问他是否是继承人，继承的份额是多少，本题中这样的情形见诸 D. 11,1,D. 11,1,2,D. 11,1,3,D. 11,1,4,D. 11,1,9,D. 11,1,5,D. 11,1,6,1,D. 11,1,9,4,D. 11,1,9,5,D. 11,1,9,6,D. 11,1,9,7,D. 11,1,11,1,D. 11,1,11,2,D. 11,1,11,3,D. 11,1,11,6,D. 11,1,12,D. 11,1,18；次常见的情况是，在损害投偿之诉中，原告要求被告回答被诉的奴隶或家子是否处于他的权力之下，这样的情形见诸 D. 11,1,7,D,11,1,8,D. 11,1,13,D. 11,1,13,1,D. 11,1,14,D. 11,1,15,D. 11,1,15,1,D. 11,1,16,D. 11,1,16,1,D. 11,1,17,D. 11,1,20；第三种只出现两次，在订立潜在损害担保要式口约中，要式口约的允诺人回答产生危害的土地是否属于他，所占的份额是多少，本题这样的情形见诸 D. 11,1,10,D. 11,1,20,2；第四种只出现一次，在特有产之诉中，债权人询问家父是否占有特有产，见诸 D. 11,1,9,8。

通过对“interrogationibus in iure”适用的诸种情形的考察，我们可以发现伽里斯特拉杜斯所说的“interrogationibus in iure”发生在对人之诉中毫无疑问是正确的，而且是仅仅适用在对人之诉中。那么我们就可以通过对人之诉的适用年代确定“interrogationibus in iure”的年代。在 Adolf Berger 的《罗马法百科辞典》中，提到了对人之诉与程式诉讼的联系：“(对人之诉)是原告基于契约之债和侵权之债而对被告提起的诉讼。与之相对应的是对物之诉……两者的基本区别在于程式的请求部分(intentio)：在对人之诉中，被告是因为给、做和供的义务被起诉……”[②]由此可见，对人之诉是程式诉讼中的内容，我们由此又可以推知：“interrogationibus in iure”是适用于程式诉讼而不是法律诉讼的法律审中！

第二，两种诉讼模式中法律审过程的比较。周枏先生这样描述两种法律审的过程：“(在法律诉讼中的法律审的过程中)当事人一同到法官前，由原告

---

① D. 11,1.

② Adolf Berger, *Encyclopedic Dictionary of Roman Law*, The American Philosophical Society, Philadelphia, Reprinted 1991, p. 346.

依法定方式陈述意见并做规定动作，如果被告不加抗辩，诉争就不能成立，法官即认为原告主张的权利正当，允许自行执行；如果被告依法抗辩，法官当即令双方选定法官加以委任"；而程式诉讼中法律审的过程则是这样："在法官前，先由原告陈述起诉意见，请求法官制定程式，同时原告也可就有关问题对被告提出质询。……"①对比两种诉讼的法律审过程，在法律诉讼的法律审中，原告只能依法定的方式陈述意见并作规定动作，只有在程式诉讼的法律审中，原告才可以依自己的意愿向对方提出询问。

第三，由译名导致的过于宽泛的释义。由此，我们可以再次确认，"interrogationibus in iure"只发生在程式诉讼的法律审阶段，因此"in iure" 固然可以称为"法律审"，但将"interrogationibus in iure"直接译为"法律审的询问"却不够准确，还会由此产生释义的内容过于宽泛这样的问题。黄风先生对这一词条的解释是："原告或者执法官在法律审(in iure)中为确定被告身份和其他有关被诉事项的基本情形而发出的提问。"②这一解释有三方面的缺陷：首先，没有区分是法律诉讼还是程式诉讼中的法律审；其次，此处并非一般的原告和被告，而只是债权人和债务人；再次，这里要确定的不是关于一般的身份和诉讼事项的问题，它只是涉及继承人身份和遗产份额、损害投偿中被告的主人身份、特有产之诉中占有人的身份以及潜在损害担保要式口约中承诺人和土地的关系这四个方面。简单地把"in iure"译为"法律审"，会导致这一制度适用的范围被极度放大。

四、"Interrogationibus in iure"的译名选择

综上所述，"在法庭上进行的询问"和"法律审中的询问"的译名都存在问题，相比之下，我觉得 Allan Waston 的译名似乎更为可取。虽然"在长官面前"是"审判"的同义语，但这一译名不会产生"法律审"这一译名所存在的问题，因为"法律审"一词在不同的时代、不同的诉讼模式中有着完全不同的含义，而"在长官面前"只是对于现象和场景的单纯描述，无论在哪一种诉讼模式中，"在长官面前"的情景总是相差不多，所以可以采用这个翻译。另外它还与 D. 11,1,4,1 中乌尔比安对于这个制度的解释相符合。因此，我认为使用这一

① 周枏：《罗马法原论》(下册)，商务印书馆 2002 年版，第 935 页，第 936 页，第 955 页。

② 黄风编著：《罗马法词典》，法律出版社 2002 年版，第 135 页。

译名能够准确和直观地描述出这种询问的现象特征和法律意义。

尽管如此，事实上，其余的译名并非完全错误，它们也有自己存在的道理。我们可以看到，尽管 Allan Waston 把"interrogationibus in iure"翻译为"interrogations before the magistrate"，但在翻译中他通常把"apud iudices"（在法官面前）以及"in iucicio"（在审判过程中）都翻译成"in court"，可见现代人总是不由自主地直接地把法官出现、审判进行的地方与法庭联系起来。至于"法律审的询问"这样的翻译，它对于"in iure"自身的翻译是完全正确的，它的问题只是在于把"in iure"的翻译直接套用到"interrogationibus in iure"上来。在翻译中，也并非名称中含有"in iure"的词都要译成"法律审的……"例如"in iure cessio"，我们把它叫作"拟诉弃权"，这里的"in iure"如果依照原意翻译成"法律审"或是"在长官面前"都不合适，因为这里实际上存在的是一个虚拟的诉讼。这是一个很经典的翻译，所以笔者以为，在译名的选择中，一方面要注意对语词原意的把握，另一方面也要注意对制度内容的理解，如此才能使中文译名能够准确地体现出制度的形式特征和法律意义。

周枏先生《罗马法原论》中的同词异译现象缕陈

娄爱华*

周枏先生的巨著《罗马法原论》至今仍是我国罗马法著作中最好的一本体系书，为汉语世界学术之薪火相传。详细阅读周枏先生的巨著，应是我辈罗马法晚生的必修课，以期在巨人肩上继续前行，不枉前人艰苦卓绝之奋斗。

就著作中对罗马法拉丁文术语的翻译而言，周枏先生有很多传神的妙译，但《罗马法原论》一书工程浩大，难免有疏漏。就周枏先生著作中的“同词异译”现象而言，有些属于因上下文需要的妙译，有些则可进一步商榷。具体而言，《罗马法原论》中的同词异议，包括同一拉丁文有两个或两个以上中文对译的情形，也包括同一中文译法有两个拉丁文词源的情形。后者多属于可能因印刷错误导致的拉丁文拼写错误，本文着力于前一种情形，即同一拉丁文术语有多个对应译法的情形。对此种情形我区分了两种情况，一种情况是我认为各种译法有优劣对错之分或有进一步讨论的必要，另一种情况是我认为各种译法皆可，只需择其一进行统一即可。

就需要讨论的部分，我拟先讨论，后附术语表，在表中标明页码，供读者参考商榷。就无须讨论的部分，我直接在文章后附表列出供选择的各种译法。

一、actio ad exhibendum

在周枏先生著作中有“交出物件诉”及“交出原物诉”两种译法，观拉丁原文，只有“出示”一词而无“交出”，此外周枏先生的译法加一个“物”字或“原物”两字，是否可行值得斟酌。

首先，这一诉讼在《学说汇纂》中是明确适用于“用益”[①]，而“用益”显然并不是“物”；且该诉不仅一般地适用于奴隶，而且适用于自然人：某人认为另一

* 苏州大学王健法学院教师。

① D. 10,4,3,4

人是奴隶从而主张出示之诉，但被主张之人认为自己是自由人。彭波尼的意见是此时要诉诸出示令状而非出示之诉，因为后者只在涉及金钱利益时适用。[①] 与彭波尼的意见相反，保罗就认为在意欲确证某人的自由时，该人是可以被出示的，而且存在出示之诉的基础。[②] 要之，在该诉既可以适用于"用益"，又可以适用于"人(自由人)"的时候，添加"物"作为宾语似有不妥。

其次，"交出"一词的译法也值得商榷，"交出"已有了"给"的意思，但该诉经常性地作为返还原物诉的前奏[③]，"交出"的意蕴并非是由本诉来表达的，如果此诉就要"交出"，何需"返还原物之诉"？

综合以上两点，该诉仍应依拉丁文原文译为"出示"之诉。[④]

二、actio certae creditae pecuniae

在周枏先生著作中有"确定金额之诉"和"确定金额给付诉"两种译法，两相比较，多一个"给付"。拉丁文原文中并无"给付"一词。考虑到"给付"一词一方面在周枏先生著作中已有了相应的对译(data)[⑤]，故还是不要"给付"为妙，以免造成读者理解上的混淆。但不要"给付"，又缺乏了对"creaditae"的对译，不能完整地描述该诉。似乎可以考虑译为"贷出的确定金额之诉"。在罗马法中，该诉为消费借贷时，借出金钱的人主张返还金钱的诉讼，译为"贷出的确定金额之诉"也较符合该诉具体应用的情境。

三、actio conducti

在周枏先生著作中分别有"承揽诉"、"承作人诉"及"保护承租人、雇佣人和承揽人的诉"诸多译法，该诉实际上是罗马法租赁的三种形式中保护承租人利益的诉讼。与该译法的混乱情况相对应，"actio locate" 在该书中的译法也五花八门："托运人诉""出租诉 ""保护出租人、受雇人和定作人的诉权""定作

---

① D. 10,4,13

② D. 10,4,13pr.

③ Edardo Volterra, Istituzioni di Diritto Privato Romano, Roma, 1980, p. 322, p. 361.

④ 本文此处在会议后做了根本修改，感谢徐国栋教授、斯奇巴尼教授提供的宝贵质疑和指导，我进一步核实了原始文献，得出了与先前完全相反的结论。

⑤ 周枏：《罗马法原论》，商务印书馆 1994 年版，第 558 页、第 612 页、第 748 页。

人诉”。

周枏先生给出了如此繁复且不统一的译法，与这两个诉在罗马法上本身相对复杂的情况相匹配。“赁借贷”(Locatio conductio)是罗马法上租赁制度的统称。与现代法中的租赁制度不同，罗马法上的租赁包括了“实物租赁、劳务租赁、承揽租赁”三种，而后两种租赁在现代法上已变成了非租赁的有名合同。“actio locate”是“出租人”提起的主张自己利益的诉讼，“actio conducti”则是“承租人”提起的主张自己利益的诉讼。罗马法上的“出租人”包括了出租其动产或不动产的人、给出待加工物材料的人、将其服务租给另一人的人，而“承租人”则包括了承租了他人之物的人、为他人加工物的人、雇用了其他人为之服务的人。①

可见，周枏先生对这两个诉采纳的多种译法，乃是根据上下文的不同需要给出的准确译法。此处虽然对同一术语采用了不同译法，但似乎并无统一的必要。

四、actio de dolo malo

在周枏先生著作中有“恶意欺诈诉”及“欺诈诉”两种译法，拉丁文原文中有“恶”(malo)，且在罗马法上有对称，即“善意欺诈”(dolo bonus)②，故从准确的对应关系上来看前者为佳，但从中文译回拉丁文，无论“欺诈诉(actio de dolo)”还是“恶意欺诈诉(actio de dolo malo)”，都是指同一个诉，因此译为“欺诈诉”即可，这也是意大利学者对意大利语版《学说汇纂》相应译名的建议译法。③

五、actio furti prohibiti

在周枏先生著作中有“拒绝搜查诉”及“拒绝搜查赃物诉”两种译法，后者

---

① Adolf Berger, *Encyclopedic Dictionary of Roman Law*, in Transactions of the American Philosoohical Society, New Ser., Vol. 43, No. 2(1953), p. 567.

② Mario Talamanca, Istituzioni di Diritto Romano, Giuffrè, Milano, 1990, p. 240.

③ Matteo Marrone, Per la Traduzione Italiana del Digesto sui Nomi delle Azioni, in Atti del Convegno di studi Scientia Iuris e Linguaggio nel Sistema Giuridico Romano, a cura di Francesco Sini e Rosanna Ortu, Giuffrè, Milano, 2001, p. 115.

似乎更好。该诉是以"actio furti"(盗窃诉)为中心建构的诉讼群中的一个,这一诉讼群包括了"actio furti concepti"(窃物发现诉)、"actio furti manifesti"(现行盗窃诉)、"actio furti nec manifesti"(非现行盗窃诉)、"actio furti non exhibiti"(拒绝出示窃物诉)、"actio furti oblate"(窃物栽赃诉)、"actio furti prohibiti"(拒绝搜查赃物诉)。① 因此,"拒绝搜查赃物诉"的译法更能反映该诉仅在"盗窃"场合适用,而"拒绝搜查诉"的译法会给人造成该诉是一种一般的普遍适用的强制措施的错觉,所以选择"拒绝搜查赃物诉"的译法较好。

六、actio hypothecaria

对于该词,周书中有"抵押权诉"和"抵押诉"两种译法。笔者认为后者更好,一则拉丁文原文确实没有"权"这个词,二来也有学者反思罗马法中是否有权利概念②,因此还是译为"抵押诉"比较好。

七、actio mandati 与 actio mandati directa

在周枏先生著作中,二者均被译为"委任诉"。后者与"actio mandati contraria"相对应,此处实际上涉及如何处理在罗马法诉讼中普遍存在的"directa"与"contraria"的对应关系问题,周枏先生对此并未采取统一的标准,而是采用了灵活的方式。如在委任场合,将两个相对的诉权译为"委任诉"与"受任诉",在无因管理的场合译为"本人诉或相对诉"或"无因管理直接诉"与"无因管理诉"。

参照现代民事诉讼法上的"本诉"和"反诉"的概念,可以较好地说明"directa"与"contraria"的对应关系。"本诉"与"反诉"是按程序法上的原告与被告之诉讼关系界定诉之间的关系,原告之主张为"本诉",被告提出的针锋相对的主张为"反诉"。反观"directa"与"contraria",它们则是按照实体法上的权利义务关系所为的界定,原告也可以提起相对诉(contraria),但原告绝不可能提起反诉。在周枏先生的译法中,笔者认为选择"直接诉和相对诉"来对应"directa"与"contraria"较好,首先和拉丁文原文意思匹配,其次译法"直接诉和相对诉"作为术语在当代法学中缺乏对应物,可以凸显其作为罗马法上特有

---

① 本小节内拉丁文术语的译法均来自周枏先生的《罗马法原论》。

② 方新军:《权利概念的历史》,载《法学研究》2007 年第 4 期。

制度的特殊性。在这一点上，“直接诉”的译法要优于“本人诉”。

对现代读者而言，与“本人”相对的往往是“受托人”、“代理人”，“本人诉”的译法容易误导读者认为与之形成对应关系的诉是“受托人之诉”或“代理人之诉”。就委任而言，这样的理解也符合委任直接诉和相对诉的现实，即直接诉确实由本人提起，而相对诉确实由受托人提起，因此可以说，采纳“本人诉”的译法，会导致读者误认为自己理解了“直接诉与相对诉”的范畴，且依这种误解能无障碍地理解部分相关材料。

八、actio negatoria utilis

该词在周枏先生书中有两种译法：“准排除侵害之诉”和“准所有权保全诉”。笔者认为“utilis”不应被翻译为“准”，而应是“扩用”（详见后文论述）。“所有权保全”在现代法的语境中应被理解为“防止所有权发生不应有的变动”。“actio negatoria”的主旨显然与防范所有权的异动无关，在某人误认为在某土地上有地役权或者通行权时，土地所有人可以借由该诉否定被主张的权利。如果说保全着眼于所有权动态的流转，那么“actio negatoria”就只是着眼于所有权静态的安宁，二者是不同层面的问题，因此用“保全”翻译该诉是不妥的。

“排除侵害之诉”似乎也不是稳妥的译法。中文中的“侵害”往往有当事人故意施害的意思，但“actio negatoria”仅仅对那些不知道自己无权利而主张地役权或者通行权的人适用，如果当事人明知自己无权利却仍主张地役权或通行权，将适用侵辱之诉（actio iniuriarum）而非本诉。[①] 因此，相对于《罗马法原论》给出的两种译法，黄风先生在《罗马法词典》中给出的译法似乎更为可取，即将“actio negatoria”译为“排除妨害之诉”[②]，相应地，“actio negatoria utilis”就应译为“扩用的排除妨害之诉”。

九、actio praescriptis verbis

该词在周枏先生著作中有“口约诉”与“前书诉”两种译法，考虑到该制度

① J. A. C. Thomas, *Textbook of Roman Law*, Amsterdam, New York and Oxford: North-Holland Publishing Company, 1976, p. 199.

② 黄风：《罗马法词典》，法律出版社 2002 年版，第 14 页。

与罗马法诉讼程式的对应，即书写在程式的前段[①]，以及“口约”在罗马法中相对专有的用法，如“要式口约”，后一译法明显较优。

十、actiones utiles

周枏先生认为是“拟制的诉讼”又称为“准诉讼”，这一观点似乎不妥。首先，“拟制的诉讼”在罗马法中已经有了专门的对应词汇“actiones ficticiae”，当代法中也用“fictiae”的同根词“fiction”来指称“拟制的法律技术”，译为“拟制”，与其原文不符，更会导致相关术语的译名体系混乱。其次，罗马法中的“quasi”普遍译为“准”，译为“准诉讼”会让人产生拉丁文原文为“quasi”的误解。综上，对该诉采取黄风先生《罗马法词典》中“扩用”的译法较好。[②]

十一、animus tenendi

该词在周枏先生著作中分别被译为“掌握物件的意思”及“持有”。罗马法上的“tenendi”恰恰指交付（traditio）既不转移所有也不产生占有效果的情况[③]，如使用借贷。同时，交付还可以转移所有及占有，将“tenendi”翻译为“持有”，恰可以与所有及占有形成对应关系，应是较优的译法；译为“掌握物件的意思”则让人感觉语焉不详，并不能明确表达其准确的内涵。

十二、cautio rei uxoriae

该词在周枏先生著作中有“妻财保证”及“嫁奁返还保证”两种译法，前一种译法更符合拉丁原文，后一种译法则是一种意译。在罗马法中，设立嫁资构成交付的正当原因之一，即嫁资在交付给丈夫后，就成了丈夫的财产，日后即使婚姻关系解除，设立嫁资的人也不能从丈夫处取回财产。为了应对这种局面，嫁资设立人往往通过要式口约和丈夫达成本条规定的保证，以便嫁资设立人在婚姻关系解除后能够重获作为嫁资给出的财产。可见，“妻财保证”的译

① 周枏：《罗马法原论》，商务印书馆1994年版，第892页。

② 黄风：《罗马法词典》，法律出版社2002年版，第19页。

③ [英]巴里·尼古拉斯：《罗马法概论》，黄风译，法律出版社2004年版，第128页的论述。在该书中，黄风先生将“traditio”译为“让渡”。

法虽然与拉丁原文形成严格的对应关系，但容易导致误解为该保证是为了保障妻子的财产利益向妻子返还嫁资。实际上，该保证是为了嫁资设立人的利益设定的。因此，以“嫁奁返还保证”的译法为优。

十三、condictio indebiti

该词在周枏先生著作中有“不负债的收回诉”、“不负债的返还诉”及“无债清偿返还”三种译法。

第一种译法中的“收回”一词值得商榷。“condictio indebiti”指的是某人误认为欠另一人债而为清偿，由此移转了物的所有权，并进而只能通过对人性的“condictio”来主张自己的权利，而不能再通过对物性的诉讼来主张返还物。因为所有权已经发生移转，使用“收回”一词就不是很恰当了，因为收回往往指收回自己的东西。

第二种译法中的“返还诉”符合制度本旨，是可取的译法，且从术语体系看是较优的译法。以“condictio”（返还诉）为中心的术语在罗马法中还有若干个，例如：“condictio causa data causa non secuta”（对待给付未履行的返还诉）、“condictio certae rei”（确定物返还诉）、“condictio ob dati”（交付物返还诉）、“condictio ob turpem causa”（不道德的返还诉）[①]等。从汉语语法的角度讲，它们都是以“返还诉”为中心的偏正结构，在保持统一的“返还诉”的基础上，应各种情形的要求加上修饰语，由此构成一个术语体系，并可以区分“action”与“condictio”这两个在中文中均被译为“诉”的术语。

中心词确定后，对于究竟译为“不负债的返还诉”还是“无债清偿返还诉”，我倾向于选择后者，前者的模糊表达会让读者不能通过诉名直接获悉该诉的主旨，后者则可以做到这一点。不负债并不构成返还的理由，无债但又为清偿则明白无误地说明了为何要返还。

十四、condictio sine causa

该词在周枏先生著作中有“无因诉”、“不当得利”、“无因返还诉”或“不当得利诉”等译法。笔者认为这一术语应被翻译为“无因返还诉”，翻译为“返还诉”的理由我在前一部分已述及。为什么不能译为“不当得利”而必须译为“无

① 此处译法采周枏先生《罗马法原论》中的译法。

因”，则需要进一步的阐释。

在罗马法中，并不存在一个确切的并被反复使用的叫做“condictio sine causa”的诉，这一名称只是用来指代一些类型的返还诉，并且仅仅是作为第12卷第7题的题名在《学说汇纂》中出现，古典罗马法中作为诉存在的只是返还诉，而并没有可以适用的某个“condictio sine causa”。《学说汇纂》第12卷第4题到第7题以及第13卷第1题至第3题的题名中出现的诸多类型的返还诉，如对待给付未履行的返还诉(D. 12,4)，因秽行或非法原因的返还诉(D. 12,5)、非债清偿返还诉(D. 12,6)、盗窃返还诉(D. 13,1)、法定返还诉(D. 13,2)等，这些都是对“condictio”的总结，而非本身就存在的诉，至少古典罗马法中是这样。尽管意大利学者马罗内认为在优士丁尼时代，这些诉名有了典型性[①]，但我认为拉丁的观点更可信，他认为只是后世的评注法学家将这些题的名称变为了具体的可运用的诉，而在优士丁尼时代，这些名称是有名无实的，只是作为一些题的名称来统帅一些材料。[②] 用不同的题名区别不同的情形，的确是对返还诉进行的区分。但在优士丁尼的法典编纂者所为的区分中，并没有某个题严格地对应于今日我们所说的不当得利。《德国民法典》[③]中确定不当得利之一般原则的第812条，与其说是与《学说汇纂》的某个题对应，毋宁说是对应于彭波尼在D. 12,6,14中表达的观点。[④] 将“condictio sine causa”译为不当得利，是用现代意识形态对古人观念的生搬硬套。现代读者会产生错觉，认为不当得利古已有之，对罗马法本身而言，则是生硬的削足适履。

如果说不当得利制度与罗马法上的各色返还诉有什么联系的话，应当说不当得利制度是对上述各类返还诉进行总结和抽象的结果，但不当得利制度本身的涵盖范围又远远广于罗马法上的各类返还诉。

---

① Matteo Marrone, Per la Traduzione Italiana del Digesto sui Nomi delle Azioni, in Atti del Convegno di studi Scientia Iuris e Linguaggio nel Sistema Giuridico Romano, a cura di Francesco Sini e Rosanna Ortu, Giuffrè, Milano, 2001, p. 113.

② Max Radin, undemental Concepts of the Roman Law, in *California Law Review*, Vol. 13, No. 2(Jan, 1925), p. 134.

③ 之所以选择《德国民法典》中规定的不当得利制度作为参照对象，主要是因为我国民法传统与德国的紧密关系，我们理解的不当得利制度就是德国法上的概念。

④ 可以将两条的内容对照，《德国民法典》第812条第1款：无法律上的原因，因他人的给付或以其他方式使他人蒙受损失而自己取得利益的人，对该他人负有返还义务[陈卫佐译注：《德国民法典》(第2版)，法律出版社，第303页]。D. 12,6,14：从自然的衡平可知，任何人不得因他人的受损而获得金钱利益。

对于返还诉与不当得利制度千丝万缕的联系,有学者认为,《德国民法典》不当得利题下的第813条以及第814条的规定与非债清偿返还诉(D. 12,7)有对应关系,第815条与对待给付未履行的返还诉(D. 12,4)有对应关系,第817条则与因秽行或非法原因的返还诉(D. 12,5)有对应关系。[①]

另一方面,由于《德国民法典》采纳了物权行为理论,因此就"交付"行为移转所有权的效力而言,"交付"不再需要罗马法上的"正当原因"(iusta causa),其结果是罗马法上很多不移转所有权的情形在德国法上移转了所有权。"无因"的所有权变动情况增多了,适用"无法律上的原因"得利的不当得利制度的情形也就增多了。一个典型的例子是买卖,罗马法上的买卖与德国法上的买卖均是债权契约,即只产生债的契约。但在罗马法上买卖是构成交付的正当原因之一,因而买卖无效则所有权不发生变动;而德国民法因为采纳了物权行为理论,买卖效力与所有权变动效力绝对两分,买卖无效时所有权仍可以发生变动。在罗马法中,并没有对无效买卖适用返还诉的必要,也找不到相关的原始文献,因为买卖无效时,所有权并不发生变动,可以直接适用对物之诉,但在德国法中,对于无效买卖的救济只能诉诸不当得利制度。

总之,"condictio sine causa"与不当得利制度有着巨大的差别,绝不可将前者译为后者,遵循拉丁原文,将之译为"无因返还诉",在我看来是比较好的译法。

十五、confusion

该词在周枏先生著作中有"混同"和"融合"两种译法,考虑到我国现代民法更倾向于将"confusion"的同源词"confusion"译为"混同",且"混同"已经是民法上的一个术语,故以"混同"为佳。

十六、constitutum debiti alieni

该词在周枏先生著作中有"履行他人债务的简约"及"简约保证"两种译法,我更倾向于前一种译法。与"constitutum debiti alieni"相关的制度有"constitutum debiti proprii",前者指以非要式的方式约定偿还第三人债务,后

① Paolo Gallo, Unjust Enrichment: A Comparative Analysis, In *The American Journal of Comparative Law*, Vol. 40, No. 2 (Spring, 1992), p. 441.

者指以非要式的方式变更自己先前债务的履行时间或地点。将前者译为“履行他人债务的简约”,对应地就可以将后者译为“履行自己债务的简约”,由此可形成对应性的翻译。从与拉丁术语严格对应的角度看,黄风先生的译法“关于他人债务的协议”和“关于自己债务的协议”①似乎更好,因为拉丁文原文中并没有“履行”一词。黄风先生与周枏先生不同,将“constitutum”译为“协议”而非“简约”,这两种译法都没有错,都揭示了“constitutum”的非要式性。但从术语体系的严格对应的角度看,却都有不足,因为“协议”一词往往与“convention”形成对译,而“简约”一词往往是“pactum”的译名,将“constitutum”译为“协议”或“简约”都会存在误导读者错认拉丁文词源的可能,但现代的法律汉语中似乎又找不到一个更恰切的词汇。

十七、damnum infectum

该词在周枏先生著作中有“不测的损害”及“未确定的损害”两种译法。从词义来看,“infectum”意为未完成,所指应该是已经显现,但尚未完成的状态。从具体的罗马法制度来看,“damnum infectum”指的是,某不动产的所有人认为邻人可能会对自己的财产造成损害,由此可以主张邻人提供相应的担保,如果邻居未提供担保但损害后来确实发生了,裁判官可以视为已经提供了担保,并提供授予占有(missio in possessionem)的救济措施。综合以上两点,可见“未确定”的译法表明了损害的发生而未完成的状态,较“不测的损害”而言是更好的译法。

十八、dominium ex iure gentium

该词在周枏先生书中有两种译法:“外国人所有权”、“万民法上所有权”。出于拉丁文原意考虑,后者为优,且万民法上所有权并非属人所有权,即并不是“外国人”专属的某种所有权,而是指所有权的一种样态。因此,应统一译为“万民法上所有权”。

① 黄风:《罗马法词典》,法律出版社2002年版,第70页。

十九、exceptio pacti

该词在周枏先生著作中有“简约抗辩”及“约束抗辩”两种译法，前者无疑是正选，“pacti”为简约，与“约束”有关，但并不是约束。

二十、lex Aquilia

该词在周枏先生书中有“私犯法”和“阿奎利亚法”两种译法，依法典通常以名行译的通例，后者为佳。严格地依据法案提案人的人名翻译，该诉应被译为阿奎流斯法。

二十一、lex commissoria(commisoria)

该词在周枏先生书中有三种译法：“没收条款”、“解除条件”、“解除条款”。“lex”意为合同中的一款，“条款”译法为佳。没收条款与解除条款的译法都是正确的，前者是质押场合的“lex commissoria”，后者是买卖场合的“lex commissoria”。[①] 但质押场合的没收条款实际上就是流质条款，即在债务不履行时，债权人直接取得质物。因此，可以考虑在不同情形，分别将该术语译为“流质条款”和“解除条款”。

二十二、pignus ex causa judicati captum

该词在周枏先生著作中出现了两种译法，一为判决质押，一为判决扣押，笔者认为前者较好。如果仅仅从字面上理解，出现了判决(judicati)，我们会当然地以为应该为“扣押”。但在罗马法上，持有或控制相关财产的，并非是作出判决的公权机构或其他公权机构，而是主张权利的私人。若经过一段时间债务人仍未偿债，该私人就可以直接拍卖控制的财产。[②] 如此看来，译为“质押”似乎更恰当。

---

① Adolf Berger, Encyclopedic Dictionary of Roman Law, in Transactions of the American Philosoohical Society, New Ser., Vol. 43, No. 2(1953), p. 399.

② Edoardo Volterra, Istituzioni di Diritto Privato Romano, Roma, 1980, p. 239.

二十三、plus petitio tempore

该词在周枏先生著作中有“先期索债”和“时间上的过分请求”两种译法，似乎前者更加传神，后者更加忠实于拉丁文原文。在具体的情境中，“时间上的过分请求”不可能是清偿期已经届满后的请求，债权人“过期索债”不可能构成谴责债权人的理由。“时间上的过分请求”只可能是“先期索债”，周枏先生将该术语意译为“先期索债”无疑是妙译。

二十四、stipulatio poena

该词在周枏先生的著作中有“罚金附约”和“违约金契约”两种译法。“契约”在罗马法中并非“stipulatio”的对译，今日我们用以表达“契约”的英文单词“contract”，其拉丁文形式为“contractus”，且在罗马法上存在对应的法律概念，“stipulatio”至多可作为契约的一种，而并不能直接译为作为上位概念的契约，因此将之译为“约”较好。“Stipulatio poena”指的是约定债务人不履行特定债务时承担的金钱责任，不论这个特定债务是因为侵权还是因为契约发生的，显然有一个履行该债务的约定或者共同的理解，而违反了该约定，则发生金钱责任，从这个角度看，将“poena”译为“违约金”应是比较可取的做法，“罚金”的译法则不能体现出这一点。

二十五、testamenti factio

该词有遗嘱能力和遗嘱权两种译法，译为遗嘱能力为佳。罗马法中的遗嘱能力有两方面，积极的立遗嘱的能力和消极的承受他人遗嘱效果的能力。[①]我们可以说积极的立遗嘱的权利，但不能说消极的承受遗嘱的权利，因为消极的权利通常是指不作为的权利，而不是能够接受的权利，因此应将该术语译为“遗嘱能力”。

① Adolf Berger, Encyclopedic Dictionary of Roman Law, In Transactions of the American Philosoohical Society, New Ser., Vol. 43, No. 2(1953), p. 732.

附表一　需斟酌讨论的同词异议

（圆括号内为1994年版页码，尖括号内为2004年版页码）

1. actio ad exhibendum 交出物件诉(791)(853)
2. actio ad exhibendum 交出原物诉(344)(372)
3. actio certae creditae pecuniae 确定金额给付诉(671)(723)
4. actio certae creditae pecuniae 确定金额诉(668)(720)
5. actio conducti 保护承租人、雇佣人和承揽人的诉权(718)(774)
6. actio conducti 承揽诉(781)(842)
7. actio conducti 承作人诉(728)(785)
8. actio de dolo malo 恶意欺诈诉(856)(925)
9. actio de dolo malo 欺诈诉(795)(857)
10. actio furti prohibiti 拒绝搜查诉(790)(852)
11. actio furti prohibiti 拒绝搜查赃物诉(92)(101)
12. actio hypothecaria 抵押权诉(405)(437)
13. actio hypothecaria 抵押诉(394)(427)
14. actio locati 保护出租人、受雇人和定作人的诉权(718)(774)
15. actio locati 出租诉(721)(778)
16. actio locati 定作人诉(728)(785)
17. actio locati 托运人诉(781)(842)
18. actio mandati directa 委任诉(743)(801)
19. actio mandate 委任诉(918)(993)
20. actio negatoria utilis 准排除侵害之诉(380)(411)
21. actio negatoria utilis 准所有权保全诉(355)(384)
22. actio negotiorum gestorum contraria 无因管理相对诉或无因管理诉(777)(838)
23. actio negotiorum gestorum directa 无因管理直接诉或无因管理本人诉(776)(838)
24. actio negotirum gestio contraria 事务管理相对诉(777)(838)
25. actio praescriptis verbis 口约诉(660)(711)
26. actio praescriptis verbis 前书诉(748)(806)
27. actiones utiles 拟制的诉讼，又称为准诉讼(885)(956)

28. animus tenendi 持有(414)(448)
29. animus tenendi 掌握物件的意思(413)(447)
30. cautio rei uxoriae 妻财保证(193)(209)
31. cautio rei uxoriae 嫁奁返还保证(874)(944)
32. condictio indebiti 不负债的返还诉(610)(658)
33. condictio indebiti 不负债的收回诉(338)(365)
34. condictio indebiti 无债清偿返还(770)(831)
35. condictio sine causa 无因诉(674)(723)
36. condictio sine causa 不当得利(768)(829)
37. condictio sine causa 无因返还诉或不当得利诉(772)(833)
38. confusio 混同(850)(917)
39. confusio 融合(342)(369)
40. constitutum debiti alieni 简约保证(818)(882)
41. constitutum debiti alieni 履行他人债务的简约(758)(817)
42. damnum infectum 不测的损害(302)(326)
43. damnum infectum 未确定的损害(877)(948)
44. dominium ex iure gentium 外国人所有权 万民法所有权(308)(333)
45. dominium ex iure gentium 万民法上的所有权(304)(329)
46. exceptio doli mali 欺诈抗辩(795)(857)
47. exceptio doli 欺诈抗辩(592)(639)
48. exceptio pacti 简约抗辩(755)(815)
49. exceptio pacti 约束抗辩(605)(653)
50. lex commisoria 没收条款(404)(437)
51. lex commissoria 解除条件(713)(769)
52. lex commissoria 解除条款(662)(713)
53. pignus ex causa iudicati captum 判决质押(397)(429①)
54. pignus ex causa iudicati captum 判决扣押(924)(999)
55. plus petitio tempore 时间上的过分请求(894)(967)
56. plus petitio tempore 先期索债(610)(658)
57. stipulatio paenae 罚金附约(638)(688)
58. stipulatio poenae 违约金契约(810)(874)

① 该版本中译法改为“判决质权”。

59. testamenti factio 遗嘱能力(451)(488)
60. testamentio factio 遗嘱权(100)(109)

附表二　需选择译法之一进行统一的同词异译

（圆括号内为 1994 年版页码，尖括号内为 2004 年版页码）

1. adiudicatio 分析裁判(891)(963)
2. adiudicatio 分割裁判(333)(360)
3. Alexander Severus A. 塞威鲁斯(48)(53)
4. Alexander Severus 亚历山大·塞韦鲁斯(492)(532)
5. Appius Claudius 阿披乌斯·克老地乌斯(35)(39)
6. Appuis Claudius Caecus 克老鸠斯·崔库斯(45)(50)
7. Aquilius Gallus 阿奎利乌斯·盖路斯(795)(857)
8. Aquilius Gallus 咖路斯(591)(638)
9. arbiter 仲裁人(861)(930)
10. arbiter 仲裁员(932)(1008)
11. exceptio non numeratae pecuniae 并未收款的抗辩(670)
12. exceptio non numeratae pecuniae 未付款的抗辩(839)
13. iudex 法官(860)(930)
14. iudex 审判员(193)(209)
15. Lex Canuleia《卡努列亚法》(41)(46)
16. Lex Canuleia《卡努莱亚法》(941)(1017)
17. Licinius 李锡尼(61)(68)
18. Licinius 利西尼乌斯(158)(172)
19. Marcus Aurelius 马尔库斯·奥雷利乌斯(510)(550)
20. Marcus Aurelius 马尔库斯·奥勒利乌斯(176)(191)
21. missio in bona rei servandae causa 保全扣押(906)(979)
22. missio in bona rei servandae causa 财产保存令(397)(429)
23. missio in possessionem 占有裁定(889)(961)
24. missio in possessionem 占有命令(397)(429)
25. nexum 要式金钱借贷(868)(937)
26. nexum 要式现金借贷(936)(1011)
27. iugerum 优格鲁姆(27)(31)

28. iugerum 犹格(305)(329)
29. pacta legitima 法定简约(656)(707)
30. pacta legitima 敕令简约(760)(820)
31. pacta praetoria 大法官法简约(757)(816)
32. pacta praetoria 大法官简约(656)(707)
33. patron,patrona 恩主(220)(238)
34. patronus 保护人(751)(810)
35. pignoris capio 财产扣押(864)(933)
36. pignoris capio 扣押(870)(939)
37. praefectus annonae 粮政官(882)(953)
38. praefectus annonae 粮食官(50)(55)
39. querela non mumeratae pecuniae 并未收款诉(671)(723)
40. querela non numeratae pecuniae 未付款之诉(839)(905)
41. recuperatores 外务仲裁人(861)(931)
42. recuperatores 外事仲裁人(227)(245)
43. satisdatio 保证(908)(981)
44. satisdatio 连保(391)(422)
45. spondeo 承诺(667)(719)
46. spondeo 允诺(818)(882)
47. stipulatio duplae 加倍偿还口约(874)(944)
48. stipulatio duplae 双倍偿还口约(908)(982)
49. vindex 保人(865)(935)
50. vindex 保证人(931)(1007)
51. vites 葡萄(864)(933)
52. vites 葡萄蔓(94)(103)

罗马法中企业主责任诉讼的译名辨析

——结合《学说汇纂》第14卷翻译中遇到的问题

王莹莹*

一、导言

“增加之诉”(actiones adiecticiae qualitatis)是裁判官在市民法诉讼之外为了追究从事商业活动的企业主对其管理者经营行为的合同责任，增加创立的一个诉讼群，其中“针对船舶经营人之诉”(actio exercitoria)、“总管之诉”(actio institoria)分别是“增加之诉”在海商领域和陆商领域的具体类型，实现了所有者和管理者分离的企业经营模式，而“转化物之诉”(actio de in rem verso)则把企业主承担经营责任的范围限定在了特定的一部分财产上，实现了责任的有限性。这四个诉讼的中文译名的不统一造成了学习和研究的障碍，形式上的不统一也反映出了国内罗马法学界对它们的实质内容认识上的差异。通过文本分析法对这几个诉讼进行更深入的研究，可以为消除现存的译名分歧提供参考。

优士丁尼《学说汇纂》第14卷和15卷规定了适用于企业主的“增加之诉”，这个诉讼群确立了企业主不仅仅要为自己的行为承担责任，还要为他任命的管理者的行为承担责任的制度，奠定了罗马法企业制度的法律基础，孕育

* 西北政法大学经济法学院教师。

着现代民法的代理制度和有限责任制度的基本原则。[①] M. 塔拉曼卡教授指出，中世纪法学家从 D. 14,1,5,1 中提炼出了这个诉讼名称，包括"针对船舶经营人之诉"、"总管之诉"和"依令行为之诉"(actio quod iussu)，以及"特有产之诉"(actio de peculio)、"转化物之诉"和"分配之诉"(actio tributoria)[②]。国内译著中对"actiones adiecticiae qualitatis"，"actio exercitoria"、"actio institoria"和"actio de in rem verso"这四个诉讼的名称翻译存在着分歧。

二、中文译名的分歧

以拉丁文原始文献的中文译本、意大利文罗马法著作的中文译本，以及中文的罗马法著作为考察范围，"actiones adiecticiae qualitatis"、"actio exercitoria"、"actio institoria"和"actio de in rem verso"的中文相关译名列表如下：

著作名称	actiones adiecticiae (qualitatis)	actio exercitoria	actio institoria	actio de in rem verso
盖尤斯《法学阶梯》[③]	主人或家父之诉	船东之诉	经管人之诉	转化物之诉
优士丁尼《法学阶梯》[④]		船舶经营人之诉	总管之诉	主人利得之诉

① 曾论述过"增加之诉"的罗马法教科书，参见[意]彼得罗·彭梵得：《罗马法教科书》(修订版)，黄风译，中国政法大学出版社 2005 年版，第 139 页；Vincenzo Arangio Ruiz, Istituzione Di Diritto Romano, Napoli, Jovene, 2006, pp. 95s. Cfr. Mario Talmanca, Istituzione Di Diritto Romano, Milano, Giuffrè, 1990. pp. 84s; Alberto Burdese, Manuale di Diritto Privato Romano, TORINO, UTET, 1975. p. 509. nt. 1; Matteo Marrone, Insituzione di Diritto Romano, Milano, Giuffrè, 1994, p. 82. Feliciano Serrao, Impresa e Responsabilità a Roma nell'Età Commerciale, Pisa, Pacini, 2002, pp. 17～64. 关于诉讼的详细内容，参见王莹莹：《论罗马法中的增加之诉》，法律出版社 2011 年版。

② Mario Talamanca, Istituzione Di Diritto Romano, Milano, Giuffrè, 1990, p. 85.

③ [古罗马]盖尤斯：《法学阶梯》，黄风译，中国政法大学出版社 1996 年版，第 322 页，第 326 页。

④ [古罗马]优士丁尼：《法学阶梯》(第 2 版)，徐国栋译，中国政法大学出版社 2005 年版，第 485、489 页。

续表

著作名称	actiones adiecticiae (qualitatis)	actio exercitoria	actio institoria	actio de in rem verso
《民法大全选译：法律行为》①			行纪人②	
《契约之债与准契约之债》③		船舶经营者之诉	总管之诉	
《罗马法教科书》④	主人或家父之诉	船东之诉	经管人之诉	转化物之诉
《罗马法原论》⑤	附加之诉	海商之诉	企业之诉	所得利益诉
《罗马法词典》⑥	主人或家父之诉	船东之诉	经管人之诉	转化物之诉

笔者的观点是“actio exercitoria”应译为“针对船舶经营人之诉”；“actio institoria ”应译为“总管之诉”；“actio de in rem verso”应译为“转化物之诉”；“actiones adiecticiae qualitatis”译为“增加之诉”。

---

① [意]斯奇巴尼选编：《民法大全选译·法律行为》，徐国栋译，中国政法大学出版社 1998 年版，第 113 页注释 121。

② 这里仅是对“institor”的翻译。徐国栋教授对此有十分详细的解释：Institor，通译为总管，在《拉汉辞典》中还有代理商、中间人的意思。一般的总管为被代理人的家子、奴隶等，此所谓从属性的总管。根据彭梵得的《罗马法教科书》第 312 页对这一片段的引用和说明，这里的总管是非从属性的总管，换言之，总管与被代理人并无父子、主奴关系。这样的总管就是商业交易中的中介人。事实上，在这一片段中就出现了 interposita persona（中介人）的专门术语。因此，我把 institior 译为行纪人。与此相应，我把 insititor 的反义词 dominus 译为委托人。而在代理的场合，该词被译为被代理人。事实上，此处的总管是间接代理人；而代理人（procurator）是直接代理人。（[意]斯奇巴尼选编，徐国栋译：《民法大全选译·法律行为》，中国政法大学出版社 1998 年版，第 113 页注释 121）。

③ [意]斯奇巴尼选编：《契约之债与准契约之债》，丁玫译，中国政法大学出版社 1998 年版，第 367 页。

④ [意]彭梵得：《罗马法教科书》（修订版），黄风译，中国政法大学出版社 2005 年版，第 103～105 页。

⑤ 周枏：《罗马法原论》，下册，商务印书馆 1994 年版，第 617 页及以次。原书中引用的拉丁文是“actiones adjecticiae qualitatis”。

⑥ 黄风编著：《罗马法词典》，法律出版社 2001 年版，第 9 页；第 12 页；第 20 页。

三、拉丁文名称的文本分析

对于"actio"的翻译不存在异议，即诉讼的意思；"actiones"是"actio"的复数。存在问题的是对"exercitoria"、"institoria"、"in rem verso"、"adiecticiae qualitatis"的翻译。现在我们来看它们的拉丁文词义。

"exercitoria"是形容词"exercitorius"的主格变位，意思包括两个："关于来自经营的；关于船主、船东、船舶经营人的。"[①]若译为"船舶经营人(者)"或译为"船东"，在意思上都没有错误，但是在某些情况下船东并非实际的船舶经营人，比如空船出租的情况；而"海商"则仅表明了这个诉讼发生的行业范围，未能准确地译出其所包含的当事人身份。因而笔者倾向选择"船舶经营人"的译法。

"institoria"是形容词"institorius"的主格变位，意思是"关于或来自卖主或者商人的"[②]。若译为"总管"或"经管人"，在意思上都没有错误，"总管"相对于"经管人"涵盖面更广，对于戴克里先时代出现的一般委托，即非经管商务的委托可提起的准"insitoria"的诉讼也可以涵盖；译为"企业之诉"未能指明该诉讼名称中所包含的当事人身份。因而笔者倾向选择"总管"的译法。

"rem"是名词 "res"的宾格变位，指"物"的意思；[③]"verso" 是动词"verrere"的分词形式，这个词的一个引申意义是"转化"。[④] 因此，"in rem verso"翻译成"转化物"更为贴近文本。

"adiecticiae"来自动词"adicio"，是该词形容词形式的属格变位，意思是"增加，提高"[⑤]；"qualitatis"是名词"qualitas"的属格变位，意思包括"性质，财

---

① Luigi Castiglioni & Scevola Mariotti, IL Vocabolario della Lingua Latina (nuova edizione con appendice antiquaria), Milano, Loescher, 1990, p. 345 .

② Luigi Castiglioni & Scevola Mariotti, IL Vocabolario Della Lingua Latina (nuova edizione con appendice antiquaria), Milano, Loescher, 1990(这个词在该词典纸质版本中没有找到，但在其电子版本中却存在。)

③ Luigi Castiglioni & Scevola Mariotti, IL Vocabolario Della Lingua Latina (nuova edizione con appendice antiquaria), Milano, Loescher, 1990, p. 905.

④ Luigi Castiglioni & Scevola Mariotti, IL Vocabolario Della Lingua Latina (nuova edizione con appendice antiquaria), Milano, Loescher, 1990, p. 1132.

⑤ Luigi Castiglioni & Scevola Mariotti, IL Vocabolario Della Lingua Latina (nuova edizione con appendice antiquaria), Milano, Loescher, 1990, p. 24.

产，自然和状况或条件”。[①] 从词义直译而言，“adiecticiae”可译为“附加”，这是对词义的限缩直译；译为“主人”或“家父”，则是根据诉讼内容的意译，到底怎么译更为准确，我们需要进一步考证。

四、语词间逻辑关系的译法

根据“actio”后面跟的词的类别，对于以“actio”打头的诉讼名称的中文习惯译法可以分为以下几种：[②]

1. actio＋介词＋名词，其中包括：

actio＋介词 a＋名词的宾格形式，译法：直译，不加介词，例如仿效诉讼(actio ad exemplum)；

actio＋介词 de＋名词的夺格形式，译法：直译，不加介词，例如嫁资之诉(actio de dote)；

actio＋介词 ex＋名词的夺格形式，译法：加介词，随…，或依…，例如依要式口约之诉(actio ex stipulatu)；

actio＋介词 in＋名词的宾格形式，译法：不统一，例如地上物之诉(actio in rem superficiaria)；对人之诉(actio in personam)，因为介词 in 后面跟的名词有的表示诉讼标的物，有的表示诉讼的性质。

actio＋介词 adversus＋名词的宾格形式，译法：针对…之诉，例如针对船长之诉(actio adversus nautas)；

actio＋介词 contra＋名词的宾格形式，译法：针对…的诉讼，例如针对船长之诉(actio contra nautas)；

actio＋介词 quod＋名词的夺格形式，译法：依…之诉，例如依令行为之诉(actio quod iussu)。

2. actio＋名词的属格形式

译法：直译，例如盗窃之诉“actio furti”。

3. actio＋形容词的主格形式

---

① Luigi Castiglioni & Scevola Mariotti, IL Vocabolario Della Lingua Latina(nuova edizione con appendice antiquaria), Milano, Loescher, 1990, p. 863. 这个词经常被法学家省略掉，仅用“actiones adiecticiae”来表示这个诉讼名称。

② 以下所列举的诉讼名称的中文译名和考察范围以黄风的《罗马法词典》为例，参见黄风编著：《罗马法词典》，法律出版社 2001 年版。

译法：直译，例如分配之诉(actio tributoria)。

4. actio 的名词复数形式＋形容词的主格形式

译法：直译，例如营造官诉讼(acitones aediliciae)。

“actio exercitoria”和“actio institoria”属于“actio＋形容词”的主格形式的类型，与同类型诉讼的区别是，后面的形容词并不描述诉讼的性状，而是都指出了所涉及的诉讼当事人身份。其中“actio”与“exercitoria”的关系和“actio”和“institoria”的关系又是不一样的。但是“exercitoria”是主人或者家父，“insitioria”是主人或者家父(企业主)授权管理企业的人，前者“actio”和“exercitoria”是针对的关系，即对谁提起这个诉讼；而后者“actio”和“institoria”没有针对的关系，是“关于”的意思，即因“institoria”行为引起了这个诉讼。因此翻译的时候如果能体现出它们这一逻辑关系的不同，可以更好地让人们理解该诉讼的含义。S. 斯奇巴尼教授的《学说汇纂》意大利文译本中第 14 卷的翻译对于“actio exercitoria”提供的两个译法“azione esercitoria”和“azione control’armatore”[①]就体现出了这种考虑。

“actio de in rem verso”属于“actio＋介词 de＋介词 in＋名词的宾格形式”类型，根据词义判断，连接“actio”和后面的表示诉讼属性的名词的介词应该是“de”，“in”和后面的“rem verso”应该是一个整体。

“actiones adiecticiae qualitatis”属于“actio 的名词复数形式＋形容词的主格形式”的诉讼名称类型。按照其拉丁文本意并没有指出诉讼的当事人身份，而仅仅是对诉讼性质的一种说明限定，因而国内现有的翻译出现了直译和意译两种。这一点我们在前文中已看到。

通过语词分析还不能确定的有如下问题：

1. 对于“actio exercitoria”是否采取与“actio institoria”相同的方式处理语词间的逻辑关系，即把它“actio＋主格形式的形容词”类型，译为“船舶经营人之诉”？还是区别对待，采取 actio＋介词 contra＋名词的宾格形式的逻辑模式，把“actio exercitoria”译为“针对船舶经营人之诉”？

2. “in rem verso”若译为“转化物”是否符合这个诉讼的内容？

3. “actiones adiecticiae qualitatis”采取意译还是直译？

---

① Digesti o Pandette dell’Imperatore Giustiniano Testo e Traduzione (Ⅸ—ⅩⅣ), a cura di Sandro Schipani, con la collaborazione di LELIO LANTELLA, Milano, Giuffrè, 2007, p. 129.

五、名称出现的状态分析

根据 M. 马罗内教授的分析，诉讼名称可以分为名称使用的始终如一型和变化型。他指出"actio exercitoria"和"actio institoria"在《学说汇纂》中一直都是以唯一的名称重复出现的。[①] 这说明这两个诉讼在罗马法中已是有名的固定诉讼类型，而且这两个诉讼在《民法大全》中也常常相伴出现。例如在盖尤斯《法学阶梯》中，它们在同一片段中出现；[②]《学说汇纂》第 14 卷第 1 题是"De Exercitoria Actione"，第 3 题是"De Institoria Actione"；优士丁尼《法典》第 4 卷第 25 题集中规定了这两个诉讼。在优士丁尼《法学阶梯》中，这两个诉讼也是在第 4 卷第 7 题"被主张与处在他人权利下的人订立了交易的情况"前后相跟出现。

而"actio de in rem verso"和"actiones adiecticiae qualitatis"在文献中出现的形态就不一了。总结"actio de in rem verso"在文献中出现的拉丁文形态主要有三种。在盖尤斯《法学阶梯》中"in rem＋verrere"出现 6 次；"in rem＋dominium"（主人的）＋"verrere"或者不加"verrere"总共出现 6 处；"in rem＋patris（家父的）＋verrere"出现 3 次。在优士丁尼《法学阶梯》中，"in rem＋verrere"出现 7 处；"in rem＋dominium＋verrere"或者不加"verrere"共出现 8 处。在《法典》中，"in rem＋verrere"出现 8 处；"in rem＋dominium＋verrere"出现 2 处；"in rem＋patris"（家父的）出现 1 次。在《学说汇纂》中，"in rem＋verrere"出现 120 处之多；"in rem＋dominium＋verrere"或者不加"verrere"共出现 21 处；"in rem＋patris（家父的）＋verrere"或者不加"verrere"出现 11 次。在所有文献中，"de in rem verso"多数情形与"actio"（诉讼）或者与动词"agere"（提起诉讼）一起出现，而"in rem＋dominium＋verrere"极少和表示诉讼的动词或者名词连用。由此可推知两点："de in rem verso"与动词"agere"[提起（诉讼）]或者名词"actio"（诉讼）连用应该是这个诉讼的更普遍的表达方式；"主人的"或者"家父的"的物都有可能被转化成为转化物。

"actiones adiecticiae qualitatis"在原始文献中没有相应的术语，如前文提

---

① Matteo Marrone，Per La Traduzione Italiana del Digesto sui Nomi delle Azioni，in Scientia iuris e linguaggio. Atti Sassari（1996），Milano，Giuffrè，2001，p. 113.

② ［古罗马］盖尤斯：《法学阶梯》，黄风译，中国政法大学出版社 1996 年版，第 322 页。

到的，这个名称来自中世纪法学家的创造，源于 D. 14,1,5,1。[①] 这个片段最后一句话传递的信息对这个诉讼的译名的选择很有启示：“因为这个告示并不是把〈对船舶总管〉之诉转向了〈对船舶经营人〉的诉讼，而是增加了〈一个新的诉讼〉。”“增加”是这个诉讼的特质。

六、结论

(一)“actio exercitoria”和“actio institoria”

这两个诉讼承担责任的主体都是企业主，前者经营的是船运，后者经营的陆上商贸。两者的共性在于：都是裁判官通过告示创建的诉讼；承担责任的原因都是因为授权行为；并且承担责任的类型都是“in solidum”(全额)。[②]。两个诉讼既是相同的诉讼类型，即同属企业主责任之诉，又是特别和一般的关系，即前者是海商，后者是一般商业。但是，“exercitoria”和“institoria”代表的身份不同，前者是实质上承担责任的人，后者是引起诉讼的形式上的合同订立人，若采用相同的方式翻译，再加上两个诉讼总是同时出现，容易引起误解。因此笔者倾向于将“actio institoria”译为“总管之诉”，“actio exercitoria”则译为“针对船舶经营人之诉”，以此来体现“institoria”和“exercitoria”在诉讼中的不同的身份关系。

(二)“actio de in rem verso”

首先，转化物的所有人可能是主人也可能是家父，如我们前面考察到的“in rem＋dominium(主人)＋verrere”和“in rem＋pater(家父)＋verrere”类型分别是这个诉讼出现的两种具体情形。其次，不是对所有的主人或者家父的财产增益都可以引起这个诉讼，要区分财产的增益是来自特有产的增加还是来自转化物的增加，因为这两个增加在法律上都会带来主人或家父财产的增

---

① D. 14,1,5,1。保罗：《告示评注》第 29 卷：同样的，如果我的奴隶经营船运企业，我和他的船舶总管缔结了合同，这将不会是任何障碍，以此对抗船舶总管，提起属于我的诉讼或者基于市民权利或者基于裁判官法：事实上，这个告示不是阻碍其他人对船舶总管提起诉讼，因为这个告示并不是把对船舶总管之诉转向了对船舶经营人的诉讼，而是增加了一个新的诉讼。

② [古罗马]优士丁尼：《法学阶梯》(第 2 版)，徐国栋译，中国政法大学出版社 2005 年版，第 485 页。

益。这个区分在《学说汇纂》中的体现是编纂者把特有产之诉和转化物之诉分而规定之，前者引起的是特有产之诉，后者引起的是转化物之诉。最后要区分的是这个增益是否来自他权人缔结的合同的直接结果，即缔约人的物是否是通过和他权人缔结的合同变成了主人的物，形成了主人财产的增益。因此，非经过这个转化过程的财产增益，比如主人接受的奴隶的赠予就不可以提起转化物之诉；主人自己行为带来的财产增益也不能提起转化物之诉。可见“转化”过程本身是这个诉讼得以提起的必备条件。[①] 因此笔者倾向于“转化物之诉”的译法。

（三）“actiones adiecticiae”

根据前文的论述，它是裁判官通过告示在市民法之外增加的一类诉讼群，引起的法律后果是企业主要基于自己授权的管理人的行为对交易的相对人承担合同责任。通过中世纪法学家的创造，它成为追究家父或主人责任的一类有名诉讼。包括针对船舶经营人之诉、总管之诉、分配之诉、特有产之诉、转化物之诉、依令行为之诉，这些诉讼构成了罗马法企业主组织形式的法律基础。从这个诉讼产生的方式来看，其最大的特质在于它并非原有的市民法诉讼的移转，而是一个新增加的诉讼。A. 布尔代斯在其《罗马私法教程》中把基于这个诉讼产生的责任称为“增加的责任”，并将其作为债的一个发生原因。[②] 因而对于它的翻译应该体现出它的特质，即“增加”。译为“家父责任”虽体现出了内容，但是古罗马的家父责任并非仅仅指这一类型，还包括因他权人非法行为引起的侵权责任，所以涵盖面超出了这个诉讼本身包括的内容。而“附加之诉”的译法有一点不妥，即“附加”一词除了“增加”的意思之外，还有主次关系中“附属”的意思，这个诉讼本身并非附属于哪个主诉讼，而是增加了一个新的诉讼。因此笔者主张译为“增加之诉”。

---

① 对此的详细论证，请参见王莹莹：《论罗马法中的增加之诉》，2009 年厦门大学博士论文，此处不再展开。

② Alberto Burdese, Manuale di Diritto Privato Romano, Torino, UTET, 1975, p. 509. nt. 1.

"Actio de in rem verso"在罗马法中的历史真实及其在现代法中的演进

——兼谈其中译名的统一

李　飞*

一、"Actio de in rem verso"产生之前的罗马法

(一)特有产产生之前

罗马人把家父对子女享有的支配权夸耀为他们特有的制度,①如同子女一样处于他人权力支配下的还有奴隶,而奴隶只是权力客体中的有体物的一种。家父或主人对子女和奴隶的支配权,自然决定了后者的无能力或者仅有有限的能力,在财产方面尤为如此。家父是财产权利的唯一主体,子女不得自有财产,犹同奴隶,子女所得的一切财物均归家父所有。同时,罗马法早期,法律行为必须当事人亲自履行特定的方式,而后始生效力;债是对双方当事人的身体直接发生物质上的关系,也须当事人亲自为之,否则其行为无效。② 因此,在以农业为基础而商业活动很少的早期罗马社会并不存在代理的观念,法律行为须当事人亲自为之,且仅在当事人之间产生效力。③

---

* 华侨大学法学院讲师。

① I.1,9,2 而我们对子女享有的支配权是罗马市民特有的,事实上,没有任何其他人对子女享有像我们享有的这样的权力。参见[古罗马]优士丁尼:《法学阶梯》,徐国栋译,中国政法大学出版社 2005 年版,第 39 页。

② 周枏:《罗马法原论》(下),商务印书馆 2004 年版,第 664 页;黄右昌:《罗马法与现代》,中国方正出版社 2006 年版,第 261 页。

③ Julio Alverto Diaz, Unjust Enrichment and Roman Law(Enriquecimento sem Causa e o Direito Romano), Pensar, Fortaleza, abr. 2007, Ediçào Especial, p. 116.

从公元前2世纪—公元前1世纪这一时期开始，随着经济和商业交往的发展，情况发生了改变，家子由完全的无能力过渡到有财产方面的广泛的权利能力，这表现为特有产（peculium）制度的产生。[①] 根据乌尔比安的说法，特有产最初只是由家父给予的“像少量的现金或少量的财产一类的东西”，[②]称为父予特有产（peculium profecticium）；帝政初期，奥古斯都皇帝规定了军营特有产（peculium castrense）；帝政后期，君士坦丁一世规定了准军营特有产（peculium quasi castrense）；该帝同时创设了外来特有产（peculium adventicium）。除家子之外，奴隶也取得了少量的特有产，它包括主人的赏赐或者第三者赠与的任何物品，但主要由奴隶自己的积蓄构成。[③] 虽然特有产的所有权仍归家父或主人，家子和奴隶仅享有使用、收益权以及极小范围内的处分权，但后者毕竟在财产上取得了一定的独立地位，这一突破必然对其他制度带来冲击。

（二）特有产产生之后

早在特有产制度产生之前，罗马法对通过第三人实施法律行为的限制就已被突破，正如拉贝奥所说，“在不在场的人之间，也可以通过书信或信使[达成合意]”，一些罗马法学家甚至把这种通过第三人转达意思的做法理解为“代理”（procura）。[④] 但罗马法学家理解的“procura”与现代民法中的“代理”不同：家子和奴隶可以作为家父或主人的“信使”与第三人达成合意，但他们仅仅具有财产方面的“行为能力”，并没有财产上的“权利能力”，也就是说，他们可

---

① ［意］阿尔多·贝特鲁奇：《从契约到身份与罗马的身份制度》，徐国栋译，载《现代法学》1997年第6期，第94页。

② D.15,1,5,3。参见［意］桑德罗·斯奇巴尼选编：《婚姻·家庭和遗产继承》，费安玲译，中国政法大学出版社2001年版，第207页。

③ ［意］彼德罗·彭梵得：《罗马法教科书》，黄风译，中国政法大学出版社2005年版，第102页。D.15,1,5,4 乌尔比安：《告示评注》第29卷：正如杰尔苏在《学说汇纂》第6卷中表述的那样，杜贝罗（Tubero）是这样给特有产下定义的：特有产是指奴隶经主人准许所拥有的、独立于主人财产之外的、扣除他对主人所负的债务的那部分财产。参见［意］桑德罗·斯奇巴尼选编：《婚姻·家庭和遗产继承》，费安玲译，中国政法大学出版社2001年版，第207页。译文有改动。

④ D.2,14,2pr.,D.3,3,1,1。参见［意］桑德罗·斯奇巴尼选编：《法律行为》，徐国栋译，中国政法大学出版社1998年版，第110～111页。另参见黄风：《罗马法私法导论》，中国政法大学出版社2003年版，第109页。

以缔结契约或交易,但在特有产制度产生之前他们没有自己的财产,他们所获得的一切皆属于家父或主人。[①] 且从债务的角度看,家父或主人并不因其家子或奴隶的行为而负债,法律只承认前者可以因后者的行为成为债权人,但不能因此成为债务人。[②] 这也就为对与家子和奴隶交易的第三人利益的保护埋下了隐线,只是当时家子和奴隶对交易的参与程度有限,这一需求尚未彰显出来。然而,随着手工业和商业的逐渐发达,交易日渐频繁,家父或主人不可能再完全通过自己管理其作坊和进行各种贸易活动,对家子和奴隶参与交易的需求增加,而他们财产权利能力的欠缺虽然在一定程度上为已经产生的特有产制度所弥补,但远不足以保护与之交易的第三人的利益,进而阻碍交易的进行。到了共和末叶,裁判官为适应实际需要,便利贸易,针对家父和主人对其家子和奴隶与第三人之间达成的交易所应承担的责任,创设了各种诉权,包括依令之诉(actio quod iussu)、针对船舶经营人之诉(actio exercitoria)、总管之诉(actio institoria)、准总管之诉(actio quasi institoria)、特有产之诉(actio de peculio)、分配之诉(actio tributoria)以及"actio de in rem verso",它们被法学家统称为"增加之诉"(actiones adiecticiae qualitatis)。[③]

上述各类诉权中,"actio de in rem verso"的意义最为重大,其影响也最为深远,对此下文会有详细考察,这里我仅先就其内容和适用作一分析。

二、"Actio de in rem verso"产生前期的适用——以盖尤斯《法学阶梯》为中心

当奴隶或家子以某种方式把与第三人交易所得转化进主人或家父的财产之中时,不论主人或家父是否知晓或同意该交易,第三人都可就产生于上述交易的债务对后者提起诉讼,这种诉讼即"actio de in rem verso"。该诉讼形式

① [意]阿·贝特鲁奇:《从契约到身份与罗马的身份制度》,徐国栋译,载《现代法学》1997年第6期,第93页及以次。

② Julio Alverto Diaz, Unjust Enrichment and Roman Law(Enriquecimento sem Causa e o Direito Romano), Pensar, Fortaleza, abr. 2007, Ediçào Especial, p. 116. 另参见周枏:《罗马法原论》(上),商务印书馆2004年版,第157页。

③ Adolf Berger, Encyclopedic Dictionary of Roman Law, The American Philosophical Society, Philadelphia, 1991, p. 624. 对上述各类诉权的介绍,可参见黄风编译:《罗马法词典》,法律出版社2002年版,其中的相应词条。

的出现"在某种程度上起到了代替罗马法中所没有提到的直接代理制度的功能"。[①] 盖尤斯在其《法学阶梯》中用三个片段对该诉讼做了论述，Gai. 4，72a：裁判官还设立了一种关于特有产的诉讼和 actio de in rem verso。尽管某一事务是在未征求父亲或者主人的意愿或同意的情况下同其儿子或者奴隶进行的，但如果该事务所涉及的某些物转化为父亲或者主人之物，则可以在 in rem versum 的范围内提起该诉讼。何为"versum"，这需要做出充分的解释。但如果没有任何 versum，裁判官所赋予的诉权将仅以特有产为限，而且告示使用的就是这样的词句。……Gai. 4，74：毫无疑问，根据父亲或者主人的指令缔结契约的人和有权提起针对船舶经营人之诉或者总管之诉的人，也可以提起特有产之诉或者 actio de in rem verso。但是没有人会这么傻：当他可以安然地通过前一类诉讼获得全部欠款时，却自找麻烦地去证明那个同自己缔约的人拥有特有产并且他可以从该特有产中获得清偿，或者去证明他所要求的东西已转化为父亲或者主人之物(in rem patris dominive versum esse)；Gai. 4，74a：有权提起分配之诉的人，也可以提起特有产之诉或者 actio de in rem vero。……如果那个同儿子或者奴隶缔约的人可以证明应付给他的东西已转化为父亲或者主人之物(in rem patris dominive versum esse)，则更有理由采用这种诉讼。[②]

从上述三个片段中，对"actio de in rem verso"的适用可以归结出如下几点。第一，适用主体方面：系第三人因家子或奴隶的行为而对家父或主人提起的诉讼；第二，适用前提一：家子或奴隶为交易之前是否征得了家父或主人的

① [日]五十岚清：《比较法入门》，日本评论社 1968 年版，第 578 页。由于该书尚无中文版本，本文所引该书的内容，得益于刘敏在翻译中的热心帮助，在此致谢。在罗马法上是否存在代理制度，是一个聚讼纷纭的问题，但戴克里先皇帝的一个敕令否定了自由人作为代理人的可能性，C. 4，27，1pr. 戴克里先及马克西米利安皇帝致马尔切拉：任何物都不能通过不受制于他人权力的自由人取得，占有的情况除外，这是无可置疑的法。参见[意]桑德罗·斯奇巴尼选编：《法律行为》，徐国栋译，中国政法大学出版社 1998 年版。实际上，从某种意义上讲，罗马社会的直接代理问题是通过自权人与他权人的关系调整加以解决的：家子或奴隶享有行为能力，但却不享有或只享有有限的权利能力，其行为的法律后果由家父或主人承担。参见黄风：《罗马私法导论》，中国政法大学出版社 2003 年版，第 110 页。但据贝特鲁奇的考证，罗马法中似乎存在着系统的代理制度。参见[意]阿·贝特鲁奇：《保护与企业主缔约的第三人制度的起源》，徐国栋译，载徐国栋主编：《罗马法与现代民法》(第 3 卷)，中国法制出版社 2002 年版，第 27～50 页。

② [古罗马]盖尤斯：《法学阶梯》，黄风译，中国政法大学出版社 1996 年版，第 324～326 页。译文有改动，着重号为笔者所加。

意愿或同意，在所不问；第三，适用前提之二：家子或奴隶将该交易涉及的物(res)转化为家父或主人的财产。在此，难免产生出现一个疑问："actio de in rem verso"的适用，是否必须以家父或主人得利为限？因为家父或主人没有从中得利则不适用该诉讼，这已然成为一种共识。[①] 然而仅从上述片段中，似乎得出这样的结论较为保险：只要从事交易的家子或奴隶将与第三人交易的结果转化为家父或主人之物，即可适用"actio de in rem verso"，至于是否必须存在"得利"，尚看不出其端倪。如果说仅从盖尤斯的三个片段得出前一种"共识"较为牵强，而得出后一种结论又不太明朗的话，那么在"actio de in rem verso"的后期发展中，其轮廓就更为清晰了。

三、"Actio de in rem verso"产生后期的扩张——以优士丁尼《学说汇纂》为中心

无论如何，适用该"actio de in rem verso"之前，正如盖尤斯在 Gai. 4,72a 中所言，总要确定何为"in rem versum"，存在 in rem versum 方得提起 actio de in rem verso。所幸的是，《学说汇纂》第 15 卷第 3 题(De in rem verso)对此有详细规定。[②]

---

① Adolf Berger, Encyclopedic Dictionary of Roman Law, The American Philosophical Society, Philadelphia, 1991. 该辞书的 peculium 词条中对"actio de in rem verso"如此解释：当家父或主人在其家子或奴隶从事的交易中获得特别利益(profit)，则可以对其得利(enrichment)提起该诉讼。[意]彼德罗·彭梵得：《罗马法教科书》，黄风译，中国政法大学出版社 2005 年版，第 105 页。彭梵得认为，在 actio de in rem verso 中，家父或主人应当准确地按照盈利转化或得利的程度承担责任。丘汉平：《罗马法》，中国方正出版社 2004 年版，第 385 页。丘著中论到，倘家父或主人并未受有契约上之任何利益者，不适用 actio de in rem verso。黄风的《罗马法词典》，周枏的《罗马法原论》等，与此认识类同。

② 下文所引 D. 15,3 中的片段，系笔者从 Alan Watson 根据蒙森编辑的拉丁文本翻译的英文本译出，并相应对照了拉丁文本。其中 D. 15,3,1pr.、D. 15,3,3,2、D. 15,3,12、D. 15,3,16、D. 15,3,20pr. 五个片段的翻译参考了费安玲的译法。参见[意]桑德罗·斯奇巴尼选编：《婚姻·家庭和遗产继承》，费安玲译，中国政法大学出版社 2001 年版，第 217～221 页。

(一)优士丁尼《学说汇纂》中有关"in rem versum"的诸片段

D. 15,3,1pr.。乌尔比安:《告示评注》第 29 卷:如果处于他人权力之下的人只有空虚特有产,或者他们的特有产不足以完全清偿债务,因为他们将特有产的全部或一部分转入了主人或家父的财产中(si in rem eorum quod acceptum est conversum sit),主人或者家父应当对此承担责任,如同他本人作为交易的一方。

D. 15,3,3,2。乌尔比安:《告示评注》第 29 卷:通常我们可以说,actio de in rem verso 适用于可由代理人提起的委托之诉,或者可由无因管理人提起的管理财产行为之诉,以及每当奴隶消耗了特有产的一部分以使主人的财产增益(meliorem)或者不减损(non deteriorem)的情况。

D. 15,3,3,3。乌尔比安:《告示评注》第 29 卷:拉贝奥说,某奴隶为了自己的吃饭或穿衣而花费一些钱财,如果他这么做是根据主人的通常习惯,也就是说,在主人通常所提供的饭食和衣物的限度内,被认为转化为主人之物(in rem videri domini vertisse)。

D. 15,3,3,5。乌尔比安:《告示评注》第 29 卷:拉贝奥还说,如果某奴隶向我借了一些钱,并把它借给第三人,我可以对其主人提起 actio de in rem verso,因为主人对第三人享有请求权。只有是为了主人的利益而不是为了特有产的利益而借贷的情况下,彭波尼才赞同这种观点。

D. 15,3,3,6。乌尔比安:《告示评注》第 29 卷:拉贝奥说,如果一个奴隶用借得的钱买一些奢侈品,如油膏、用于愉悦或不道德行为的物品,如果这么做得到了主人的同意,同样转化为主人之物(in rem domini versum):我们不管这些花费对主人是否有益,而看是否用于主人的事务(neque enim spectamus,an bono domini cesserit quod consumptum est,sed an in negotium domini)。

D. 15,3,3,8。乌尔比安:《告示评注》第 29 卷:如果他购买了一个他的主人所需要的奴隶,而这个奴隶死亡,或者他支起了一个建筑物,而这个建筑物倒塌,我说可以提起 actio de in rem verso。

D. 15,3,5pr.。乌尔比安:《告示评注》第 29 卷:彭波尼说,如果一个奴隶错误地相信主人需要而购买一些物品,如奴隶,那么在这些物品的实际价值的范围内,被认为转化为主人之物(videri in rem eius versum);如果主人实际需要这些物品,应当对购买它们的全部价款承担责任。

D. 15,3,5,1。乌尔比安:《告示评注》第 29 卷:他还说,无论主人是否批准奴隶进行的交易，都产生 actio de in rem verso。

D. 15,3,5,2。乌尔比安:《告示评注》第 29 卷:如果奴隶取得主人的同意而购买，将产生依令之诉;虽然没有这种同意，如果主人批准了交易，或者购买之物为主人所需或者对主人有用，将产生 actio de in rem verso;没有以上事实的，将产生特有产之诉。

D. 15,3,10pr.。乌尔比安:《告示评注》第 29 卷:如果儿子作为父亲的保证人并清偿了父亲的债务，被认为转化为父亲之物(in rem patris videtur versum)，因为父亲因此被免除了债务。

D. 15,3,10,1。乌尔比安:《告示评注》第 29 卷:帕比尼安在其《问题集》第 9 卷中举了一个类似的例子:如果儿子在诉讼中自愿为父亲辩护并承担了诉讼后果，父亲对 de in rem verso 承担责任，因为当儿子承担该诉讼时，父亲得以免除。

D. 15,3,10,2。乌尔比安:《告示评注》第 29 卷:帕比尼安还讨论了一种情况:如果我与儿子约定，其父亲对我负债，我起诉该儿子，在这种情况，同样产生 actio de in rem verso，除非儿子承担债务的目的在于对父亲做出赠与。

D. 15,3,12。盖尤斯:《行省告示评注》第 9 卷:如果奴隶或家子为其主人或家父购买了田宅(fundus)，那么田宅的价值被认为发生转化(vessum quidem esse videtur)。如果田宅的价值低于购买的价值，则其实际价值被视为 in rem versum;如果田宅的价值高于购买的价值，高出的部分不被视为 in rem versum。

D. 15,3,14。尤里安:《学说汇纂》第 11 卷:马尔切勒评注:有时可以因对一个合伙人转化的物而对另一合伙人提起 actio de in rem verso(interdum et propter hoc quod in rem alterius socii versum est de in rem verso cum altero agi potest)，被告可以就其承担责任的数额请求其合伙人返还。如果奴隶被他的某一个主人剥夺特有产，我们怎么说? 保罗说，不能提起特有产之诉时才会产生这个问题。

D. 15,3,16。阿尔芬努斯:《学说汇纂》第 2 卷:某人将耕地出租给他的奴隶，并且提供给他一些牛。当这些牛不适宜耕作时，他吩咐将其卖掉，用所得到的钱购买其他的牛，但是奴隶卖了不宜耕地的牛又买了新牛后，没有将钱交给卖新牛的人，而是将它们挥霍掉。那么，卖新牛的人将通过特有产之诉或者 actio de in rem domini versum 来追索卖牛钱，因为牛在奴隶的主人处。回答是:这些钱不被认为是特有产，除非将奴隶对主人所负的债务扣除，其余的才被认为是特有产。在这种情况下，可以认为奴隶将牛转化为主人之物(in rem domini versos esse)。主人要支付的款额与过去卖牛的款额相等。如果购买新牛的价额高于不宜耕地的牛的卖价，主人也要承担差价。

D. 15,3,17pr.。阿尔芬努斯:《问题集》第 8 卷:如果某奴隶借了一些钱以用于其主人的事务(in rem domini),但他将钱丢失而对此没有过错,仍然可以对他的主人提起 actio de in rem verso。……

D. 15,3,17,1。阿尔芬努斯:《问题集》第 8 卷:如果我与斯提库斯(Stichus)缔结了合同,而斯提库斯是你的奴隶庞菲鲁斯(Pamphilus)的奴隶,我可以提起特有产之诉,并且可以对转化给你本人之物或者转化给你的奴隶庞菲鲁斯的特有产之物(in tua ipsius rem vel in peculium Pamphili versum sit)提起 actio de in rem verso。……

D. 15,3,20pr.。谢沃拉:《解答集》第 1 卷:父亲对女儿做出嫁资承诺,并允诺养活女儿。父亲不履行他的承诺。女儿与丈夫缔结了一个金钱消费借贷契约,而后,女儿在婚姻存续期间死亡。回答是:如果她借钱是为了养活自己和父亲的奴隶,可以授予她的丈夫对她的父亲提起扩用的 actio de in rem verso(dandam de in rem verso utilem actionem)。

(二)对上述诸片段的分析

我们先就上文盖尤斯的片段中所没有解决的疑惑——“actio de in rem verso”的适用是否必然以主人“得利”为前提——进行释疑。首先,D. 15,3,3,2 告诉我们,“得利”至少应当涵盖“不减损”或者使之不恶化的情形,即阻止现有利益的减损也是一种得利;D. 15,3,3,3 所反映的也只是主人的消极得利。其次,D. 15,3,3,5、D. 15,3,3,6 对该诉讼的条件进一步放宽,只要交易为主人之事务或者事先征得主人同意,对主人是否有益则无须考虑;D. 15,3,3,8 则更进一步,即使主人受损(其奴隶为他购买的奴隶死亡,为他支起的建筑物倒塌)的情况,第三人同样可以对主人提起“actio de in rem verso”;D. 15,3,16 和 D. 15,3,17 所提到的,主人要承担买牛和卖牛的差价以及奴隶为主人利益而借入的金钱的丢失,也是主人非但未得利反而有所损失的情形,根据这几个片段的规定,此时也存在“actio de in rem verso”。但在这些情形下,“actio de in rem verso”的提起都有一个前提:或者交易之前征得主人的同意,或者从事交易是为了主人的事务或者交易的结果用于主人的事务,即无论事前是否征得主人的同意,只要发生交易结果的“转化”就有存在“actio de in rem verso”的可能。至此,上文所提出的问题的答案自然浮现,只要证明为了他人的利益而进行了“转化”(即将交易的结果转化给他人),第三人即可对享用“in rem versum”者提起“actio de in rem verso”，至于“in rem versum”，则并不必然是得利。

与盖尤斯《法学阶梯》中的片段相比较，“actio de in rem verso”的适用在优士丁尼法中的扩张也非常明显，大致表现在如下两点：第一，适用主体的扩张，在前者，该诉讼只适用于“他权人”（家子和奴隶）与第三人从事的交易，后者一方面将“他权人”的范围扩张至奴隶的奴隶（D. 15，3，17，1），另一方面将该诉讼的主体扩张至“自权人”为他人的利益而同第三人从事交易的情形（D. 15，3，14）；[①]第二，适用范围的扩张，后者不仅将该诉讼适用于一般的交易，而且适用于诉讼中的转化（D. 15，3，10，1、D. 15，3，10，2）。

四、“Actio de in rem verso”在现代法中的留存

“Actio de in rem verso”再现于现代法中，始于 17—18 世纪的德国学者，[②]最先法典化于 1871 年的《阿根廷民法典》，而完成于 1892 年的法国，波及受法国民法影响的诸大陆法系国家和地区。但是它在现代法中的表征已大不同于罗马法，成为不当得利的一般救济手段。既如此，就要从罗马法中的不当得利制度开始考察，从中我们还可发现“actio de in rem verso”在罗马法中的另一条发展路径。

（一）罗马法中的“不当得利”概述

罗马法中并没有“不当得利”的一般规定，甚至现代法中的“不当得利”一词在罗马法中也不存在一个准确的对应语，只是依不当得利的发生原因的不同而承认个别诉权，这些诉权同无因管理（negotiorum gestio）一起被纳入到准契约的范畴，赋予请求返还之诉（condictio）的救济，比如无因请求返还之诉（condictio sine causa）、错债索回之诉（condictio indebiti）、不法原因的请求返

---

① 另见 D. 17，2，82。帕比尼安：《解答集》第 3 卷：根据合伙法律，某一合伙人不受其他合伙人缔结的债务的约束，但钱财转化为合伙共同财产的除外。Julio Alverto Diaz，Unjust Enrichment and Roman Law（Enriquecimento sem Causa e o Direito Romano），Pensar，Fortaleza，abr. 2007，Ediçào Especial，p. 117.

② John P. Dawson，Unjust Enrichment：A Comparative Analysis，Boston：Little Brown，1951，pp. 84～107. 虽然 Dawson 提出是 17—18 世纪的德国学者首倡 actio de in rem verso 作为不当得利的一般救济而再现于现代法中，但由谁最先提出以及具体情形如何，未可考。

还之诉(condictio ob iniustam causa)等。[①] 这种状况在优士丁尼的《学说汇纂》中发生了改变，优士丁尼对法律的一般化和灵活性的积极态度尤其表现在不当得利的问题上，彭波尼的一句古老格言成为这种新制度的基础：根据自然法，任何人不得因损害他人而得利，这是公正的(D. 50,17,206、D. 12,6,14)。[②] 这句格言所体现的衡平思想，其最大的贡献在于促进了不当得利请求权的一般化，亦成为现代民法中不当得利之理论依据。[③] 优士丁尼据此扩大适用传统的无因管理(negotiorum gestio)之诉，发展出无因管理扩用之诉(negotiorum gestio utilis)，部分弥补了不当得利一般救济的缺失；[④]同时拓展了"actio de in rem verso"和"condictio"的适用范围，就前者而言，如上述《学说汇纂》中的有关片段所展示的，其适用条件最终仅要求为"他人"利益而从事某一行为，是否取得他人同意则并非考量的因素。这种要件同无因管理很是相似，所不同者主要在于，前者存在三方当事人，后者则发生在双方当事人之间。就后者而言，为使诚信改良他人财产者获得补偿，增加了新的"condictio"类型。[⑤]

这种将不当得利一般化的趋势虽然最终没有提供一种一般性的救济，但这种努力在中世纪的欧洲法中得到了进一步巩固和传播，迟至1871年，《阿根廷民法典》承袭罗马法中的"actio de in rem verso"，以代替传统的无因管理扩用之诉，不当得利一般救济的雏形始现于现代民法典之中，"actio de ren verso"在罗马法中没有彰显的"得利"这一适用要件在现代民法中也名正言顺起来。但直至1892年法国最高法院承认了这种新的诉讼，"actio de in rem

① 关于各种不当得利的具体类型，可参见黄风：《罗马私法导论》，中国政法大学出版社2003年版，第327～329页；江平，米健：《罗马法基础》，中国政法大学出版社2004年版，第365～366页；周枏：《罗马法原论》(下)，商务印书馆2004年版，第829～833页。

② Paolo Gallo, Unjust Enrichment: A Comparative Analysis, in *The American Journal of Comparative Law*, Vol. 40, 1992, p. 438.

③ 王泽鉴：《民法债编总论(第二册)·不当得利》，台湾三民书局1990年版，第12页。

④ Riccobono, La gestione degli affari altrui e l' azione di arricchimento nel diritto moderno, in Rivista di diritto commerciale I, 136(1917)，转引自 Paolo Gallo, Unjust Enrichment: A Comparative Analysis, in *The American Journal of Comparative Law*, Vol. 40, 1992, p. 438.

⑤ Paolo Gallo, Unjust Enrichment: A Comparative Analysis, in *The American Journal of Comparative Law*, Vol. 40, 1992, p. 439.

vertso"才获得加冕，成了不当得利的一般性救济，其"最大特色在于得向间接受其利益之第三人主张"。[①]

(二)"actio de in rem verso"在现代法中的再现和发展

1. 法国和阿根廷。1804 年的《拿破仑法典》沿袭了自罗马法以降的对不同的不当得利类型分别赋予具体救济的传统，并没有对不当得利做出一般规定，该法典第 1371 条、第 1381 条所规定的准合同，也仅包含了传统的两种类型：无因管理和非债清偿的请求返还之诉。在《法国民法典》颁布后的一段时间内，其规定被严格甚至僵化地固守，至奥布里和劳(Abury et Rau)，首次将不当得利的一般救济区别于无因管理，将后者严格限制在其传统的意义上，而排除无因管理扩用之诉，认为应当承认一种新的不当得利诉权。[②] 这种思想提出之后一时并不为法国人接受，但却为远在南美的阿根廷所俯拾。1871 年《阿根廷共和国民法典》在第 2297 条、第 2302 条的条文注释(我们知道，阿根廷民法典的条文注释是其本身的一部分)中对此做了明确说明。

第 2297 条：其事务已由未经他委任管理的第三人进行管理之人，在事务已得到有效管理时，即使无缔约能力，仍应负担委任人在委任得到执行时所须承担的义务，即使事务的管理因意外情况而未实现本应产生的利益，或利益已消失，亦同。[注释：当管理人的诉权建立在管理效用的基础之上时，他所享有的诉权就是无因管理(negotiorum gestiorum)之诉权。当他的诉权以本人从事务管理中获得的好处为基础时，其诉权就是 actio de in rem verso。]

第 2302 条：管理人以为是对自己的事务进行管理时，或者所管理的事务为自己和他人共有而他仅着眼于自己的利益时，事务虽已被妥善管理，未予追认的本人也只在事务终结之时所获利益的范围内承担责任；或者事务的本人未成年或无能力，而其法定代理人未对管理进行追认时，或事务的管理是因感激而作为酬谢性的服务提供时，亦同。(注释：在这些情形，管理人只享有 actio de in rem verso。)[③]

在上述两个条文及其注释中，阿根廷虽然最早在民法典中规定了"actio de in rem verso"，但起初也只是起到代替传统的无因管理扩用之诉的功能，

① 王泽鉴：《民法债编总论(第二册)·不当得利》，台湾三民书局 1990 年版，第 6 页。

② Paolo Gallo，Unjust Enrichment：A Comparative Analysis，In *The American Journal of Comparative Law*，Vol. 40，1992，pp. 439～440，p. 449.

③ 徐涤宇译注：《最新阿根廷共和国民法典》，法律出版社 2007 年版。

而且在一段时间内，其适用性存在争议，直到1892年法国最高法院确认了这种新的诉权，“actio de in rem verso”在阿根廷方被认可为不当得利的一般救济，即使在民法典中没有规定的情形，只要具备“actio de in rem verso”的一般要素，同样适用之。①

法国最高法院最终在1892年有名的Boudier一案中承认了这种不当得利诉权，称为“actio de in rem verso”。② 该案的基本情况为：原告与土地的承租人订立合同，由原告对土地提供肥料，后来土地承租人破产，原告无法取得肥料的价款，而此时土地由出租人占有，于是原告直接起诉土地出租人支付肥料的价款。法国最高法院最终根据衡平思想承认了原告的不当得利请求，确立了以“actio de in rem verso”作为不当得利的一般救济。③ 就该诉讼的起源和性质，该法院说道：“该诉讼源于衡平原则，禁止某人因他人受损而得利，由于制定法对此没有规定，因此该诉权的行使并没有固定的规则，只要原告主张并能够证明由于他的牺牲或者行为而导致被告获利，即为已足。”④后来，为避免其范围过分扩大，法国之判例学说又创设不当得利请求权辅助性理论加以限制。⑤ 具体来说，对该诉讼的提起设定了如下五个要件：(1)被告得利；(2)原告受损；(3)被告的得利与原告的受损之间存在关联；(4)被告得利没有合法根据；(5)不存在其他救济，或者其他救济因时效等受阻，即“actio de in rem

---

① Rovert C. Casad, Unjust Enrichment in Argentina: Common Law in a Civil Law System, in *The American Journal of Comparative Law*, Vol. 22, 1974, p. 765.

② 需要说明的是，Boudier案系发生于1892年，王泽鉴先生在其前引书中误为1882年，国内大多学者对该案件的说明皆引自氏书，故造成以讹传讹。经笔者核实，该案确发生于1892年，具体可见法国最高法院(Cour de Cassation，又称破毁法院)官方网站公布的案例(http://www. courdecassation. fr/jurisprudence_publications_documentation_2/bulletin_information_cour_cassation_27/bulletins_information_2002_1487/no_564_1587/，2008-6-10)。

③ Lionel Smith, Property, Subsidiarity, and Unjust Enrichment, in Oxford University Comparative Law Forum, 2000(6), On http://ouclf. iuscomp. org/articles/smith. shtml, 2008-4-22.

④ E. F. Minyard v. Cuitis Products, Inc. , 251 La. 624, 205 So. 2d 422 (La 1967).

⑤ 王泽鉴：《民法债编总论(第二册)·不当得利》，台湾三民书局1990年版，第6页。

verso”仅仅是补充性救济。[①] 这些要件为承认“actio de in rem verso”的阿根廷完全接受。[②]

2. 路易斯安那、魁北克和马耳他。早于法国最高法院的 Boudier 案，路易斯安那最高法院在 1859 年以前就已经承认“actio de in rem verso”，但或许 Boudier 一案在历史上太过著名，以致“actio de in rem verso”的光环全都笼罩在了它的头上。然而这也并不为过，因为虽然阿根廷和路易斯安那在该案之前就使罗马法中这一古老的诉讼再现于现代法，但是诚如上文所述，在法国最高法院于 Boudier 案确认这种诉讼之后，它在阿根廷的适用才算真正开始。在路易斯安那也是一样。

尽管路易斯安那最高法院很早就承认了“actio de in rem verso”，但它并未得到应有的重视。1859 年，在 Payne & Harrison v. Scott 案中，该法院首次适用了这种诉讼救济，但在此后至 Boudier 案的近半个世纪中，它仅获得一次在该法院的判决中再露面的机会，即 1860 年的 Garland v. Scott's Estate 案。[③] 20 世纪以后，“actio de in rem verso”在路易斯安那的重现，则迟至 1967 年该州最重要的案例之一——E. F. Minyard v. Cuitis Products, Inc. 一案。在该案中，路易斯安那最高法院的 Summers 法官在判决意见中申明，“actio de in rem verso”是一种不当得利之诉。[④] 或许路易斯安那的法院曾经对“actio de in rem verso”的态度过于模糊，它曾经在路易斯安那的存在被法院所忽视，以致 actio de in rem verso 在该案的再现被认为是法国法的一次有益入侵。[⑤] 1986 年，路易斯安那上诉法院审理 Charrier v. Bell 一案，才对这种诉讼

① 这些要件的设立仍然以奥布里和劳对“actio de in rem verso”提出的限制理论为基础。See Aubry and Rau, Cours de droit civil francais Ⅳ, § 441, p. 725; IX, n. 578, p. 355 (4th ed. 1871)，转引自 Paolo Gallo, Unjust Enrichment: A Comparative Analysis, In *The American Journal of Comparative Law*, Vol. 40, 1992, p. 449.

② Rovert C. Casad, Unjust Enrichment in Argentina: Common Law in a Civil Law System, In *The American Journal of Comparative Law*, Vol. 22, 1974, p. 766.

③ E. F. Minyard v. Cuitis Products, Inc., 251 La. 624, 205 So. 2d 422 (La 1967).

④ E. F. Minyard v. Cuitis Products, Inc., 251 La. 624, 205 So. 2d 427 (La 1967).

⑤ Jeffrey P. Victory, Quasi-Contract—Misapplication of Articles 2301-04 to a Payment Which Subsequently Becomes Undue—Necessity of Error in Condictio Indebiti, in *Tulane Law Review*, Vol. 44, p. 840, n3.

的适用条件加以明确，当然，只是法国所确定的标准的翻版。[①] 路易斯安那最高法院对这5个要件全然接受，并很好地体现在最新的《路易斯安那民法典》第2298条第1款："（不当得利）无原因使他人支出费用而自己得利的人应向对方进行赔偿。此处使用'无原因'，是为了排除依有效的司法行为或法律规定而获得的利益。此处规定的救济为补充救济，并且，如法律对受损者规定了另外的救济方式或者有相反规定，此处规定的救济方式不适用。"[②]

在《加拿大民法典》中，同《法国民法典》一样，没有不当得利的一般救济，仅规定了两种典型的准合同类型：无因管理和非债清偿。但正如"actio de in rem verso"通常走的是法典外的发展路径，魁北克法院也引进了"actio de in rem verso"作为不当得利的一般救济，并最终化为《魁北克民法典》第1493条至第1496条。[③]

最近接受"actio de in rem verso"的当为《马耳他民法典》，该法典于2007年在第1028条之下增设A、B两条，前条对"actio de in rem verso"做出界定："(1)没有正当理由，使他人受损而使自己得利的任何人，在该得利的范围内，应当补偿并赔偿该他人所遭受的任何财产损失。(2)如果得利为特定的物，只要在提出请求时该物仍然存在，受领人应当以原物返还。"后条规定了不得提起"actio de in rem verso"的情形："如果遭受损失者可以采取其他措施弥补该损失的，不得提起actio de in rem verso。"这样的处理再次体现了此诉的补充救济的性质。[④]

3. 其他国家。除上述国家外，意大利、奥地利等国也都在各自的民法典中对"actio de in rem verso"予以认可。在意大利，"actio de in rem verso"最初也是在法典外得到发展，最终化为《意大利民法典》第2041条和第2042条，但同其他承认该诉讼的国家和地区一样，在《意大利民法典》中也保留了它的

---

① actio de in rem verso, on http://en.wikipedia.org/wiki/Actio_de_in_rem_verso, 2008-4-3; Charrier v. Bell, Louisiana Appellate Court, 1986, 496 So. 2d 601.

② 娄爱华译：《路易斯安那民法典》，厦门大学出版社2010年版。

③ Lionel Smith, Property, Subsidiarity, and Unjust Enrichment, in Oxford University Comparative Law Forum, 2000(6). On http://ouclf.iuscomp.org/articles/smith.shtml, 2008-4-22.

④ 《马耳他民法典》原文即是使用"actio de in rem verso"的拉丁术语表达，且第1028B条的标题即为"actio de in rem verso"。

补充救济的性质。[①] 从《奥地利民法典》第 1041 条也可以看出,"actio de in rem verso"是一个得到广泛承认的术语。但它在《奥地利民法典》中似乎只是一个摆设,因为它只是字面上的存在,实际上唯一存在于被德国占领期间的一个案例中。[②]

在德国,情形完全不同。《德国民法典》最先将不当得利的规定一般化,体现在该法典第 812 条至第 822 条在不当得利名目下的 11 个条文。这之前对于是否将不当得利一般化曾发生过激烈的争论,最后由于萨维尼的坚持,将不同类型的返还请求权(condictio)统一化为不当得利的一般规定并例举规定了各种情形。之后,由于法官很难把握第 812 条的一般规定,不当得利在德国的发展走向了另一途径:[③]继 1943 年 Wilburg 提出将不当得利区分为给付不当得利和非给付不当得利两种情形,1954 年,Von Caemmerer 建立了不当得利类型化理论。[④] 德国不当得利法的发展终于迈出新的一步,因为我们知道,在此之前,德国民法所规定的不当得利仅仅是"condictio"的集合,换句话说,仅限于二人关系不当得利的情形,对于三人或多人间的不当得利问题,联邦最高法院一直拒绝以"actio de in rem verso"做出一个一般性的回答。在此之后,三人关系不当得利问题引起了学者的注意,成为新的研究重点。[⑤]

4. 小结。综上所述,现代法中的不当得利制度是沿着两条路径发展而来:一条是罗马法中的"condicito"在《德国民法典》中被统一化为不当得利的一般规定,但仅限于二人关系中的不当得利,后来三人或多人间的不当得利问题成为研究领域的新宠,但德国对"actio de in rem verso"的态度却一直不太友好。另一条是罗马法中的"actio de in rem verso"被法国、阿根廷、意大利、魁北、路易斯安那、马耳他等接受,形成了不当得利的一般救济制度,其适用范

---

① Lionel Smith, Property, Subsidiarity, and Unjust Enrichment, in Oxford University Comparative Law Forum, 2000(6), n. 123. On http://ouclf. iuscomp. org/articles/smith. shtml, 2008-4-22.

② [日]五十岚清:《比较法入门》,日本评论社 1968 年版,第 581 页。

③ Paolo Gallo, Unjust Enrichment: A Comparative Analysis, in *The American Journal of Comparative Law*, Vol. 40, 1992, p. 441.

④ 王泽鉴:《民法债编总论(第二册)·不当得利》,台湾三民书局 1990 年版,第 8 页。

⑤ [德]迪特尔·梅迪库斯:《德国债法分论》,杜景林,卢谌译,法律出版社 2007 年版,第 592 页及以次;[日]五十岚清:《比较法入门》,日本评论社 1968 年版,第 581 页。

围也有突破三人关系中的不当得利之势。[1]

五、"actio de in rem verso"中译名的统一

"名目是译西书第一要事"，尤其是"初译格致各书"时，必须"留意于名目，互相同意"，"若翻译时配备各名，则费功小而获益大"，"用相同之名，则所译之书益尤大焉"[2]。对于优士丁尼《民法大全》的迻译这一浩大工程，拉丁译名统一的意义自不待言。译名的不同若只在于是音译还是意译或者不同的音译这一层面，术语统一的急迫性或许可以暂缓，但即便如此，对于同一作品中的同一术语，前说东后道西的现象也是应当禁绝的。如果译名的不同存在着误译，若不更正、统一，怕有贻害。

"Actio de in rem verso"的中译名问题，是译名较为混乱的一个典型。目前，在我国罗马法学界，对这一术语有如下不同种类的中译名：所得利益之诉[3]、所得利益诉[4]、清算物件受益之诉[5]、转化物之诉[6]、给主人或家父的财产返还于特有产之诉[7]、主人利得之诉[8]。其中"转化物之诉"的译法采用直译，其余译法皆采用意译，而且除"给主人或家父的财产返还于特有产之诉"的译法外，又皆含有"受益"或"得利"的意思。综观上文，笔者认为，将"actio de in rem verso"译为"转化物之诉"较为妥切，因为，第一，从语源学上看，verso是

---

① Alan W. Mewett, The Quasi-Contractual Liability of Governments, *The University of Toronto Law Journal*, Vol. 13, No. 1 (1959), pp. 68ss.

② 英国学者傅兰雅语，转引自赵忠德：《关于语言学术语的统一译名问题》，载《外语与外语教学》2004年第7期。

③ 曲可伸：《罗马法原理》，南开大学出版社1988年版，第282页。

④ 周枏、吴文翰、谢邦宇编写：《罗马法》，群众出版社1983年版，第127页；周枏：《罗马法原论》(下册)，商务印书馆2004年版，第666页；龙斯荣：《罗马法要论》，吉林大学出版社1991年版，第257页。

⑤ 丘汉平：《罗马法》，中国方正出版社2004年版，第384页。

⑥ 黄风编著：《罗马法词典》，法律出版社2002年版；[意]彼德罗·彭梵得：《罗马法教科书》，黄风译，中国政法大学出版社2005年版，第105页；[古罗马]盖尤斯：《法学阶梯》，黄风译，中国政法大学出版社1996年版，第324～326页。

⑦ [意]桑德罗·斯奇巴尼选编：《婚姻·家庭和遗产继承》，费安玲译，中国政法大学出版社2001年版，第217～221页。

⑧ [古罗马]优士丁尼：《法学阶梯》，徐国栋译，中国政法大学出版社2005年版，第487～491页。

动词 verrere 或 vertere 的过去分词的夺格形式，verrere 为“扫除、清扫、拖、拉”之意，vertere 的主要意思为“使旋转”、“使转向”、“使转动”，[①]但“actio de in rem verso”中，“verso”显然是“vertere”的过去分词，这在有关它的原始文献中即有体现。所以，该拉丁术语的中文直译即为“关于所转化之物范围内的诉讼”，可简译为“转化物之诉”。[②] 或许这一点并不能成为如此翻译的充分理由，但第二，即便不考虑该诉讼最终扩展适用于“自权人”为他人利益同第三人进行交易的情形，就家子和奴隶等“他权人”为其家父或主人的利益进行交易的情形而言，该诉讼也宜译为“家父或主人……之诉”，而不能仅将其限于“主人”或者“家父”中的某一个，应该同时涵盖二者。第三，根据上文对罗马法原始文献中有关该术语的片段的分析，“得利”或“受益”并非该诉讼的必然要件，更狭隘点说，至少在利益不受损的情况下也可对之提起该诉，只要将“res”转化给他，就可以在转化的范围内对其提起“actio de in rem verso”，该“res”是否为得利，则非所问。至于这种诉讼再现于现代法中，其意义虽异于罗马法，但“转化物之诉”仍不失为可以准确传达其含义的译法。

① 谢大任主编：《拉丁语汉语词典》，商务印书馆 1988 年版，第 572～573 页；See Oxford Latin Dictionary, Compiled by A. Souter, etc., Oxford University Press, 1968, pp. 2042ss.

② 需要说明的是，“actio de in rem verso”在日文中被译作“转用物诉权”，这也从一个侧面佐证了上文对“verso”词源的考证。参见[日]五十岚清：《比较法入门》，日本评论社 1968 年版，其中对该词条的日译文。

“Locatio conductio”的译法探讨

——以赁借贷的译名为主要说明对象

蒋军洲 *

一、问题背景及问题点

“Locatio conductio”如何翻译是个不小的问题。如果将它译成“租赁”，译者必会声称罗马法上的“租赁”比现代法的“租赁”含义广。[②] 因为我们现在说的“租赁”是物的租赁，罗马法上的“租赁”是三位一体的，包括物的租赁、劳务租赁（雇佣）、工作成果租赁（承揽）。实际上，将罗马法上的租赁区分为租赁、雇佣、承揽是潘得克吞学派的学术成果。《学说汇纂》现代应用学派以及17世纪以来的自然法学派只是将租赁区分为物的租赁与劳务租赁。[③] 我们可从《法国民法典》第1708条看到自然法学派学说的影子，其辞曰：“租赁契约可以分为两种：物的租赁契约；劳动力的租赁契约。劳动力的租赁又分为三，其中包工、承揽在列（第1779条）”。[④] 从《法国民法典》、《阿根廷民法典》第1493条的规定[⑤]，我看不出所有现代法的“租赁”都比罗马法上的含义狭窄。

即使撇开法国法，将“locatio conductio”译为“租赁”，并有如上声称，此译

---

* 河南工业大学法学院副教授。

② 周枏：《罗马法原论》（下册），商务印书馆2002年版，第772页。

③ Reinhard Zimmermann, The Law of Obligations, Roman Foundations of the Civilian Tradition, Oxford University Press, 1996, p. 338.

④ 李浩培、吴传颐、孙鸣岗译：《拿破仑民法典（法国民法典）》，商务印书馆1979年版，第238～239页，第248页。

⑤ 其辞曰：租赁，为当事人双务相互约定，一方授予物的享用、完成一定工作和提供一定服务，他方对此等享用、工作或服务支付金钱上的确定价款的合同。参见徐涤宇译注：《最新阿根廷共和国民法典》，法律出版社2007年版，第342页。

亦不是最优对译。在汉语中，租赁是“租”与“赁”组成的同义复合词，结合后的租赁和单个的租或赁的句法语义特征一致。租与赁都能带指物宾语。有学者研究在18世纪的中国北方方言中，租、赁的对象是房子和生活起居用具，雇的对象是车、驴等用于交通的事物。从现代汉语的情况看，租、赁带指物宾语的功能有所扩大，它们的对象既能是房又能是车，侵入了“雇”的领域。[①] 但无论如何，租赁的对象都是有体物。如此一来，潘得克吞学派限于有体物的“租赁”倒是契合了汉语“租赁”的能指。但汉语“租赁”不能指《法国民法典》中的“租赁”与罗马法上的“租赁”。鉴于后来的《德国民法典》考虑到租赁不以有体物为限，又区分使用租赁、用益租赁，[②]汉语中的“租赁”也不能完全对译之。

如果仅仅是因为汉语中“租赁”一词的表达能力有限而不能反映出“locatio conductio”的真实含义，我们可以通过加注或声明的方式解决。声称罗马法上的“租赁”是广义的就是一个便宜的方法。但问题是在物的租赁中，出租人是“locator”，承租人是“conductor”；在雇佣中，雇工是“locator”，雇主是“conductor”；在承揽中，定作人是“locator”，承揽人是“conductor”。毫无疑问，雇工出现在出租人、定作人中的序列让我们摸不着头脑。所以，我们必须清除物的租赁、雇佣、承揽三分法带来的理解上的困扰。在罗马法上，“locatio conductio”与买卖一样是一个具体合同类型。罗马人的视点似乎是在该合同中，存在着先从这一方，再到另一方，即由“locare”到“conducere”的顺序。“Locare”指将什么置于某处，将什么安置、安排；“conducere”指引领。[③] 这是统一物的租赁、雇佣、承揽的关键因素。出租人将物交由承租人处分，承租人可以使用之，在此意义上他引领物；雇工将其劳务交由雇主安排，雇主由此引领此劳务；定作人将特定的工作交由承揽人，承揽人由此引领此项工作。[④]

理解“locare”、“conducre”是理解罗马法将物的租赁、雇佣、承揽联结到一块的钥匙。因此，从罗马人的思维看，将“locatio conductio”译成“租赁”不能反映其本来含义。这倒主要不是说“租赁”的译法不能反映出其方向性，而是该译法易使人产生物的租赁是罗马法上的“locatio conductio”模型的遐想。

---

① 刘永华：《〈红楼梦〉、〈歧路灯〉和〈儒林外史〉的方言词语比较研究（下）——以“租、赁、雇、觅”为例》，载《新乡师范高等专科学校学报》2005年第1期，第126页、第127页。

② 方新军：《现代社会中的新合同研究》，中国人民大学出版社2005年版，前言，第15页。

③ 谢大任主编：《拉丁语汉语词典》，商务印书馆1988年版，第119页，第328页。

④ Reinhard Zimmermann, The Law of Obligations, Roman Foundations of the Civilian Tradition, Oxford University Press, 1996, pp. 338～339.

事实上，并不是没有学者如此解读。在周枏老前辈看来，在罗马古代，（物的）租赁的实际使用范围很小。人们一般不需要租赁，更谈不上雇佣、承揽。农忙时，没有牛、马的人家向有钱人家借用，习惯上送礼回报，这项制度逐渐演变为物的租赁。劳务租赁是由租赁奴隶发展而来。劳务成果租赁即承揽是劳务租赁进一步发展的结果。① 但由于没有佐证材料，我们其实并不知道前述三种租赁形式中究竟哪一个首先被确认为具有法律意义。②

除"租赁"之外，"locatio conductio"还有另一个译法："赁借贷"。丁玫教授就将它译成"赁借贷"。③ 这不是孤例。我们可以发现民国时期的不少罗马法学者同样将它译成"赁借贷"，比如陈允、应时。在他们 1930 年版的《罗马法》中，他们不但将"locatio conductio"译为"赁借贷"，还参照《法国民法典》，将赁借贷区分为物件赁借贷与劳动力赁借贷，后者包括雇佣赁借贷与承揽赁借贷。④ 又如丘汉平，他在其 1933 年出版的《罗马法》中不仅采用此译，还在"物件赁借贷"中将"locator"译为"赁贷人"，"conductor"译为"赁借人"。⑤ 不同意此译的是年代更早的黄右昌，在其 1930 年版的《罗马法与现代》中，他将"locatio conductio"译为"广义赁贷借"。⑥ 他增加"广义" 的限定语实际上是担心"赁贷借"的能指不及罗马法上的"locatio conductio"。他的如此担心是否有理，暂且不论，让我们重新回到他对术语翻译的层面上。他还认为在词素的顺序排列上应由"贷"而"借"。在"贷"与"借"的方向性上，他与丘汉平没有什么不同。在物的赁贷借上，他们都认为"贷"指贷与、贷出；"借"指借入。黄右昌将"赁借贷"转换成"赁贷借"似乎是为契合由"locare"到"conducere"的顺序。从汉语的角度看，这是一个有理论意义的安排。

一个显而易见的问题是，无论赁借贷还是赁贷借都不符合汉语习惯。在现代汉语上，"赁"与"租"同义，所以"赁借贷"可以替换为"租借贷"。"借"与"贷"也同义，"借贷"与"租赁"一样是合璧词。自然，"赁借贷"实际上就是"租借"。这是一个我们熟悉而又令人产生义愤情绪的术语。我想无论"租借地"

---

① 周枏：《罗马法原论》（下册），商务印书馆 2002 年版，第 773 页。

② Reinhard Zimmermann，The Law of Obligations，Roman Foundations of the Civilian Tradition，Oxford University Press，1996，p. 341.

③ ［意］桑德罗·斯契巴尼选编：《契约之债与准契约之债》，丁玫译，中国政法大学出版社 1998 年版，第 187 页。

④ 陈允，应时：《罗马法》，商务印书馆 1930 年版，第 198 页。

⑤ 丘汉平：《罗马法》，朱俊堪校，中国方正出版社 2004 年版，第 340 页。

⑥ 黄右昌：《罗马法与现代》，何桂馨点校，中国方正出版社 2006 年版，第275 页。

还是“租借”都比“赁借贷”容易理解。如果“赁借贷”中的“赁”指租赁，“借贷”指借用，这两个具有不同法律意义的词素如何能如此古怪地结合在一起？民国时期的罗马法学者为何将“locatio conductio”译为“赁借贷”？该译法会不会比“租赁”更为贴合 locatio conductio 的原意？

二、“赁借贷”译法溯源

“赁借贷”的译法，不必奢望从语义解释中获得启发。我们可以将民国时期罗马法学者的译法再向前追溯。1923 年出版的《中国民事习惯大全》中使用了“赁贷借”（注意：不是“赁借贷”）一词。“赁贷借之习惯”是该书第一编“债权”的第一类内容，区别于该编的第七类内容：“关于雇佣的习惯”。从用法看，“赁贷借”指的是物的租赁。“赁贷借之习惯”所收录习惯的标题因为调查者不同，使用的术语也不尽一致。他们有使用“赁贷借”一词的；有使用“赁借”一词的，但在此用法中，赁借合同的主体仍是赁贷主与赁借主；有使用“租赁”一词的。[①] 不一而足。

按编者介绍，他们对各种习惯的体系整理参照了“民律”。此“民律”当然不是南京国民政府（1927—1949）颁布的民法典。南京国民政府民法典是 1929 年至 1931 年陆续颁布、实施的，分为五编：总则、债、物权、亲属和继承。前述民事习惯整理在时间上早于此民法典的颁布。此民法典的“债编”于 1929 年 11 月 22 日公布，1930 年 5 月 5 日施行。其债编下设通则与各种之债。各种之债中有规定租赁、雇佣、承揽。租赁采日本成规，兼指使用租赁和用益租赁。[②] 陈允、应时、黄右昌、丘汉平等罗马法学者不可能不了解此民法典的规定。他们了解“（物的）租赁”却使用“赁借贷”或“赁贷借”的译法让人费尽思量。《中国民事习惯大全》中有调查者使用“租赁”，有调查者使用“赁贷借”，这说明至少在 1923 年以前这两个术语是通用的，含义相同。南京国民政府民法典的规定则是弃“赁贷借”、“赁借贷”不用，将“租赁”列为法律用语。

---

① 施沛生编：《中国民事习惯大全》，上海书店出版社 2002 年版，第 1～4 页。

② 张晋藩主编：《中国民法通史》，福建人民出版社 2003 年版，第 1199～1200 页，第 1246 页，第 1251 页，第 1252 页。但此民法典与其蓝本《日本民法典》并没有意识到《德国民法典》区分使用租赁、用益租赁以突破无体物为客体界限的价值，仍将租赁限定在有体物上，直到 1988 年《台湾地区民法典》才增加了关于“权利之准用”的条款。参见方新军：《现代社会中的新合同研究》，中国人民大学出版社 2005 年版，前言，第 15 页。

事实上，北洋政府(1912—1928)的民国《民律草案》已将“租赁”作为法律术语。南京国民政府制定的民法典区分租赁、雇佣、承揽明显受到了民国《民律草案》的影响。不同的是，后者不但将租赁区分为使用租赁、用益租赁，而且用并列的两节加以规定，前者将使用租赁、用益租赁合并为一节。① 我们必不得忘记民国《民律草案》是在1912年废弃了清末起草的《大清民律草案》后，于1925年至1926年起草的。② 于是，1923年的《中国民事习惯大全》的体系所参考的“民律”只能是《大清民律草案》了。

没错，正是《大清民律草案》中使用了“赁贷借”的称谓。该草案初稿完成于1910年。其总则、物权、债权三编由日本法学家松冈义正起草。其债权编第2章契约中有规定使用赁贷借、用益赁贷借、雇佣与承揽。③ 由此，我们似乎看到了黄右昌以及《中国民事习惯大全》中使用的“赁贷借”的源头。但尚未找到“赁借贷”的源头。可资对照的是，在此草案中，我们还看到了不为人熟知的“使用贷借”、“消费贷借”。“使用贷借”、“消费贷借”在民国《民律草案》中已被“使用借贷”、“消费借贷”替代了。后来的南京国民政府制定的民法典从之。④ 如上事实易使人得出如下三个朴素结论：其一，“贷借”是“借贷”的最初表达；其二，“赁贷借”指物的租赁，区分于雇佣、承揽；其三，“赁贷借”与“使用贷借”、“消费贷借”从属于属范畴“贷借”。

先说其一。“贷借”与“借贷”不过是同一事物两个不同称谓，实际上在民国时期的罗马法学者那里就有反映。黄右昌与《大清民律草案》一致，在称呼“赁贷借”的同时，称呼“使用贷借”、“消费贷借”。⑤ 陈允、应时为保持用语一致，使用的是“赁借贷”、“使用借贷”、“消费借贷”。⑥ 丘汉平从之。⑦ 由此，我们理顺了“贷借”与“借贷”指称同一事物。但这对解释为何最初《大清民律草案》使用“贷借”而不是“借贷”无济于事。为解决它，可以求诸《大清民律草案》，其相关部分的起草者是日本人。事实上，在日文中，(物的)租赁就是“赁

① 张晋藩主编：《中国民法通史》，福建人民出版社2003年版，第1170页

② 张晋藩主编：《中国民法通史》，福建人民出版社2003年版，第1146页

③ 张晋藩主编：《中国民法通史》，福建人民出版社2003年版，第1118页，第1125页

④ 张晋藩主编：《中国民法通史》，福建人民出版社2003年版，第1170页，第1249页。

⑤ 黄右昌：《罗马法与现代》，何桂馨点校，中国方正出版社2006年版，第268～269页。

⑥ 陈允，应时：《罗马法》，商务印书馆1930年版，第189页。

⑦ 丘汉平：《罗马法》，朱俊堪校，中国方正出版社2004年版，第321页。

贷借”。[①] 于是，由松冈正义起草的相关部分直接使用日语“赁贷借”指称（物的）租赁就不足为奇了。由于在汉语中“贷”即“借”，后来，经过我所不知的哪位学人将“贷借”替换成“借贷”同样不足为奇。由此，我们可以声称“赁借贷”的真正源头应该是日文中的“赁贷借”。

既然《大清民律草案》使用的“赁贷借”是对日文相关词汇的借用，陈允、应时等罗马法学者使用的“赁借贷”是对“赁贷借”的一种本土化改造，那么为何日本学者以“赁贷借”对译物的租赁，而区分于雇佣、承揽？这是个好问题。只有理解了这一点，才有可能理解黄右昌将“locatio conductio”译为“广义赁贷借”的安排。正因为日文中“赁贷借”限于指称物的租赁，他才做了“广义的”的添加。当然，难以说其他学者将“locatio conductio”径行译为“赁借贷”是误译，但很可能这种译法背离了其背景。我说其背离背景，当然不是指这些学者将“贷借”改造成了“借贷”，而是指他们强行扩大了“赁贷借（赁借贷）”的含义。

三、“赁借贷”译法可能从属的一种解释模式

由于“赁”在日语中有“费”的意思，[②]“赁贷借”实际上指支付费用的贷借，即有偿贷借。与它相应的是无偿贷借。无偿贷借指使用贷借、消费贷借是没什么好置疑的。疑问之处在于为何“赁贷借”与“使用贷借”、“消费贷借”同被归属为“贷借”？这就涉及“locatio conductio”的产生史以及合同分类标准理论的变迁。

“Locatio conductio”在罗马法上的起源是模糊不清的。十分清楚的是在该合同中，一方当事人的给付必须是金钱。这一点恰恰使三种不同的具体合同情景包括在它的范畴之内：以金钱报偿在一段时间内使用他人之物；以金钱报偿某人在一段时间内提供的劳务；以金钱报偿受托人履行具体的任务。如果没有任何金钱报偿，以上三种情形在很大程度上将会被三种不同的合同即使用借贷、寄托、委托替代。[③] 如果说寄托、委托与对应的某些情形不能完全吻合，物的租赁与使用借贷相应就十分显眼了。这在最大程度上说明了物的

---

① 史尚宽：《债法各论》，中国政法大学出版社 2000 年版，第 145 页。［日］远藤浩、川井健、原岛重义、広中俊雄、水本浩、山本进一编：《契约各论》，有斐阁 2001 年版，第 94 页。

② 唐磊主编：《现代日中常用汉字对比词典》，北京出版社 1996 年版，第 624 页。

③ Alan Watson, Roman Law & Comparative Law, The University of Georgia Press, Athens and London, 1991, p. 130.

租赁与使用借贷在原初的社会关系中具有某种关联性。我没有把握说铸币的出现使得物的租赁与使用借贷严格区分开来，但我有足够的理由认为物的租赁与使用借贷反映了人类社会的不同发展阶段。正如通常所认为的那样，"locatio conductio"的起源与买卖的起源紧密联系。要么它以买卖为范例被认可为合同，要么承认买卖合同的推动力同时促使承认了它。[①] 要知道，买卖不过是反映了"经济和伦理的代码建立在礼物赠与之上"的社会向"经济和伦理的代码建立在市场与利润之上"的社会的转变。[②] 租赁亦不例外。

依麦考马克(Geoffrey MacCormack)之见，使用借贷属于礼物赠与体系。[③] 在其前法律阶段，使用借贷与消费借贷、赠与不分，都属于赠礼性交换。其发展的第一阶段应发生在《十二表法》之前。其时，罗马主要是个农牧业社会，社会流动性小。大多数人在血亲、姻亲与邻居的圈子中从事农牧业生产。个人的生活事务与以血亲或姻亲联系起来的人有关。在这样的背景下，相互的合作和帮助不仅在血亲之间是必需的，而且在与姻亲和邻居之间也必不可少。所以，为获得合作和帮助，就需要通过频繁的赠礼维持朋友关系。在这种请求帮忙而提供赠礼的情形下，赠礼表面上是一种慷慨大方的行为，就好像赠礼人不期望返还一样。然而，他们完全知道受领人将会做出某种回报。这种回报和最终的荣誉对维持欣然赠礼的关系非常重要。推延回报或经常不回报会使它受到严重伤害或摧毁。在其发展的第二个阶段，使用借贷与消费借贷则逐渐从赠礼中区分出来，并获得了它们自己的特征。消费借贷一般被认为是对种子、谷物等种类物的赠与。人们实施消费借贷开始期望合适的返还，但不必是确定的同等物。特定物的借贷即使用借贷可能也像消费借贷那样，被视为当事人期待将来得到某种回报的赠礼。但是这种赠礼是在一种受限制的意义上理解的。当事人期待的是受领人在满足使用目的后返还赠礼。于是，在社会观念上，赠礼中的赠与与借贷赠礼发生了区分。随着进一步的发展，使用借贷、消费借贷中受领人需返还的道德义务终于在第三阶段，由社会观念上升到法律认可，获得了法律保护。

---

① Alan Watson, Roman Law & Comparative Law, The University of Georgia Press, Athens and London, 1991, p. 130.

② [法]莫里斯・古德利尔：《礼物之谜》，王毅译，上海人民出版社 2007 年版，第 8 页。

③ Geoffrey MacCormack, Gift, Debt, Obligations and the Real Contracts, In Labeo, 31, 1985, pp. 138ss.

使用借贷的成长史反映了无偿合同在法律上取得其地位,不过是立法者注重它们所反映的社会交换功能。"Locatio conductio"不同,它反映的是以金钱为媒介物的经济交换。但它们的共同之处是对他人资源的暂时使用。此等资源在"locatio conductio"中表现为有体物、劳务或特定的工作,在使用借贷中表现为有体物。但这种给付的不同对罗马法上的合同分类而言,不如其成立事实不同的意义大。罗马法上对合同的根本区分反映在合同如何缔结的那个著名片段 Gai. 3,89 中,其辞曰:产生于合同的债有四种,这样的债的缔结"或者是通过物(re),或者是通过言辞(verbis),或者是通过文字(litteris),或者通过合意(consensus)"。[①] 罗马法以债因即债的发生根据区分合同种类,可归因于其诉讼类型强制主义。[②] 在以诉讼为中心的法律初创阶段,[③]罗马法中的合同法带上如此特点不足为怪。正因罗马法以诉讼—程式的视角考察合同,"locatio conductio"列于合意之债,使用借贷列于要物之债。撇开 5—11 世纪日耳曼法与罗马法的融合,这种情形一直从 11 世纪晚期持续至 16 世纪。

16 世纪的法国人文主义法学家康南(François Connan,1508—1551)首次将合同区分为无偿的与要因的。以他之见,无偿合同仅仅存在一方当事人方面的原因,可以分为不同的类型,比如永久将物让与的赠与、就特定的给负返还同等物义务的消费借贷、提供自己劳务的委托、让与物之使用的使用借贷。要因合同是双务之债,包括所有其他类型的合同。[④] 尽管其理论同样是以亚里士多德的交换正义理论为基础的,我仍倾向于将这次尝试看作孤例。事实上,他的同胞热尔森(Jean de Gerson,1363—1429)比他更早地尝试以合同客体区分合同。在热尔森看来,区分合同种类的标准是交换客体的不同。合同的根本区分是有关所有权的合同如买卖,与有关使用的合同如物的租赁。此

① 译文有改动。参见[古罗马]盖尤斯:《法学阶梯》,黄风译,中国政法大学出版社 1996 年版,第 226 页。

② Gy. Di sdi, Contract in Roman Law from the Twelve Tables to the Glossators, Akadémiai Kiad, Budapest, 1981, p. 77.

③ Fritz Schulz, *Principles of Roman Law*, Marguerite Wolff trans., The Clarendon Press, 1936, pp. 41～42.

④ Italo Birocchi, Causa e Categoria Generale del Contratto, Un Problema Dogmatico nella Cultura Privatistica Dell'Età Moderna. I. Il Cinquecento, Torino: G. Giappichelli Editore, 1997, p. 129.

两大类合同可以根据交换机制进一步细分。[①] 从中，我们看到了以合同客体“使用”为标准对物的租赁与使用借贷的整合。神学家热尔森能够做出这种区分不是偶然的。我们可以将他的学说追溯至13世纪的神学家阿奎那。

阿奎那对合同做了与罗马法上的具体合同类型分类类似的分类：某些合同移转所有权，如买卖；某些合同移转使用权，如租赁；某些合同为保障物的安全而转让如寄托，或为担保债务而转让如质押。此分类与罗马法上的具体合同类型分类的不同之处是，这些具体类型被明确表明其新的高级类型归属。他能做出如此分类是因为，他不再打算遵循亚里士多德以给具体交易命名的方式解释交易，而是给这些交易下定义。亚里士多德仅仅列举了矫正正义下的自愿交易如买与卖、消费借贷、质押、使用借贷、寄托与出租。但阿奎那通过将合同定义为慷慨行为或交换正义行为，确定了各具体交易所属的更大类型；然后，他通过确定每一交易所追求的目的，确定了具体交易所属的次级类型。[②] 后来的神学家比如热尔森正是继承了阿奎那的方法。

关于合同的分类方法，西班牙神学家索托(Domingo de Soto，1494—1560)无疑做了改动。他一方面依据合同是否无偿或为获得回报而给予某物而区分之，另一方面依据合同是移转所有权、物之使用和收益，还是仅仅转让物之使用而区分之。[③] 我现在感兴趣的是索托的后一区分依据。此区分依据无疑是对热尔森的继承和超越。其超越之处表现为他增加了有关使用收益的合同。但此增加没有影响到物的租赁与使用借贷都是取得物之使用。后来的后经院主义法学家如莫里纳(Luis de Molina，1535—1600)与勒西乌斯(Leonard Lessius，1554—1623)基本上采用了阿奎那的合同分类方案。关于“locatio conductio”，勒西乌斯做了一个小小的改动。他将寄托分类为某种“locatio conductio”，即寄托物的照管服务之租赁。[④]

17世纪的自然法学派在合同的根本性区分上采用的是有偿合同与无偿

---

① Italo Birocchi，Causa e Categoria Generale del Contratto，Un Problema Dogmatico nella Cultura Privatistica Dell'Età Moderna. I. Il Cinquecento，Torino：G. Giappichelli Editore，1997，p. 211.

② ［美］詹姆斯·戈德雷：《现代合同理论的哲学起源》，张家勇译，法律出版社2006年版，第15页，第19页，第129页。

③ ［美］詹姆斯·戈德雷：《现代合同理论的哲学起源》，张家勇译，法律出版社2006年版，第130页。

④ ［美］詹姆斯·戈德雷：《现代合同理论的哲学起源》，张家勇译，法律出版社2006年版，第129页。

合同之别。无论格老秀斯(1583—1645)[①]还是普芬道夫(1632—1694)[②]都没有在"locatio conductio"与"使用借贷"的问题上有什么超越。"Locatio conductio"仍保持着罗马法上的含义。物的租赁与使用借贷也没有被以"使用"为标准加以整合。多马(Jean Domat,1625—1695)根据当事人的交易目的对合同进行了分类,但此分类对我讨论的"locatio conductio"帮助不大。他的新意在于其对"locatio conductio"的定义只区分了物的租赁与劳动力租赁。[③] 后来的波蒂尔(M. Pothier,1699—1772)采用了多种不同的合同分类方法,比如双务的与单务的、合意的与要物的、互惠的、施惠的与混合的、实定的与射悖的、主合同与从合同等等。[④] 但他同样没有以"使用"为标准整合物的租赁与使用借贷的愿望。

由于资料欠缺,潘得克吞学派对于合同分类标准的理论发展不得而知,但可以肯定的是,潘得克吞学派分解了"locatio conductio"。依史尚宽之见,《德国民法典》不同于《法国民法典》,将物与劳动力完全分开,以物的租赁为赁租合同,以雇佣、承揽为劳动供给合同。租赁与使用借贷、消费借贷都是一时利用他人之物的合同。[⑤] 确实,即使《德国民法典》将物的租赁又细分为使用租赁、用益租赁,在体系安排上,租赁仍是与使用借贷、物的消费借贷紧紧并列,然后才是雇佣、承揽。[⑥] 这种体系安排反映了物的租赁与使用借贷的交易目的的相似性,这是显而易见的。我们可以看到不少国家的民法典将物的租赁与借贷(但有的将使用借贷与消费借贷合并在一个单元,有的将它们并列为两个单元)紧密并列安排,然后才是雇佣、承揽。一如《瑞士债法典》,二如《澳门

---

① 格老秀斯在区分了施惠合同与互惠合同之后,在施惠合同中谈到了使用借贷,在互惠合同中谈到了以交易中所给予内容的不同加以区分的"locatio conductio"与互易、买卖、货币交易。See Hugo Grotius, *De Jure Belli Ac Pacis Libri Tres*, Francis W. Kelsey trans., Vol. 2, The Clarendon Press, 1925, p. 345

② 普芬道夫在区分了无偿合同与有偿合同以后,在无偿合同中谈到使用借贷、消费借贷,在有偿合同中谈到"locatio conductio"。See Samuel von Pufendorf, De Officio Hominis et Civis Juxta Legem Naturalem Libri Duo, Frank Gardner Moore trans., Oxford University Press, 1927, p. 74, p. 77.

③ Jean Domat, The Civil Law in its Natural Order, William Strahan trans., Vol. I, Fred B. Rothman & Co., 1980, p. 161, p. 256.

④ M. Pothier, Treatise on the Law of Obligations or Contracts, William David Evans trans., Vol. I, Robert H. Small, 1826, pp. 7 ss.

⑤ 史尚宽:《债法各论》,中国政法大学出版社 2000 年版,第 150 页,第 151 页。

⑥ 陈卫佐译注:《德国民法典》,法律出版社 2006 年版,目录,第 3 页,第 4 页。

民法典》。[①] 我们还可以看到有些国家的民法典甚至直接根据当事人交易目的的不同，也就是说根据当事人订立的合同所要移转的具体客体的不同，将物的租赁、使用借贷整合在“有关物之使用的合同”的单元中，比如著名的《埃及民法典》，[②]以及受它影响的《阿尔及利亚民法典》。[③]《蒙古国民法典》不过是将前述标准扩大了。它以“移转财产、智力成果和财产权为他人占有和使用”作为把手，不仅整合物的租赁、使用借贷，还纳入了智力成果使用合同。[④] 我想我不必再如此详列下去。如上事实足以证明在后世某些国家的立法中，仍延续了以移转使用整合租赁、使用借贷、消费借贷。

《日本民法典》也不例外。它同样以合同移转使用为标准将物的租赁、使用借贷、消费借贷并列。与《德国民法典》不同，它更改了前述三种合同的顺序，依序列为消费借贷、使用借贷、租赁，然后是雇佣、承揽。[⑤] 此更改的意义是重大的。这倒不是说租赁与雇佣、承揽的位置更近从而更容易理解了，而是它凸现了使用借贷与租赁的关系。或许正因日本法学家出于对物的租赁与使用借贷都移转使用的认知，将物的租赁译为“赁贷借”。这显然不是全无根据的推理。星野英一教授在探讨“租赁(赁贷借)”时，在给出租赁的定义之后，马上谈及的就是租赁与消费借贷、使用借贷的异同。[⑥] 邓曾甲教授根据日本学界的权威文献介绍日本的合同制度时，就以借贷型为标准将租赁、消费借贷、使用借贷包罗在一起。[⑦] 尽管我不能认同他声称的前述三种合同都移转使用、收益权，但他所反映出的此三种合同有关联性是没有问题的。

如果日本学人是在考虑到物的租赁是有偿地移转物的使用(收益)之后，将“物的租赁”译为“赁贷借”，以与使用贷借、消费贷借相应，我就找到了“赁贷

---

① 吴兆祥，石佳友，孙淑妍译：《瑞士债法典》，法律出版社 2002 年版，目录，第 2 页，第 3 页。又参见中国政法大学澳门研究中心、澳门特区政府法律翻译办公室编：《澳门民法典》，中国政法大学出版社 1999 年版，目录，第 9 页，第 10 页。

② 徐国栋主编，黄文煌译：《埃及民法典》，厦门大学出版社 2008 年版，目录，第 4 页。

③ 徐国栋主编，尹田译：《阿尔及利亚民法典》，中国法制出版社 2002 年版，目录，第 4 页。

④ 徐国栋主编，海棠，吴振平译：《蒙古国民法典》，中国法制出版社 2002 年版，目录，第 2 页。

⑤ 渠涛编译：《最新日本民法》，法律出版社 2006 年版，目录，第 5 页。

⑥ [日]星野英一：《日本民法概论Ⅳ》(契约)，姚荣涛译，五南图书出版公司 1998 年版，第 171 页。

⑦ 邓曾甲：《日本民法概论》，法律出版社 1995 年版，第 329 页。

借(赁借贷)”译法的源头和它从属的解释模式。当“赁贷借”被囫囵吞枣地借用到中国之初,其含义没有变化。它同样与物的租赁相应。在后来的使用中,由于“贷借”被改造为“借贷”,它也就被相应地被改造为“赁借贷”。但一旦该术语本土化,它本来的含义就有可能被超越,它本来从属的解释模式就有可能被遗忘。我们已看到,在罗马法的术语对译中,在“赁借贷”使用的场合,它有时已被扩大至与“locatio conductio”直接相对,从而导致了理解上的困难。

四、Locatio conductio 的译法及启示

我已梳理了“物的租赁”在日本译为“赁贷借”,并整理了“赁贷借”到“赁借贷”的转变。现在是时候讨论“locatio conductio”的中文移译了。我无意提出“租赁”与“赁借贷”哪一个会更合适,这明显超出了我的能力。毫无悬念,此二者都不是最优选择项。“租赁”在汉语中指向的是有体物,它不可包括劳动力租赁:承揽、雇佣。“赁借贷”不过是日译“物的租赁”的汉语表现形式。在此意义上,它与“租赁”的译法没什么两样。但它们都可以通过加注或加限定语如“广义的”的方法解决汉语表达不达的缺陷。因此,汉语表达能力的限度并不妨碍它们都成为次优选择项。当然不必担心加上“广义的”易使人产生“物的租赁”或“赁借贷”是“locatio conductio”的模型的遐想。想象从来不能代替历史真相。对历史真相的了解是打消此想法的最好途径。我想这是对罗马法深感兴趣的学子应该努力做到的。

相比起来,“赁借贷”一译的优点是反映了在日本的语言背景下,它与“使用借贷”、“消费借贷”的明确关联性。遗憾的是,在汉语背景下此优点很难显现出来。这样说当然不是理论探讨上很少人使用“使用借贷”、“消费借贷”这样的术语,关键是它们在新中国的《民法通则》、《合同法》中早就被废弃不用了。对于民法初学者来讲,理解什么是“使用借贷”、“消费借贷”都有些困难,不消说“赁借贷”了。所以,一个令人感到陌生的译法可能会减少它的可接近性。“租赁”就不一样了。从民国《民律草案》起,“租赁”就成为法律术语。它不像“赁借贷”是一种外来词的重造,它本身就是本土的。所以,对此译法人们至少不会产生理解上的障碍。但“租赁”的可接近性导致它不能直观反映出它与使用借贷、消费借贷的关系。我想在“租赁”与“赁借贷”之间究竟应该选谁,首先应看译者的研究趣味,其次要考虑此译法面临的受众的理解水平。

自然,如何翻译“locatio conductio”给我们带来不少启示。其一,为能正确翻译它,必须理解它;为理解它,必须有丰富的理论储备,至少要有相当深的

学术思考。在这方面，我相信“赁借贷”的译法是我们需要学习的榜样。在了解相关的理论背景后，我们可以轻而易举地发现该译法无疑最能直观地反映出“赁借贷”、使用借贷、消费借贷这三种借贷的关系。其二，对术语的翻译不但要做到“信”、“达”，还要力所能及地做到“雅”。如果说信而达是一个硬要求，“雅”就是一个软要求。为提高移译的可读性与可接近性，我想通俗易懂是应该期待做到的。

罗马的法律中译名的诸问题研究

齐　云*

一、导言

在几代罗马法学家的努力下，我国罗马法学取得了可喜的进步，不仅有关罗马法通论的专著译著频频出现，也有罗马法原始文献选译的中译本陆续问世，这都是让人值得欣慰的现象。但由于时代和历史的局限，再加上我国罗马法学者之间缺乏协调沟通，在对拉丁法律术语、人名、书名、官职和法律名等进行中文移译时，存在着诸多的分歧和不同，这不仅给读者阅读理解带来很大的不便，也不利于学术的传承。无规矩无以成方圆，我认为，正是基于此种考虑，徐国栋教授才决定与桑德罗·斯奇巴尼教授(Sandro Schipani)一起举办第一届拉丁法律术语译名统一国际研讨会，以求探讨并制定一些统一的规则，从而有利于罗马法在我国稳定和长足发展。

2002年黄风先生的《罗马法词典》面世，这一具有填补国内空白的著作意义巨大，为我国罗马法研究者提供了一利器。同年，应徐国栋老师之约，厦门大学硕士生程波在《罗马法词典》的"Lex"词条部分的基础上，根据周枏先生的《罗马法原论》的相关内容对之进行了补充，并以《罗马的法律大全》为名发表在《罗马法与现代民法》第3卷上，其中收录了罗马的法律149条，为当时国内最为全面的对罗马法律的介绍。现在本人不陋自己才疏学浅，参考国内外

* 厦门大学法学院助理教授。

相关罗马法文献，[①]再次对之进行如下的补充、完善和修订：第一，将原有的149条增加为现在的257条；第二，尽可能补充法律提起人的全名的拉丁形式；第三，对国内罗马法相关文献[②]中的罗马法律的中译名进行统计整理；第四，指出国内对罗马的法律译名的疏漏并完善之。最后，形成了《罗马的法律大全》的增补版（参见本卷中我的文章《罗马的法律中译名的诸问题研究》）。

在整理过程中，发现国内对罗马法律的中译名存在着一些共同问题，本文

---

① 黄风编著：《罗马法词典》，法律出版社2002年版；黄风、程波：《罗马的法律大全》，载《罗马法与现代民法》（第3卷），中国法制出版社2002年版。See Federico del Giudice e Sergio Beltrani, Dizionario Giuridico Romano, 11ed., Esselibri-Simone, Napoli, 1995; Adolf Berger, Encyclopedic Dictionary of Roman Law, The American philosophical society, Philadelphia, 1953; Antonio de Puente y Franco y José Francisco Díaz, Historia de las leyes, plebiscitos y senadoconsultos mas notables, desde la fundacion de Roma hasta Justiniano, Imprenta de D. Vicente de Lalama, Madrid, 1840; List of Roman laws, on http://en.wikipedia.org/wiki/List_of_Roman_laws, 2008-4-30; Leges regiae, rogatae, datae, on http://web.upmf-grenoble.fr/Haiti/Cours/Ak/, 2008-4-30; Leges, See William Smith, A Dictionary of Greek and Roman Antiquities, John Murray, London, 1875, pp. 683～702, on http://penelope.uchicago.edu/Thayer/E/Roman/Texts/secondary/SMIGRA */Leges.html, 2008-4-30; Lex, See Charles V. Daremberg, Edmond Saglio, Dictionnaire des antiquités grecques et romaines, Tomo3, Paris, pp. 1877 - 1919, pp. 1126～1174, on http://dagr.univ-tlse2.fr/sdx/dagr/feuilleter.xsp, 2008-4-3; Legal and Institutional Chronology of the Roman Republic, on http://www.unrv.com/government/legal-institutional-chronology.php, 2008-4-3.

② 我的整理范围如下：黄风编著：《罗马法词典》，法律出版社2002年版；黄风、程波：《罗马的法律大全》，载《罗马法与现代民法》（第3卷），中国法制出版社2002年版；周枏：《罗马法原论》，商务印书馆1994年版；陈朝璧：《罗马法原理》，法律出版社2006年版；丘汉平：《罗马法》，中国方正出版社2004年版；黄右昌：《罗马法与现代》，中国方正出版社2006年版；江平，米健：《罗马法基础》，中国政法大学出版社2004年版；[意]彼德罗·彭梵得：《罗马法教科书》，黄风译，中国政法大学出版社2005年版；[意]朱塞佩·格罗索：《罗马法史》，黄风译，中国政法大学出版社1994年版；[古罗马]优士丁尼：《法学阶梯》，徐国栋译，中国政法大学出版社2005年版；[古罗马]盖尤斯：《法学阶梯》，黄风译，中国政法大学出版社1996年版；[意]桑德罗·斯奇巴尼选编：《民法大全选译·法律行为》，徐国栋译，中国政法大学出版社1998年版；[意]桑德罗·斯奇巴尼选编：《私犯之债（Ⅱ）和犯罪》，徐国栋译，中国政法大学出版社1998年版；[意]桑德罗·斯奇巴尼选编：《婚姻·家庭和遗产继承》，费安玲译，中国政法大学出版社2001年版；薛军译，纪尉民、阿尔多·贝特鲁奇校：《学说汇纂第48卷（罗马刑事法）》，中国政法大学出版社2005年版。

力图对这些问题进行追根探源的研究，力求找到造成这些问题的原因，并尽力提出自己认为适当的解决方案，以期为拉丁术语在此等主题上的统一贡献自己的一点微薄之力。

二、罗马的法律命名规则

首先，要搞清楚罗马的法律命名规则，先得明白罗马人的姓名的构成规则。一般而言，罗马人的姓名由三部分构成：个人名(praenomen)＋氏族名(nomen gentile)＋家族名(cognomen)，有些还在最后加上绰号(agnomen)。

罗马人所用的"个人名"一共不到30个，并且只有10个左右是常用的，通常都是以缩写的形式出现，[①]在这些缩写里面，要特别注意两个特殊情况，即C.＝Gaius和Cn.＝Gnaeus，为何会这样，在本文后面论述拉丁语的发音时再讲。这些缩写在国外的罗马史的文献中经常出现，在提到罗马的法律提起人时亦是如此，需要注意。

"氏族名"源自其所属的氏族，而且罗马原有的氏族名一般会以"－ius"结尾，例如Iulius，Tullius和Sempronius等等。由于个人名和氏族名数目都很少，这样很容易让人产生混淆，这样加入"家族名"，指明其来自的家族以示区别。而有些还在最后加上了"绰号"，但并不是每个罗马人都有绰号。

比如，罗马史上著名的独裁者苏拉的全称为Lucius Cornelius Sulla Felix，前三个分别是其个人名、氏族名以及家庭名，最后一个Felix为其绰号，意为"幸运的"，在对它进行中文翻译时，我们一般在各个名字之间加"·"(居中点)来分隔之，例如苏拉的全名就可翻译为：幸运者卢求斯·科尔内流斯·苏拉。

其次，罗马的法律命名表达的一般规则为：Lex＋提起人的氏族名的阴性＋de＋法律内容描述(或者将"de＋法律内容描述"换成"法律内容描述的属格形式")，如果提起人是两个人，格式则变为：Lex＋提起人甲的氏族名的阴性＋提起人乙的氏族名的阴性＋de＋法律内容描述，并且如果提起人为两个执

① A. = Aulus, Ap. = Appius, C. = Gaius, Cn. = Gnaeus, D. = Decimus, Fl. = Flavius, L. = Lucius, M. = Marcus, M'. = Manius, Mam. = Mamercus, N. = Numerius, P. = Publius, Q. = Quintus, Ser. = Servius, Sex. = Sextus, Sp. = Spurius, T. = Titus, Ti. = Tiberius, See Roman naming conventions, ON http://en.wikipedia.org/wiki/Roman_naming_conventions, 2008-6-1.

政官，资格较老的执政官的氏族名排在前面。也就是说，罗马的法律主要是用法律提起人的氏族名来进行命名的，但由于一个人可能提起几项法律，或几个氏族名相同的人可能分别提起几项法律，所以为了区别起见，在后面再加上关于法律内容描述的短语。当然，有些罗马法律的“法律内容的描述短语”是后人所加，而且由于历史记载散佚的原因，现代学者记载的罗马法律名称并不是每个都具有上述的全部要素。至于说提起人的氏族名为何要用阴性而非原形，这是因为它所修饰的 Lex 为阴性，所以要随之变性。

举例来说，公元前 59 年的 *Lex Iulia de repetundis*，又被写为 *Lex Iulia repetundarum*，此法由盖尤斯·优流斯·恺撒(Gaius Iulius Caesar)提起，恺撒的氏族名 Iulius 的阴性形式为 Iulia，此法是关于“搜刮钱财罪”(Crimen repetundarum)的。那么此法的中译名应该如何翻译呢？黄风先生将之翻译为《关于搜刮钱财罪的尤利法》，[①]薛军先生将之翻译为《关于搜刮钱财罪的尤里亚法》，[②]但是依照徐国栋教授的观点，从严格意义上来看，根据“名从其提起人”的罗马的法律命名原则，将之译成《关于搜刮钱财罪的优流斯法》更佳：二者的差别就在于前二者采用提起人氏族名的阴性形式(Iulia)的音译，后者则采用其原形形式(Iulius)的音译。为何说在汉语中采取后一种解决方法更佳？因为拉丁语是一种要变性和数的语言，而汉语不是，所以拉丁语中需要将法律提起人的氏族名 Iulius 根据 Lex 的性别情况变为阴性形式 Iulia，而在汉语中并不需要。对此，我们也可反向推论，如果一种现代语言还存在性数变化，它在翻译为罗马的法律名时也应该会采取如同拉丁语同样的处理方法，这一点在作为拉丁语族成员的西班牙语中得到了证明。在一本名为《从罗马建立到优士丁尼的著名的法律、平民会决议以及元老院决议的历史》的西班牙语书中，将此法的拉丁语名个称翻译成西班牙语形式后为 *Ley Julia de cohecho*，[③]很明显，在西班牙语中 ley(法律)依旧为阴性，那么氏族名 Julio(在西班牙语中，恺撒的全名为 Cayo Julio César)也应采其阴性形式 Julia。总而言之，鉴于拉丁语与汉语的语法规则不同，我们应依照汉语语法规则将拉丁语形式

① 黄风编著：《罗马法词典》，法律出版社 2002 年版，第 162 页。

② 薛军译，纪尉民，阿尔多·贝特鲁奇校：《学说汇纂第 48 卷(罗马刑事法)》，中国政法大学出版社 2005 年版，第 197 页。

③ Véase Antonio de Puente y Franco y José Francisco Díaz, Historia de las leyes, plebiscitos y senadoconsultos mas notables, desde la fundacion de Roma hasta Justiniano, Imprenta de D. Vicente de Lalama, Madrid, 1840, pag. 71.

的罗马的法律名称按如下格式翻译成中文：关于＋法律内容描述＋的＋提起人的氏族名原形的中文音译＋法。

上面谈的是一个法律提起人的情况，现在我们看有两个法律提起人的情形。比如说 *Lex Plautia Papiria de civitate sociis danda*，此法于公元前 89 年颁布，由保民官 M. Plautius Silvanus 和 C. Papirius Carbo 一并提起，该法向所有居住在意大利境内的拉丁人和其他自由人授予罗马市民权。很容易看出，Plautia 和 Papiria 分别为两个提起人的氏族名 Plautius 和 Papirius 的阴性形式。对于此法，周枏先生译为《普洛体亚·帕披里亚法》，[①]而黄风先生译为《关于向盟友授予市民籍的普劳第和帕皮里法》[②]，由于我们用"·"(居中点)来连接两个外国名字时，习惯上我们多认为这是一个人，所以前者的表示方法是不规范的，应采取后者黄风老师的译法，即将"·"换成"和"，故而我们将此法译为《关于向同盟者授予市民权的普劳求斯和帕皮流斯法》。

但是，我们要特别注意的是，不要看到罗马的法律名称中有两个名字就以为是两个人提起的，这样会导致翻译的错误。比如说对于 *Lex Publilia Philonis de auctoritate patrum*，此法是在公元前 339 年颁布的一项关于元老批准的法律，由该年的独裁官 Q. Publilius Philo 一个人提起。对于此法，黄风先生将之翻译为《布布里利和菲洛尼法》[③]和《关于元老批准的布布里利和菲罗尼法》[④]，但是如上所述，虽然在法律名称中似乎出现两个名字，但其实一个是其氏族名，一个是其家族名，它们用在一起表示同一个人，所以此法只能翻译为《关于元老批准的普布利流斯·菲罗法》。此法显然没有遵照一般的罗马的法律命名规则，容易让人误解，正是由于此种命名法很少见，在一本法语的词典中将其拉丁语形式写作 *Lex Publilia de auctoritate patrum*，[⑤]也就是说去掉了会让人引起误解的 Philonis，此词典对于接下来我将要列举的三个法律做了同样的处理，在此不赘述。与此类似的还有如下法律：*Lex Publilia Voleronis de tribunis plebis* 应译为《关于平民保民官的普布里流斯·沃勒罗

① 周枏：《罗马法原论》，商务印书馆 1994 年版，第 111 页。

② 黄风编著：《罗马法词典》，法律出版社 2001 年版，第 164 页。

③ [意]朱塞佩·格罗索：《罗马法史》，黄风译，中国政法大学出版社 1994 年版，第 93 页。

④ 黄风编著：《罗马法词典》，法律出版社 2002 年版，第 165 页。

⑤ Voir Charles V. Daremberg, Edmond Saglio, Dictionnaire des antiquités grecques et romaines, Tomo 3, Paris, pp. 1877～1919, p. 1161.

法》，*Lex Servilia Caepionis iudiciaria* 应译为《塞尔维流斯·切皮约审判法》，[①]Lex Servilia Glauciae de repetundis 应译为《关于搜刮钱财罪的塞尔维流斯·格劳恰法》。[②] 如果我们仔细观察这四个特例，我们会发现，这四个法律的提起人依次分别为：Q. Publilius Philo，Publilius Volero，Q. Servilius Caepio 和 C. Servilius Glaucia，而 Philonis，Voleronis，Caepionis 和 Glauciae 其实分别是各个提起人的家族名 Philo，Volero，Caepio 和 Glaucia 的属格形式，用于修饰前面的各个提起人的氏族名，明白了这点，我们就不会误以为它们分别是由两个人提起的了，从这个意义上来看，其实此种所谓的特殊的命名方法在总体上也遵照了罗马法律的一般命名方法。

另外，以法律提起人的名字来给法律命名的现象在现代美国依然存在。比如，美国 1890 年颁布的《谢尔曼反托拉斯法》(*Sherman Antitrust Act*)(也可以简称为《谢尔曼法》)被认为是世界上最早的反垄断立法，也被称为世界各国反垄断法之母，此法是由来自俄亥俄州的参议员约翰·谢尔曼(John Sherman)提起的。[③] 从这一法律的命名可以看出，此法的命名方式为：提起人的姓氏＋法律内容描述＋法，这与罗马的法律命名规则完全一样，只不过由于英语的语法规则不同于拉丁语，所以没有必要改变提起人的姓氏的性罢了，而在此点上中文显然与英语是完全相同的，这也从侧面佐证了在翻译拉丁法律名称时我们应按提起人的名字原形来翻译的合理性。为何美国会继承罗马这一传统呢？有人认为，"美国的法律条文，无论是地方还是全国，都是由相关人申报(全国为国会，地方为议会)，然后经国会或州议会通过再实施。提出一项议案

---

① 黄风先生在《罗马法史》和《罗马法词典》中分别将之译为《加比奥尼的塞尔维里法》和《塞尔维里和加比奥尼法》，很显然都是不妥当的，程波将之正确翻译为《塞尔维里亚·加比奥尼审判法》，分别参见：[意]朱塞佩·格罗索：《罗马法史》，黄风译，中国政法大学出版社 1994 年版，第 269 页；黄风编著：《罗马法词典》，法律出版社 2002 年版，第 166 页；黄风，程波：《罗马的法律大全》，载徐国栋主编：《罗马法与现代民法》(第 3 卷)，中国法制出版社 2002 年版，第 461 页。

② 黄风先生在《罗马法史》和《罗马法词典》中分别将之译《格劳恰的塞尔维里法》和《塞尔维里和格劳恰法》，很显然也是不妥当的，程波将之正确翻译为《塞尔维里亚·格劳恰审判法》，分别参见[意]朱塞佩·格罗索：《罗马法史》，黄风译，中国政法大学出版社 1994 年版，第 269 页；黄风编著：《罗马法词典》，法律出版社 2002 年版，第 166 页；黄风、程波：《罗马的法律大全》，载徐国栋主编：《罗马法与现代民法》(第 3 卷)，中国法制出版社 2002 年版，第 461 页。

③ *Sherman Antitrust Act*, On http://en.wikipedia.org/wiki/Sherman_Antitrust_Act, 2008-6-2.

的人，一般都是两院议员，以名命名，一方面是对当事人的尊敬，表明其功绩，另一方面也赋予其责任（有人会因某项法律留名青史，也有人会因此臭名远扬）。此外与美国崇尚个人主义也有一定的关系"[①]。此种分析还是具有相当的说服力的，这遵照了"法律名从提案人"的原则，更有利于我们知道法律的提起人是谁。

与此相关，以裁判官名字命名的一些诉讼（有些人将之译为"诉权"）的翻译也存在类似的问题。[②] 例如 actio Rutiliana，其实是由公元前 118 年的裁判官 P. Rutilius Rufus 提起，此种诉讼是关于财产委付（bonorum emptor）[③]的。我们很容易可看出来，此种诉讼命名的方式与罗马的法律命名的方式极其相似：根据创设此种诉讼的裁判官的"氏族名"来命名，并且由于它修饰的 actio 为阴性，其"氏族名"Rutilius 也变成了阴性形式 Rutiliana。黄风先生无疑看到此点，将之翻译为"鲁第里诉讼"[④]（他对 Rutilius 这一人名翻译时，省略了后面的"us"），而周枏先生在谈到根据此种诉讼而形成的程式 formula Rutiliana 时，将它翻译为"鲁体利亚那程式"，[⑤]这种译法完全采取了音译，而忽略了此种程式也是根据由创设此种程式之人 Rutilius 提起的。根据我们对罗马的法律中译名的分析，这种翻译不是很确切和妥当，应该分别将它们译为"鲁提流斯诉讼"以及"鲁提流斯程式"，这样更能准确直观地表明其创设者。与此类似的诉讼还有 actio Publiciana，actio Serviana，actio Calvisiana，actio Fabina，actio Pauliana 等等，国内罗马法学者也多直接采取完全音译，而不是还原其创设者的氏族名原形后再音译。基于上述的理由，后一种做法无疑才是将来统一其中译名的正确选择。

三、拉丁语的发音规则及拉丁人名翻译规则

在确定了罗马的法律名称的翻译规则以后，我们会发现，国内对它们的翻译的不统一，除了上述已指出的地方外，主要就体现在对拉丁人名的翻译之

① 参见众人：《为何美国的法律多以人名命名》，载 http://iask.sina.com.cn/b/4471104.html，2008-6-2。

② 此种相关性由徐国栋教授发现并提供给我，在此致谢。

③ Alan Watson, The Development of the Praetor's Edict, *The Journal of Roman Studies*, Vol. 60, 1970, p. 105.

④ 黄风编著：《罗马法词典》，法律出版社 2002 年版，第 17 页。

⑤ 周枏：《罗马法原论》，商务印书馆 1994 年版，第 980 页。

上，而造成拉丁人名翻译不统一的最主要原因，就在于我们对拉丁语的发音还未形成一个统一的规则。对此，我将先探讨拉丁语的发音规则，再探讨拉丁人名的翻译规则。

首先，在探讨拉丁语的发音规则之前，简单地看一下拉丁字母的形成历史。根据维基百科中对拉丁语的简介，我们知道：在比较早期的拉丁语中，g 这个字母开始并不存在，由 c 代表/k/和/g/的发音，所以在古典时期，如前所述，在表示"个人名"的缩写时，用"C."代表"Gaius"，用"Cn."来代表"Gnaeus"，而到了公元前 3 世纪中叶，g 被创造出来了，并导致了对上述"个人名"的修改[①]。所以，如果现在看到 C. ＝Gaius 或 Caius 以及 Cn. ＝Gnaeus 或 Cnaeus 的表达，[②]就不要太惊讶。虽然如此，但现在大多数学者更偏向于使用 C. ＝Gaius 和 Cn. ＝Gnaeus，简称仍然保留了古典时期的习惯，而全称却用"g"代替了"c"。对于 c 与 k 之间的关系，学者一致认为 k 是从希腊引进的，并且"c 和 k 都代表/k/，在古代的碑铭中，c 本来用在 i 和 e 之前，k 用在 a 之前，但在古典时期，k 这个从希腊借来的词很少再用，而被 c 所代替。另外，q 也部分地代替了 k，由于 q 的使用，使得 cui（下降二合元音）与 qui（舌后塞音）可以区分"。[③] 而在共和时期，最后两个字母从希腊音素/y/和/z/中引进来。这样就形成如下字母序列：A B C D E F(G) H I(K)L M N O P Q R S T V X(Y)(Z)。而在这个时期，拉丁字母表中还没有小写字母，它们的出现十分的晚，也没有"J"和"U"，它们出现于中世纪，是法国学者彼得吕斯·拉姆斯（Petrus Ramus，又名 Pierre de la Ramée，1515—1572）引进并将之形成一个系统。[④] 了解这一历史演变，对于解决 V/v，U/u，I/i，J/j 方面"书写协议"的争议也十分重要。在拉丁语的书写上问题上现代多数学者采取了折中的道路：区分 V/v 与 U/u，前者用来表示其辅音，后者表示其元音，但不区分 J 与 I，而只采用

① Lingua latina，Su http://it. wikipedia. org/wiki/Lingua_latina，2008-06-03.

② 比如说，在维基百科中文版就谈到 Gaius 或 Caius 可用 C. 来代表，音译为"盖乌斯"，而 Gnaeus 或 Cnaeus 可用 Cn. 来代表，音译为"格奈乌斯"，参见罗马人的本名列表，载 http://zh. wikipedia. org/wiki/罗马人本名列表，2008-6-3。

③ Latin spelling and pronunciation，on http://en. wikipedia. org/wiki/Latin_spelling_and_pronunciation，2008-6-3.

④ Lingua latina，su http://it. wikipedia. org/wiki/Lingua_latina，2008-06-03.

I/i 来代表其辅音和元音。[①] 涉及本文关注的主题，在英文的罗马法文献中，前引"Lex Iulia de repetundis"经常被写作"Lex Julia de repetundis"，后一种写法也被我国早期的罗马法学者如周枏、陈朝壁等学者采纳，但自从中意开始罗马法交流后，产生的新一批罗马法学者都无一例外受意大利的影响而采用了前一种书写方法。正如我们所述，这是国际上现在更偏向的一种书写方法。另外，在罗马法原始文献的有些拉丁版本中，也还存在 V 和 U 通用的现象，比如说将"vita"(生命)写作"uita"，[②]这在阅读时也要注意。

其次，对于拉丁语的发音规则，在我国与其说存在着一些争议，不如说其实是对这个问题关注不够。现在，国际上拉丁语的发音规则主要有两种，按维基百科意大利语版的说法是："在意大利，占统治地位的拉丁语发音是所谓'教会发音'(pronuncia ecclesiastica)，此种发音比古典发音更晚；而在盎格鲁撒克逊国家以及法国，流行的是所谓的'复古发音'(pronuntiatio restituta)，也就是一种回溯到罗马共和晚期的古典拉丁语发音。"[③]一般认为，古代罗马人的拉丁语究竟如何发音，现在已不得而知，不管是我们现在拉丁语的哪一种发音规则，其实都只是一种推测和拟制。对于前一种发音规则，又被称为"意大利式发音"，这是由于罗马教会的存在而采用的一种规则，它的发音规则与意大利语的发音规则极其类似，由于教会的强大势力以及天主教在全世界的传播而流传开来；后一种又称为"古典发音"，是学者根据古典拉丁著作、碑铭、诗文，推测一个受过教育的生活在罗马共和晚期的罗马公民说拉丁语的发音规则。[④] 两种发音的主要区别可用一句话概括是：古典发音"基本上一个字母一音，变音的情况很少，除 bs，bt 清音化外，c，g，t 等辅音均无变化"。[⑤] 这样说，或许很多人不是很明白，维基百科英语版在论述拉丁语的发音时指出了教会

---

① 其他两种方案，一种是完全复古型：用 I/i 和 V/v 来代表其元音和辅音形式；另一种完全现代型：用 I/i 和 U/u 来代表其元音形式，用 J/j 和 V/v 代表其辅音形式，See Latin spelling and pronunciation，On http://en.wikipedia.org/wiki/Latin_spelling_and_pronunciation，2008-6-3.

② D.33，1，10pr.. See The Digest of Justinian，Latin Text Edited by Theodor Mommesn with the Aid of Paul Krueger，English Translation Edited by Alan Watson，Vol. Ⅲ，University of Pennsylvania Press，1985，p.103.

③ Lingua latina，Su http://it.wikipedia.org/wiki/Lingua_latina，2008-6-1。

④ 肖原：《拉丁语基础》，商务印书馆 1983 年版，第 9 页。

⑤ 肖原：《拉丁语基础》，商务印书馆 1983 年版，第 10 页。

发音在以下方面不同于复古发音：[①]

1. 元音长度丧失：当为重音并在开音节中，元音为长的，否则为短的。

2. 在 AE，OE，E，I 或 Y 之前，c 发/tʃ/（相当于英语中的 ch）。

3. 二合元音 AE 和 OE 发/e/。[②]

4. 在 AE，OE，E，I 或 Y 之前，g 发/dʒ/（相当于英语中的 j）。

5. h 为哑音，但在 *mihi* 和 *nihil* 这两个单词中发/k/的音。[③]

6. s 在两个元音之间时，或在元音和一个辅音字母 m 或 n 之间，则发/z/的音；但在它之后有 c 时，也就是说当存在 sc 组合时，并且在 AE，OE，E，I 或 Y 之前时它们一起发/ʃ/的音。

7. 当 ti 之后跟元音，并且在其前面没有 s，t 或 x 时，发摩擦音/tsi/（相当于英文的 tsy）；另外，一本意大利语的拉丁语教材还认为，如重音落在其上，则还是发/ti/的音，如 totius，还有一些来自非拉丁语的单词亦同，例如 Miltiades 的发音。[④]

8. th，ph 和 ch 分别发/t/，/f/和/k/的音。

9. y 代表/i/ 或/j/；gn 发/ɲ/；x 发/ks/的音，但如其后跟着 c，也可以合并着发音，例如 excelsis 可发/ekʃelsis/ 或/ekstʃelsis/。

上述是维基百科英文版对教会发音与古典发音不同之处的描述，饶有兴味的是维基百科意语版却换了另一个角度，指出古典发音在以下方面不同于教会发音：[⑤]

1. 字母 C 和 G 分别都只发软腭音，前者发/k/，后者发/g/，即使在 AE，OE，E，I 或 Y 之前，也不分别音变成/ tʃ /和/dʒ/。

2. Ti 在元音之前，并不音变成/tsi/。

3. 双元音 AE 和 OE 分别发 /àe/ 和 /òe/，而不是发/e/（例如，Caesar 发/*'ka-esər*/）。[⑥]

4. Y 被认为是希腊的同音标记，因此在发成法语的/u/或德语的/*ü*/。

---

① Latin spelling and pronunciation，On http://en.wikipedia.org/wiki/Latin_spelling_and_pronunciation，2008-6-1.

② 一说认为，AE 和 OE 本来为双元音，发/ai/和/oi/，但在帝国时代成为单元音，开始发/e/的音。

③ 一说认为，h 在这两个单词中发/g/的音。

④ Clement Desessard，Il latino senza sforzo，Assimil Italia，Torino，2002，p. XIV.

⑤ Lingua latina，Su http://it.wikipedia.org/wiki/Lingua_latina，2008-06-01.

⑥ 注意，在一些讲英语国家，*ae* 和 *oe*，经常被写成 *æ* 和 *œ* 的形式。

5. s 永远发清辅音/s/，而不会音变成/z/。

6. H 发带有送气音的辅音，但 PH，TH 和 CH 来自于希腊语 φ，θ 和 χ，因此它们就分别发/p/，/t/和/c/。

7. 不存在摩擦音/v/，字母 v 发/u/，例如，VVA 发/ uua /，VINVM 发/ uinum /；uu 后面接辅音时，它发/uo/，例如，EQVVS 发/'ekuos /。

从维基百科关于拉丁语发音的两个不同语言版本的论述角度可以看出来，每个国家都是以自己的语言为参照系来论述拉丁语的发音的。正如，维基百科英文版在谈到这个问题时指出："在很多情况下，人们经常采用自己语言的语音规则来发拉丁字母的音。"[①]比如，对于以英语为母语的国家，很难不按英语的发音规则来发拉丁字母的音。我还清楚地记得，当 2005 年我在意大利特伦托大学上学时，有一门课是一个爱尔兰老师讲授的"法律英语课"，课文中难免夹杂着很多拉丁语单词，当我的意大利同学按意大利语发音规则读出这些拉丁语时，爱尔兰老师很严肃地按英语发音纠正了他们"错误的"发音，大家也摇头晃脑地跟着老师朗读"正确的"发音，煞是好玩。私下里，我问一个阿根廷同学在他们国家拉丁语发音的规则，他毫无悬念地告诉我：按西班牙语规则发音，对于以拉丁字母构成自己语言的民族，在自己的语言中同时涉及几个拉丁词组时，他们根本不会再将之当作一种外语(foreign language)，而是当作一种外来语(loanword)。但即便是这样，也正如维基百科英文版中指出的那样，在专门学习拉丁语时，英语国家的拉丁语老师和学生还是力图追求其原始发音，因而尽力向拉丁语系(意、法、西、罗等)的一些语言的发音靠近，因为他们相信这些语言是"拉丁语的女儿"，因而照理更接近于拉丁语的原始发音。

日本著名的罗马通史学者盐野七生在《罗马人的故事Ⅲ：胜者的迷思》的参考文献里谈到了日本的拉丁语发音情况，很有借鉴意义。她谈到，日本人在翻译拉丁文时多采取德语式的拉丁语的发音，那么也就属于古典式发音，这是由于罗马古代史的研究曾经以德国和英国最为发达，日本学者在研究罗马古代史时多有借鉴，受其影响是难免的。但是，她认为选择意大利式的拉丁语发音最佳，理由有三：第一，罗马曾是整个罗马帝国的中心，其语言应最接近当时的拉丁语；第二，从古罗马时代延续到今天的组织只有基督教会，而基督教会所使用的拉丁语发音规则正是意大利语式的发音；第三，从语言的韵律来看，只有意大利式的发音才能保证朗读古罗马的拉丁文章的味道，使用德语式发

① Latin spelling and pronunciation，On http://en.wikipedia.org/wiki/Latin_spelling_and_pronunciation，2008-6-3.

音则完全失去韵律和节奏感。虽然如此，她还是囿于传统上约定俗成的影响，对一些传统的拉丁人名、地名等的翻译遵照了德语式的发音，而对于一些比较不常用的名词采取了意大利式的发音。①

在拉丁语的发音上，那么什么策略应该是我们中国的选择呢？其实，在理论上，我国已经选择了意大利语式的拉丁语发音规则，只不过在实践上，我们没有严格遵守罢了。为何这样说？理由如下：第一，从国内中文的拉丁语教材来看，肖原先生的《拉丁语基础》无疑是国内最好的通用的拉丁语教材，他在论述拉丁语的发音时，就是采取的意大利式发音，只是在注释部分谈论了古典发音规则，我手头另一部医学拉丁语教材亦是如此。② 第二，盐野七生列举的应采取意大利语式发音的原因对我国当然也适用。第三，对于罗马法学界更是如此，自从新一代罗马法学者与意大利直接建立学术联系后，③由于参与的中国学者多在意大利学习的拉丁语，采取意大利式发音也就顺理成章了。

但在实践中，在罗马法学界，意大利式发音并没有完全得到严格遵守。为何？理由如下：第一，盐野七生指出的在日本存在的现象在中国也存在，以前中国罗马史学界多借助于英语作为研究罗马史的工具，在发音上无疑受到英文的强烈影响，导致了有些拉丁人名、地名的翻译与意大利式发音严重不符，而在这种影响下形成的一些约定俗成的中译名也影响了现今新一代的罗马法学者。例子可以随手拈来，例如，罗马皇帝 Gaius Aurelius Valerius Diocletianus，我们通译为“戴克里先”，这显然是英文 Diocletian 的音译/daiə'kletʃən/，按意大利式发音严格音译为“地奥克雷齐亚努斯”，大文豪 Marcus Tullius Cicero，通译为“西塞罗”，也显然是按英文发音 Cicero/'sisərəu/，按意大利式发音应为“齐切罗”，罗马皇帝 Publius Aelius Traianus Hadrianus，通译为“哈德良”，也是按英文 Hadrian 发音/'hā'drēən/，按意大利式发音应为“阿德利亚努斯”，还有安东尼（Antonius-Antony）、李维（Livius-Livy）、庞培（Pompeius-Pompey）、屋大维（Octavianus-Octavian），如此等等，不胜枚举。第二，罗马史学界在译名上，本身也没有一个能够让大家都遵守的规则，比如说对于作为拉丁词尾的 s，us，ius 等是否翻译的问题就十分的不一致，这其实也是选

① ［日］盐野七生：《罗马人的故事Ⅲ：胜者的迷思》，林雪婷译，台湾三民书局 1998 年版，第 207～209 页。

② 宋清茂，杨建珍：《拉丁语语法》，湖南科学技术出版社 1984 年版，第 5～17 页。

③ 丁玫：《〈优士丁尼民法大全〉与中意法律文化交流》，载徐国栋主编：《罗马法与现代民法》第 3 卷，中国法制出版社 2002 年版，第 133～150 页。

择按其英文形式翻译与按拉丁语形式翻译的不同而造成的。如上所述，英语的人名多是对其拉丁语原形的词尾去掉后得到的，比较短的单词除外。不过，自从罗马史学界开始抛开英语而直接从拉丁语翻译拉丁语著作后，现在的罗马史学界的趋势是不省略词尾，而是全译，只要翻翻王焕生先生近些年直接从拉丁语翻译过来的几部拉丁语经典作品(《论演说家》、《论法律》、《论义务》等)就可以明显地感受到此点。[①] 但我国的罗马法学界在这个问题上却显得有些混乱，有些人采取了全译法，有些人却省略了词尾，而且甚至同一个译者也有时全译，有时省译，造成了译名的极不统一与混乱。为了严谨起见，也为了能够将中译名回译到拉丁文的方便，采取全译法无疑是最佳并且唯一的选择。第三，虽然我国当前的新一代罗马法学者其实受的是意大利式发音的拉丁语教育，但在有些具体发音上，却又无意中选择了古典式发音，这可能与各位学者的第一外语是英语有关。英语发音规则的条件反射，使得学者按英语的发音规则来发拉丁语，而在个别字母或组合的发音上，又不知不觉与古典发音规则吻合了。我国罗马法学者在发音上的很多分歧，其实往往就是意大利式发音与古典发音之间的区别，也就是表现在对 t，c，g 三个字母、其组合以及 ae、oe 发音的不同之上，其具体情况可参见汪琴整理的《〈学说汇纂〉所引用的罗马法学家和罗马皇帝的译名的拉丁文、中文对照表》。我在这里不想细细列举之，只各举一个按意大利式发音与古典发音的典型例子：

Ti：Domitius 多米求斯—多米提乌斯；Sc：Scaevola 谢沃拉—斯凯沃拉；Ae：Maecianus 梅恰努斯—马艾西安(努斯)；Oe：Poetelia 佩特里亚—博埃得里亚；Ge：Gellius 杰流斯—格利乌斯；Ci：Lucius 卢求斯—卢基乌斯；H：Hortensius 沃尔腾修斯—霍尔腾西乌斯。

另外，需要指出的一点是，汉语与拉丁语有一个重大区别：前者是象形文字，后者是拼音文字，二者在发音上转化起来，远没有在印欧语系的语言之间那么便利和容易。由于汉语自身的特点，也给音译的统一带来了一些困难：第一，清辅音与浊辅音问题。学过意大利语的人都知道，虽然意大利语中区分清辅音和浊辅音，但其清辅音浊化得十分厉害，对于中国人来说，很难将意大利语中的 p 与 b，t 与 d 的发音区别开来。这造成了我国的罗马法学者在翻译这些音时，标准十分的不统一，有时按意大利式发音，清浊不分，有时按汉语拼音发音，清浊分明。举个例子吧，对于 Papinianus 这个名字，国内有三种译法：帕比尼安(pa≠ba，pi＝bi)，帕皮尼安(pa≠ba，pi≠bi)，巴比尼安(pa＝ba，pi＝

① 比较遗憾的是，考察他翻译的名字可知，王焕生先生无疑选择的是古典式发音。

bi）。我认为，应坚持清浊分明的译法，因为本来清浊就是不同的，再者也便于读者将译名容易地从汉语回译到拉丁语，在此点上，王焕生先生的译名非常的严谨与统一。我们可大致坚持如下译法：pa－ba（帕—巴），pi－bi（皮—比），pu－bu（普—布），po－bo（坡—波），pe－be（佩—贝），ta－da（塔—达），tu－du（图—杜），ti－di（提—蒂），to－do（托—多），te－de（特—德）。因此，对于Papinianus，虽然国内罗马法学者多采“帕比尼安”的译法，我认为“帕皮尼亚努斯”似乎更佳，因为前一种译法标准不一：pa（帕）没有浊化成ba（巴），pi（皮）却浊化成了bi（比）。第二，l、n和r三者发音以及与元音组合时的区分问题。l与n以及其字母组合还好区分，前者为舌边音，后者为鼻音，在汉语拼音里也好对应，关键是拉丁语中的颤音r在汉语拼音中无对应之音，所以在音译时，大多数人用l代替之，比如ra，re，ri，ro，ru的发音就被用la，le，li，lo，lu所代替，这是没有办法的办法，但或许我们可以做得更细致一点，比如王焕生先生，虽然他将ru与lu发基本一样的音，但他分别选译了“鲁”和“卢”两个不同的汉字（Brutus：布鲁图斯；Lucius：卢基乌斯），并且严格遵守这一音素的译法，他还将ri与li分别译成“里”与“利”。第三，二合元音（diphthongus，又称双元音）与连读的问题。首先，拉丁语中有几个二合元音呢？分别是哪些？答案是多种多样：前面我引述的两本中文拉丁语教材上面都只列举了4个，分别是ae，oe，au，eu；中文维基中列举了5个，也就是再增加了ui[①]；英文维基中也列举了5个，不过它增加的是ei；意文维基中列举的最多，达到8个，除了前面已提到过的6个外，又增加了uu和yi。其实，在意大利式发音中，只有ae和oe发一个/e/音（有的教材上将其发音标注为/ei/），其他的双元音都是两个元音迅速连续发出形成的。一本意大利语的拉丁语教材认为主要的双元音有au，ae和oe 3个，eu，ei和ui很少形成双元音，更多时候是分开读，而io，ia，ie等等，与意大利语完全相反，从来不形成双元音。[②] 那么当有两个元音前后相连时，是否连读就成了困扰我们音译准确性以及统一的一个因素。比如对于iu一音以及与其他辅音组合的发音问题就存在着争议，一个最常见的例子是，对于Gaius这个最常见的名字，罗马史学界多译为“盖乌斯”，但罗马法学界却多译为“盖尤斯”。根据徐国栋教授的主张，iu为双元音，必须连读，而且此双元

---

① On http://zh. wikipedia. org/wiki/%E6%8B%89%E4%B8%81%E8%AF%AD%E5%8F%91%E9%9F%B3，2008-6-4.

② Nicola Flocchini，Piera Giudotti Bacci，Marco Moscio，Comprendere e tradurre：Grammatica descrittiva descrittiva della lingua latina，Bompiani，Milano，1996，p. 2.

音与l,n,d,s,b,m和v亦应进一步连读,但罗马史学界基本上不连读,这样采用不同的规则拼读出来的音就相差很大,试举一些音素的发音:viu维乌—维尤,liu利乌—流,niu尼乌—牛,diu狄乌—丢,ciu基乌/其乌—求,biu比乌—比尤,miu米乌—缪,siu西乌—修,如此等等。无论如何,我们必须在此两种规则中作一选择,不然又会造成罗马史学界与罗马法学界的不统一。

总之,既然罗马法学界选择的是意大利式的拉丁语发音,我们就应该将之贯彻到底,不要有些读音却又按古典拉丁语的发音来发。同时,我认为,应借鉴我国对其他语言人名和地名音译的经验,比如,商务出版社编辑了一套译名手册,包括英语、法语、德语、西语和俄语等等,为何我们不可编辑一本拉丁语译名手册呢?如短期内不可能实现这一目标,可考虑制定一个"拉汉译音表"[1],这样对于规范大家的音译,统一纷杂不同的译名,肯定是大有裨益的。

① 比如像《西汉译音表》一样,非常直观好用。参见北外西语系:《新西汉词典》,商务印书馆2003年版,第1189页。

浅谈《民法大全选译》中译名的同名异译问题

汪　琴*

每当翻阅一本本《民法大全选译》时，平静的心总会泛起阵阵涟漪。我为译者坚韧的毅力而感叹，为他们大无畏的攻坚精神和频繁查阅拉丁语词典和资料的惊人耐力而折服。读着这些，想着译者的辛勤耕耘，禁不住对他们肃然起敬。试想，如果没有他们辛勤的工作，我们怎知晓《民法大全》的原貌！如果不是他们愚公移山的可贵精神，我们怎会有如此便捷的直通拉丁法族世界的道路呢！

然而，在满怀着对译者的谢意和敬意的同时，我们又不得不面对各译作中出现的同名异译问题所带来的困惑。同名异译是指拉丁人名相同而译名却不同的情况。对于初涉罗马法的读者而言，同名异译现象极可能使他们错误地理解译名所承载的信息，他们可能会把这些相异译名理解为不同罗马法学家或皇帝。就这一方面来看，同名异译显然不利于罗马法和拉丁文化在我国的传播，同时还会误导罗马法的读者或初学者。在此，我拟就在整理《民法大全选译》译名时遇到的同名异译问题谈谈自己的一点感想，期望对建立统一的拉丁术语翻译规则有所裨益。

一、同名异译的具体形态

在整理《民法大全选译》中的译名的过程中，我遇到很多不同表现形态的同名异译情况，归纳起来，可分为三类：(1)同一书中的同名异译；(2)同一译者在不同译作中的同名异译；(3)不同译者之间的同名异译。

(一)同一书中的同名异译

这种情况包括同音异形和误译两种类型。

* 浙江农林大学法学院副教授。

1.同音异形

对于这一类型，我们可以分别从《买卖契约》[①]、《婚姻·家庭和遗产继承》[②]、《物与物权》[③]、《罗马刑事法》[④]、《公法》[⑤]及《债·私犯之债·阿奎利亚法》[⑥]中举例说明。

在《买卖契约》中，“Hermogenianus”在D.18.1.75、D.18.3.7、D.18.6.20三个片段中分别被译为“艾尔谟詹尼”、“艾谟哲尼安”和“爱谟哲尼安”。“Scaevola”在D.18.1.81pr.和D.18.3.6pr.片段中为“夏伏拉”，在D.18.7.10片段中却被译为“夏沃拉”。“Iavolenus”在D.18.6.17片段中被译为“雅沃论”，在D.18.1.63pr.片段中则被译为“雅沃伦”。

在《婚姻·家庭和遗产继承》中，“Plautius”在D.26.7.27、D.29.3.5、D.5.3.44和D.31.11.1三个片段中，分别被译为“布劳兹乌姆”、“布拉乌提乌斯”、“布拉乌茨友”、“布拉乌茨斯”。“Vetillius”在D.50.16.84;D.31.12pr和D.31.14pr.三个片段中，分别被译为“韦德里”、“维特里奥”、“维特里乌斯”。

“Papinianus”在D.23.3.69.7片段中被译为“巴比尼亚诺”，而在D.23.2.62pr、D.24.2.7、D.23.3.69.4、D.23.3.69.8等片段中则被译为“帕比尼安”。“Neratius Priscus”在D.32.18片段被译为“内拉茨乌姆”，在该书的其他片段中均被译为“内拉蒂”。

在《物与物权》中，“Pedius”在D.43.17.1.4片段中被译为“贝蒂”，在其他片段中都被译为“佩蒂”。“Iulianus”在D.33.1.11片段中被译为“万里安”，在该书的他处则被译为“尤里安”。

在《罗马刑事法》中，“Tryphoninus”在D.48.18.18.19和D.48.19.39片

① [意]桑德罗·斯奇巴尼选编:《民法大全选译·买卖契约》，刘家安译，中国政法大学出版社2001年版。

② [意]桑德罗·斯奇巴尼选编:《婚姻·家庭和遗产继承》，费安玲译，中国政法大学出版社2001年版。

③ [意]桑德罗·斯奇巴尼选编:《民法大全·物与物权》，范怀俊译，中国政法大学出版社1993年版。

④ [意]桑德罗·斯奇巴尼选编:《学说汇纂48卷(罗马刑事法)》，薛军译，中国政法大学出版社2005年版。

⑤ [意]桑德罗·斯奇巴尼选编:《民法大全选译·公法》，张礼洪译，中国政法大学出版社2000年版。

⑥ [意]桑德罗·斯奇巴尼选编:《债 私犯之债 阿奎利亚法》，米健译，中国政法大学出版社1996年版。

段中被译为“特里弗尼努斯”，在 D. 48. 5. 43(42)片段中则被译为“特里富尼乌斯”。

在《公法》中，“Theodosius”在 C. 10. 48(47). 13 片段中被译为“奥多西”，在该书的其他有关片段中则被译为“狄奥多西”。“Gratianus”在 C. 10. 48(47). 13 片段中被译为“格拉第安”，在本书的其他有关片段中则被译为“格拉底安”。“Constantinus”在 C. 1. 2. 1 片段中被译为“君斯坦丁”，本书的其他地方则被译为“君士坦丁”。

在《债· 私犯之债·阿奎利亚法》中，“Ulpius Marcellus”在 D. 9. 2. 34 和 D. 9. 2. 36 片段中被译为“马尔塞勒”，在该书的 D. 9. 2. 27. 3 片段中则被译为“马尔赛乐”。

2. 误译

与同音异形的情况相比，误译的情况比较少。在所有译作中，只有两三处。(1)在《婚姻·家庭和遗产继承》中，D. 24. 2. 8 片段中的“Papinianus”被误译为“乌尔比安”。同样，在该书的 C. 6. 26. 1 片段中，“Titus Aelius Antoninus”被误译为“艾里·哈德良·安东尼·比乌”。根据拉丁语发音规则，“Titus Aelius Antoninus”音译为“第图斯·艾流斯·安东尼努斯”比较合适。(2)《人法》[①]中 D. 50. 13. 4. 1 片段的真伪问题。经仔细查阅《学说汇纂》拉丁文本，发现其中并没有 D. 50. 13. 4. 1 这一编号，而与译文内容相对应的片段应是 D. 50. 13. 5. 1。所以，根据拉丁文本 D. 50. 13. 5. 1，推断出 D. 50. 13. 4. 1 片段中的译名“尤里斯特拉特”实为“卡里斯特拉特乌斯”。

(二)同一译者在不同译作中的同名异译

这种情况出现得比较少。如在《人法》中，Terentius Clemens 被译为德棱第·克勒门斯，但在《罗马法史》[②]中被译为德伦第·克勒门斯；又如 Papirius Iustus 在《人法》中被译为帕皮里·优斯图，而在《司法管辖权·审判·诉讼》[③]中被译为帕皮里·尤斯特；再如 Florentinus 在《人法》中被译为佛罗伦丁，而在《司法管辖权·审判·诉讼》和《正义与法》中被译为佛罗伦汀。最后

① [意]桑德罗·斯奇巴尼选编：《民法大全选译·人法》，黄风译，中国政法大学出版社 1995 年版。

② [意]朱塞佩·格罗索：《罗马法史》，黄风译，中国政法大学出版社 1994 年版。

③ [意]桑德罗·斯奇巴尼选编：《司法管辖权·审判·诉讼》，黄风译，中国政法大学出版社 1995 年版。

如在《司法管辖权 · 审判 · 诉讼》和《正义和法》[①]中，Herennius Modestinus 被译为莫德斯汀，但在《人法》中被译为莫德斯丁。

另外，《债 · 私犯之债 · 阿奎利亚法》与《用益权》[②]中也存在同名异译现象。如 Iuventius Celsus 在《债 · 私犯之债 · 阿奎利亚法》中被译为杰尔苏，而在《用益权》中则被译为柴尔苏斯。又如 Salvius Iulianus 在《债 · 私犯之债 · 阿奎利亚法》中被译为犹利安，而在《用益权》中却被译为尤里安。

(三)不同译者之间的同名异译

相较于前两种情况，不同译者的同名异译情况更为复杂，这类情况集中表现在发音方面：

1. 鼻音与非鼻音不分。主要体现在 le 和 ne、liu 和 niu、lu 和 nu 之间。如"Venulenius Saturninus"的译名，有的译者将它译为"威努勒"，有的译者将它译为"威鲁勒"。这两种译法将"Venulenius"中 nu 分别译为"努"、"鲁"。根据汉语拼音规则，与 nu 对应的是"努"，因而，将 nu 音译为"努"更为规范。

2. scae 的发音。这一分歧的症结在于 sc 究竟该如何发音。以"Scaevola"为例，有的译者将它译为"斯凯沃拉"，有的译者将它译为"谢沃拉"。按照拉丁语的发音规则，sc 在 e(ae)、i(y)、e、eu 前应该发[tʃ]。[③] 因此，scae 应发[ʃe]，[④]音译为"谢"，似乎更确切些。

3. ci 的发音。有的译者译为"西"；有的译者又译为"其"。如"Maecianus"被译为"梅西安"、"梅其安"。按照拉丁语规则，c 在 i 前发[tʃ]，[⑤]以此拼读，音译为"其"更为贴切。

4. us 的发音问题。这个问题可从以下方面来分析：

(1)《民法大全选译》中 us 的发音

us 作为词后缀，有的译者在翻译时往往省略不译；有的学者则进行全译。如"Mauricianus"的两种译法，加上 us 译为"毛里奇安鲁斯"，省去 us 则被译为"毛里西安"。同时，值得注意的是，us 前往往有元音 i 相随，如 lius、nius、

---

① [意]桑德罗 · 斯奇巴尼选编：《民法大全选译 · 正义与法》，黄风译，中国政法大学出版社 1992 年版。

② [意]桑德罗 · 斯奇巴尼选编：《用益权》，米健译，中国政法大学出版社 2005 年版。

③ 肖原：《拉丁语基础》，商务印书馆 1983 年版，第 9 页。

④ 肖原：《拉丁语基础》，商务印书馆 1983 年版，第 9 页。

⑤ 肖原：《拉丁语基础》，商务印书馆 1983 年版，第 9 页。

dius、mius、sius、ius、cius 等等。按照拉丁语发音和音节划分规则，这种情况需要连读。[①] 连读之后的 us 则不能译为“乌斯”，而应根据 ius 的具体发音进行音译。由此，lius、nius、dius、mius、sius、ius 和 cius 连读后可以音译为“流斯”、“纽斯”、“丢斯”、“缪斯”、“修斯”、“尤斯”和“求斯”。

(2)希腊罗马历史译著中 us 的发音

相对而言，希腊罗马历史译著的译者在 us 的翻译方面产生的分歧较小。通过查阅一些具有代表性的希腊罗马历史译著中的译名对照表可看出，除了一些习惯译法外，他们都是采用全译方式，只是在词尾为 ius 时他们并未连读。在 ius 发音和 us 与辅音结合时的发音上，他们存在两种不同的拼读法，即将 us 拼读为[us]或[Λs]。

就 ius 的发音而言，在古罗马历史学家阿庇安的《罗马史》中，ius 被译为“阿斯”，如“Calidius”被译为“卡利狄阿斯”；[②]而在古希腊学者普鲁塔克的《希腊罗马名人传》[③]、古罗马历史学家塔西佗的《历史》[④]和《编年史》[⑤]、古罗马历史学家苏维托尼乌斯的《罗马十二帝王传》[⑥]、英国历史学家爱德华·吉本的《罗马帝国衰亡史》[⑦]、德国历史学家特奥多尔·蒙森的《罗马史》[⑧]、苏联历史学家科瓦略夫的《古罗马史》[⑨]等历史译著中，ius 都被音译为“乌斯”。之所以出现上述差别，主要是因为阿庇安《罗马史》的译者按英语发音规则将 us 读为[Λs]。

---

① 肖原:《拉丁语基础》，商务印书馆 1983 年版，第 9 页。

② [古罗马]阿庇安:《罗马史》(下)，谢德风译，商务印书馆 1976 年版，第 394 页及以次。

③ [古希腊]普鲁塔克:《希腊罗马名人传》，陆永庭、吴彭朋等译，商务印书馆 1999 年版，第 642 页及以次。

④ [古罗马]塔西佗:《历史》，王以铸、崔妙因译，商务印书馆 2002 年版，第 361 页及以次。

⑤ [古罗马]塔西佗:《编年史》(上下册)，王以铸、崔妙因译，商务印书馆 2005 年版，第 593 页及以次。

⑥ [古罗马]苏维托尼乌斯:《罗马十二帝王传》，张竹明、王乃新、蒋平等译，商务印书馆 2004 年版，第 385 页及以次。

⑦ [英]爱德华·吉本:《罗马帝国衰亡史》(下)，黄宜思、黄雨石译，商务印书馆 2006 年版，第 710 页及以次。

⑧ [德]特奥多尔·蒙森:《罗马史》(第 1、2、3 册)，王稼祥译，商务印书馆 2005 年版。

⑨ [苏]科瓦略夫:《古罗马史》，王以铸译，上海书店出版社 2007 年版，第 891 页及以次。

在 us 与辅音结合时的发音上，从上述历史著作的译名对照表来看，他们基本采用连读方式，将在此种情况下的 us 拼读为[us]，如 cus 被音译为“库斯”；nus 被音译为“努斯”；lus 被音译为“鲁斯”；pus 被音译为“布斯”或“保斯”；tus 被音译为“图（杜）斯”或“都斯”。只有在阿庇安的《罗马史》中采用英语的发音规则，将 us 拼读为[ʌs]。[①] 之所以出现这种情况可能是因为译者采用的是英文本，而非拉丁文本。尽管英文中的人名仍为拉丁文，[②]但受英语发音规则和思维习惯的影响，译者在翻译过程中可能会习惯性地按英语规则拼读拉丁文。

（3）我国早期罗马法著作中对 us 发音的处理

除了译著中存在着 us 的发音问题外，我国早期的罗马法学家撰写的罗马法著作中也存在这类问题。与历史译著一样，他们大部分也采用全译的方式，只是音译的表示形式不一。以“Antonius Pius”为例，陈朝璧先生的《罗马法原理》将“Antonius Pius”译为“安东尼庇护斯”；[③]黄右昌先生的《罗马法与现代》将“Antonius Pius”音译为“安妥尼鲁士·鄙乌斯”；[④]丘汉平先生的《罗马法》将“Antonius Pius”音译为“安同纽斯比士”；陈允、应时先生的《罗马法》将“Antonius Pius”音译为“安东尼庇护士”；曲可伸先生的《罗马法原理》将“Antonius Pius”音译为“安东尼皮乌斯”；[⑤]周枏先生的《罗马法原论》将“Antonius Pius”音译为“安托尼努斯·披乌斯”。[⑥] 从上述译名来看，黄右昌先生、丘汉平先生和周枏先生对“Antonius Pius”都采用全译的方式，而其他几位罗马法学者在音译时则省去了“Antonius”中的 us，仅对 pius 全译。尽管这些早期罗马法学家对“Antonius Pius”并不是均予以全译，但从他们的译名中，可以看出他们完全或部分接纳和遵循全译规则。关于 ius 是否连读，在这些早期的罗马法学家中，只有丘汉平先生和周枏先生持赞同态度，但从这两位法学家关

---

① Cus 被音译为“卡斯”；Nus 被音译为“那斯”；Lus 被音译为“拉斯”；Pus 被音译为“配斯”；Tus 被音译为“都斯”或“塔斯”，这些译法都是阿庇安的《罗马史》的译者采用的译法。详见[古罗马]阿庇安：《罗马史》，谢德风译，商务印书馆 1976 年版，第 394 页及以次。

② 借助网络将中译本与英译本进行对照，并将其中的人名与拉丁文作比，发现英译本中的人名仍为拉丁文形式，并未改动。

③ 陈朝璧：《罗马法原理》，法律出版社 2006 年版，第 37 页。

④ 丘汉平：《罗马法》，中国方正出版社 2004 年版，第 105 页。

⑤ 曲可伸：《罗马法原理》，南开大学出版社 1988 年版，第 107 页。

⑥ 详见厦门大学博士研究生娄爱华整理的《周枏先生〈罗马法原论〉中包括的拉丁术语》，On http://www.romanlaw.cn/，2008-6-4 访问。

于“Antonius Pius”的译名来看，相对周枏先生将 nius 音译为“努斯”而言，丘汉平先生将 nius 音译为“纽斯”更符合拉丁语发音规则。

5. h 的发音。按照拉丁语发音规则，h 可以发音也可不发音。《民法大全选译》的译者们对含有 h 的拉丁人名采用了发音和不发音两种译法。如“Hermogenianus”按照发音和不发音翻译分别被译为“赫尔摩格尼”、“艾谟哲尼安”。现代一般都采用意大利语的发音规则，即发哑音。

6. ce 的发音。ce 被不同译者译为“切”或“赛”。如“Ulpius Marcellus”，有的译者译为“马尔切勒”；有的译者译为“马尔赛勒”。还有一种情况，ce 被译为“杰”、“柴”和“吉”。如“Iuventius Celsus”分别被译为“杰尔苏”、“柴尔苏斯”、“吉尔苏”。按拉丁语发音规则，c 在 e、ae、eu、oe、y 之前应发[tʃ]，[①]因此 ce 音译为“切”，较贴近。

7. ve 的译法。译者们在 ve 的发音上并没有产生分歧，而是在 ve 音译表示方式上产生了差异。如“Venulenius”被分别译为“威努勒”、“维努莱”或“魏努勒尤斯”。

8. ge 的发音。按照拉丁语发音规则，g 在 e、i、ae、y 之前应发[dʒ]，[②]由此 ge 应音译为“杰”。

以上都是译者在拉丁语发音方面存在的细微差异。其实，诸如此类的因发音分歧而导致的同名异译现象还有很多。如 f 被译为“富”或“非”；ri 被译为“里”或“利”；l 被译为“尔”或“勒”；se 被译为“赛”或“塞”；mae 被译为“梅”、“马艾”或“麦”；pe 被译为“佩”或“贝”；等等。对此，就不再一一举例说明。

除了上述三种情况之外，还有一种习惯译法。习惯译法是一些通用的译法。尽管它不会造成同名异译的情况，但是由于这种译法将拉丁人名中的 us 都省译，从某种意义上讲不符合还原历史的要求。为了更清晰地还原历史，反映历史人物的真实性，使读者更准确地了解他们，我们应该打破习惯的束缚，在严格遵循拉丁语发音规则的基础上，对译名采用全译方式。如下列习惯译法与规范译法的译名对照表所示。

① 肖原：《拉丁语基础》，商务印书馆 1983 年版，第 9 页。

② 肖原：《拉丁语基础》，商务印书馆 1983 年版，第 7 页。

习惯译法与规范译法的译名对照表[①]

Latin	习惯译法	全译(规范性译法)
Pompeius	庞培	庞培乌斯
Cicero	西塞罗	齐切罗
Diocletianus	戴克里先;	地奥克莱体亚努斯
Augustus	奥古斯都	奥古斯都斯
Livius	李维	李维乌斯
Crassus	克拉苏	克拉苏斯
Gracchus	格拉古	格拉库斯
Marius	马略	马流斯
Octavianus	屋大维	奥克大维亚努斯
Lepidus	雷比达	雷比杜斯
Antonius	安东尼	安东钮斯
Claudius	克劳狄	克劳丢斯
Marcianus	马尔西安	马尔其安努斯
Modestinus	莫德斯丁	莫德斯丁努斯

二、同名异译发生的原因

针对上述出现的同名异译现象，借助拉丁语发音规则，我对《民法大全选译》中的译名做了分析和比较。在此基础上，结合我国汉语文化的特点，我认为，同名异译之所以发生，可能是因为：

(一)遗忘或者疏忽

一般而言，这种原因常常是发生在同一书的同名异译情况中或同一译者在不同书中的同名异译情况中。就遗忘的原因来讲，翻译著作本身就是一项

① 此表源自厦门大学博士研究生齐云提供的关于译名习惯译法的整理资料，在此表示感谢！

艰巨而繁琐的工作，更何况是翻译拉丁文的《民法大全》，其工作更为繁重，要求可能更高，因为这些都是法律文献。一般而言，翻译工作都是分期分阶段完成的，前后工作衔接可能不紧凑，译者在进行下阶段的翻译工作时可能已忘记了前面曾译过的译名。因此，如果在一个相距较远的地方碰到了同一作者的片段，译者就可能做出与前面译名相异的新译名。此外，同一译者不可能同时从事几本拉丁文本的翻译。也就说，每当翻译完一本后，都会间隔一段时间再从事下一本的翻译工作。如此一来，出现同名异译现象也是很正常的。

至于因疏忽导致的同名异译，对长期从事精细的翻译工作和严谨的科研工作的译者而言，其发生的概率是比较低的。查阅所有《民法大全选译》中的译名，仅发现两三例。(1)在《婚姻·家庭和遗产继承》的 D. 24. 2. 8 片段中，“Papinianus”被误译为“乌尔比安”；还有在该书的 C. 6. 26. 1 片段中，“Titus Aelius Antoninus”被误译为“艾里·哈德良·安东尼·比乌”。(2)在《人法》中，D. 50. 13. 5. 1 被误写为 D. 50. 13. 4. 1，结果导致译名与拉丁人名错位。(3)在《公法》中，对照《学说汇纂》的拉丁文本，D. 49. 14. 15pr、D. 49. 14. 15. 2、D. 49. 14. 15. 4、D. 49. 14. 15. 1 四个片段的作者均应是毛里西安，但《公法》却将这四个片段的作者都误译为“尤里安”和“毛里西安”。

(二)拉丁语拼读方式的不同，导致拉丁语发音差异

诚然，拉丁语拼读要符合拉丁语发音规则，但译者自身具有的地方口音也会无形地干扰拉丁语拼读。因此，影响拉丁语拼读效果的不仅仅是上文提到的某些音素的发音，而且还有地方语言习惯。音素的原因已有说明，在此不再赘述。至于地方语言习惯，众所周知，我国幅员辽阔，方言多种多样，南腔北调，各地居民说出的普通话一般都会带有浓厚的地方特色。有的人不问说话者身份，直接从其说话的音调就能识辨言者为何方人氏。由此推想，译者们在拼读拉丁人名时可能也会受到其成长地语言语调的影响。所以，不同译者拼出的拉丁人名肯定或多或少有点差异。

(三)汉语拼音的复杂性

汉语的复杂性一般会导致不同译者在同一拉丁人名上出现同音异字的译法。如“Iavolenus Priscus”被译为“雅沃伦”和“雅沃论”，又如“Rutilius Maximus”被译为“马克西姆斯”和“马克西穆斯”，等等。汉语拼音的复杂性，一方面体现为一字多音，一音多字；另一方面体现为卷舌音和平舌音、前鼻音和后鼻音的区分。中华文化历史悠久，博大精深。作为文化承载工具的文字，意义

蕴涵丰富，读音变化多样，同字异音（一字多音字）、同音异字（一音多字）在汉语中司空见惯。而之所以出现这些复杂的形式；很大程度上应归结于声调。声调是附加在汉语拼音之上的读音调节器。它分为四种情况，每一种发音都不同。正因如此，汉语拼音才会千变万化。与汉语拼音相比，拉丁语语音较单一，它没有像汉语拼音这样变换读音的声调，仅只有重音和音节。拉丁语与汉语拼音的这种差异，无疑增加了译名翻译工作的难度。因为译者在翻译拉丁人名时，一般都是根据拉丁文的发音，在汉语中寻找具有与其读音相同或相近的汉字来替换。然而由于声调的变换和汉字的同音异形现象，译者在汉语中往往可以发现若干与该拉丁词读音相近的汉字，面对众多选择，他只能选一种。由此可见，不同译者对同一拉丁人名作同音异字的译法是情有可原的。

(四)从英文音译

如前面提到的，因从英文音译造成的同名异译现象，一方面可能是因为译者采用的是英译本，这使得译者易于受到习惯的英语发音和思维的影响，不知不觉地采用英语发音规则拼读拉丁文。例如，在阿庇安的《罗马史》中，"Marcius"被译为"马喜阿斯"；[①]又如张企泰先生在翻译《法学总论》时，将"Justinianus"译为"查士丁尼"。[②] 除此之外，拉丁语与英语之间存在的千丝万缕的历史联系也会导致这一情况的发生。关于两者的历史联系，请参看齐云的《罗马的法律中译名的诸问题研究》。他在该文中对拉丁语与英语的关系作了十分详尽的研究。

三、关于建立统一的拉丁文译名规则的建议

通过以上分析，我们可以看到，各国语言文化的差异、译者的语言风格和翻译工作的特点都可能会引起同名异译现象的发生。鉴于此，为了有效地削弱上述因素的影响，尽可能地避免这类现象的发生，使读者对《民法大全选译》中的译名有一个明确统一的认识，同时也出于对拉丁语国家文化的尊重，我们认为有必要建立一套整齐划一的拉丁术语规则。确立统一的拉丁术语规则，将有利于更进一步促进中意两国法律文化的交流，推进中国的罗马法研究向纵深方向发展。

① [古罗马]阿庇安：《罗马史》(下)，谢德风译，商务印书馆1976年版，第608页。

② [古罗马]查士丁尼：《法学总论——法学阶梯》，张企泰译，商务印书馆1996年版。

鉴于此，在徐国栋教授的大力倡导和精心指导下，我们对《民法大全选译》中的译名进行了细致的整理以及将译文与拉丁文本进行对照比较，并就译名规则问题与齐云进行了多次交流。经过这番梳理和多次的讨论后，我们认为，翻译拉丁文人名有必要遵循以下规则：(1)严格遵循拉丁语发音规则；(2)实行全译原则。拉丁词后的 us 均应翻译，在需要连读时应连读，并按照连读发音规则进行音译；(3)应根据汉语拼音规则区分鼻音和非鼻音、前鼻音和后鼻音。尽量采用与拉丁语发音相同的普通话译音。确实没有相同发音的，采用最相接近的普通话译音；(4)h 采用不发音规则；(5)ci 应发[tʃi]，音译为“其”；(6)scae 应发[ʃe]，音译为“谢”；(7)lius、nius、dius、mius、sius、ius 和 cius 分别音译为“流斯”、“纽斯”、“丢斯”、“缪斯”、“修斯”、“尤斯”和“求斯”；(8)sci 应发[ʃi]；(9)ce(ae)应发[tʃe]，音译为“切”；(10)g 在 e、i、ae、y 之前的应发[dʒ]，音译为“杰”。

四、结语

译名不统一，不仅带给译者翻译的困难，而且更严重的是造成读者在阅读中的重重困惑，而读者又苦于不知该如何辨其真伪。只有建立统一的译名规则，才可以帮助他们解开谜团，减少阅读的困难。建立统一的译名规则，也是适应学术研究的严肃性和准确性的需要。更重要的是，它也是一项利国利民的措施，确立统一的译名规则将有利于加强中意两国法律文化的良性互动，促进拉丁文化在我国的广泛传播，确保人们对拉丁文人墨客有一个统一的认识。

罗马法原始文献的中译和意译

——方法论的观察

[意]阿尔多·贝特鲁奇 著 曾健龙[*]译

一、罗马法原始文献中译的历史回顾

22年前，也就是1992年，在意大利佩鲁贾大学举办了一个名为“法律拉丁语”的国际学术会议。在会上，来自中国政法大学的年轻学者黄风第一次提出了把罗马法原始文献翻译为中文时面对的一系列问题。[①] 当时，江平教授和斯奇巴尼教授发起的研究和翻译小组已成立了一段时间，并取得了一些初步的成果，即《民法大全选译》的4个分册。在这次会议上，已强调了我们这个小组在翻译时遵循的3个原则：信、达、雅，并列举了一些具体的术语，如actio（诉讼、诉权）、culpa（过错、过失）、dolus malus（恶意诈欺）、potestas（支配权）、imperium（谕令权）、mancipium（权力、财产权）、nexum（债务口约），与这些术语对应的中文译名都是经过精细的讨论选就的。[②]

两年后，在北京召开的第一届罗马法国际会议（1994年10月3日—6日）中，罗马法原始文献的中文翻译这一微妙问题又被重新提及。[③] 当时，我们小组的工作成果已有了很大的扩展，这也得力于和今天会议的组织者徐国栋教授的紧密合作。《民法大全选译》的工作当时已扩及到合同之债、物、所有权和物权、家庭、遗产继承等领域。此外，我们将《法典》和《学说汇纂》中关于法律

---

* 厦门大学博士学位论文通过者。

① 黄风：《罗马原始文献中文翻译的一些问题：困难和解决》，载S.斯奇巴尼和N.希沃雷托主编：《“法律拉丁语”国际会议文集》，罗马，1994年，第361页及以次。

② 黄风，前引文，365页及以次。

③ [意]A.贝特鲁齐：《D.4,9文本的中文翻译的一些问题。罗马法和现代民法运输合同中“由承保”而生的责任》，载《指南》第24卷，1996年，第455页及以次。

行为的片段、盖尤斯《法学阶梯》、优士丁尼《法学阶梯》的翻译也排进了日程，而且，对两部《法学阶梯》都直接从拉丁文进行翻译，而不是经过英译本的中介。

在这种情况下，我们特别致力于与“receptum nautarum”、“cauponum et stabulariorm”（船长、旅店或客栈主的承保）有关的术语的翻译问题。我们将罗马法术语分成了三组，每一组都有一些翻译上的特别问题。第一组里的罗马术语在中国法律传统中没有对应者，对之，我们利用新词来翻译，如 accessio（添附），action in factum（事实诉），receptum（承保）。第二组里的术语的译名则已经存在于中国的传统法律语汇中，并已被借用来表示中国自 20 世纪初继受罗马法体系后引入的罗马法、民法、商法中的概念，如 obligari（债）、teneri（使负责）、praestare（给付）、culpa（过错，过失）和 exercitor navis（船舶经营人）。最后一组里的术语，其中文译名和罗马术语的含义完全一致，如 magister navis（船长、船只主管）。[①]

在到今天为止的之后几年中，我们小组对罗马法原始文献的翻译工作成果越来越广泛，我在这里无法详加列举，其具体情况可参见《指南》（Index）杂志 2004 年卷所做的整理。[②] 在完成了的成果中，我们很高兴地提及薛军翻译的《学说汇纂》第 48 卷、徐国栋教授直接从拉丁文翻译的《十二表法》和西塞罗的《地方论》，后者和已翻译成中文的其他西塞罗作品如《论共和国》、《论法律》、《论演说家》一样，在法学领域中也具有重要地位。

上述这些工作的经验，使我们得以反思已做过的，展望将来要做的。而我们今天于此相聚，恰是此等反思与展望之良机。

二、我们遵循的翻译原则：信

首先，黄风在 1992 年的“法律拉丁语”国际会议上谈到的主导思想始终在罗马法原始文献的中文翻译工作中占有重要地位。不过，我们还需要说明一些问题。

翻译的“信”，始终是我们翻译工作中的一个基本要求，但是，这个要求的具体实现意味着对一些有着不同性质的问题的解决。

---

① 参见 A. 贝特鲁齐，前引文，第 466 页及以次。

② 纪蔚民：《中国出版的罗马法文献（1978—2003）》，载《指南》第 32 卷，2004 年，第 259 页及以次。

第一个问题是对技术概念的准确理解。从这个角度看，可以说，经过了大约 20 年之后，基于对大量罗马法原始文献片段的翻译工作，罗马法术语的中文译名已实现了相当高程度的统一性。这要归功于中国法学界学术研究的昌盛，也要归功于对西方罗马法系法律原始文献和著作的大量翻译。[①] 开始的几年中，我们在选择最适当的中文术语来表述罗马法术语时经历了无尽的讨论，如今这种讨论已大大减少了，我们对很多表述方式已达成了基本的共识。黄风的《罗马法词典》在 2001 年的出版和其后的广为流传，正是这种共识的一个证明。[②]

罗马法术语中文译名统一化在罗马——日耳曼法系国家现代民法典的翻译中扮演了重要的角色。于此，我们仅提及 1942 年《意大利民法典》的中文译本（1997 年出版，2004 年修订再版），为智利、哥伦比亚、厄瓜多尔、萨尔瓦多采用的《安德雷斯·贝略的民法典》，为阿根廷采用的《萨尔斯菲尔德的民法典》的中译本。在这些民法典中，有大量的概念直接来源于罗马法，这体现在家庭、所有权、物权、占有、债、合同、阿奎流斯责任等领域。

我们也不应忘记，为了澳门的回归，伽比内托为了完成澳门政府官方法律译本而在 1992 年制成的第一份中葡法律词汇对照表所付出的巨大劳动。在澳门特别行政区成立之后，这一对照表于 2005 年有了新的版本，包含的词条超过 15000 个。[③] 无需特别强调，考虑到葡萄牙民法的罗马法渊源，这一法律词汇对照表对中文相应词汇的统一有重要的贡献。

当然，并非所有术语在翻译上的困难都已解决了，有些术语的翻译至今仍有相当大的分歧。

这种分歧不只存在于对罗马法原始文献的中文翻译中，还存在于对相关文献的意大利语翻译中，尽管意大利语和拉丁语非常类似。于此，我想提及我作为《学说汇纂》意大利语新译本[④]翻译小组的成员，在翻译《学说汇纂》第 14 卷时遇到的一些例子。这些例子涉及的是今天我们将之置于商法领域的一些术语：例如，对于“exercere mercem”，我倾向于翻译为“esercitare l’attività

---

① 参见纪蔚民，前引文，第 267 页及以次。

② 黄风编著：《罗马法词典》，法律出版社 2002 年版。

③ 澳门特别行政区法务局主编：《汉葡葡汉法律词汇》，澳门，2005 年。

④ 斯奇巴尼主编的《学说汇纂》意大利语新译本，Iustiniani Augusti Digesta seu Pandectae. Testo e traduzione. 第Ⅰ册（卷 1—4），第Ⅱ册（卷 5—11），米兰，2005，第Ⅲ册（卷12—19），米兰，2007 年。

commerciale”（开展商业活动），而不是“esercitare la merce”（经营商品），我认为我的译法能更好地反映拉丁文表述的含义；对于“merx peculiaris”，我选择的译法是“peculio commerciale”（商业特有产），而不是“merce peculiare”（特有产的商品），我认为我的译法更忠实于罗马人的观念；最后，对于“actio tributoria”，我用“azione di ripartizione del peculio commerciale”（分割商业特有产之诉）代替了简单的字面直译“azione tributoria”（分配之诉），因为用后一译法，无助于澄清罗马的裁判官和法学家们在使用该术语时的具体指称。

与拉丁法律术语的翻译的信实性相关的另一个问题是我们在徐国栋教授的《十二表法》[①]新译本中遇到的。对于《十二表法》的翻译，我们面临而需要解决的是更大的困难，首先是对不同拉丁文本的选择，因为《十二表法》并未直接留传下来，我们是通过盖尤斯的《法学阶梯》、西塞罗的著作、奥鲁斯·杰流斯（2 世纪中叶的文学家）的《阿提卡之夜》（*Noctes Atticae*），其他一些非法学文献中的片段（如李维的《罗马史》）、《学说汇纂》中法学家的一些片段来推知其内容。在迪里贝尔托（Diliberto）的研究之后[②]，关于《十二表法》还原的讨论质疑传统的版本，但尚未能提供一个能替代传统版本的新版本。因此，我们仍然更愿意采用收录于《优士丁尼之前的罗马法原始文献（Fontes iuris Romani Antejustiniani）》第一卷[③]中李克波诺（Riccobono）的版本。

在翻译《十二表法》的过程中，我们还需要解决古老的拉丁术语的意义问题，这些古老的拉丁术语，即便是对后于《十二表法》几个世纪的法学家来说，也已经不再明确了。例如，《十二表法》第二表第 3 条中的“ob portum obvagulatum ito”、第七表第 5a 条中的“si iurgant”、第八表第 13 条的“endoque plorato”。显然，这些术语的中文翻译，受制于我们对古老的罗马法词汇所可能具有的多种含义的取舍，受制于寻找古代法上对应词汇的可能性。

另一个问题是关于对非严格意义上法学作品（如西塞罗的作品）翻译的信实性的，于此，我们面临的风险来自于和非法学界的现代翻译家对此类作品的

---

① 徐国栋、贝特鲁奇、纪蔚民译：《十二表法新译本》，载《河北法学》2005 年 11 期，第 2 页及以次。

② 最新的文章参见迪里贝尔托（O. Diliberto）的两篇文章：《一个“开放”的还原》（Una palingenesi ‘aperta’）、《十人委员会的还原：从手稿到印刷版（La palingenesi decemvirale: dal manoscritto alla stampa）》。二者皆收录于雨姆贝尔（M. Humbert）主编的《十二表法·从十人委员会到人文主义者》（Le Dodici Tavole. Dai Decemviri agli Umanisti）一书中，帕维亚，2005 年，第 217 页及以次，第 481 页及以次。

③ 《优士丁尼之前的罗马法原始文献》，第一卷，佛罗伦萨，1968 年，第 26 页及以次。

翻译的对比。我想提及徐国栋教授翻译的西塞罗的《地方论》的经验。

西塞罗的这部作品从法学的视角来看具有重要意义，因为西塞罗在该作品中提到了很多罗马法规范，其中有一些是他那个时代仍然适用的，还有一些当时已废止。从数量上看，他所提到的规范大部分关于家庭、继承、物、所有权、物权，而关于债的规范则很少，这令人惊讶，尤其是考虑到在公元前1世纪末已迅速发展的经济生活。在阿尔皮努姆[①]人西塞罗为我们提供的图景中，由《十二表法》而来的规范、裁判官创造和完善的制度、由市民法和更古老的习俗而来的规范共存着，不过，首要的还是法学家精心构建的规范。

在翻译西塞罗的《地方论》时，我们可以参照一个1964年的意大利语译本，但其中有很多错误和误导性的地方，如《地方论》4,20中的"conubium"被翻译为"matrimonio legittimo"(合法婚姻)，《地方论》4,21中的"non amittere usum frunctum"被翻译为"non perdere il legato"(不丧失遗赠)，《地方论》4,23中的"conventio in manum"被翻译为"matrimonio"(婚姻)。而徐国栋教授直接从拉丁文本出发的翻译以及此前的翻译经验可以避免犯同样的错误。

三、我们遵循的翻译原则：达与雅

关于翻译的"达"和"雅"，黄风曾提及的这两个标准，在我们看来是从来不能分离的，翻译的"达"总要伴随着"雅"才能使译本流畅。

在这些年里，我们经常面临的疑问是：我们应该优先选择直译，而将对文本的理解委诸读者的专门的学术训练，或者我们应该倾向于做解释性的翻译，以便于非专业读者理解。就维纳里的译本和弗拉米提的译本看[②]，《学说汇纂》的19世纪意大利语译本显然是倾向于持前一态度，可以看到，他们几乎总是利用拉丁语和意大利语的相似处，对很多语句、表述进行直译，用意大利语来模仿拉丁术语，几乎不做解释上的努力，如前面提到的"merx"，他们总是将之翻译为"merce"，而不区分该拉丁术语是表示"商品"，还是表示"商业活动"或"特有产"。另外，"actio in factum"也总是被翻译为"azione in fatto"(事实诉)，"acceptilatio"也总是被翻译为"accettilazione"(接受)。

---

① 阿尔皮努姆是西塞罗的家乡，在拉齐奥以南，现在称Arpino——译者注。

② G.维纳里：《法律大全》，十卷本，那波里，1856—1862年。F.弗拉米提：《民法大全》，四卷本，威尼斯，1836—1844年。

这种翻译模式的优势在于，它只将拉丁词汇替换为意大利语词汇，不增加任何解释。显然，这是意大利语译本可能具有的一种优势，因为意大利语在语源上和拉丁语有共同处；基于同样的原因，19 世纪中罗马法原始文献的法语译本和西班牙语译本也都经常采用这一模式。① 不过，这种模式的消极面在于：读者容易困惑，难以理解。如果是这个领域的专家，为了理解术语的含义，他会直接去看拉丁原文；如果不是专家，他将无法理解。

这一让人失望的结果导致了 20 世纪中翻译模式的根本改变。就我个人而言，我可以在我们小组进行中文翻译的工作中体会这一模式。事实上，由于中文和拉丁文的根本差异，采用这种模式从一开始就是不可避免的，我们必须解释法律术语，抛弃所有可能产生文本理解上模糊的其他选项。

至于《学说汇纂》的意大利语新译本，为了使得任何感兴趣的读者对译本都清晰可解，而不要求具有拉丁语知识和罗马法的专业知识，主编斯奇巴尼教授和兰特拉教授做出了两个重要的决定。

第一个重要决定是，将所有的拉丁术语以最易于理解的方式翻译为意大利语，如果必要的话，便不采用直译的方式。例如，将“actio in factum”翻译为“根据事实而塑造的诉讼”，使读者能明白裁判官之构建诉讼的程式，系根据某一特定的事实情态，而非根据某种已存在的法律关系；“acceptilatio”则根据其语境有不同的译法，如果涉及的是对债务的免除，则译为“正式免除”；如果涉及的是对给付的接受，则译为“正式宣布收到给付”。

第二个重要决定是，在译文中加入一些简短的补充解释，但限于必要者，并以方括号表示此种添加。由此可使译文更流畅，同时，指明这些添加被认为是为理解文本所必需的。

这样的做法并不伤害译文的信实性，还能达到让感兴趣的读者容易理解《学说汇纂》译文的目标。

出于同样的目的，不应忽略译文的“雅”对于不使译文显得枯燥的作用。《学说汇纂》意大利语新译本的工作委员会中有一位语言学家，其任务就在于监督译本的明晰性和准确性。我们的依据是，现行的 1942 年《意大利民法典》的编纂者中也包括了一些语言学家，其任务在于优化文本的形式和纯粹性，并

① H. 雨洛（Hulot）、P. A. 迪索（Tissot）、J. F. 贝特洛（Berthelot）、A. 贝兰热（Bérenge）翻译的《罗马市民法大全，卷 1—7》（Corps de droit civil romain，Vol. 1—7），巴黎—梅斯，1803—1804 年；加尔恰[（I. L. Garcia del Corral）翻译的《罗马市民法大全，卷 1—6》（Cuerpo del Derecho Civil Romano，Vol. 1—6），巴塞罗那，1889—1898 年]。

取得了极为积极的效果。

四、对将来工作的展望

最后，我对未来做些简短的预测。首先，为翻译更多的罗马法文本，不只是翻译为中文，我们将保持并付出更大的努力。如今，在不同国家法律模式的交流中，在不同法律传统的法学家们向罗马法原始文献的趋近中，翻译罗马法原始文献的重要性已得到了广泛的承认。这种法律交流被认为是经济全球化过程中积极而不可缺少的。这对所有的法律传统、所有的国家都是如此，而从中国未来的民法典编纂来看，对中国有尤其重要的意义。

不过，需要澄清的是，没有任何翻译，包括对罗马法原始文献的翻译，能意味着一种法律模式对其他模式强加影响。我们的工作小组以前是，并将永远是反对任何形式的文化殖民主义和法律殖民主义的。我们已开始的将罗马法原始文献翻译为中文的工作，是应一些中国的朋友和同事的邀请，以使得他们能更好地直接理解罗马法，我们的意愿从不在于强求他们使用它。基于此种精神，我们有一个更广泛的计划：翻译现行的法律规范，既翻译意大利的，也翻译中国的。这个计划是斯奇巴尼教授在意大利国家科研委员会(CNR)设立的中国当代立法观察所提议的。

我的第二个预测是，通过我们的翻译，即使在当代法学家的培养中，罗马法的重要作用仍得到了体现；否则，就像当代伟大的法律史学家桑塔雷利所反复强调的那样①，法学家们可能成为纯粹的技术操作者，而不能从历史渊源来理解法学现象。

如果认为罗马法已不再有用，从而将它排除在法学家基本的教育之外，那么，这会使得青年法学家不再具有罗马法提供的基本的观念和术语库，而这一基本的观念和术语库本可使得青年法学家能面对现代法律的所有分支，甚至是最新出现的分支，如所谓的新技术法。如今，古代语言的教学和知识不再适应“市场逻辑”而显得不再必需，因此对用古代语言写成的罗马法原始文献的翻译无疑有助于罗马法作用的保持和实现。

① [意]U. 桑塔雷利：《商人和商人间的社会》，都灵，1998年，第8页及以次。

有关诉名的《学说汇纂》意大利语翻译

[意]马岱奥·马罗内[*]著　娄爱华[**]译

一、前言

有必要立刻提前声明：与发起本次会议的研究小组的基本方向一致，我将以《学说汇纂》法为基点；而这种法并不总是与优士丁尼法保持一致。[①]

其他提前声明。在我谈论“诉名”时，我理解的“诉”是广义的，它包括了各种其他的审判救济。因此，我将经常地谈到“诉”，即使涉及的是令状（interdicta）、抗辩（exceptiones）等等。

需要补充的是，我不打算处理枯燥乏味的诉名目录以及相关的翻译，而是要暂时搁置具体的例子，限于一般性质的思考和评论。与单个诉的翻译有关的建议在文后所附的目录中；需要注意，我的建议只是一些原则上的提议，因为——与一些特别显著的情形有关，我们试图进一步地核实——这一片段或那一片段的上下文，而上下文决定了或至少意味着并不一致的解决办法。

---

* 马岱奥·马罗内，意大利帕勒莫大学罗马法教授。本文原载《“罗马法系中的法律科学与语言”研讨会文集》（弗朗西斯·希尼及罗萨那·奥尔都主编，鸠弗雷出版社 2001 年版），经作者授权译为中文在本刊发表。

** 娄爱华，苏州大学王健法学院教师。

① 考虑到这些就足够了，例如，对于优士丁尼的有关“动产时效取得”（usucapio）和“不动产长期取得时效”（longi temporis praescriptio）的明确指示，《学说汇纂》的编纂者并未遵循；优士丁尼对于为“嫁资恢复原状（restituzione）之诉”的改革也未被遵循，即必须将之在各种情形中命名为“要式口约之诉”（actio ex stipulatu），而《学说汇纂》的编纂者们仍旧一般地以“嫁资之诉”（actio de dote 或 actio dotis）来指称该诉。

二、"诉名"与典型性

在此处，我马上会谈到本报告的前提为诉的典型性，即众所周知的罗马私法的特有特征。没有这种典型性，"诉名"的翻译问题就没有意义。由此推论，对涉及审判救济的每一片段的翻译，都必须做到是以更好的方式揭示该救济的典型性质。这也是为什么，例如，我建议"出示之诉"的译法（而不是"为了出示之诉"）。

但我并不是总能找到所有的"明确性"的可能的解决办法（我从典型性的角度理解"明确性"）。在"诉"或偶尔在"返还诉"(condictio)或"令状"之前使用定冠词无疑足以表达典型性的念头。有时候，更好的做法是使用"专有的"诉，或"典型的"诉进行界定：例如，总是要把"actio tutelae"译为"监护专有诉"；将"actio rerum amotarum"译为"为窃物的典型诉"[①]。

基于相同的原因，在不用诉而在诉的有关内容之前或之后谈到"起诉"(agere)的片段中，如 ex lege Aquilia agere，我倾向于译为"提起……的诉讼"（如在例子中："提起阿奎流斯法之诉"），或者用类似的方式（但不是"基于阿奎流斯法起诉"）。以此类推，如果文本谈到了"返还"(condicere)，或者"保证"(cavere)（且明显涉及了某一要式口约）或者"抗辩"(excipere)（涉及某一抗辩），较好的翻译分别是："执行返还"，"提供保证"(cauzione)[②]，"做出抗辩"。"返还原物"(vindicare)的场合有所不同，这里涉及的审判之诉是明确的：人们可以更忠实于原文并将之译为"主张返还原物"(rivendicare)。

三、并非所有的诉在《学说汇纂》中都有唯一的专有的名称

有多少诉？可以肯定有几百个。并不只有那些在教程的分析索引中被指出的，而是更多。蒙多瓦尼(Montovani)认为在古典时代有 209 个；勒内尔

① 如果上下文需要，可以方便地加上"从配偶处"。

② 或者是"提供保证"(cautio)，如果人们不愿翻译为"保证"(cautio)：对于这个问题，可以参看后文的第 10 部分。

(Lenel)则认为同样是在古典时代，数目却更多[①]。《学说汇纂》法中的诉大部分都有其身份，但是否所有的都有一个名称(nomen)呢？

可以肯定地说不是。诉的典型性并不等于诉必须有一个专有的命名。名称意味着可以更快更准确地涉及它所要援引的，但就诉而言，一个事实是在罗马仅是对几个诉，此等需要被注意到了，而对其他诉，并非如此。事实上，这里谈到的要考虑的是很多诉从没有过自己的名称，很多其他的诉有两个或两个以上的名称：有唯一且专有的命名的诉相对来说只是少数。

四、不涉及在《学说汇纂》中没有专有命名的诉（也不涉及那些在6世纪已经不用的诉）

在我们看来，在《学说汇纂》的片段中没有一个专有名称的诉，明显不重要。而这种诉有很多，例如针对不服从法的宣告者(ius dicenti non obtemperaverit)(D. 2,3)之诉，针对宣告了虚假面积的土地丈量人(mensor che falsum modum dicat)(D. 11,6)之诉，以及针对卷入争议案件的法官(iudex qui litem suam fecerit)(I. 4,5pr.)之诉，且每个人都可轻易援引的这类诉还有非常多。

想到另外一些诉会很有意思，这些诉在中间法时代的作者那里以及当代罗马法学家的作品和分析索引中有专有的命名，而该命名从内容上在大多数情形下与《学说汇纂》的特定题或相关标题相对应，但这些诉从未作为一个有自己专有名称的诉在《学说汇纂》中出现过。众所周知的有，所谓的有关倒泼或抛掷(de effuses vel deiectis)之诉，有关搁置或悬挂(de posito aut suspenso)之诉，有关在特定地点的物(de eo quod certo loco)之诉，所谓特定物(certae rei)返还诉以及出于给的原因(ob causam datorum)的返还诉，以及所谓的受益人(fructuaria)保证，有关地上权(de superficiebus)的令状及有关迁居(de

① O. 勒内尔：《论永久告示》(第2版)，莱比锡，1927年；D. 蒙多瓦尼：《罗马私程序中的程式》(第2版)，帕多瓦，1999年。

migrando)的令状[1]。在《学说汇纂》中——我的更为准确的想法是——从未出现过与"actio de effusis vel deiectis","actio de eo quod certo loco","cautio fructuaria"等表达相对应的表达,并且也没有类似的表达。因此,在这方面,并不存在什么"诉名"的翻译问题。

此处也不涉及那些在公元6世纪其名称已经不用,并因此未出现在《学说汇纂》中的诉——例如,追夺之诉(actio auctoritatis),嫁资返还诉(actio rei uxoriae),窃物栽赃之诉(actio furti oblati),等等——也不涉及贷出的特定金钱之诉(actio certae creditae pecuniae),盖尤斯在其《法学阶梯》谈到了该诉,但在《学说汇纂》中该诉另有所指[2]。

五、因统一翻译的需要,也不涉及在《学说汇纂》多个题中没有反复出现的命名的诉

现在我必须进一步指出,由于所涉的特殊目的,如我已经说过且显而易见的是我不仅认为要忽略那些在《学说汇纂》中没有自己专有命名的诉,也要忽略那些在《学说汇纂》不同题中没有反复出现的名称的诉。因为,如果缺乏一个专有的命名,很明显将不存在一个待翻译的诉名;但同样,即使存在一个专有的诉名,但该诉名在《学说汇纂》的多个题中并未反复出现,也不存在为统一的翻译建议统一的翻译方向的问题:承担翻译题名任务的人本人就可以避开

---

① 参见D.9,3:关于倒泼和抛掷者(de his,qui effuderint vel deiecerint);D.13,4关于须在特定地方给付的物(de eo quod certo loco dari oportet);D.12,1关于被借贷的物,如果确实被提出要求,关于返还诉(de rebus creditis si certum petetur et de condictione);D.7,9用益权人以何种方式作出保证(usufructuarius quemadmodum caveat);D.43,18关于地上权(de superficiebus);D.43,32关于迁居(de migrando)。所谓的出于给的原因的返还诉的有关内容在D.12,4关于给予了原因而未收受原因情况下的返还诉(de condictione causa data causa non secuta)中;所谓的有关搁置或悬挂之诉在前引的D.9,3中(乌尔比安D.9,3,5,6及其后续片段中)。文中提到的各类返还诉则在《罗马法法学词汇》(VIR)第1卷第896页的conditio词条中被如此谈到。出于给的原因的返还诉在C.4,6的标题中。

② 盖尤斯《法学阶梯》4,14。《罗马法法学词汇》(VIR)第1卷第1063页的credo词条,引用了谢沃拉D.3,3,70,帕比尼安D.14,3,19,3,特里波尼安D.20,5,12,1中。但在这些文本中,人们看到的是贷出金钱之诉actio pecuniae creditae[但在上述最后一个文本中则表达为贷出金钱的对人之诉(actio personalis pecuniae creditae)]。

不统一的风险，独自解决用我们的语言表述这些在别的地方不会有对应物的诉名的问题。在这一主题下应考虑——因此我也不提出有关如下诉的建议——排除妨害之诉(actio negativa)[①]，隐匿货物之诉(actio oneris aversi)[②]，撤销诈害行为之诉(actio Pauliana)[③]，赋税田之诉(actio vectigalis)[④]，因反悔的返还诉(condictio ex paenitentia)[⑤]，关于秘密占有的令状(interdicta de clandestina possessione)[⑥]，关于在墓地上为建筑(de sepulchro aedificando)的令状[⑦]，关于出示自由人(de liberto exhibendo)的令状[⑧]，诉前(所涉)土地权属未定的抗辩[exceptio quod praeiudicium praedio(partive eius) non fiat]。[⑨]

在同一层面，从本文所涉的角度来看，有必要确定那些其专有的命名只存在于题的标题中的诉：未获对待履行的返还诉(condictio causa data causa non secuta)(D. 12,4)，出于秽行或不法原因的返还诉(condictio ob turperm vel iniustam causam)(D. 12,5)，无因返还诉(condictio sine causa)(D. 12,7)，法定返还诉(condictio ex lege)(D. 13,2)。那些其名称在题的标题中形成且仅出现在同一题的一个或两个片段中的诉，我们也不予以关注：称量物(triticar-

---

① 乌尔比安 D. 7,6,5pr.。

② 阿尔芬努斯 D. 19,2,31。

③ 保罗 D. 22,1,38,4。

④ 乌尔比安 D. 39,2,15,26。

⑤ 乌尔比安 D. 39,6,30。在乌尔比安 D. 12,1,9,5 以及 D. 12,1,9,24 中，谈到了因计算的返还诉(condictio ex numeratione)以及为了特定请求的返还诉(condictio per quam certum petitur)，但使用这一表达是想用来指出返还诉在此类相关情形中的原因与目标，而不涉及对返还诉的特别命名。

⑥ 乌尔比安 D. 10,3,7,5。实际上，对这一片段是否自然涉及某一令状是有争论的。现在我更倾向于否定性的解决方案：见 G. 法尔考内(Falcone)：《现状占有(uti possidetis)令状的起源研究》，载《法学论坛年刊》(AUPA)第 42 卷(1996 年)，第 247 页及其后。

⑦ 保罗 D. 43,1,2,1。在乌尔比安 D. 11,8,1,5 中可见其内容。

⑧ 保罗 D. 43,1,2,1。

⑨ 阿富利坎 D. 44,1,16 及 D. 44,1,18。在片段 D. 44,1,18 中，在"praedio"(土地)的位置上人们读到了"fundo"(土地)。

ia)返还诉[1],关于遗赠(quod legatorum)的令状[2]。原因已经说过了,我不会考虑对这些诉的翻译提出建议[3]。

在此,有必要看到有大量涉及返还诉的突出现象并不是偶然的。事实上我们都知道,对于古典法来说,甚至更早的前古典法,存在某一特定的返还诉(condictio),它是一个在多种场合适用的诉(azione)。但同样的古典法,在涉及该诉这样或那样的适用时,有时用一种该诉似乎为一种典型诉的口吻来表述该诉:比如,通过非债清偿返还诉(condictio indebiti),通过因盗窃原因的返还诉(la condictio furtiva)。在《学说汇纂》中,那些对古典法中的返还诉(condictio)的基本适用变为典型诉:它不再是某一特定的返还诉(condictio)了,而是若干返还诉(le condictiones),由此出现了《学说汇纂》第 12 卷和第 13 卷中的很大一部分题的标题。《学说汇纂》中收录的大部分有关判例的片段只是谈到了返还诉(condictio)和返还(condicere),而并没有进一步地细化。进一步的细化在很多时候都是在题的标题中出现的。

---

① 仅在 D. 13,3 以及乌尔比安 D. 13,3,1pr. 中使用了这一命名。实际上在佛罗伦萨抄本(ms. fiorentino)中,在题的标题中,人们看到了 triticiaria,在片段 D. 13,3,1pr. 中,也有 triticaria。在 F. 卡隆吉(Calonghi)的《拉意词典》中收录有 triticiaria; E. 弗利切利尼(Forcellini),《拉丁词汇全书》(Lexicon totius latinitatis)中既有 triticaria 又有 triticiaria(但在 triticiaria 的词条下他引用了《学说汇纂》);《牛津拉丁语词典》(1976)仅仅记载了 triticaria。在罗马法学家的文本中,出现更多的是 triticiaria 的用法:如,在 O. 勒内尔的《论永久告示》和《还原》中;在 H. 海曼(Heumann)—E. 赛克(Sechei)的《词汇手册》(Handlexicon)中;A. 伯格(Berger),《罗马法百科辞典》中。

② 仅在 D. 43,3 的标题中以及乌尔比安 D. 43,3,1pr. 中使用了这一命名。

③ 对于统一诉名翻译和题名翻译的需要,我不看重那些之前以在片段内容之外的专有命名出现的诉,而看重其命名在题的标题中有实质性对应且在该题中被特别探讨的诉。我指的是修建树杈令状(interdicta de arboribus caedendis)(保罗 D. 43,1,2pr.,D43. 27),恢复水源令状(interdicta de fonte)(乌尔比安 D. 43,20,1,7,D. 43,22),关于收获果实的令状(interdicta de glande legenda)(乌尔比安 D. 10,4,9,1,D. 43,28),关于出示自由人的令状(interdicta de homine libero exhibendo)(保罗 D. 43,1,2,1,D. 43,2)。

六、在《学说汇纂》中有专有的唯一的且反复出现的命名的诉

现在我们来考察我们认为重要的诉。首先是那些在《学说汇纂》中有专有的唯一的且反复出现的命名的诉。这些诉并不是非常多。我们并不需要专门停下来谈论这些诉。不论如何，偶尔注意到如下现象都是非常有趣的：与在若干文本中——尤其是盖尤斯和乌尔比安的文本——包括的至少 15 个诉讼名有关，人们可以读到这样的表达，如："诉，即主张无因管理"（actio quae appellatur negotiorum gestorum），或者"这一通常的诉指暴力抢劫"（haec actio volgo vi bonorum raptorum dicitur），以及类似的表达，它们看上去涉及了一些古典法学家区别考虑的约定俗成的命名。

人们可以看到：对于已造横梁之诉（actio de tigno iuncto）（I. 2,1,29），对于针对船舶经营人之诉（actio exercitoria）（盖尤斯《法学阶梯》4,71，I. 4,7,2），对于无因管理之诉（actio negotiorum gestorum）（盖尤斯 D. 3,5,2，盖尤斯 D. 44,7,5pr.，I. 3,27,1，以及昆体良《演说术阶梯》7. 4. 35），对于普布流斯之诉（actio pubbliciana）（I. 4. 6. 4），对于依令行为之诉（actio quod iussu）（《狄奥多西法典》2,31,1[①]），对于塞尔维尤斯之诉（actio Serviana）（I. 4,6,31），对于分配之诉（actio tributoria）（盖尤斯《法学阶梯》4,72，I. 4,7,3），对于暴力抢劫之诉（actio vi bonorum raptorum）（乌尔比安 D. 47,8,2,71），对于萨尔维尤斯令状（interdictum Salvianum）（盖尤斯《法学阶梯》4,147，I. 4,15,3），对关于遗赠的令状（乌尔比安 D. 43,3,1,1），对于获得占有令状（interdictum quorum bonorum）（I. 4,15,3），对于现状占有令状（乌尔比安 D. 43,17,1,4），对于履行判决义务保证（la cautio iudicatum solvi）（盖尤斯《法学阶梯》4,91），参见 I. 4,11pr.，有关返还诉的另见（盖尤斯《法学阶梯》4,18，I. 3,14pr.，乌尔比安 D. 44,7,25pr.）。在《学说汇纂》中并不涉及如下诉：栽赃诉（盖尤斯《法学阶梯》3,187，I. 4,1,4），鲁提流斯之诉（盖尤斯《法学阶梯》4,35），被告诉讼保证

① 但人们也可以找到"actio de iussu"的表达，尽管只有一次：保罗 D. 15,4,5pr.。

(cautio pro praede litis et vindiciarum)(盖尤斯《法学阶梯》4,94)。[①]

另一个比较显著的地方:对在《学说汇纂》中反复出现的有专有且唯一命名的诉,裁判官在其告示中以指控的称谓几乎都有明示[②],如不名誉的诉讼:涉及盗窃(furti)之诉,侵辱(iniuriarum)之诉,恶意诈欺(de dolo malo)诉,合伙(pro socio)诉,监护诉,委任诉,寄存诉,暴力抢劫诉[③]。这些诉中的一部分与其不名誉的特征有关,在阿泰斯泰残片(Fragmentum Atestimun)以及《伊尔尼城市法》第 84 部分第 10 行及其后,被同样地指出了[④]。在具有规范性质的官方文件中被涉及的事实,必然明显地使得相关的命名具有稳定性(恶意诈欺之诉是个例外,它也在不同的地方被指出了,但每一情形中它都有些微小的变化)[⑤]。

---

① 论及 D.47,8,2,14,D.43,3,1,1 以及 D.43,17,1,4——这里涉及了暴力抢劫之诉,现状占有令状以及有关遗赠的令状,乌尔比安说这些诉是通常的(volgo)——按照本文到的视角,可参见:Th. 梅耶—梅利(Mayer-Maly):《通常与通常化》(Vulgo undVulgarismus),载《拉贝奥》1960 年第 6 期,第 12 页及其后,及之前的注释 25;M. 巴尔扎利尼:《罗马法中的暴力和抢劫损害研究》,帕多瓦,1969 年,第 391 页第 28 号注释;L. 拉布鲁纳,《禁止暴力行为》(Vim fieri veto),那波里,1971 年,第 178 页及其后。论及昆体良《演说术阶梯》7,4,35,从其他角度审视无因管理之诉的有:G. 尼科西亚,《在昆体良〈演说术阶梯〉7,4,35 中与恶意经管有关的诉》,载《沃尔戴拉致敬文集》第 4 卷,米兰,1971 年,第 787 页及其后。

② 参见尤里安 D.3,2,1;O. 勒内尔,《论永久告示》第 77 段。

③ 说到有一个专有的唯一的且反复出现的命名,至少还应包括出示之诉,使用借贷之诉,牲畜损害之诉(de pauperize) 以及优者占有(utrubi)令状和暴力强占(unde vi)令状;侵夺财产之诉(actio rationibus distrahendis)也十分重要;还有早先的遗产分割(familiae erciscundae)之诉,共同财产分割(communi dividundo)之诉,地界调整(finium regundorum)之诉,它们和前面说到的诉的确类似,或者可以说位列其中,都有一个专有的名称:最古老的拉丁语的动词形式的使用让人们如此认为。

④ 就此处涉及阿泰斯泰残片的文本,现在可参看 U. 拉斐(Laffi):《论阿泰斯泰残片的内容与文本》,载《大学(Athenaeum),N. S.》1997 年第 85 卷,第 119 页及其后;有关《伊尔尼自治市法》第 84 部分第 9 页及其后:F. 兰贝蒂(Lamberti):《〈伊尔尼自治市法〉。自治市以及"罗马法"》,那波里,1993 年,第 153 页及其后。在这些被引用文本中,也有信托(fiduciae)之诉,在《伊尔尼城市宪章》中还有普雷托流斯法之诉(actio lege Laetoria),这两个诉在优士丁尼编纂的法中都没有再出现了。

⑤ 看看更早时候。在《学说汇纂》的文本和《伊尔尼城市宪章》的文本中,被称为 de dolo et fraude。

七、有专有且反复出现的命名，而此等命名并不统一且非常类似的诉

专有且反复出现的命名并不必然意味着诉名的唯一。实际上很多诉在《学说汇纂》的片段中有着不同的命名。对于它们，很明显，人们认为这样的考虑就足够了：笼统的提法并不会产生歧义。关于这些诉讼，我认为有三点有必要提出来：第一，统一，在这个意义上，同一个诉在意大利语翻译中必须以同一种方式译出[①]；第二，对拉丁文本不要曲解；第三，意大利语文本可接受，没有古语或有歧义。这三点需要并不是能轻易满足的。

很多时候满足这三点是可能的，尤其在不同命名很类似的情形下。这有一些例子。

“Actio de dolo malo”，“actio de dolo”，“actio doli mali”，“actio doli”：可以被统一译为“诈欺之诉”。在不是诉而是抗辩的情形，以类似的方式处理。

“actio ex empto”，“actio empti”：在各情形下均可译为“买之诉”；如果需要，可译为“专有的买之诉”，且“actio ex vendito”，“actio venditi”可译为“（专有的）卖之诉”[②]。

“actio ex conducto”，“actio conducti”：在各情形下均可译为“承租人之诉”或“专有的承租人之诉”，不能译为“租赁（conduzione）之诉”！

还有“actio aestimatoria”，“actio de aestimato”：在各情形下译为“估价之诉”；“actio dotis”，“actio de dote”：在各情形下译为“嫁资之诉”；“actio operarum”，“actio de operis”：在各情形下译为“为承揽之诉”；“actio ed exceptio quod metus causa，metus”，“de metu”：在各情形下译为“因所受胁迫的诉或抗

---

① 这一点让蓝岱拉（Lantella）感到困惑。

② 对于“actio ex empto”或“empti”，我先前建议译为“买受人之诉”，因为在我看来不可能译为“买之诉”。但在报告之后的讨论中，我有了相反的想法。安东尼奥·麦德罗（Antonino Metro）的译法无疑更加优美，即将“actio ex empto”以及“actio ex vendito”译为“合同之诉”，同时附括号指明“ex empto”或“ex vendito”。但翻译工作的职责所在是诉诸一种没有其他可能的解决方案时的解决办法。

辩”[1];“actio quod iussu”,“actio de iussu”:“依令行为之诉”;“condictio ex causa furtiva”,“condictio furtiva”:在各情形下译为“因盗窃原因的返还诉”;“exceptio pacti conventi”,“exceptio pacti”,“exceptio conventionis”:在各情形下译为“简约(协议)抗辩”。

八、有专有且反复出现的命名,但这些命名既不统一也不类似的诉

有时候,一个唯一的、统一的命名可能意味着对原始文献的曲解。对于同一个诉,我提议用多个命名。这样可能使人误认为有多个诉。这一风险确实存在,有时候我们也会经历;而我们奢望利用翻译的人已经有了足以使其不产生误解的罗马法知识。

最显著的例子是“actio legis Aquiliae”,也被称为“actio damni(iniuria o iniuriae)”:“actio legis Aquiliae”(有时候仅有“Aquilia”),被译为“阿奎流斯法之诉”;“actio damni iniuria”(或“iniuriae”)被译为“不法损害之诉”[2]。

类似地,我还想提到:

——actio Serviana:“塞尔维尤斯之诉”;actio pigneraticia(in rem):“(物的)抵押之诉”;

——actio aestimatoria(市政官之诉):“估价之诉”;actio quanti minoris(或 quanto minoris):“价值减少之诉”;

——actio confessoria(in rem):“承认之诉”;vindicatio servitutis e vindicatio usus fructus:“收回地役权”,“收回用益权”;

——cautio ratam rem dominum habiturum:“权利人将许可的保证”;cautio de rato:“准可保证”;cautio amplius non peti:“将不被进一步追索的保证”;

——actio negatoria:“排除妨害(negatoria)之诉”;actio negativa(它仅在乌尔比安 D.7,6,5pr. 中出现):“排除妨害(negativa)之诉”;

---

① 我先前建议译为“因所受害怕”。在讨论时出现了这一提议(Nicosia)——这一提议似乎获得了更多的赞许——使用术语“胁迫(intimidazione)”。我认为加上“所遭受的”更好。

② 塔拉曼卡提议译为“损害(danneggiamento)之诉”。

——exceptio rei venditae et traditae:“出卖且交付物之抗辩”;rei venditae:“出卖物的”;de re empta et tradita:“买入且交付物的”。

有时候,同一诉所属的范畴被以不同的术语指明。那么,按照我的判断,比较好的办法是尊重文本。因此:

——actio incerti e condictio incerti:“为不确定客体之诉”;“为不确定客体之返还诉”;

——querela inofficiosi testamenti:“非官方遗嘱的起诉”;actio inofficiosi testamenti:“非官方遗嘱之诉”;accusatio inofficiosi testamenti:“非官方遗嘱的控告”。

——对于相同的保证,人们时而用“satisdatio”和“satisdare”,时而用“cautio”和“cavere”,时而用“stipulatio”和“stipulari”,时而用“promissio”和“promittere”:我认为人们必须每次都尊重文本,因此时而译成“保证(satisdazione)”和“提供保证(satisdazione)”,时而译成“保证(cauzione)”和“提供保证(cauzione)”[①],以此类推。

九、其命名不可翻译的诉

一些诉有这样的译名,在我看来,是不能被翻译的。这涉及四足动物损害(de pauperie)之诉,前书(praescriptis verbis)之诉以及依令行为之诉,返还诉,因暴力和欺瞒(quod vi aut clam)的令状,获得占有(quorum bonorum)令状,关于遗赠的令状,暴力强占令状,现状占有令状,优者占有令状。困难也出现在对关于允诺清偿金钱之诉(actio de pecunia constituta)[或金钱之允诺清偿(constitutae pecuniae),或关于允诺清偿债务 (de constituta),或有关允诺清偿的(costitutoria)]以及对侵夺财产之诉的翻译中。

对于牲畜损害之诉、前书诉、依令行为之诉、允诺清偿金钱之诉以及侵夺财产之诉,我们没有什么好说的了[②]。

对于制止暴力和欺瞒令状,有人建议逐字翻译为“因暴力和欺瞒”。以此

---

① 对于“cautio”和“satisdatio”,可以进一步看第 10 部分。

② 参见,对于四足动物(pauperies)的不可译性:S. 斯奇巴尼:《研究活动的第一次报告:法律拉丁语及其翻译·优士丁尼〈学说汇纂〉的意大利语翻译》,载《法史研究与文献》(SDHI)第 60 期(1994 年),第 559 页注释 21。我直觉的想法是将“actio de pauperie”译为“因四足动物导致损害的诉”。

方式，人们突出了，我们获得了所涉令状的条款中的此等词汇的逐字翻译，而我们在乌尔比安 D.43,24,1pr.中也可以读到这些词汇[①]。此外，人们可以说，考虑到在令状条款中的"因暴力和欺瞒"的词汇无可争议地被翻译，之后不翻译同样的词汇就是不同寻常的，因为这些词被用来指称相关的告示：译作的读者，首先是不会考虑令状为什么会被称为"因暴力和欺瞒"的。如今，情况确实如此，而在我看来，对于导致解释力欠缺的逐字翻译而言，这一现实状况是不可逾越的。更何况不翻译的理念遭遇的困难是可以通过一个注释来克服的，而人们会考虑用这个注释来配合文本。

类似的考虑还可以扩展到获得占有令状、暴力侵占令状、现状占有令状、优者占有令状。对于《学说汇纂》中的这些令状，正如对于"因暴力和欺瞒"一样，令状的条款被复制了[②]。

还有一个比较偶然的现象：对于暴力侵占令状，在《学说汇纂》的文本中，如果我的核对没有问题，令状总是被命名为存有暴力(unde vi)。关于暴力及武装暴力(de vi et de vi armata)的措辞仅仅在 D.43,16 的文本中出现了。这就是为什么"制止暴力剥夺令状"(interdicta de vi)与"制止武力剥夺令状"(interdicta de vi armata)并不在我们预设的诉名目录中。

仍然要谈到"condictio"。我的第一反应是将之译为"返还诉"。实际上，在《学说汇纂》中，"condictio"根本上就是一个"返还诉"；而在因盗窃原因的返还诉以及不特定物返还诉的情形下——此时确实不涉及"返还"——在《学说汇纂》中它们被视为特例。此外，考虑到如果"condictio incerti "被译为"为某不确定财产的返还诉"，会导致在术语上难以接受的矛盾[③]。因此，我同意斯奇巴尼不翻译"condictio"的做法。这一术语被列为不可翻译的之一；由此，"condicere"——我说得较少——被译为"主张 condictio"。

---

① 斯奇巴尼就是如此，前引作品，第 561 页。

② 相应地在乌尔比安 D.43,2,1pr.，D.43,16,1pr.，D.43,17,1pr.，D.43,31,1pr.中——麦德罗提议一律译出命名，并说"以……词句开始的令状"。我反对这样做，因为以内容进行界定的方式在很多时候可能会导致过于繁琐。尼可西亚(Nicosia)指出就我们所知的令状文本而言，被用来指称令状的词汇并不总是各个版本中开头的那些。考虑到《学说汇纂》中的令状文本，对于若干暴力侵占和现状占有令状这一论断的确正确。

③ S.斯奇巴尼，前引作品，第 559 页注释 21。对此，所有萨萨里会议的与会者达成了共识。

十、适于转写的命名，只要其产生的术语在意大利语法律术语或非法律术语中有其他的意思，甚或根本不存在

不可翻译的表述，在我看来，与那些通过简单转写进行翻译的表述接近，只要这些转写的术语在今日的通常用法中，无论是法律的还是非法律的，有着不同意义。我不认为维持拉丁文术语原貌是正当的做法，但对于翻译的提议也很少人与我共鸣，这些提议虽没有考虑到制度的特殊性，但基本上翻译出了要点。在程序层面之外，例如，提议将“要式口约（stipulatio）”译为“要式口约（stipulazione）”，而不是求助于“神圣允诺（promessa solenne）”或类似的翻译。自然地，为了表明明确性，大家可以进行注释。如此，“令状（interdictum）”被译为“令状（interdetto）”，“保证（cautio）”被译为“保证（cauzione）”[①]，“依非官方遗嘱起诉（querela inofficiosi testamenti）”被译为“依非官方遗嘱起诉（querela da testamento inofficioso）”。

更进一步，“保证（satisdatio）”在当代的法律经验中并没有直接的对应物。我认为更好的办法是把它译为“保证（satisdazione）”[因此，动词保证（satisdare）＝提供保证（satisdazione）]而不是采取不翻译的做法或者求助于例如“有保证人介入的允诺（promessa con intervento di garanti）”的句子。这一解决办法自然也需要在注释中做相应说明。[②]

有些类似的是“授予占有（missio in possessionem）”的情形，对此，我同意将之译为“授予占有（immissione nel possesso）”的提议，尽管被授予了占有的人通常也并不取得占有。

① 该建议引起了困惑；对于很多人来说，不翻译而保留“保证（cautio）”的拉丁文形式是较好的做法。

② 该建议引起了困惑：对于很多人来说，不翻译而保留“保证（satisdatio）”[或“提供保证（satisdatio）”]是较好的做法。

十一、"审判(indicium)","审前(praeindicium)","前书(praescriptio)","原物返还(vindicatio)"以及动词"原物返还(vindicare)","主张(petito)"以及动词"主张(petere)"

对于其他那些范围广于单个诉讼的术语,人们也提出了有关翻译的不同问题,即审判、审前、前书,收回、主张、恢复原状(restitutio 和 restituere in integrum),以及授予占有。

审判。在大部分有关判例的文本中,"审判"是"程式(formula)"的同义词,对于编纂者而言,这一术语对应"诉讼"。因此将之无一例外地译为"诉"是一种方便的做法。"iudicium de dolo","iudicium rerum amotarum","iudicium pro socio","iudicium redhibendi","iudicium dotis","iudicium tutelae","iudicium operarum",因此可以译为"诈欺之诉","专有的(或典型的)为(被配偶)窃取物之诉","合伙之诉"[①],"可废除之诉","嫁资之诉","监护之诉","承揽之诉"。

审前。我是在纯粹确定的诉的意义上来理解"审前"的[古典法上的"审前程式(formula praeiudicialis)"]。较好的办法我认为是将之译为"审前之诉"。

前书。在被告抗辩的意义上,对于优士丁尼而言,已经没有必要再区分"抗辩"和"前书"了。因此可以无需迟疑地将之译为"抗辩"。这意味着,在 D. 44,1 的片段中"de exceptionibus"、"praescriptionibus et praeiudiciis"可被简单地译为"论抗辩与审前之诉",因为忽略了"前书(praescriptionibus)"[被抗辩(exceptionibus)吸收]。如此,动词"前书(praescribi)"也可被译为"提出抗辩"[②]。

原物返还。我赞成在各种情形下均将之译为"原物返还(rivendica 或 rivendicare)",即使不涉及物的原物返还(vindicatio rei)也是如此。我知道从语

---

① 对此可参看文后所附的目录。

② 这一提议并未获得广泛认可(反对者的理由在于这不符合制度的历史)。因此建议不做翻译,保留"前书"。因此是否也必须在 D. 44,1 的标题中保留术语原样不做翻译?对此并没有被论及。在帕比尼安 D. 44,2,29pr. 中既判事物之前书(抗辩)(praescriptio rei iudicatae)又如何处理?我提出了这一问题但没有获得答复。

言学的角度看，这一解决方案是可以讨论的，因为意大利语中的“原物返还(rivendica)”通过将物(rei)吸收，它并非“原物返还(vindicatio)”的对译而是“物的原物返还(rei vindicatio)”的对译。但在现代的法律语言中，盛行着“物的原物返还”、“用益权的原物返还”、“地役权的原物返还”等说法，尽管严格说来，这涉及一个时而同义反复时而矛盾的用法（在“地役权的原物返还”和“用益权的原物返还”场合时存在矛盾）。

主张。此处我在审判请求的意义上理解“主张”，在提出审判请求的意义上理解动词“主张”。对于“主张”，问题较少①。对于我们来说，乌尔比安的著名片段并没有什么助益，在D. 50,16,178,2中，这位法学家区别了诉(actio)、主张(petito)和指控(persecutio)：乌尔比安进一步说，诉是对人之诉的更为恰切的表达，主张是对物之诉的，而指控是对非常诉讼(extra ordinem)的。我认为这一文本对我们此处的讨论没有帮助，因为我们都知道，乌尔比安在上引片段中提出的术语，在《学说汇纂》的其他片段中并没有一个体系性的对应：实际上，在这里我们更有兴趣指出，“诉”和“主张”对于对物之诉和对人之诉而言是可以交换使用的术语②。

实际的情况是，主张一词经常被简单地翻译为“请求”，偶尔被译为“审判请求”。但如果涉及了“petitio hereditatis”以及“petitio fideicommissi”，我相信所有人都同意“主张遗产(petizione di eredità)”和“主张信托遗赠(petizione di fedecommesso)”的译法。

动词主张。一般说来，可以译为“提出请求”；在有些情形下译为“提出审判请求”；也有可能仅仅译为动词“请求”；即使涉及主张遗产或主张委托遗赠也是如此。仅仅在涉及主张遗产时，文本有时候更适合译为“原物返还遗产(rivendicare l'eredità)”。

此外，如果在《学说汇纂》的片段中，我们遇到了动词“主张”，正如名词“主张”那样，时而涉及对物之诉，时而涉及对人之诉，在用原物返还不会产生疑问时，译为“原物返还”(rivendicare)似乎更好。但这样的做法，对于D. 44,2关

① BIA（一种检索罗马法文献的软件——译者注），仅在《学说汇纂》中，就指出了有超过300个文本涉及petition（以主格和间接的形式）。

② 对于文本，所有的，F. P. 卡萨沃拉(Casavola)：《诉·主张·指控》(*Actio petition persecutio*)，那波里，1965年；P. 福恩德赛卡(Fuenteseca)：《对“诉·主张·指控”的反思》，载《西班牙法史年刊》第40卷（1970年），第139页及其后；参见M. 马罗内：《对D. 50,16“关于词语的意思(*de verborum significatione*)”的新思考》，载《普卢罗马法研讨会文集》第7卷，1995年，第178页及其后。

于既判力之抗辩(de exceptiones rei iudicatae)题中的很多片段并不适用,因这些片段中涉及了作为措施的对人之诉[①]。在这一题之外,我们来看 D. 10,4,8(尤里安《学说汇纂》第 9 卷),此处将"petiero"的翻译为"我在之前将原物返还(avro' rivendicato)"似乎是为了以正确的词汇理解尤里安的思想而为的必要的强加:事实上,该法学家已经解决了一个有关出示之诉的问题,在片段的最后部分[若涉土地(nam si fundum)等],他试图通过援引一个有关原物返还(rivendica)的类似问题的决定,对解决措施做出解释。[②]

十二、恢复原状

在我看来,这些表达可以被很好地翻译为"恢复原状(reintegrazione 和 reintegrare)"。如果加上"回到先前的状态"反而是一种累赘的表达。因为名词"恢复原状(reintegrazione)"以及动词"恢复原状(reintegrare)"已经表达了拉丁文"in integrum"所表达的理念。但在任何时候我们都必须清醒地认识到恢复原状(reintegrazione)是一个结果,它需要专门的官方措施(provvedimento magistratuale)[尽管在无效审判(iudicium rescindems)和撤销审判(iudicium rescissorium)中并不总是区分的]。如果在上下文中没有出现,最好确定之。大致浏览一下相关的众多片段,我们会发现,除去特例,在出现名词性表达的时候,最好译为"恢复原状的措施"(我认为在涉及 D. 4. 1 de in integrum restitutionibus 的部分时也是如此,即译为"论若干恢复原状的措施")。但若涉及了动词"恢复原状",通常译为"恢复原状(reintegrare)"足矣。我说通常是因为,例如在保罗的 D. 4,4,48pr. 中,"se... in integrum restituendo re-

① 参看乌尔比安 D. 44,2,3,D. 44,2,7pr. —4,D. 44,2,9,1—2,D. 44,2,11,1—2,D. 44,2,11,4,D. 44,2,11,8,D. 44,2,11,10;尤里安 D. 44,2,8,D. 44,2,24,D. 44,2,25,2;盖尤斯 D. 44,2,17;彭波尼 D. 44,2,21,1—3;帕比尼安 D. 44,2,29pr.,保罗 D. 44,2,30,1。在 D. 44,2 之外,可以参看,除了文中引用的 D. 10,4,8,还有拉贝奥 D. 44,1,23。不过也要参看乌尔比安 D. 44,2,7,5[主张债务(debitum petiero)]。

② 在片段末尾涉及"原物返还"的部分,被以若土地(si fundun)……主张或原物返还(petiero)的词汇表明了,因为在任一其他的原始文献中,出示之诉(actio ad exhibendum)总是仅仅涉及动产:参看 M. 马罗内:《出示之诉》,载于《法学论坛年刊》第 26 期(1958 年),第 508 页及其后。有关片段末尾对"原物返还"的涉及,参看 D. 麦考马克(Mac Cormack):《无人可以改变自己占有的原因》(Nemo sibi ipse causam possessionis mutare potest),载《罗马法研究所公报》(BIDR)第 75 期(1972 年),第 75 页。

um principalemnon liberat”，它至少提到了给予保证，在我看来最好被译为：如果未成年人提供了保证，那么既然可用专门的措施恢复原状，就不能豁免主债务人。

有时候“in integrum”一词在拉丁文本中是不言自明的：总之将它译为“恢复原状（reintegrazione 和 reintegrare）”是合适的（有时候要明确地提到有专门的措施恢复原状才发生）。在我们正在进行讨论的有关片段中，有必要援引马尔切勒 D. 4，1，7，1 中的“et boni praetoris est potius restituere litem... ”它被译作“好的裁判官宁愿将争议恢复原状”。

十三、授予占有

类似的讨论需对“授予占有”作出：我已经表示存在将之翻译为“授予占有（immissione nel possesso）”的可能，尽管这里并不涉及真正意义上的占有。因此“in possessionem mittere”译为“授予占有（mmettere nel possesso）”；“missus in possessionem”译为“已被授予占有（immesso nel possesso）”。现在我再加一句，当上下文需要的时候，适于翻译为“授予占有的措施（provvedimento di immissione nel possesso）”、“以专门措施授予占有（immettere nel possesso con apposito provvedimento）”、“已以专门措施授予占有（immesso nel possesso con apposito provvedimento）”。

在占有（in possessionem）不言自明时，什么都不用改变：但在翻译时，最好明示这一点。

十四、译文适于上下文的必要：若干有关“保证（cautiones）”和“授予占有（missiones in possessionem）”的例子

我必须强调我的建议只是一些原则上的建议，因为在更多的时候翻译必须与上下文吻合。在谈及“主张”、“恢复原状”以及“授予占有”时，大家已经看到了一些例子。此外，有关“保证（cautiones）”、“授予占有”的情形，还需要再提出一些建议。

在开始的时候我已经坚持了诉讼的典型性。程序性的保证也是典型的，因为在程序性保证中专门的程式本身已经被预先确定了，且通常都会被忠实

地采纳。因此，特定的保证与很多诉类似，最终每次都被法学家以反复出现的命名经常引用，且其方式通常[①]都是明示地涉及——有时候是完整地——约定提供保证的允诺的内容。

对于判决将被履行的保证(cautio iudicatum solvi)，它涉及了一个真正的保证名(nomen cautionis)[这种诉讼担保被称为偿付判决额的担保(quae satisdatio appellatur iudicatum solvi)，人们可以在I.4,11pr.中读到这一片段；类似的片段在盖尤斯《法学阶梯》4,91[②]中也存在]。或许对于"因担心受损的保证(cautio damni infecti)"以及"为确保遗赠的保证(legatorum servandorum causa)"也是这样。在《学说汇纂》中反复出现的其他的对程序性保证的命名也是这样么？在这里我们确证这样的看法并不重要。我想强调的是，在此我们提出翻译的建议并非是不可能的，因为与诉讼和令状相比，它不必更多地适于上下文的需要。理由在于，由于需要，单个保证的程式类型与诉讼的程式和令状的结构类型(schemi-tipo)相比更适于整合和符合上下文。

如此，可以肯定，"cautio ratam rem dominum habiturum"——"权利人准可的保证"——对此可能发生在程式的"主诉"之外再指明其他主体。于是，在彭波尼的一个片段的开头，即在D.46,8,18中出现的：Si procurator ratam rem dominum heredemve eius habiturum caverit，只能被译为"如果代理人已经提供了权利人或其继承人将会准可的保证"。

较多的改变有时候对"cautio iudicio sisti"——"确保在审判中出席的保证"是必要的。例如在乌尔比安D.2,11,2,3中：si quis iudicio se sisti promiserit，被译为"如果有人已经允诺在审判中出席"[③]；以及在保罗D.2,11,7中：si quis servum in iudicio sisti promiserit，被译为"如果有人已经允诺了奴隶在审判中出席"。

恢复原状以及授予占有也是典型的，因为其出现的每一情形均涉及某一显著的法令规定，而其构成要件自然也是不同的。法学家们在引用时也指明了相关规定所追求的目的。但对于恢复原状，并不意味着在司法以及后来的

---

① "担心受损的保证(cautio damni infecti)"是个例外。

② 参见前述第6部分。

③ 类似地，在保罗的D.2,11,5pr.中：如果双方当事人约定出席且被指定的债务人本人以罚金允诺出席(si duo rei stipulandi sint et uni debitor indicio se sisti cum poena promiserit...)；以及在盖尤斯D.2,11,8中：允诺本人在审判中出席(iudicio sisti se reus promisit...)。此外，有时结合上下文我们应译为"到场(presenza)"而不是"出席(comparsa)"。

《学说汇纂》中，该诉获得了一个专有的名称[即使在今天人们也习惯说"因诈欺的恢复原状"、"因胁迫的恢复原状"、"因年龄的恢复原状"("in integrum restitutio propter dolun","propter nerum","propter aetatem")]。但有关若干授予占有的命名却有了一个固定的型态：因担心受损的(damni infecti nomine)，为确保遗赠的(legatorum servandorum causa)，为保存(潜在)债务人财产的(rei servandae causa)。

但是，至少为保存(潜在)债务人财产的"授予占有"，在我们看来，不仅正如我们在授予占有中看到的，需要随机确定是否涉及"措施"，而且还有进一步的其他问题。总之，对于命名：逐字的翻译是不可能的。我建议译成"为保存(潜在)债务人财产的授予占有"。但一些时候，如果指明了行使授予占有针对的人，会出现符合上下文的问题。例如：

D.15,1,50pr.帕比尼安《问题集》第9卷：Eo empore, quo in peculio nihil est pater latitat: in bonorum possessionem eius rei servandae causa mitti non possum, qui de peculio cum eo acturus sum... 被译为"在没有特有产期间，逃逸的家父：我，准备以限于特有产之诉起诉他，不能被授予占有以确保其财产的维持……"；

D.26.10.7.2 乌尔比安《论各种法院》第1卷：... reique servandae causa pupillus in possessionem mittaur eius, qui suspectus absentia sua factus est. "……且未成年人被授予占有以保存其财产，且他若不在场，占有中断……"

十五、简短的结语

我现在来做这篇文章的结尾。我非常感谢组织者让我展示这篇文章，因为尽管我之前就已经完成了大部分工作，但准备工作还是让我考虑了一些先前没有充分考虑的论题的一些方面。这其中很多都让我感兴趣，由此，我丰富了自己对罗马法的微薄的认识。因此，在此地，我止步于不涉及诉讼名翻译的一些问题，而有可能忽略了该问题的那些更为重要的其他方面。因此，我请求那些好心且耐心的听众原谅。

附件

诉之目录

1. Actio，Agere：诉，起诉[①]

Iudicium：诉[②]

Vindicatio，Vindicare：原物返还

(1)单个的诉，或审判

ad exhibendum：出示的

aestimatoria，de aestimato：估价的[③]

aquae pluviae arcendae：雨水排放的

Aquiline，e lege Aquilia，lege Aquilia，legis Aquiliae：阿奎流斯法的

arborum furtim caesarum：为盗窃伐木的

Calvisiana：卡尔维修斯的

commodati：使用借贷的

communi dividundo：为分割共有物的

conducti：参看“ex conduco”

confessoria：承认的[④]

constitutae pecuniae，de pecunia costituta，de costituta，constitutoria：不可延期的金钱债务之诉

---

① 我打算将“起诉(agere)”放在“诉名”之前或之后——有时候看来是必要的，以体现诉的典型性，明确地说涉及“专有诉……”，或“典型诉”：参看报告的第 2 部分——同一个诉很多时候有不同的命名：当这些命名类似的时候，我建议翻译要统一，参看报告的第 7 部分。

② 自然地，我是在“审判诉”的意义上提到“诉(actio)”和“诉(iudicium)”的；“iudicium”对于古典法来说通常指“程式(formula)”，而对于优士丁尼法，因此也就是《学说汇纂》法来说，与“审判诉”的意义相同：参见报告的第 11 部分。

③ “Actio aestimatoria”仅出现在 D. 19，3 和 D. 21，1 两个题中：第一题涉及所谓的估价合同(contratto estimatorio)——在此处也被称为“actio de aestimato”，在另一题中涉及市政官(edilizia)之诉，其另一个名称是减损价值之诉。

④ 以同一个表达——actio confessoria——在《学说汇纂》中指称两个不同的诉：对人的承认之诉(针对 confessus)和对物的承认之诉(有关用益和地役)。

damni iniuriae，damni iniuria(dati)，以及类似的：不法损害的[①]

de aestimato：参看“aestimatoria”

de arboribus succisis(以及《十二表法》)：为砍伐树木的

de dolo(malo)，doli(mali)：诈欺的

de dote，dotis reciperandae：嫁资的

de iussu：参看“quod iussu”

de in rem verso：得利的[②]

actio de operis，operarum：为承揽的

de pauperie

de peculio：在特有产的限度内

de peculia costituta：参看“constitutae pecuniae”

depositi：寄存的

de servo corrupto，servi corruppti：为腐化之奴隶的

de tigno iuncto：已造横梁的[③]

doli(mali)：参看“de dolo”

dotis(reciperandae)：参看“de dote”

e lege Aquilia：参看“Aquiliae”

empti，ex empto：买的[④]

ex conducto，conducti：承租人的[⑤]

ex empto：参看“empti”

exercitoria：经管人的

ex locato，locatio：出租的

---

① 但请参看报告注释28。

② 塔拉曼卡认为，对于“得利”的译法有一个更匹配的诉。但对于“actio de in rem verso”，并没有出现任何其他命名的建议；从另一个方面来讲没人否认——也没有人可能否认——［特有产(de peculio)以及］“de in rem verso”之诉力求达到“id quod pervenit”，也就是得利。

③ 我更倾向于如此翻译“de tigno iuncto”，因为更符合文本的字句，即使在《学说汇纂》的片段中多次表述了扩张的注解，即人们理解的“梁木(tignum)”是任意种类的建筑材料。对此我与祖尔利(Zurli)有争论。

④ 参见报告第7部分注释26。

⑤ 看上去是不能译为“因租的(da conduzione)”(参见报告的第7部分)。不论如何，“承租人的”译法更好地表达了典型性。我认为这一提议已经获得了与会者的同意。

ex stipulatu：同“da stipulazione”（因要式口约的）

ex testamento：同“da testamento”（因遗嘱的）

ex vendito，venditi：卖的

Fabiana，Faviana：法比尤斯（解放自由人遗嘱继续之诉）

familiae erciscundae：为遗产分割的

finium regundorum：为边界调整的

funeraria：葬礼的

furti：盗窃的

hypothecaria：抵押的

incerti：为不确定客体的

iniuriarum：不法的

inofficiosi testamenti：遗嘱不合义务的

institoria：institoria（总管的）

iudicati：由既定案件而来的

lege acquilia，legis Aquiline：参看“Aquiliae”

locati：参看“Locato”

mandati：委托的

metus，quod metus causa：因所受胁迫的①

negatoria：排除妨害的（negatoria）

negotiorum gestorum：事务管理的

operarum：参看“de operis”

pecuniae constitutae：参看“constitutae pecuniae”

pecuniae crediate：为一笔贷出金钱的②

pigneraticia：有质押担保的

praescriptis verbis：同“praescriptis verbis”（前书的）

pro socio：合伙的③

Publiciana：普布流斯的

① 参看报告第7部分注释27。

② 在盖尤斯《法学阶梯》4，13中采纳了著名的表达“actio certae creditae pecuniae”，但在《学说汇纂》中这一表达没有出现。

③ 对该诉的翻译，会议过程中有过讨论。

quanti minoris，quanto minoris：为减损价值的①

quod iussu，de iusse：同“quod iussu”（依令行为的）

quod metus causa：参看“metus”

rationibus distrahendis：账目清结之诉

redibitoria，（iudicium）redhibendi：可废除的

rerum amotarum：为被窃物的②

Serviana：塞尔维尤斯的

servi corrupti，腐蚀奴隶的：参看“de servo corrupto”

tributoria：tributoria 分配的（拉丁语的转写形式，意为“将奴隶和家子的责任扩张给家父”——译者注）

tutela：监护的

vi bonorum raptorum：抢劫财产的

venditi：参看“ex vendito”

agere ‘ius mihi esse’，以及类似的：提起“主张是我的权利”，及类似的。③

（2）诉的范畴

arbitraria：仲裁的

contraria：对待的

in factum：事实的

in personam：对人的

in rem：对物的

mixta：混合的

noxalis：损害投偿的

poenalis：罚金的

popularis：民众的

praetoria：裁判官的

utilis：扩用的

2. condictio，actio condicticia：“condictio”

condicere：主张 condictio

（1）单个 condictiones

---

① 该诉也被称为“估价之诉（actio aestimatoria）”，参看之前的部分。

② 根据文本，人们可以必要地加上“从配偶处（dal coniuge）”。

③ 在类似的情形翻译自然要符合上下文。

certi：为一特定财产的

furtive，ex causa furtiva：因盗窃原因的

incerti：为不确定客体的

indebiti，indebiti soluti，indebiti dati，indebita：非债的

另参看“actio incerti” 以及 “actio pecuniae creditae”

3. Praeiudicium（在确定的严格的诉的意义上）：审前之诉

4. 其他诉

accusatio inofficiosi testamenti：控告遗嘱不合义务

hereditatis petitio：主张遗产

petitio fideicommissi：主张信托遗赠

querela inofficiosi testamenti：怨诉遗嘱不合义务

rei vidicatio：返还原物

vindicatio pignoria：质物的原物返还

vindicatio servitutis，vindicare servitutem：地役权的原物返还，原物返还地役权

vindicatio usus fructus，vindicare usum fructum：用益权的原物返还，原物返还用益权

5. interdictum：令状

Interdicere（如果涉及了裁判官）：授予令状[1]

（1）单个的令状

da aqua（cottidiana et）aestiva：为（日常和）夏季用水的

de arboribus caedendis：为盗伐树木的

de fonte：与水源有关的

de glande legenda：为采集孳息的

de itinere actuque，de itinere：为保障步行通行或载重通行或动物通行的，为保护通行的[2]

de hominelibero exhibendo：为出示自由人的

de liberis exhibendis，item ducendis：为出示家子的；等于将之带走

---

① 在一些文本中，“interdicere”涉及私人来执行令状，此时译为“说出令状”为宜。

② D. 43，19 的标题是关于通行和驱畜通行的私权（de itinere actuque private），但相关的令状在《学说汇纂》的判例片段中被命名为关“于通行和驱畜通行（de itinere actuque）”，有时候只有“关于通行（de itinere）”。

de mortuo inferendo：为埋葬死者的

de precario，quod precario，'quod precario habet'：为容假占有的

de rivis reficiendis：为修复水渠的

de tabulis exhibendis：为出示遗嘱文本的

fraudatorium：fraudatorio（拉丁语的转写形式，意为"撤销债务人为诈欺债务人而移转财产的行为"。——译者注）

ne quid in loco sacro fiat：禁止在圣地施工的

quod vi aut clam：[①]暴力或欺瞒的

quorum bonorum：获得占有的

Salvianum：萨尔维尤斯

unde vi：[②]暴力侵占的

uti possidetis：现状占有

utrubi：优者占有

6. Cautio：保证[③]

Cavere：提供保证（cauzione）[④]

Satisdatio，satisdare：保证，提供保证[⑤]

单个的保证

amplius non peti：不提出过多请求的[⑥]

damni infecti：因担心受损的

---

① 对于获得占有令状、现状占有令状、优者占有令状以及有关遗赠的令状，参看报告的第 9 部分。

② 在《学说汇纂》的判例部分，仅出现了这一命名，而不是"de vi"以及"de vi armata"（在 D. 43，16 中出现的等等），参看报告的第 9 部分。

③ 这一提议遭到了质疑：对于多数人而言，较好的办法是不翻译而保留"cautio"；参看第 10 部分以及前文注释 34。

④ 或若不翻译"cautio"（参看前注），"提供 cautio"。

⑤ 这一提议遭到了质疑：对于多数人而言，较好的办法是不翻译而保留"satisdatio"（或提供"satisdatio"），参看报告第 10 部分以及前文注释 35。——如果在有"cautio"和"cavere"（"satisdatio"和"satisdare"）的地方，遇到了"stipulatio"，"promissio"，"promittere"，译为"约定（stipulazione）"，"允诺（promessa）"，"允诺（promettere）"较好；参看报告第 8 部分的结尾。

⑥ 看来这里涉及了同一个诉，但分别被指称为"de rato"，"da rato habendo"，"ratam rem haberi"，"ratam rem"，"de ratihabitione"，参看报告的第 8 部分。上下文经常需要翻译符合其需要，参见报告第 14 部分。

de rato, da rato habendo, ratam rem haberi, ratam rem, de ratihabitione：准可的[①]

iudicatum solvi：判决将被履行

iudicio sisti, iudicio sistendi causa：为保证在审判中出庭的[②]

legatorum(vel fideicommissorum) servandorum causa, legatorum：履行遗赠(或信托)的保证

ratam rem daminum habiturum：权利人将准可的[③]

rem pupilli salvam fore：被监护人之财产将完好无损[④]

7. missio in possessionem：占有授予

In possessionem mittere：授予占有

如果上下文需要，可译为"授予占有的措施"

damni infecti nomine：因担心受损的

rei servandae causa：为保存(潜在)债务人财产的[⑤]

ventris nomine：有利于将诞生婴儿的

legatorum(fideicommissorum) servandorum causa, legatorum：为确保履行遗赠(或信托)

8. Exceptio, praescriptio[⑥]：抗辩

Excipere, praescribi[⑦]：反抗辩

Replicatio：反驳

Triplicatio：再反驳

(1)单个的抗辩，以及抗辩的范畴

conventionis, pacti, pacti conventi：简约的

---

① 参看"有关不进一步提出请求的保证(cautio amplius non peti)"的部分。

② 有关这一保证，上下文也经常要求翻译的符合，参见报告第 14 部分以及注释 44。

③ 参看"有关不进一步提出请求的保证(cautio amplius non peti)"的部分。

④ 翻译偶尔要适于文本，例如，在内拉蒂的 D. 46,6,11 中，它说"给未成年人的保证以便其财产将被保存"(参见彭波尼 D. 46,6,9)；其他时候，因为意大利语本身的问题，翻译为"……将被保存"比较合适。

⑤ 为了翻译随机地符合上下文，参看报告第 14 部分。

⑥ 对于涉及被告抗辩的"praescriptio"和"praescribi"的翻译产生的问题，参看报告第 11 部分。

⑦ 对于涉及被告抗辩的"praescriptio"和"praescribi"的翻译产生的问题，参看报告第 11 部分。

de re empta et tradita：买受且交付物的

de dolo(malo)，doli(mali)：诈欺的

in factum：事实的[①]

iurisiurandi：宣誓的

metus causa，de metu：因所受胁迫的[②]

procuratoria：代理人或代办人

“quod praeiudicium dereditati non fiat，si in ea re qua de agitur praeiudicium ereditati non fiat”：“对遗产未造成损害的”

rei iudicate：既判之事的

rei venditae et traditae：出卖且交付物的

rei venditae：出卖物的

senatus consulti Macedoniani，Trebelliani，Velleiani：马切多、特雷贝流斯、韦勒乌斯元老院决议的

temporalis，temporis：有期的

utilis：扩用的

9. In integrum restituito，in integrum restituire

[在“原状(in integrum)”很明显不言自明时]：除了抗辩，(in integrum) restitutio＝恢复原状的措施；(in integrum)restituere＝恢复原状。

注意：

在《学说汇纂》中并没有如下被明确命名的诉：贷出的特定金钱的(certa crediate pecuniae)、有关倒泼或抛掷的(de effuses vel deiectis)、有关在特定地点的物的(de eo quod certo loco)、有关搁置或悬挂的(de posito aut suspenso)之诉；也没有被命名的返还诉：特定物的(certa rei)，出于给的原因的(ob causam datorum)；亦没有若干被明示为受益人保证(cautio fructuaria)的保证；也没有被明确称为有关迁居(de migrando)、有关地上权(de superficiebus)的令状。参见报告的第4部分。

仅在一个地方出现或仅在一个题中出现(有时仅在相关的标题中出现)的诉有：排除妨害的(negativa)，隐匿货物的(oneris aversi)，保利安的或赋税田

① 塔拉曼卡认为不懂罗马法的读者会陷入一语双关的混乱境地，会认为“事实的”与“法律的”相对。但有一些不同的意见，即一语双关可以通过在注释里面适当地提醒来避免。

② 参看“有关因所受恐吓之诉(actio metus)”的部分。

的(Pauliana e vectigalis);返还诉有:未获对待给付的(causa data causa non secuta),可称量物的(triticaria),因反悔的(ex paenitentia),出于秽行或不法原因的(ob turpem vel iniustam causam),无原因的(sine causa),法定的(ex lege);令状有:关于秘密占有的(de clandestina possessione),关于出示自由人的(de liberto exhibendo),关于在墓地上为建筑的(de sepulchro edificando),有关遗赠的(quod legatorum)。有一个抗辩仅仅被指明了一次:诉前所涉土地未定时(quod praeiudicium predio non fiat)……土地不应被涉及(fundo partive eius non fiat)(尤里安 D. 44,1,16 以及 D. 44,1,18)。

厦门大学的法律意大利语和拉丁语教学

[意]董萝贝*著　徐国栋译

一、意大利语和拉丁语在厦大

厦门大学的意大利语和拉丁语教学的历史与罗马法研究所相连，并与该所的现任所长徐国栋教授的个人教育背景相连。事实上，在某个研究所的设立背后藏着其某个特别成员的个人经历和个人热情的事例并不少见。徐教授于20世纪90年代受邀在罗马二大当访问学者并在那里度过了两年，他对意大利留下了良好的印象。这一时期无疑决定了他的学术素养，还决定了意大利语、拉丁语和罗马学在中国南方的这一著名大学的相继传播。该大学位于一个经济和文化大发展、高等教育方面越来越具有竞争力的地区。

罗马二大接纳徐教授的决定表现为一种长期的"文化投资"，它无疑对我国具有意义。回到中国并担任罗马法研究所所长后，徐教授决定致力于增进与意大利学术界活动的交流，而意大利学术界也为他的学生提供了他自己从中受益的类似教育的机会。

起初，他显然决定优先与他个人曾受教的意大利学术机构——罗马二大建立联系，并很快签订了第一个这种意义上的协议。此后的紧迫事情是开设意大利语课程，为年轻人提供能应付在意大利的生活需要的必要语言工具。事实上，意大利语教学并未规定在厦门大学外语学院提供的培训内容内，徐教授必须填补这一空白，方式是在自己所属的法学院临时安排这一课程。起初，他自己给其高年级本科生教这一语言，双方都付出了值得赞许的努力。对徐教授来说，这当然意味着从事法学研究时间的减少；对学生来说，这意味着从事一个大得叫人难以无动于衷的独立工程，因为全部的语法要在两个学期内学完，而每周的教学时间只有2小时。

* 德国海德堡大学博士生。

但命运就在这时转变,2004 年,一位文学专业的意大利语老师希尔维亚·罗卡迪博士来到了厦门,徐教授立即委托她教中级意大利语课程。母语老师的加盟自然相当地提高了教学质量。教学工作由徐教授和罗卡迪教授分担,前者负责入门者的课程,后者负责中级课程,由此把第一批学生送到了意大利。齐云现在是厦大的博士生,当时他是民法的硕士生,他得到奖学金参加特伦多大学的国际法课程。阮辉玲赢得了罗马二大的年度学生奖学金,她在二大获得了罗马法的硕士学位。曾健龙当时是民法博士生,后来他也到了罗马二大学习。

2005 年,我的好运注定我也来到厦大。当时我刚大学毕业,我决定深化我对中国南方的伊斯兰少数民族法律情势的研究。决定把一份接待申请表寄到厦大法学院几乎是偶然的一件事情。我的申请表到了徐教授手里,他接受了我并成为我在接下来的两年内的导师。由于我已有若干年在罗马为那里的中国人社区教授意大利语的经验,徐教授很快就邀请我为学生讲意大利语语法,我很快接受之,并一直爱着这份工作。徐教授让我教语法,让罗卡迪教授教法律意大利语,这样,他从语言教学中脱身出来。

打那开始已过去 3 年,这门新课程已为另一些学生去罗马二大深造提供了条件,王莹莹即为其中之一,她从几年前开始就参加了厦大—罗马二大的联合培养博士生或双博士项目。肖俊在罗马取得了他的第二个法学硕士学位。娄爱华是厦大的新科博士生,他是新近完成在意大利的学习后回国的。

考虑到这个计划的成功以及学生们在如此短的时间内取得的好成绩——当然,我还要提到那些对意大利语的学习并不能直接转化为留学意大利的具体机会的学生——人们开始考虑也开设拉丁语课程的可能。

幸运的是,我们的努力引起了意大利驻华使馆文化处和意大利外交部的某种注意,他们经过认真考虑,决定为罗马法研究所的事业做一些事情,至少为一定时期的意大利语教学提供了一定的财政支持,但要求把这一课程对外系的学生开放。

这一介入导致意大利语的教学课时数翻番,并最终新添了拉丁语课程。课程的安排变得更有层次并更完全,同时创造了一个足够独特的情势:与其他有可能在其中学意大利语的中国大学不同,厦门大学的学生不限于被教授语言能力,而且该课程也为对其他专业的研究创造条件,这些专业中的首选是法学。这一情势为我国来自更多学科背景的科学家和专业人士将来对我们产生兴趣打下了基础。对于某些有具体机会去意大利留学的学生来说,这也为他们发展对意大利与中国之间就各种智识领域之间的广泛关系的兴趣打下了基础。可以有把握地期望，意大利的学术界将继续通过在一个天才越来越多的美丽国度中国推动研究活动展示其远见。大家已看到，罗马法学在中国的传播和发展具有多大的意义！它曾鼓励像徐国栋教授这样的学者到意大利留学，没有他，也许就没有罗马法研究所，意大利语、拉丁语也就继续被排除在这个重点大学的课程表之外，当然，该校与我国的交流机会也会少得多。

二、对在厦大教意大利语和拉丁语的一些思考

众所周知，中国的发展相当紧迫，在这个国家，无人有可浪费的时间，所有的事情都发生得相当快，其背景是以令人困惑的速度改变着街道和城市的面貌。越来越美的厦门大学在许多方面都跟3年前我第一次在这里落脚时不一样了。公园的地面重建了，湖边的培训中心拆掉了，大门口的所有商店拆掉了，新的运动场开放了，新剧院在建设中，新的停车场在计划中，旧的外语系拆掉了，新的教工宿舍在建造中……

但一成不变的是校训，是“自强不息，止于至善”的古语，它取自儒家经典《大学》，它被写在许多学院的入口以便学生和访客记忆。它也被刻在校园中心、面对芙蓉湖的8块大理石碑上，进出的人都可看到，而正是这个地方，多数学生都喜欢停下来休息一下。

有时，在这些令人惊异的发展步伐中不乏一些沿海地区冒险者，他们愿意奉献自己的青春。我就是一个例子，从中学读文科时起，我就有点苦涩地自问，我在意大利语和拉丁语课程上得到的光荣的9分，能用来做什么呢？在这里，我为很快被人认可并投入与他人的共同劳动感中而到快乐。

当然，我已投入了相当多的信任以建立我与这个城市以及与这所大学的特别亲切的关系。长期以来，我也反思“把自己打造为中国人”这一做法的得失。毫无疑问，它有一些缺陷，但无可置疑，它相当有效率。

作为一名教师，我承认，我被要求在一段相当有限的时间内做太多的事情。例如，大家指望我们在两个学期的时间内教完全部的意大利语语法，这对于我并且对于学生都是一个巨大的挑战，但学生们也得到了好成绩。我对中文的知晓无可置疑地帮助了我向中文为母语的学生们传授理论内容。此外，我还认为我感到了他们对我国的学术有一种真正的兴趣，我认为他们特别关注我们的语言的如此复杂多变的占统治地位的“理性”方面。如果比较一下相当抽象的变格变位就更明显，而这些变化在许多方面与中文格格不入。

徐教授交给我一本很好的意大利语教材，它是一个中国著名的意大利语

专家的作品[①]，其中经常出现比较中意两种语言之语法的文字，例如比较中意两种语言中的时间从句的概念，或比较意大利语中名词补语的概念与中文中更广泛含义的定语概念。

受这些比较性文字的启发，并且受我过去已久的语言教学经验的启发，我决定像我的多数老师一样，也使用"比较"类型的教学法。这样，我不仅可以在各种逻辑分析和语法分析的主题上利用我的中文知识来教授我的学生，而且可以把他们持续置于应对诸如如何把地道的中国表达译成意大利语之类的问题的境地，并持续地把他们置于应对两种语言的局限和可能的境地，让他们很快习惯用意大利语"思维"。这种方法虽然与更现代的、当今在口语教学中广泛运用的"交际法"冲突，但我还是觉得它更符合罗马法学生的特定情势，因为他们很快要被要求翻译这一专业的学术论文。在教学过程中，我尤其着重即席把中文翻译为意大利文的工作，这样就对他们利用意大利语"思维"的能力提出了挑战；在课外，我要求他们做逆工作，以便培养他们以尽可能快的方式完成双语翻译的能力。

这一手法当然也运用在我的拉丁语教学中，这对我们是一门高中的课程，结果，在课程的某个阶段，我达到了交还这种语言的地道的意大利语"版"的程度。在这样做的过程中，我很清楚把拉丁语当作一种"死"语言对它采用古典语言教授方法的风险。过了一段时间，就另外表现出如何把一些尤其具有意大利特色的表达译成中文的问题，随着教学的进展，提出的问题越来越刁。难以比较的概念，例如意大利语中的"关系从句"的概念和汉语中的"定语从句"的概念摆在我的面前，以叫人绝望的方式让人感到了比较法的诸多局限。例如，在讲到关系从句时，学生以假装漫不经心的方式提出了这样的问题：关系代词取代的是主语还是宾语？在某些补语具有代词功能的情形下，情况变得相对复杂，不过，中文中还有其某种对应物，尽管主要用在文学作品中。但在以关系代词打头的情形下，几乎不可能找到中文中的对应物，而大多数补语都前置一个介词，并不总是可能用中文翻译它；硬译下来，中文句子会膨胀得超过貌似对应的限度，完全损害了表达的可信性，并引起令人不快的勉强。

总之，比较法无疑具有其局限，而幸运的是，意大利外交部的干预使我们最终能增加课时，另开设了口语课，我认为在这种课上运用交际法是适当的——这是一种多数语言学校采用的方法，而且在口语交流的意义上更成功。尽管如此，我并不认为削减过去语法和翻译课的教学时数是适当的，我已在这

① 赵秀英：《速成意大利语》，外文出版社 2001 年版。

一领域一成不变地运用比较法教学，因为这种方法的主要目标是为学生提供一个坚实的理论基础，以此培养他们读意大利文著作的能力。

上述说明对拉丁语教学也同样有效，但对这种语言，采用交际法没有任何意义，因为现在拉丁语实际上已不再被列在“活”语言的清单中了。

在拉丁语教学中，尤其在课程的中级阶段，学生们过去提，现在也继续提一些可能比就关系代词提出的更“刁”并较具有讽刺性的问题，我有点焦虑地想到了迂回说法的可能中文译法，有些异相动词的变位，某些作者还将许多相当具有“隐喻”性的句子大量用在典型的被动表达中，此等表达具有拉丁语的“合理性”且非常不合中国普通话的逻辑。目前，我决定继续沉溺于比较法，但以第二种更有“分析”性的方法补充之。事实上，如果第一种方法致力于让学生习惯于从母语思维开始用外语思维，第二种方法则偏重于相反的运动，换言之，通过定性并分解其各种各样的逻辑成分把外语翻译为母语。这是一种适用于拉丁文本翻译的方法。文本是存在的，因为它已在若干个世纪前被写成了，学生们仅应动员他们的理论知识定性其逻辑成分并翻译之。

两种方法使用了相逆但并不排斥的两个过程，它们恰当地互相补充，以至于后者能达于前者所不及，反之亦然。我觉得单用比较法不能建立长久的根基，这是显然的。纯粹出于好奇，我曾考虑冒险作两种语言的比较练习，试着把一些著名的拉丁名言翻译为文言文。但我很快怀疑类似练习的教学价值，并因这样的感觉而气馁：在时间上越是往后走，古人在我们两种语言遗产上打造的表达的动态性上的差异就越明显。事实上，我感到，现代意大利语中的逻辑—理性成分比拉丁语中的更明显，相反，现代中文中的抽象—隐喻成分不如文言文中的这些因素明显。

到了作结论的时候，但愿我如前所述的能促使一些中国同事思考一下教授拉丁语的各种各样可能的模式。已确定的是，一旦选定了一门课程的方向，这一课程须考虑其背景和目的来加以设计，同时我希望某些意大利同胞也能考虑对相当繁荣的中国智识领域做新的文化“投资”的机会。

意大利汉语词典编撰浅谈

[意]卡萨齐* [法]莎丽达**

一、绪论

意大利传教士对于汉语词典的编撰可以追溯到公元16世纪。公元13世纪,第一批传教士——位方济各修士(其中五位是意大利人)[③]来到了中国,并相继进入了大汗的宫廷(正是他们首次用西方语言写下了有关中国的作品,并首次将西方作品翻译成了中文)[④];而真正关于汉语言文字作品的出现还是要从耶稣会士们来到中国说起。

耶稣会士 Alessandro Valignano (或称 Valignani),中文名范礼安,字立山(1539—1606)。他于1578年9月来到澳门,首先便确立了其传教原则,即对官话的深入理解是传教不可或缺的条件,并要求其他传教士也进行相应的官话学习。首批参与官话学习的三人即为意大利传教士 Michele Ruggieri(罗明坚)和 Matteo Ricci(利玛窦),以及法国传教士 François Pasio.

事实上,耶稣会士们真正严肃地学习汉语是在范礼安的"文化调和"[⑤]政策下开始的。以利玛窦为例,在其1583年寄至罗马的手抄本《历史》中提到,官话之于中国就好比拉丁语之于罗马,并以此证明致力于汉语的学习是很有

---

* Giorgio Casacchia。

** Mariarosaria Gianninoto。

③ Giovanni dal Piano dei Carpini (或 dal Pian del Carpine,12世纪末—1252),Gugliemo di Rubruquis,佛兰芒 Ruysbroeck 人 (1215—约1270),Giovanni da Montercorvino (1247—1338),Andrea da Perugia,Odorico da Pordenone 和 Giovanni dei Marignolli (或 di San Lorenzo ? —1359)。出自 G. Bertuccioli 和 F. Masini,《意大利和中国》,罗马,1996

④ 例如 Giovanni del Pian del Carpine 的 *Ystoria Mongalorun*,Oderico da Pordenone 的 *Relatio* 以及 Giovanni da Montecorvino 的新约翻译本和赞美诗独白翻译本

⑤ 张国刚:《明清传教士与欧洲汉学》,中国社会科学出版社2001年版。

必要的。

Michele Ruggieri(1543—1607)，中文名罗明坚，字复初，1579 年来到澳门并马上开始了汉语的学习。也正是他，受惠于当时允许葡萄牙商人每隔两年可以在广东一带进行贸易活动的政策，第一个踏上了帝国的领土。

1582 年，他与教友利玛窦受两广总督的邀请回到了中国肇庆。

Matteo Ricci，中文名利玛窦，字西泰(1552—1610)，他用汉语撰写的西方宗教、科学、文化作品数不胜数，还用拉丁语以及其他西方语言写下了有关中国传统文化的作品。

利玛窦最主要的贡献在于构想出了一套将欧洲文化融入中国文化的传教政策，以便中国的士大夫阶层更好地接纳西方文化。这是在中国的传教士在他们的传教活动中最明显的特色，被 Mungello 定义为"耶稣会的本土化"，也为 Mungello 后来所提出的"前汉学"[①]这一定义的产生打下了基础。

所有的传教活动在中国开展的共同前提是对这个国家的了解，其产出便是大量向欧洲介绍中国的文字资料，尽管它们的价值大相径庭，但都对于当时欧洲的文化产生了深刻的影响。

传教士们在中国传教的策略主要有两种，它们有着很大的区别：第一种为向平民大众传教，往往被方济各修士们采用；另一种则是耶稣会士们特有的传教策略，即瞄准掌权阶层。因而，真正接触中国上层文化的是耶稣会士们。在对这种文化环境下的语言进行研究后，耶稣会士们承担起了词典编撰和音韵学研究的重任，并取得了显著的成果。

凭借与中国士大夫阶层的频繁接触，耶稣会士们更方便地使中国的语言学家们接纳欧洲新的方法论。

利玛窦在语言领域有两大重要贡献：他是编撰双语词典的创始人之一，并第一个用字母顶端加标注来表现汉语的声调。

在耶稣会士的词典中用字母表顺序来排列词条并用字母顶端加标注来表现汉语的声调在之后中国本土的汉语词典编撰中产生了深远的影响。

另一个重要的贡献要归功于 Basilio da Gemona，他编撰了早期的拉丁语—汉语双语词典之一。

① Mungello，《神秘的土地—耶稣会的本土化和汉学起源》，火奴鲁鲁，第 13～15 页。该概念还被 Iohannes Bettray 使用，《利玛窦神父在中国的本土化》，罗马，"Analecta Gregoriana"，1955。

二、利玛窦的语言文字作品

利玛窦在语言学方面的重要著作至少有两本:《葡汉词典》和《西字奇迹》。

事实上,《葡汉词典》[①]这本匿名作品,D'Elia 认为并非利玛窦一人所写,参与其中的还有罗明坚,为他们两人于 1583—1588 年在中国逗留期间共同编著。这本词典虽然只不过是在葡萄牙语词条的旁边加上了中文注释,但也许是第一本用欧洲语言编写的汉语词典。

词典的正文共 189 页,其中词条部分为第 32 页至第 156 页,并附有语言、宗教和科学方面的注释。正文部分的开篇是一段长为 9 页的对话,用汉语的拉丁拼音写成,没有标注声调和送气音(只有在少数地方标上了第四声),对话的标题是《宾主问答辞意》[②],虚构了一位中国学者和一位传教士的会见,对话的内容是家庭和传教士生活。可以推断这段对话旨在帮助传教士与中国人交流,并可当作手册参考。这里第一次运用了利玛窦精心设计的汉语拉丁拼音,这种拼音虽然没有被仔细描述,但在他的作品中被广泛使用。

之后的 4 页是一篇用中文叙述的天主教信仰宗旨,然后是 7 页星座图。

作者用两页的篇幅(第 24 页至第 26 页)列出了汉语的韵头和韵脚。韵头共有 339 个字(明显有很多读音相同的字),韵脚为 39 个,和中原音韵中所列十分相似。此表的作者可能是利玛窦的汉语老师之一。

第 27 至 31 页是各类列表:反义词、四方、五行、医药用语、天干地支、部首,还有明朝的 15 个省份。

真正的词典部分由三大部分组成(只有在第 31 页至第 34 页分为四部分)。

词条的结构如下:(a)葡萄牙语词条;(b)利玛窦或罗明坚所注的拉丁拼音;(c)中文词条和存在的异体及同义词;(d)(偶尔出现)意大利词条。

例如:

Rir　　siiáu 笑

有时候也有意大利语的相应词条:

Abaixar　　fan ti 放低　　bassarsi

---

① 未出版的手稿,1934 年被 D'Elia 发现。

② D'Elia 将此译为《平常问答词意》,而 Paul Fu-mien Yang 将此译作《宾主问答辞意》。见 Paul Fu-mien Yang《语言历史概要》,第 40 页。

需要强调的是拉丁拼音只注明第一个中文词条的读音，而不注明其异体和同义词的读音：

Revelar chiǎmin 讲明 说明 话明

Abitar ciu 住 居 在 案 habitar

葡萄牙语词条也可以是复合词：

Abaixar a cabesa ti teu 低头 bassar la testa

该词典并没有全部完成：在6000个葡萄牙语词条中，只有5461条有对应的中文词条，也许正是因为这个原因没有付印。

最近的研究发现该词典中许多葡萄牙语词条来源于人文学家Jerónimo Cardoso[①]于1569年出版的《琉息太尼亚语—拉丁语词典》第三版。

这些葡萄牙语词条出自两人之手，一个很可能是利玛窦，他编撰了A—C部分，另一个（也许是罗明坚）编撰了D—Z[②]部分。

汉语词条部分无疑是中国人所作，其中少数的不甚工整的笔迹可能是出自作者之手。

至于其中所用的语言，一般认为是当时的南京通用普通话[③]，南京（1368—1421年为都城）仍是当时上层社会享有众多礼遇的城市。传教士们也受到了南京的影响，正如我们从利玛窦处所知道的那样，曾有一位南京人成了庞迪我的汉语老师：

> 宦官Leupusie在离开时将其在南京买入的一个小孩送给了神父们，这个孩子汉语说得很好，并成了庞迪我神父的老师。[④]

这种语言显示出了明显的客家方言（例如“花”一字的拼音标为“fa”，而不是“hua”）、厦门方言和广东方言的特点，可以推断最初的汉语老师可能来自这些方言地区。

具有重大意义的现象是，当时的耶稣会士们致力于汉语口语的研究，而不是书面语，因为他们需要与说普通话的阶层直接交流。

众所周知，在后来的时间中，当耶稣会士们试图以西方智者的形象取信于人时，他们便开始转向文言文的学习，并用文言文编写了许多作品。

---

① Paul Fu-mien Yang，见上。

② 出自John J. Witek，序言，《葡汉词典》，第18～19页。

③ Paul Fu-mien Yang，见上。

④ 利玛窦，见上，第339页。

在利玛窦的作品中写道，他在 1598 年从北京回到南京的路途中编写了另一部词典。利玛窦这样写道：

神父们在这趟路途中没有浪费时间，他们是传教团中最年长的传教士们，还有教友 Bastiano，他通晓汉语，于是他们便编写了一本很好的词典，将这种语言梳理了一番，由此开始，学习汉语便可以事半功倍。因为这种语言由单音节字构成，理解并掌握其声调和送气法就十分必要，正是声调和送气法使得相同读音的汉字得以被区分，否则许多字词便会混淆，这也是这种语言难学的原因。

在区分了送气的方法之后，他们还找出了五种不同的声调读法，Cattaneo 神父用他的音乐知识，仔细地分析了汉语的发音，并很好地注明了这五种声调。有了送气法和声调标注之后，所有人都能用我们的字母来标注汉语发音了。

从利玛窦的叙述中可以看出，这部与教友 Lazzaro Cattaneo（1560—1640），中文名郭居静，字仰凰和钟巴相，字念江，本名 Sebastiano Fernandez[①] 在 1562—1662 年期间合著的词典是第一部对汉语的声调和送气这两大现象进行充分阐述的作品。

这第二部词典的存在在多处都有记载。珂雪在一部书名可能为 Vocabularium ordine alpha-betico europaeo more concinnatum，et per accentus suos sigestum 的作品中写道：

Cujus exemplar apud me est，quod et libenter luci publicae darem，si sumptus in eo faciendi suppeterent.

我这儿有一本，如果能受到经济帮助，就很高兴把它付梓。

Abel Remusat 和金尼各[②]也提起过这本词典。但这本书并没有付印也没有其他的手抄本。F. Masini（马西尼）提出了一个假设，这本词典可能是珂雪[③]作品《中国印象》法语版（《耶稣使团成员 Athanese Kircher 眼中的中国》）附录中出现的词典的蓝本。

① S. Fernandez 是以第一个进入传教团的中国人。

② Pfister，见上，第 41 页。

③ 出自 F. Masini，《欧洲第一步汉语词典注释（1670）》，Monumenta serica，51（2003），第 283～308 页。

利玛窦和罗明坚的词典首创了用拉丁字母标注汉字这一方法[①]（人称利玛窦早期体系），没有加注声调或送气音（我们已经提到过，这两大现象在多年以后才引起了作者的注意，并在音乐家郭居静的支持下才得以被标识出来）。

利玛窦和罗明坚对汉字的注音主要基于16世纪的意大利语和葡萄牙语的拼写。

意大利语拼写法在以下例子中得以体现：用sc来标注/sh/（“是”sci、“水”scioi两字的开头），在e和i前选用c（cen“战”、cio“出”），而在a、o、u前选用c标注/k/（cai“该”、can“看”、cu“苦”、co“过”）。

葡萄牙语拼写法主要体现在选用字母ç来标注[ts]和[ts’]（çiu“酒”、çau“草”），还有在e和i前用g（gi“日”）。

事实上，此套注音方法在一定程度上仍显得过于冗长并缺乏系统性。例如，同一个首音可以被标注成单辅音或双辅音（“色”一字的开头可以被写成s或ss），尾音的标注也不甚规范（我们发现“过”被标注为cuo和co，“水”被标注为scioi和scioj）。

我们已经多次提到，利玛窦在拼音中加上声调和送气法是在之后其1598年的旅途中进行的。

事实上这种注音法在1605年于北京出版的《西字奇迹》中也有出现。程大约（1541—1616?），字幼博，号君房，曾为其计划出版的《程氏墨苑》一书向利玛窦求画。利玛窦为其绘制了一些圣经绘画，并加上了解说词，在每一句解说词的字旁边都加上了拉丁字母的注音。1609年，程大约出版了该书。之后，利玛窦将其所作的解说词和注音单独出版，书名为《西字奇迹》[②]。

这本书是一本分为四个部分的小册子，也就是为四幅圣经主题绘画所写的解说，汉语解说的旁边加上了利玛窦用拉丁字母标注的拼音[③]。

这本书的重要革新是第一次用声调符来标注声调（按照利玛窦晚期体系）。

例如，第一附图描绘了耶稣邀请彼得放下惧怕在水上行走：

信 Sín　　疑 Nhi
而 Lĥ　　而 Lĥ
步 Pú　　即 Ci
海 Hài　　沉 c‘hn

① John J. Witek，见上，第23页。

② 张国刚：《明清传教士与欧洲汉学》，中国社会科学出版社2001年版，第207页。

③ 现存于梵蒂冈博物馆，中文版。

心怀信仰,在水上行走,不要怀疑

除了上述的发音符号,还要加上一种"阳平"声调,例如 tien。

Pfister 认为,这部作品在 Théophile Bayer 的汉语语法中被提及:

[Ricci]"edidit alphabetum latinum ad sinicos caracteres accoomdatum, quod Ta çy çu mu, magni occidentis carac-terum matrem, inscripsit"

[利玛窦]编著过符合汉字的拉丁字拼音并把它用来写《西字奇迹》

三、叶宗贤编撰的词典

Basilio Brollo da Gemona (弗利乌里方言为"Glemona",有时被误写为"Cremona")[1648—1704],原名 Mattia Andrea Brollo,中文名叶宗贤,或名叶尊孝。1648 年加入圣方济各会,在威尼斯教授哲学和神学。

1684 年,叶宗贤与红衣主教 Bernardino della Chiesa 一起来到中国,并于 1696 年成为了在中国的第一位宗座代牧主教,宗座代牧区设在陕西。

叶宗贤的工作与当时正在起步阶段的汉欧双语词典的编写密切相关,他在词典词条的数量和技术革新方面做出了的显著贡献。

事实上,《汉字西译》[①]一书即为叶宗贤编辑。此书的手稿由很多小册子装订在一起而成,这些小册子的页码并不是连续的,装订和着色的手法也有所不同,很明显出自不同的时期。

该词典中的词条按照 17 世纪一些汉西词典[②]中使用的手法,以拼音字母表顺序排列。

第一部小册子以"打 tà"字开头,并另辟一栏列出了它的派生词,归类在"打字连语"目录之下,例如:

杂　tà çǎ

çà

çiang　tà çiàng　Remigare

çiǎng 墙

① 上海徐家汇图书馆保存的 1723 年的手稿中,该书标题中"译"字旁的注音为"fan",而不是"y",很可能是一处笔误。

② 例如 V. Faro 的词典,见 Masini:《意大利档案馆和图书馆中保存的汉语相关手稿》,第 236 页。

该作品的重要性在于它的词汇结构的完整性，使之在其他16世纪的词汇手册中脱颖而出，成为一本带有译文的简单词汇表。

其他部分手稿的组织结构各有不同，比方说在单字的处理上，作者只是把它们归在一栏之中。

实际上该作品所采用的页面词条布局有所不同，另外在手稿的不同版本中，他们的组织结构都有突出的变化①。

词典正文的最后一部分为“边画目录”，即按部首排列的汉字表。

在该词典的一份手稿版本中，Matteo Ripa，那不勒斯“中国学院”[也就是后来的东方大学]的创始人②，为该书作序。

1713年，马国贤在教皇克莱门特十二世的要求下准备了该书，亲手为其写下了使用指南，并加入了由中国学院的年轻中国学生们书写的汉字(圣方济各会档案，汉口)。在这份用意大利语撰写的使用指南中，马国贤写道：

> “修士马国贤，在中国及周边地区传教十八年，受我们的主、教皇克莱门特十二世之命，编写了此汉拉词典的使用指南”

关于汉语，他写道：

> “首先说说语言，在中国使用的语言叫做‘官话’，也就是知识分子使用的语言，并在整个庞大的帝国通用，就好似整个欧洲通用拉丁语一样，官话的历史十分久远，许多人都认为它是巴别塔七十种语言的一种……”

叶宗贤的词典在双语词典的发展中标志着一个关键的时刻，正如杨慧林所言：

> “叶尊孝编的汉拉词典代表着17世纪末以来天主教入华传教士编撰的汉外双语词典的最高水平。”

---

① 见Masini，第237～240页。

② Matteo Ripa起初尝试在北京创立针对中国年轻人的研讨会，因而他回到了那不勒斯。在雍正统治时期，Matteo Ripa在那不勒斯参加一次家族葬礼，并有“四大信徒”跟随，他们之后成了“中国学院”最早的核心。中文老师Gioacchino Wang也陪伴着他们在哈布斯堡王朝皇帝查理六世的支持下，Matteo Ripa得以抵抗住了教皇的反对。查理六世不仅在1726年同意成立“中国学院”，也帮助Ripa创立了培养汉语和印度语言翻译的学校。该学院因此得名“中国和印度学院”(尽管从未有过印度学员)，它从未真正培养过翻译人员，而是培养年轻人成为远赴东方的传教士。1868年，该学院改名为“亚洲学院”，之后1869年在公共教育部长A. Baglioni的法令中得到认可。

事实上，该词典在现代汉语词典编撰上也产生了决定性的影响：

“从叶尊孝的汉拉词典到马礼逊的汉英词典是汉外双语辞书史演变和发展的重要一环。通过对比两部辞书的优缺点，明辨两者的继承关系，有助于揭示汉外双与辞书的发展规律，并为现代汉外双语辞书的编撰提供宝贵的经验和教训。”

四、F. Landio 的汉意词典

1920 年，湖北牧区宗座代牧主教 F. Landio，在中国上海徐家汇土山湾孤儿院内的印刷车间里出版了《意汉小词典》，该词典，正如标题所言，是“第一步付印的意汉词典”。

作者指出，这部作品“并非古文词典，而是一本为学习官话而编写的手册”。

词典内容分为三列：左列——意大利语，中列——汉字，右列——发音。

例如：

Cattolicismo　sm. 天主教，公教　T'ien tciukiao，kungkiao

Abbracciare　il—奉天主教，奉教　fung T'ien tciukiao，fung kiao

Benedetto Valle 的词典

Benedetto Valle 的著作有 1948 年由香港 Nazareth 出版社出版的《华意大辞典》和《意华辞典》。其中后者在 Nicola Chang 和 Tommaso Tseng 的帮助下完成并于 1967 年在香港出版，包含了 42969 个词条和 48829 个说明性例句。该辞典共 809 页，内容分为三栏，并以一段题为《意大利语概况介绍》的说明性文字开头，介绍了意大利语的语音和词法。

每个词条都有意大利语部分及相对应的汉语翻译（只有汉字，没有注上拼音）。意大利语词条出自 N. Zingarelli（1953 年版）、F. Palazzi 和 P. Petrocchi 的意大利语辞典。

常用词组和用法举例被列在词条之后。例如：

accordo　m.（音）调和、谐音；协商、约定、契约

和好、一致、和气

d'—一致

andare d'—同意、意见一致、和好

non andare d'—意见不合、意见相左

di comune —全体一致通过

—commerciale 商约，商务契约

gli accordi del Laterano（宗）拉特朗条约

该作品应被认为词条最广泛、最完整的汉意辞典之一。

附录

汉意大辞典

一、辞典的产生

随着1970年意大利共和国与中华人民共和国外交关系的建立，意大利与现代汉语双语辞书的需求变得尤为重要。在上世纪70年代，意汉双语辞书的编写项目业已启动，如罗马大学G. Molè教授主编的新闻用语词典和托斯卡纳为银行编写的经济学词典。然而在之后的十年中，另一个雄心勃勃的国家级项目诞生了，该项目在1987年由那不勒斯东方学院的L. Lanciotti教授提出，受到了威尼斯大学M. Sabattini教授和罗马大学G. Bertùccioli教授的协助，并在众多大学的参与下在罗马中远东研究院得以开展，这些大学轮流为辞典的编撰做了最初的卡片起草工作。

这个项目的最终成果便是《汉意大辞典》，该辞典的编撰工作在1997年得以继续开展，当时，那不勒斯东方大学汉语文献学教授Giorgio Casacchia、非洲及远东国家研究院中文专家白玉崑教授以及北京语言大学的教授，在少数卡片整理员、校对员、排版编辑人员及资料员的协助下，扩展了语料库，并采用了新的方法开始着手起草辞典。

二、词条

汉语的历史源远流长，但在结构以及新词的创造上却表现出了超常的延展性，因而在各个层面上（文学、日常用语、方言、区域性语言）都有无穷无尽的词汇出现。

为了尽可能寻求词汇的丰富性，用于提取词条的语料库建立了，该语料库由大约200本单语种辞典和双语辞典以及其他补充资料组成，并特别注重与意大利语词义贴切的汉语词汇的收录，这在其他辞典的编撰传统中往往是不

被重视的一点。

在重大的社会政治改革进程中,语言的词汇出现了显著的增加,但并不是所有的新兴词汇都会留存下来。在汉语方面,《汉意大辞典》中只收录了那些有一定延续性并与汉语特性相符的词条(因此许多外来词便被忽略了,例如"波霸",意为"体型肥硕",借用英语"bobbie"音译而来)。同样地,那些不规范的词条也没有被收录其中,尽管它们在当代语言的发展中经常出现,但同时也被认为是一种语言的耻辱。

中国文化和意大利文化远隔千里,因而收录一定量的不为意大利人所知的中国历史文化词条很有必要(例如:"红杉军"le camicie rosse)。

综上所述,该辞典的词汇构成有:单音节字、相连词素、词汇、单词、多词固定搭配、词组、成语等等。

三、词条的构成

单音节字词条以大字体的汉字开头,这个汉字也是组成一个词的词素。一个单音节字的解释由以下几部分组成:

(1)简体汉字;

(2)繁体汉字;

(3)中国标准拼音;

(4)威妥玛-翟理斯式拼音法,现在在中国许多的出版物中被使用;

(5)康熙辞典214个部首中的编号,这些部首不同于现代汉语的简体字部首;

(6)取点部首后的笔画数(译者注:繁体字)。

接下来便是词义的解释,以使用频率的高低排序。

在单音节字之后列出以单音节字开始的多音节词条,顺序如下:

(a)符号"○"。表示单词词条的开始

(b)汉字

(c)拼音

(d)词义,不同词义用不同序号标明

(e)在需要处就不同词义分别举例

(f)标明语言来源(外来词)

(g)符号"●",表示以之前的单词词条开头的多词固定搭配词条的开始

(h)在需要处用方括号表示注解

(i)词条前的符号,表示与其他词相连组成的词条组合,该组合的意义并

不是由两个独立词条拼接而成，而是由于这种联系产生了独特的意义

(j)符号，表示该缩略语的全称

(a)符号，表示词条的另一种读法

从上例可以看出，该辞典尽最大可能列出了同一单字在两种语言中的不同用法和不同的派生词：无论是“ponte”还是“桥”都含有以下方面的不同意义，如在建筑学、假牙、解剖结构、航海结构、用于连接的基本单位方面；然而“ponte”却没有“桥”所含有的机械学方面的意义，需要换用“portantina”一词。

对优士丁尼引用古代著作名称拉—中—日对照表的分析

尹春海*

大陆法系通常采用的成文法形式以及英美法系主要采用的判例法形式，作为实定法(positive law)的法形式，与自然法(natural law)一起构成了法律史发展的两条主线。无论这两者存在着如何巨大的分歧，脱离了语言的表意功能就无法得到言说。碧海纯一教授曾说："所有的法都是以言语的形式存在的，法与言语的关系格外紧密。"[①]故寻求法律用语的规范化、普遍化表达在法学研究中具有基石性作用。

现代西方民法同罗马法存在千丝万缕的联系，因此研究罗马法、特别是研读原始文献具有对现代民法的返本溯源意义。而在原始文献的介绍、评注中，对于非拉丁语系语族而言，精研拉丁术语向本族语的映射或转换式表达，将是罗马法继受的首要课题。

同样作为亚洲典型国家的日本，在近代化过程中较早成为东方发达文明的代表。由于其近代化历程的起点早于中国，且更由于日本文化同样归属汉字文化圈，因此其近代化成果对现代中国具有很好的借鉴意义。在法律的近现代化过程中，日本对西学的纳入与消化，特别是对法律概念的创造性演绎，常常成为中国同样历程的参照系。故对于罗马法中的术语翻译，我们仍然可以奉行占有、挑选的"拿来主义"，择其善者而用。

改革开放以后，我国法学界逐渐认识到罗马法研究在现代西方法学研究中的重要地位，将研究领域不断向罗马法拓展。特别是上个世纪80、90年代之交，中国与意大利国家科研委员会法律政治委员会罗马法传播研究组、罗马第二大学通过协商，就在中国开展意大利法学研究尤其是罗马法研究达成了

* 天津市第二中级人民法院审判人员。

① [日]碧海純一:「法と言語再考(1)」、『法学協会雜誌』一一〇巻五号〔一九九三年〕,第九頁。

共识。[①] 此后，罗马法在我国得到迅速发展，一些原始文献得到译介。《民法大全》中已完成的汉译成果有《民法大全选译·正义和法》、《民法大全选译·人法》、《民法大全选译·家庭》、《民法大全选译·遗产继承》、《民法大全选译·物与物权》、《民法大全选译·法律行为》、《民法大全选译·债·契约之债（Ⅰ、Ⅱ）》、《民法大全选译·债·私犯之债·阿奎利亚法》、《民法大全选译·债·私犯之债和犯罪》、《民法大全选译·司法管辖权·审判·诉讼》、《民法大全选译·公法》等。

已有的各卷《民法大全》作为汉语法学界研究罗马法的原始文献支持，成为罗马法学研究中据以引证的经典文本和演绎渊源。但是各卷译本虽在各自研译过程中精益求精，但彼此之间似乎缺乏横向的参照。例如，关于人名、地名及原始文献名称的译法就多有不一。通过各个汉语译本之间的比较以及同样使用汉字的日译文之间的比较，在某些方面可以斟酌出更为精炼、准确的译语，从而使各卷的译名相对统一，为汉字法学界的罗马法研究奠定良好的前提。

以下就拟对上面开列的《民法大全》译本中优士丁尼所引用的古代作品名称译法作一比较，将各家译文不大一致的抽出，同时参照日语译文加以甄别、选择。

1. *brevium*（*brevis edicti*）*libri*，徐译《短论》，费译《法学纲要》，日译《概略录》

评析：brevium“为简短的”，libri 为“书”，edicti 为“法令、敕令”。因此 brevium libri 字面意为“短论”，日译文稍作引申，为概略录，二者皆可采纳；费译引申较多。但“libri”本意为书，录，译为“论”涵义稍嫌扩展。

2. *de casibus liber singularis*，徐译《论决疑》单卷本，日译《事变论单卷书》

评析：核心在于对于“casibus”的理解：该词的原型为“casus”，意为困境、困惑、跌倒、机会，意外、命运，灾难，也就是日语的“事变”。徐译似乎是从解决困难、脱离困境出发，进行了意义的引申。因此日译更忠实于原文。

3. *ex Cassio libri*，黄译、米译、范译、刘译、丁译《论卡西》，徐译《卡修斯评注》，日译《卡西乌斯抄录》

---

① 费安玲：《中国与意大利在法学研究领域中交流》，载《法学时评网》，http://www.law-times.net/ReadNews.asp?NewsID=1569&BigClassID=38&SmallClassID=45&SpecialID=0，2008 年 5 月 31 日最后访问。

评析：焦点在于对“ex”的理解。实际上该文献是卡修斯的语录集，“论卡西”的译法是典型的动宾结构，“卡西”成为被讨论的对象，不如后面两种体现为主谓结构的译文切题。这种结构在优士丁尼引用的《学说汇纂》中大量存在，后面不再一一列举。

4.“*de censibus libri*”，黄译《论财产登记》，徐译《国势调查》，费译《论财产评估》，日译《户口调查论》

评析：censibus，原型为“census”，包括多方面的调查，人口方面的，财产方面的调查。日本学者盐野七生也曾将 census 译为“国勢調查”[①]（这个词汉语基本上对译为人口普查，其实在日语词典中可以发现“国勢”还有人口、产业、资源等方面状况的意思[②]）。因此，国势调查或国情调查的覆盖范围稍大一些，表述更为稳妥。

5. *de centumviralibus* (*septemviralibus*) *iudiciis liber singularis*，徐译《论七人法院》，日译《百人裁判所单卷书》

评析：徐译与日译实际上是分别对括号内外的拉丁词的对译。

6. *ad edictum monitorium libri*，徐译《教师【使用】的告示》，日译《催告人告示注解》

评析：“monitorium”一词二意：既有教师之意，亦有喊话人、催告者之意。从法律术语的运用推测，后者的可能性更高一些。但在内容未知的情况下尚不能定论。

7. *enchiridii libri*，黄译、费译《手册》，徐译《教本》，薛译《〈论案件的说明〉单卷本》，日译《法学通论》

评析：enchiridii 的原型为“enchiridium”，“初级手册”之意，是现代“encyclopedia”的词源。因此，《手册》或《教本》的译法都是不错的。

8. *epistularum libri*，黄译、徐译、薛译、刘译、丁译范译《书信集》，米译《书信》，费译《论谕令》，日译《书简集》

评析：epistularum 的基本意思是“private letters”，因此通译是比较恰当的。

9. *de formula hypothecaria liber singularis*，黄译《〈论抵押的方式〉单卷

---

① ［日］盐野七生：《罗马人的故事Ⅵ：罗马和平》，张丽君译，台湾三民书局 1998 年版，第 8 页。

② 松村明等编：《旺文社国语词典》（第 9 版），外语教学与研究出版社 2006 年版，第 721 页。

本》，徐译《〈抵押〉单卷本》，范译《论抵押规则单卷本》，日译《抵押诉讼方式书论单卷书》

评析：徐译的缺点在于没有体现出“formula”的含义，Berger 给出的翻译是：formula，a written document by which in a civil trial authorization was given to a judge to condemn the defendant if certain factual or legal circumstances appeared proved，or to absolve him if this was not the case. [①]在民事审判中的一份书面文件，审判官依此有权在一定的事实或法律问题得到确证的情况下判决被告有罪，或在相反情况下赦免被告。因此，formula 乃指诉讼中的一种书面文书，也并非一般的方式，故日译更为合理。

10. *de iure libellorum liber singularis*，徐译《〈论申诉权〉单卷本》，日译《有子权单卷书》

评析：“libellus”原是用来写向皇帝或高级长官申诉所用的小册子。而“有子权者”应为“ius liberorum”。[②] 故“《论申诉权》单卷本”的译法是不错的。

11. *pithanon（pithanorum） a Paulo epitomatorum libri*，徐译《值得相信的观点》，日译《从保路斯抄录传下的拉贝奥论点集》

评析：epitome 是“文字剪辑摘要”的意思；而 pithanon 则是“有道理的，劝诫性的话题”，这一单词来源于拉贝奥个人生活中对事务作出处理方法的集录，它仅仅通过保罗的 epitome 传世。[③] 因此日译更加忠实于原文。

12. *de secundis tabulis liber singularis*，徐译《〈论第二遗嘱〉单卷本》，日译《未成年人遗言论单卷书》

评析：分歧出在对“secundis”的理解上，该词的意项很多，以“第二的，下位的”作为主意项引伸出许多意思。[④] 但“secundis tabulis”这个词组有专门的指涉：即指家父所留下的遗嘱的一部分，在该部分里家父替其未成年子女留下遗嘱，以防该子女在未达成年的情况下死去从而无法留下遗嘱。后来，这部分遗嘱单写在另外的一张纸上，称为“tabulae secundae”，用以防止未成年人的

---

① Adolf Berger，Encyclopedic dictionary of Roman law，*New Ser.*，Vol. 43，No. 2.（1953），p. 474.

② 林信夫：「歴史にみる少子化問題」、京都大学大学院法学研究科 21 世紀 COEプログラム平成 18 年度第 4 回連続市民公開講座『公序良俗論の過去・現在・未来』（2006 年 10 月 14 日ぱるるプラザ京都にて開催）において講演されたものである。

③ See Adolf Berger，ibid，p. 632.

④ Oxford Latin dictionary，compiled by A. Souter，etc.，Oxford University Press，1968，p. 1720s.

潜在继承人因为其继承地位的过早泄露而加害该未成年人。[1] 因此似乎译为“为未成年人的遗嘱附书论单卷本”更为妥当。

13. *sententiarum libri*，黄译《判决》或《论判决》、《见解》，徐译《论点集》、费译《判例》或《论判决》，薛译、丁译、范译、张译《论判决》，日译《断案录》

评析：虽然译法众多，但主要意项有二：即判决或论点。“sententia”的基本意项为判决、裁决，因此主流翻译更好，宜译为《判决录》。

14. *de enucleatis casibus liber singularis*，黄译《〈论典型案例〉单编本》，徐译《〈论清楚的案件〉单卷本》，日译《抽出例单卷书》

评析：“enucleatum”指旧法的摘抄。[2] 分歧依旧在对“casus”的理解上。casus 的另一个词意为“caso”，“accidente”，即随机的意思。在此处权衡灾难与随机的意项，似乎后者更为通顺。当然在未能了解原文内容时只能如此推测而已。因而就此来看，日译似乎更为符合原意，理顺为汉语译为“案例抽选单卷本”为佳。

以上摘录的是各种译法有主要分歧或出入稍大的拉丁语名。另外再对日语译文做一宏观性描述。对于“libri”这个词，日本学者将它译成“录”、“集”或“论”。三种译法都比较常见，是根据上文内容而定的，以使整个短语译得通顺。在前面有“de”这个词的情况下，一般配合“libri”译成“论”；不带“de”时多译为“录”或“集”。“liber”后面跟“singularis”时基本统一译成“单卷书”。“ad”一般译为“注解”。“ex”这个词多译为“抄录”。这些技术性翻译技巧是比较固定的，它们使得译文更加严谨统一。而我国的译法在这方面并没有一定的成规，如 singularis 时而译为“单卷本”，时而忽略不译。因此在这方面也似乎应当考虑日译的经验，做到译文风格和术语的严谨和统一。

① See Adolf Berger，ibid，p. 735.

② Ibid，p. 454.

《萨宾评注》《告示评注》的内涵及其体系谈

——古罗马法律评注作品类型介绍

肖　俊*

一、导言

古典法时期，是罗马法学发展最富有想象力和创造力的一个阶段，法学家广泛和纷繁的写作活动是这个时代法学昌明的标志。而在这个以创造力著称的年代里，最为重要的一种作品类型，却是关于法律的评注作品。① 由此可见，罗马人在法律上的原创性从来都与对传统的尊重密不可分，正如徐国栋先生所说，罗马法学的每一个新的推进都是站在巨人的肩膀上；②其次，这种评注不是对国家权力机关意见的简单评述，而是以法学家个人的才华与个性进行诠释，对于同样作品的评注有着多姿多彩的写作风格与径路，如同同样的曲谱，会被不同的指挥演绎出万种风情。这就是古典时期的传统评注文风的体现，不是依据元老院的决议和皇帝的谕令，而是以身为法学家的自觉来进行诠释。③ 而最令人惊叹的是，这种以自身之才华演绎古人之作品的写作方式的结果，却极富实用性，乌尔比安对于裁判官告示的解读是如此详尽细腻，以至于人们不需要再直接引用共和时期以及1世纪帝政时期的告示文献。④

* 上海交通大学凯原法学院讲师。

① Fritz Schulz, *Storia Ddella Giurisprudenza Romana*, Sansoni Firenze, 1968, p. 327.

② ［意］桑德罗·斯奇巴尼选编：《民法大全选译·法律行为》，徐国栋译，中国政法大学出版社1998年版，第100页。

③ Fritz Schulz, Storia Ddella Giurisprudenza Romana, Sansoni Firenze, 1968, p. 354.

④ ［意］桑德罗·斯奇巴尼选编：《民法大全选译·法律行为》，徐国栋译，中国政法大学出版社1998年版，第100页。

罗马法古典时期的评注型作品有四种类型:对制定法(lex)的评注,比如《十二表法评注》;对元老院决议的评注,比如《特尔图鲁斯元老院决议评注》;对前人作品的评注,比如《萨宾评注》、《昆图斯·穆丘斯评注》等等,以及对于各种告示的评注,比如《告示评注》、《营造官告示评注》。而在诸种法律注释作品中,《萨宾评注》和《告示评注》在优士丁尼的《学说汇纂》中有着异乎寻常的重要地位,无论是在片段的数量上,涉及范围的广度以及片段的受重视程度上,都是如此。

基于两者在评注对象和评注风格上的差异,有必要分别展开介绍;但从市民法与裁判官法相互分立、相辅相成的关系,为了罗马法体系的比较研究(萨宾市民法体系和裁判官法的告示体系)的便利,把这两种作品置于一篇文章中更有意义。

二、《萨宾评注》与萨宾市民法体系

(一)萨宾及其市民法书

在《学说汇纂》的阅读中,常常看到许多文本来源于一种叫做 ad sabino 的书,一共有三个伟大的法学家,彭波尼、乌尔比安以及保罗写过这样的作品,其内容范围包括了从继承法、人法、债法到物法等各方面的市民法制度。对它的中文译名有两种《论萨宾》或《萨宾评注》。Sabinus 是古罗马的法学家的名字,即萨宾,ad 是一个介词,它与"sabinus"搭配,有"关于,涉及"的意思。这一介词前面的"Commentarius"(评注)被省略掉了。经省略的书名,直译的话,是《针对萨宾》,似乎与《论萨宾》也搭不上界,因为按照拉丁语的表达习惯,"论萨宾"应以"De Sabino"表示。无论如何,《论萨宾》的译法不能为我们准确了解这种作品的类型和内涵提供足够的信息,因此有对此做进一步说明的必要。

首先,我们知道这里的萨宾指的是公元 1 世纪著名的法学家马苏流斯·萨宾(Massurius Sabinus),他是萨宾派的领袖,其作品包括《市民法》3 卷本、至少 5 卷的《内事裁判官告示评注》、《论盗窃》单卷本,《韦德里评注》(这本书是献给他的朋友或者是对从前的法学家的评注,难以确定,其内容与萨宾的《市民法》的观点有联系,尤其是对于遗嘱材料的详细描述)、单卷本的《论陪席法官的义务》、《解答集》,以及关于圣法和公法的《备忘录》,其中最负盛名的是

3 卷本的《市民法》。[①]

尽管萨宾有着重要的学术地位以及众多的法学作品，但 ad sabino 所涉及的仅仅是对于萨宾的《市民法》3 卷本一书的评论和注释。由此可见，把 ad sabino 翻译为《论萨宾》是不够准确的，因为在中文的语境中，"论萨宾"这个短语的含义包含了对于萨宾的生平、学术、思想各个方面的广泛研究，而"萨宾评注"则能够精确的说明这种作品的性质。《市民法》是一种系统讨论罗马成文法的作品，卡修斯和昆图斯·穆丘斯都写过同名的书。萨宾的《市民法》是一部教科书性质的作品；关于卡修斯的书，我们知之不详；穆丘斯的《市民法》共 18 卷，是第一部系统讨论罗马市民法的作品。虽然是同名作品，却有着完全不同的写作目的。与穆丘斯 18 卷的皇皇巨著相比，萨宾的《市民法》仅有 3 卷，而且其题材包括了市民法所有的基本制度，涉及了继承法、人法、债法和物法的内容，显然这是一部为了他的门派的学生而写的提纲挈领的导论性作品；而穆丘斯是共和时期的大祭司，他的《市民法》是为已经成熟的法学家而作。可以肯定的是，萨宾生前肯定没有出过这样一本支离破碎的体系性作品，这是由他的学生对他上课的讲义点点滴滴汇集而成。

（二）彭波尼、保罗、乌尔比安的《萨宾评注》的格式与结构

在 3 部市民法书中，以萨宾的《市民法》最为有名，其原因并非在于它是直接流传下来的文本，而是由于这本书受到了后世法学家广泛的评注。彭波尼、保罗和乌尔比安都写过这样的作品，且也都具有各自的写作风格和目的。

1.《萨宾评注》的评注格式。对于过去的著名法学家的作品的评注的格式有，一种是编辑式的评注（notae），由评注者对原作者的文本进行编辑，但不区分原作者的文本和评注者的文本，在成书时冠以原作者的名字，比如拉贝奥的《值得相信的观点》一书即是由保罗所作的编辑；另一种评注方式是摘录式的评注（commentari lemmatici），先对原始文本进行摘录，摘录的或者是所要讨论的章节或者是最开始的词语，随后才是评注的内容，而且两者是区分开来的。[②] 3 本《告示评注》采用的方式都是后者。在优士丁尼的编纂活动后，他的《学说汇纂》中原始文本和评注内容之间的行距的区别被取消了，尽管如此，我

① Antonio Guarino, *Storia Del Diritto Romano*, Settima Edizione, Editore Jovene Naopli, 1987. pp. 489～490.

② Antonio Guarino, *Storia Del Diritto Romano*, Settima Edizione, Editore Jovene, Naopli, 1987, p. 427.

们还能看到其中存在区别的痕迹。D. 17,2,59pr. 即是这样一个明显的例子。

D. 17,2,59 pr. 。彭波尼《萨宾评注》第12卷:在某种程度上,合伙因为死亡而解散,我们不认为继承人可以继承合伙。萨宾认为这适用于私人合伙,如果他们的目的在于收税,那么就可以在某个合伙人死后继续存在,前提是死者的份额已经被移转给继承人,因此另外的合伙人也必须和继承人区分开来,而且这还要视情况而定,因为如果某人对于合伙有着特殊的作用,或者没有他,就难以经营事务,应该解散吗?

在这个文本中,主张合伙因死亡而解散是萨宾的观点,而将萨宾的对私人合伙的讨论延伸到公法人的情形则是彭波尼的意见。①

2. 诸本《萨宾评注》的特征与共同结构。3本《萨宾评注》有着各自不同的写作目的和风格,但在评注市民法的各种制度中却又遵循着共同的顺序和结构,由此现代的罗马法学家推导出了萨宾的市民法的写作体系。

最古老的一本《萨宾评注》是彭波尼的作品,此书共35卷,其写作的主要目的是为了展示市民法与万民法的区别。在《告示评注》中,彭波尼收集了古老的告示并且做了详细的解释,但在35卷的《萨宾评注》中,他的文风却非常简洁和紧凑。在3本《萨宾评注》中,我们了解最多的是乌尔比安的作品,不仅优士丁尼的《学说汇纂》中保存着其大量内容,而且在《梵蒂冈残篇》(*fragmenta vaticana*)也有相当数量的片段。他写作《萨宾评注》的目的在于对市民法的解释进行重述,类似当代美国法中常见的法律重述。根据现存的材料显示,这是一部非常详细的评注,它涉及了对最古老的作品的解释,显然是为了服务于实践目的。我们不知道这本书的准确的长度是多少,在优士丁尼《学说汇纂》中,我们看到的最大卷数是51,假设他完成全书,根据他的写作风格,应该有62卷的长度,当然也有可能是其余的部分没有被《学说汇纂》的编造者所收集。由于保罗和乌尔比安的《萨宾评注》,彭波尼的同名作品在后古典时期没有受到重视。而优士丁尼的《学说汇纂》还是选择了乌尔比安的作品作为主要的《萨宾评注》文本。②

尽管在优士丁尼的《学说汇纂》中,古典时期的作品的内容脱离了原书的安排被重新加以编排,但通过德国学者奥托·勒内尔(Otto Lenel)的还原工作,我们还可以看出原书的大体格局。

① Fritz Schulz, *Storia della Giurisprüdenza Romana*, Sansoni Firenze, 1968, p. 377.

② Fritz Schulz, *Storia della Giurisprudenza Romana*, Sansoni Firenze, 1968, pp. 375～382.

彭波尼的36卷《告示评注》的结构大致是这样的：[①]

第1卷　遗嘱继承(de testamenti 1)

第2卷　遗嘱继承(de testamenti 2)

第3卷　遗嘱继承(de testamenti 3)

第4卷　法定继承和遗产占有(De hereditate legitima et bonorum possessione c. t. et Intestati)

第5卷　遗赠(legatis 1)

第6卷　遗赠(legatis 2)

第7卷　遗赠(legatis 3)

第8卷　待自由人(de statuliberis)、解放自由人的劳务(de operis libertorum)、曼西帕蓄(de mancipatione)

第9卷　买卖(de emptioneet venditione 1)

第10卷　买卖(de emptioneet venditione 2)

第11卷　买卖(de emptioneet venditione 3)

第12卷　合伙(de societate 1)

第13卷　合伙(de societate 2)、共有(de communionibus)

第14卷　嫁资权(de iure dotium 1)

第15卷　嫁资权(de iure dotium 2)

第16卷　嫁资权(de iure dotium 3)、监护(de tutelis 1)

第17卷　监护(de tutelis 2)

第18卷　盗窃(de furtis 1)

第19卷　盗窃(de furtis 2)、盗伐树木(de arboribus succisis)

第20卷　潜在损害(de damn infecto 1)

第21卷　潜在损害(de damn infecto 2)、条件(condictione 1)

第22卷　条件(condictione 2)

第23卷　贵族营造官告示评注(ad edictum aedilium curulium)

第24卷　口头之债(de verborum obligatione 1)

第25卷　口头之债(de verborum obligatione 2)

第26卷　口头之债(de verborum obligatione 3)

第27卷　口头之债(de verborum obligatione 4)

① Otto Lenel, Palingenesia Iuris Civilis vol Ⅱ, Casa Editrice Dott . Antonio Moilani, Roma : Il Cigno Galileo Galilei, 2000, pp. 88～148.

第 28 卷　不详

第 29 卷　审判(de iudiciis)、令状(interdictis)

第 30 卷　物的所有权取得(de adquirendo rerum domino)

第 31 卷　所有物返还之诉(de res vindicatione)

第 32 卷　占有和时效取得(de possessione et usucapione)

第 33 卷　赠与(de donationbus)、役权(de servitutibus)

第 34 卷　排放雨水(de aqua et aqua pluvial arcenda)、公共河流(de fluminibus publicis)

第 35 卷　信托质(fiducia)

第 36 卷　复境权(de postliminio)

保罗的《萨宾评注》的结构是这样的：①

第 1 卷　遗嘱继承(de testamenti 1)

第 2 卷　遗嘱继承，(de tesatamenti 2)、法定继承(de legitima hereitate)

第 3 卷　遗赠(de legatis 1)

第 4 卷　遗赠(de legatis 2)、收养(De adoptionibus)

第 5 卷　待自由人(de statuliberis)、曼西帕蓄(de mancipatione)、买卖(de emptioneet venditione 1)

第 6 卷　买卖(de emptioneet venditione 2)、合伙和共有(de societate et communione)、嫁资权(de iure dotium 1)

第 7 卷　嫁资权(de iure dotium 2)

第 8 卷　监护(tutelis)

第 9 卷　盗窃(furtis)、盗伐树木(De arboribus succisis)

第 10 卷　阿奎流斯法(De lege Aquilia)、潜在损害(De damn infecto)、侵辱(de iniuriis)、条件(de condictione)

第 11 卷　贵族营造官告示评注(ad edictum aedilium curulium)、口头之债(de verborum obligatione 1)

第 12 卷　口头之债(de verborum obligatione 2)

第 13 卷　审判(de iudiciis)、令状(interdictis)

第 14 卷　物的所有权取得(de adquirendo rerum domino)

第 15 卷　占有和时效取得(de possessione et usucapione)、赠与(de do-

① Otto Lenel, Palingenesia Iuris Civilis vol I, Casa Editrice Dott . Antonio Moilani, Roma : Il Cigno Galileo Galilei, 2000, pp. 1252～1301.

nationibus)、役权(servitutibus)

第 16 卷　排放雨水(de aqua et aqua pluvial arcenda)、公共河流(de fluminibus publicis)、复境权(de postliminio)

显然，彭波尼和保罗的《萨宾评注》除了卷数上的差异，在体系的结构上完全相同。乌尔比安的评注的结构与他们的作品的结构类似，不过更为详细，但在结构上有所缺陷。我们知道在古罗马时期，每一卷书的容量都是相同的，卷的含义即是一卷羊皮的长度。他用了 10 卷的篇幅谈了遗嘱继承，3 卷的篇幅谈无遗嘱继承，紧接着是 10 卷的遗赠，同样的，在其他同名标题下，乌尔比安也用了更长的篇幅进行讨论。但这没有包括萨宾完整的体系，缺少关于物权部分的内容。因为乌尔比安的 50 卷书的全部内容仅仅讨论了彭波尼的书从第 36 卷到第 29 卷为止内容，保罗的书从第 16 卷到第 13 卷为止的内容。这样，如果乌尔比安要对萨宾的《市民法》进行全部的论述的话，可能需要 62 卷的篇幅。

3. 萨宾的市民法体系重构。通过对 3 部对萨宾的《市民法》的评注书重构，我们可以看到萨宾对于罗马市民法制度的安排顺序。[①] 当然这种重构是基于这样两个前提：第一，彭波尼、保罗和乌尔比安的书使用的同样的结构是对于萨宾作品体系的遵循；第二，他们都是以摘录式的评注方法进行写作。[②]

Ⅰ继承法 ：

1. 遗嘱：a. 执行；b. 指定继承人；c. 剥夺继承；d. 继承的接受和放弃

2. 无遗嘱继承

3. 遗赠

Ⅱ人法：关于自由人和奴隶的各种不同形式以及解放

Ⅲ债法

1. 买卖，包括曼西帕蓄

2. 合伙

3. 嫁资之诉

4. 监护之诉

5. 侵权之债：a. 盗窃；b. 非法侵害(阿奎流斯法)，包括潜在损害；c. 侵辱

6. 非债清偿

---

① Fritz Schulz, *Storia della Giurisprudenza Romana*, Sansoni Firenze, 1968, p. 279.

② Astolfi, I Libri Tres Iuris Civilis di Sabino, Second Edizione, Casa Editrice Dott. Antonio Moilani, Roma: 2001, introduzione.

7. 营造官告示
8. 文书合同
9. 口头合同
Ⅳ物法
1. 所有权的取得
2. 役权
3. 信托质
4. 复境权

根据学界的研究，萨宾的体系是源自昆图斯·穆丘斯的体系，[①]在第一部分中萨宾把遗赠和遗嘱分开，这显然是一种进步，因为它使得相似的制度区分更为明确；另一种变化是把物法放在最后，它包含了役权，而穆丘斯则把它放在租赁的附录中，这是一种真正的优化；而在债法中，萨宾把嫁资放在合伙之后，这可能是因为合伙被看作是一种结合(consortium)，而婚姻也是如此。紧随着嫁资的是监护，后面跟随的是盗窃。这与告示体系也存在着相似之处。

三、"告示评注"与永久告示体系

(一)告示与裁判官法

在罗马法中，存在着三个相互对立却又互相补充的规范体系：市民法、万民法与裁判官法。但从是否存在先在的实体性法律关系这一角度上看，只有两个规范体系的区分，市民法与裁判官法。[②] 虽然万民法也被认为是一种与市民法对立的存在，但相对于裁判官法，万民法可以被看作是属于广义的市民法，因为在万民法中，也是以一种实体性法律关系被当作前提(prius)，区别只是在于它的基础是诚信。而在裁判官法中，只存在拾遗补阙性质的诉权。市民法以严格的形式和明确的保护范围发挥作用，后者则以公平为原则，通过自身创造性的诉讼活动，使罗马法不断适应新的社会需求。

裁判官的这种创造性活动的表现手段则是他颁布的告示(edictum)，裁判

① 穆丘斯的体系，Fritz Schulz，*Storia della Giurisprudenza Romana*，Sansoni Firenze，1968，p. 279.

② [意]朱塞佩·格罗索：《罗马法史》，黄风译，中国政法大学出版社 1994 年版，第 255 页。

官通过告示引入新的诉权，保护原来没有被市民法承认的法律情形和交易状况。裁判官的任期是一年，效力在其执政的年度内保持不变的告示被称为永久告示(perpetuum edictum)，只是针对具体情形的告示被称为临时告示(repentinum edictum)。裁判官制定的规则对于下一任裁判官并没有约束力，但继任者可以确认或者适用这样的规则，因此被适用的告示就被称为沿袭告示(edictum tralatitium)，裁判官沿用前任的告示成为一种惯例时，裁判官法就开始成形。130年，受阿德里亚努斯皇帝的委托，法学家尤里安对告示(裁判官和营造官的告示)进行了重新编辑。他收集整理了旧的告示，清除了那些已经不再适用的，并进行了一个系统化的排列，这部告示的法典被称为"永久告示"，这里"永久"是专门针对告示本身，强调法典形成后告示的适用情况，而不是使用了永久告示最初的名字。[①] 裁判官的告示发布权到此为止终结，此后就几乎没有什么新的规则产生。

(二)告示评注的意义、沿革以及风格

尽管裁判官可以通过颁发告示满足不断变化的社会需求，保护新的法律关系，但要使并非统一颁布的告示成为与市民法相并立的一种规则体系，只依靠裁判官的司法活动是不够的。首先，这是由于告示的语言特征。由于每一个裁判官都有权制定告示，所以告示的用语非常不统一；而且由于告示常常是针对具体的事实，所以告示中使用的词语常常有着自己的独特的含义，措辞非常的僵化，并且含义模糊；[②]其次，是关于市民法和裁判官法的统一问题。罗马人不把市民法上的制度(所有权、债)扩展适用于裁判官法的制度，但法学家对裁判官的保护结果进行整理和解释，使得两者在术语上实现了统一(比如人们在裁判官法中也说债)；[③]再次，告示不仅需要同时代的法学家的评注，而且也需要被后世法学家重述，从而使得早期的告示在几个世纪后仍然在实践中可以方便地使用。最终，这些对于告示的评注作品获得了比告示更大的权威，成了裁判官法的基础。

随着裁判官的告示而产生的这种研究告示新的法律作品类型被称为《告

① William Smith, A Dictionary of Greek and Roman Antiquities, *John Murray London*, 1875, p. 446.

② Max Kaser, *Storia Del Diritto Romano*, Cisalpino Goliardica Milano, p. 154.

③ [意]朱塞佩·格罗索：《罗马法史》，黄风译，中国政法大学出版社1994年版，第255页。

示评注》(*ad edictum*),即法学家撰写的对于告示的评注。[1] 与 *ad sabino* 的中文翻译情况相似,对于 *ad edictum* 的翻译通常有两种,《告示评注》和《论告示》。从中文的含义上看,“论告示”的意义应该是对于告示这种法令的性质、地位、作用、意义各方面进行泛泛的论述。但我们知道,在这种作品中,法学家依照一定的格式,对单个告示的措辞、适用条件和范围做出了详尽的解释,因此将它翻译为《论告示》是不够准确的,只有翻译为《告示评注》才能突出它作为法律注释书的性质。

西塞罗在《论法律》中借阿提库斯的口说:“那么你认为,法律科学不应如同现在多数人所认为的那样,从裁判官颁布的告示中推演出来,或如同人们习惯认为的那样从《十二表法》中推演出来……”[2]显然他认为在共和时期,在人们的共识中,对于裁判官告示的研究已经成了法律科学的主要方式,甚至比《十二表法》的研究更为重要。这说明了在共和时期已经存在大量的告示,需要法学家对之加以整理和评论。根据彭波尼的描述,这一时期最伟大的法学家塞尔维尤斯·苏尔毕丘斯为布鲁图斯写过两本篇幅非常短的关于告示的书(D.1,2,2)。但西塞罗的描述还是有一点夸张,因为大量的告示评注作品是在古典时期才开始涌现。在优士丁尼的《学说汇纂》中共出现 11 位作家的关于告示评注的作品(包括在其他法学家作品中被引用而出现)。按时间排序依次是:拉贝奥 30 卷的《内事裁判官告示评注》;马苏流斯·萨宾简短的 5 卷本的《内事裁判官告示评注》;切其流斯·萨宾的《营造官告示评注》;仅仅在引用中出现的维维安的《裁判官和营造官的告示评注》;情况类似的还有佩丢斯的评注作品;盖尤斯 10 卷的《内事裁判官告示评注》,32 卷的《行省告示评注》,其中最后两卷是对于营造官告示的评注;彭波尼长达 150 卷的《裁判官和营造官告示评注》,可以看作塞维鲁时期的法律百科全书,它也是一部法典化的作品,并且也是对于尤里安《永久告示》的补充;在乌尔比安作品中被引用的 Saturninus 的《营造官告示评注》;伽里斯特拉杜斯仅仅 6 卷本的《告示评注》;保罗 80 卷的《告示评注》,还有许多优士丁尼《学说汇纂》没有收集的片段被保存在《梵蒂冈残篇》(*Fragmenta Vaticana*)中;乌尔比安 81 卷的《告示评注》。乌尔比安实现了彭波尼所要尝试的工作,以重述的方式进行了告示的法典化工

---

① Adolf Berger, Encyclopedic Dictionary of Roman Law, The American Philosophical Society, Philadelphia, Reprinted 1991, p. 564.

② [古罗马]西塞罗:《国家篇·法律篇》,沈书平,苏力译,中国政法大学出版社 1999 年版,第 150 页。引注对个别术语做了修正。

作。对古典文献进行了大量而又明智的选择，对相关作品精心地引用，对古典作品进行详细的解释，以至于法律实践者不需要直接地引用共和时期以及公元1世纪帝政时期的作品。[①]

古典时期的注释风格可以以乌尔比安为代表，他遵循了一种非常严格的注释风格：首先是引用告示的文本；接着引入对于条款的严格的解释，其中穿插着对原文的摘录；接着是告示提供的令状的文本；最后是以摘录的方式进行的严格的解释。早期的评注作品可能不会遵循这样严谨的格式。[②]

(三)尤里安《永久告示》的结构

对于告示评注这种作品的历史研究，通常会分为两个时期：前阿德里亚努斯时期和后阿德里亚努斯时期。在尤里安完成《永久告示》的编撰后，彭波尼、佩丢斯、伽里斯特拉杜斯、盖尤斯、乌尔比安和保罗都是根据这部法典进行评注。阿德里亚努斯时期的《永久告示》的文本现已不可见，只能通过大量存在于《学说汇纂》的片段进行间接的认识。勒内尔根据尤里安、盖尤斯、保罗和乌尔比安的作品复原了《永久告示》的体系。整个体系分为6个部分，48个题，其中前5个部分的45个题是关于裁判官告示，最后一个部分是作为附录的营造官告示。[③] 对于各个题的介绍和说明，则是融合舒尔茨的《罗马法学史》、瓜利诺的《罗马法史》，隆格·斯科里诺的《罗马法史》，阿兰乔·鲁易兹的《罗马法史》，卡瑟的《罗马法史》各家的说明做出。[④]

第一卷

第一题：关于市政官的司法权(De his qui in municipaio colonia foro iure

① Fritz Schulz, *Storia della Giurisprudenza Romana*, Sansoni Firenze, 1968, pp. 337～353.

② Fritz Schulz, *Storia della Giurisprudenza Romana*, Sansoni Firenze, 1968, pp. 337～353.

③ Otto Lenel, Das Edictum Perpetuum, ristampa della 3. edizione, Leipzig, 1927。本文根据舒尔茨的《罗马法学史》增加了第45题。

④ Max Kaser, *Storia Del Diritto Romano*, Cisalpino Goliardica, Milano, pp. 151～157; Antonio Guarino, *Storia Del Diritto Romano*, Settima Edizione, Editore Jovene, Naopli, 1987, pp. 455～456; Fritz Schulz, *Storia della Giurisprudenza Romana*, Sansoni Firenze, 1968, pp. 262～266; Vincenzo Arangio Ruiz, *Storia Del Diritto Romano*, Settima Edizione, Napoli, Casa Editrice Dott. Eugenio Jovene, pp. 155～156.

dicundo praesunt)

第二题:关于一般裁判官的司法权(De iurisdictione)

第三题:诉前通知,尤其是关于原告在对被告发出传唤前的义务(De erendo)

第四题:关于仲裁的简约,在传唤受审前(in ius vocation)确定争议事项进行仲裁(De pactis conventis)

第五题:传唤受审,即正式被传唤到裁判官面前(De in ius vocando)

第六题:原告向长官提出诉讼请求(De postulando)

第七题:出庭保证,被告保证在未出庭的情况下向原告支付罚金(De vadimoniis)

第八题:关于双方的诉讼代理人和辩护人(De cognitoribus et procuratoribus et Defensoribus)

第九题:对于诬告者的惩罚(De calumniatoribus)

第十题:恢复原状,这意味着裁判官重新给予被市民法阻却的救济方式(De in integrum restitutionibus)

第十一题:关于仲裁人,是指双方在裁判官面前最终达成和解的合意,并且选定仲裁人,仲裁人也表示接受责任(De receptis)

第十二题:担保(De satisdando)

第十三题:关于预备审(quibus causis praeiudicium fieri non opertet)

第二卷

第十四题:关于审判,包括法官前的质问(interrogatio in iure),当事人要求的宣誓(iusiurandum in iure delatu),损害投偿(actione noxales)等(De iudiciis)

第十五题:关于私人所有权,他物权的保护(De his quae cuiusque in bonis sunt)

第十六题:安魂物与葬礼的花费(De religiosis et sumptibus funerum)

第十七题:合同之债(De rebus creditis)

第十八题:关于针对船舶经营人的责任(quod cummanistro navis institore eove qui in aliena potestate erit negotium gestum erit),这一题出自 D. 14,1,1,20

第十九题:诚信诉讼(De boae fidei iudiciis),指产生于新市民法(ius civile novum)的合同之债

第二十题：关于婚姻解除时返还嫁资的规则(De res uxoria)

第二十一题：关于为了家子或胎儿的应有份额的扣除的规则(De liberis et de ventre)

第二十二题：关于监护(De tutelis)

第二十三题：关于盗窃(De furtis)

第二十四题：关于恩主权(De iure patronatus)

第三卷

第二十五题：关于裁判官授予的遗产占有(De bonorum possessionibus)

第二十六题：关于遗嘱(De testamentis)

第二十七题：关于遗赠(De legatis)

第二十八题：关于新施工告示(De operis novi nuntiatione)

第二十九题：关于潜在损害(De damno infecto)

第三十题：关于排水及排放雨水之诉(De aqua et aquae pluviae arcendae)

第三十一题：关于自由权案件(De liberali causa)，这是解决是奴隶还是自由人的争议的规则

第三十二题：关于包税人(De publicanis)

第三十三题：对于私人抵押给国家的土地的购买(De praediatoribus)

第三十四题：关于火灾、建筑物倒塌、船难、被夺占的大小船舶(De vi turba incendio ruina naufragio rate nave expugnata)

第三十五题：关于侵辱(De iniuriis)

第四卷

第三十六题：关于已决案(De res iudicata)

第三十七题：关于口供与不辩护(De confessia et indefensis)

第三十八题：关于既不被传唤也不被带到法庭上的人(qui neque sequantur neque ducantur)

第三十九题：关于宣布出售的财产的占有(De bonis possidendis proscribendis vendundis)

第四十题：关于破产买卖的程序(Quemadmodum a bonorum emptore vel contra eum agatur)

第四十一题：关于破产财产的保佐人(De curatore bonisa dando)

第四十二题：关于取消再抗辩中的判决(De sententia in duplum revocanda)

第五卷

第四十三题：关于令状(De interdictis)

第四十四题：关于抗辩(De exceptionibus)

第四十五题：关于裁判官要式口约(De stipulationibus praetoriis)

附录 营造官告示

第四十六题：关于奴隶的买卖(De mancipiis vendundis)

第四十七题：关于牲口的买卖(De iumentis vendundis)

第四十八题：关于对猛兽疏于管理(De feris)

第四十九题：营造官的要式口约(stipulatio ab aedilibus propsoita)

如果以市民法的制度为参照物，《永久告示》的整个体系所遵循的结构是：诉讼、物权、债权、继承、相邻关系、私人与国家的债务关系、侵辱、执行(破产程序)。与盖尤斯人、物、讼的结构相比，显然《永久告示》的体例不重视抽象明确的制度区别，而是以诉讼实践为重心。第一编从裁判官的职权开始，规定了从传唤开始到证讼(ltis contesttaio)到和解的整个诉讼程序；第二编关于裁判官法给予的救济手段，这一部分可以分为两个部分：对物权的保护和对债权的保护，前者包括人法物和神法物，后者从第 17 题开始都是关于各种债务的规定，这些内容都要在听讼日(actus rerum)被确定；第三编涉及赔偿的数额，这些内容不需要在听讼日被确定，而且都与判还官的职责有关，慈宁宫第 25 题到第 27 题是关于继承，从第 28 题到第 30 题关于相邻关系。第四编的内容是关于判决的结果，以及它的效力和执行的办法，尤其是关于无清偿能力的债务人的破产，并关于其他的救济方式。第五编则关于裁判官的其他救济方式，包括令状、抗辩和裁判官的要式口约。整个体系从诉讼程序开始到执行制度结束，是一个以讼程序和救济手段为主导的法典模式。

尽管在总体上存在着差异，但在债法的结构上，《永久告示》的体系也与萨宾的《市民法》体系契合，比如萨宾也把嫁资放在合伙后，紧随着嫁资的是监护，后面跟随的是盗窃；且萨宾的债法也包含了对营造官告示的评注。

四、结论

1998 年，徐国栋先生在《民法大全选译・法律行为》的译后记中简洁而又全面地介绍了罗马法各种作品类型，并就它们对中国现代民法学的研究的意义做出了深刻的说明，其中的三个观点很可以拿来作为本文的结论：第一，评注型作品在译名中应该统一冠以“评注”的称呼；第二，罗马法学的历史发展跨度达数千年，经过长期的积累，大规模创新的余地是很小的，每一个新的推进都必须站在前人的肩膀上；第三，罗马法学家的著作体系与法典编纂的关系是极为密切的，前者为后者提供了良好的学术资源，后者是前者水到渠成的结果。通过对《萨宾评注》、《告示评注》的评注格式，不同的写作目的和风格，以及经由它们的共同结构所推演出来的体系的介绍，本文对三个方面做出进一步的介绍。

首先是译名的问题。除了本文所说的《萨宾评注》之外，对于过去的法学家的评注作品还包括由雷流斯·菲立克斯和盖尤斯以及彭波尼对于昆图斯·穆丘斯的《市民法》的评注，正是根据彭波尼评注的顺序和结构，勒内尔推导出了穆丘斯的体系；尤利安对乌尔赛·费罗克斯的评注；保罗对瓦罗的《学说汇纂》的摘录和评注；保罗对拉贝奥的《值得相信的观点》一书所作的评注；雅沃伦对拉贝奥的遗作的评注；萨宾和保罗都写过的对于韦德里的评注；雅沃伦对卡修斯的评注；雅沃伦、内拉蒂、彭波尼和保罗写的《普劳提评注》。对于这些作品的翻译，都应该冠以“评注”的名字。

其次，不仅在市民法书与《市民法评注》这不同的作品类型之间能看到这种传承关系，而且就是在同种类型的作品中这种关系也存在：萨宾的《市民法》的体系是建立在谢沃拉的《市民法》的体系的基础上；而乌尔比安的《告示评注》大量借鉴了彭波尼的作品。

最后是关于这两种作品所推导出来的体系。我们对于罗马法中存在体系的了解通常是通过盖尤斯的法学阶梯体系，优士丁尼的法学阶梯体系，徐国栋教授在《共和晚期希腊哲学对罗马技术和内容的影响》一文中介绍的昆图斯·穆丘斯·谢沃拉的体系，现在通过对《萨宾评注》和《告示评注》这两种作品的了解，我们还看到“萨宾的市民法体系”、“尤里安的永久告示体系”，如果说谢沃拉、萨宾、盖尤斯各自的体系属于一脉相承以制度的差异为区分基础的市民法体系的话，告示体系则是一种以诉讼进程为主导模式的制度，而且它也不是个别现象，一些针对具体疑难问题的作品，如《解答集》和《规则集》在大部分内容的排列顺序上也遵循了这样的体系；[①]而且，即便是市民法的体系也在一定程度上受到了它的影响。

① C. Longo e G. Scherillo *Storia Del Diritto Romano*, Milano, Dott A. Giuffre Editore, 1970, p. 204.

罗马的法律和元老院决议大全

齐　云　徐国栋

第一部分　罗马的法律

一、规则说明

1. 罗马的法律的中文翻译规则为:关于+法律内容描述+的+提起人氏族名的原形音译+法(特别提醒:非其阴性形式音译)。如果提起人是两个人,格式则变为:关于+法律内容描述+的+提起人甲氏族名的原形音译+提起人乙氏族名的原形音译+法

2. 对于罗马人名的音译,整理者采取教会发音(又称意大利发音),而非古典发音(又称复古发音),但对于一些常见历史人物采通用译法并括号标注其正确发音。

3. 在每个法律词条后面,如国内相关罗马法文献提到该法,在下一段标注"[译名]"后列举出其他译法及出处;若存在意见不一致,则标注"[分歧]"后,再将争议指出;若存在明显错漏的,则标注"[勘误]"后,再将错误指出。

二、参考资料

1. 黄风:《罗马法词典》,法律出版社 2002 年版。

2. 黄风、程波:《罗马的法律大全》,载徐国栋主编:《罗马法与现代民法》(第 3 卷),中国法制出版社 2002 年版。

3. Federico del Giudice e Sergio Beltrani, Dizionario Giuridico Romano, 11ed., Esselibri-Simone, Napoli, 1995.

4. Adolf Berger, Encyclopedic Dictionary of Roman Law, The American

philosophical society, Philadelphia, 1953.

5. Antonio de Puente y Franco y José Francisco Díaz, Historia de las leyes, plebiscitos y senadoconsultos mas notables, desde la fundacion de Roma hasta Justiniano, Imprenta de D. Vicente de Lalama, Madrid, 1840.

6. List of Roman Laws, on http://en.wikipedia.org/wiki/List_of_Roman_laws, 2008-4-30.

7. Leges regiae, rogatae, datae, on http://web.upmf-grenoble.fr/Haiti/Cours/Ak/, 2008-4-30.

8. Leges, See William Smith, A Dictionary of Greek and Roman Antiquities, John Murray, London, 1875, pp. 683～702, on http://penelope.uchicago.edu/Thayer/E/Roman/Texts/secondary/SMIGRA*/Leges.html, 2008-4-30.

9. Lex, See Charles V. Daremberg, Edmond Saglio, Dictionnaire des antiquités grecques et romaines, Tomo3, Paris, 1877 - 1919, pp. 1126～1174, on http://dagr.univ-tlse2.fr/sdx/dagr/feuilleter.xsp, 2008-4-30.

10. Legal and Institutional Chronology of the Roman Republic, on http://www.unrv.com/government/legal-institutional-chronology.php, 2008-4-3.

三、已整理书籍

1. 周枏:《罗马法原论》,商务印书馆 1994 年版。

2. 陈朝璧:《罗马法原理》,法律出版社 2006 年版。

3. 丘汉平:《罗马法》,中国方正出版社 2004 年版。

4. 黄右昌:《罗马法与现代》,中国方正出版社 2006 年版。

5. 江平、米健:《罗马法基础》,中国政法大学出版社 2004 年版。

6. [意]彼德罗·彭梵得:《罗马法教科书》,黄风译,中国政法大学出版社 2005 年版

7. [意]朱塞佩·格罗索:《罗马法史》,黄风译,中国政法大学出版社 1994 年版。

8. [古罗马]优士丁尼:《法学阶梯》,徐国栋译,中国政法大学出版社 2005 年版。

9. [古罗马]盖尤斯:《法学阶梯》,黄风译,中国政法大学出版社 1996

年版。

10.[意]桑德罗·斯奇巴尼选编:《法律行为》,徐国栋译,中国政法大学出版社 1998 年版。

11.[意]桑德罗·斯奇巴尼选编:《私犯之债(Ⅱ)和犯罪》,徐国栋译,中国政法大学出版社 1998 年版。

12.[意]桑德罗·斯奇巴尼选编:《婚姻·家庭和遗产继承》,费安玲译,中国政法大学出版社 2001 年版。

13.薛军译:《学说汇纂第 48 卷(罗马刑事法)》,纪蔚民、阿尔多·贝特鲁奇校,中国政法大学出版社 2005 年版。

四、罗马的法律

A

Lex Acilia de coloniis deducendis《关于移民殖民地的阿其流斯法》

制定于公元前 197 年,由保民官阿其流斯(C. Acilius)提起,该法规定设立 5 个沿海的殖民地,每个殖民地包括 300 户,并由 3 个长官管理这些殖民地。

Lex Acilia Calpurnia《关于选举舞弊的阿其流斯和卡尔布尔纽斯法》

制定于公元前 67 年,由格拉布利欧(Manius Acilius Glabrio)和皮索(Gaius Calpurnius Piso)提起。该法禁止按部落分配节庆和戏剧表演中的座位,禁止为公众提供宴会,禁止雇人追随候选人,在选举中贿赂之人除被课处罚金外,将永远被排除在公职之外,即终身禁止担任公职和元老职务。[①] 并规定控告人可以是任何市民,控告成功的可以得到一定的好处。[②] 例如,以前因选举舞弊被定罪的人如果控告他人选举舞弊罪成功,他可豁免赦免,恢复原来

① D. Montgomery, Ambitus: Electoral Corruption and Aristocratic Competition in the Age of Cicero, Thesis for master degree of McMaster University, 2005, p. 24.

② Véase Sara Bialostosky, Delitos Electorales: Ambitus, De Roma al Derecho Positivo Mexicano, En Revista de la Facultad de Derecho de México, No. 242, 2004, pag. 324.

的身份。[①] 规定在选举中贿赂之人将永远被排除在公职之外。

Lex Acilia de intercalando（又写作 *Lex Acilia de intercalatione*）《关于增加闰日的阿其流斯法》

制定于公元前 191 年，由执政官格拉布利欧（Manius Acilius Glabrio）提起，它授权大祭司增加闰日以调整历法，以避免历法上的节气与实际的节气不符。

Lex Acilia repetundarum《关于搜刮钱财犯罪的阿其流斯法》

制定于公元前 123 年，目的为惩处不断蔓延的搜刮钱财犯罪。它规定：对于搜刮钱财的行为，不仅应当责令犯罪人返还非法所得，而且应当处以两倍的罚金。但是也有学者认为它只是盖尤斯·格拉古【＝格拉库斯】（Gauis Sempronia Gracchus）采取的改革措施的一部分。

[译名]《关于索贿罪的阿其里法》（格罗索：《罗马法史》，第 269 页）；《关于搜刮钱财罪的阿其里法》（陈朝壁：《罗马法原理》，第 52 页）；《阿西利亚法》（周枏：《罗马法原论》，第 11 页）

[分歧]对于“repetundarum”一词有两种译法：“索贿罪”和“搜刮钱财罪”，现多倾向于采用后者，因为后者包括范围更广，更为准确。

Lex Aebutia《艾布求斯法》

该法的颁布年代难以确定，有人推断在公元前 130 年通过，但还有人认为可能是公元前 199 年到公元前 126 年之间或更晚的时候通过，该法规定：如果两个罗马市民商定在发生争议的情况下采用程式诉讼程序，则对于该争议不得适用法律诉讼。因此，人们认为该法是一项司法改革法，它确立了程式诉讼的地位，并且开废除古老的法律诉讼程序之先河。它还规定对于消费借贷，仅须移转标的物的所有权于借用人，契约即成立，并由当事人另订“信托简约”（Pactum fiduciae），即出借人移转标的物的所有权于借用人时，借用人承担日后将同等的物的所有权交还给出借人的附约，此项办法后又陆续适用于寄托、借用和质押。奥鲁斯·杰流斯在其《阿提卡之夜》中说，该法废除了《十二表

① Michael C. Alexander, Praemia in the Quaestiones of the Late Republic, In Classical Philology, 80, 1985, p. 28.

法》的老规定，只留下了百人团审判的内容。[①]

[译名]《艾布兹法》(格罗索:《罗马法史》，第241页);《爱布兹法》(彭梵得:《罗马法教科书》，第72页)(此处译者黄风先生标注了其意语形式为“Ebuzia”);《爱布兹法》(黄风,《罗马法词典》，第154页);《爱布蒂亚法》(江平、米健:《罗马法基础》，第77页);《爱布蒂亚法》(陈朝壁:《罗马法原理》，第14页);《艾布体亚法》(周枏:《罗马法原论》，第47页，第706页，第948页);《阿布兹法》(盖尤斯:《法学阶梯》，第302页)

[勘误]陈朝壁:《罗马法原理》，第55页，谈到一个《阿比西亚》(*Lex Arbutia*)规定了程式诉讼，相关文献无法找到此法，应为《艾布求斯法》(*Lex Aebutia*)之误，此种推论从此书后的校注表上得到印证。

Lex Aebutia de magistratibus extraordinariis《关于非常长官的艾布求斯法》

约在公元前150年颁布，由Sextus Aelius提起。它规定:凡主张设立非常长官之人，不可被选为此等官员，其为官时的同僚、血亲和姻亲也不可以。

Lex Aelia et Fufia《艾流斯和富菲尤斯法》

可能在公元前150年公布，它调整预兆，此法授予高级长官或保民官以下权利:通过简单地宣称目击了不吉利的预兆解散已召集的民众会议。

Lex Aelia Sentia《艾流斯和森求斯法》

制定于公元4年，由执政官卡图斯(S. Aelius Catus)和萨图尔尼努斯(C. Sentius Saturninus)提起，该法对解放奴隶的活动加以限制，它规定:不得以欺诈自己债权人的方式解放奴隶;不满20岁的未成年人不得解放奴隶，也不得解放未满30岁的奴隶，除非证明存在正当原因。违反此等规则被解放的奴隶成为拉丁人，并且曾经是罪犯的奴隶不得因被解放而取得罗马市民身份，他们由此被称为“艾流斯降服人”(dediticii Aeliani)。

[译名]《圣地亚律》(丘汉平:《罗马法》，第68页);《艾里亚和森迪亚法》(格罗索:《罗马法史》，第325页);《艾里亚和森迪亚法》(黄风:《罗马法词典》，第155页);《艾里亚和森迪亚法》(陈朝壁:《罗马法原理》，第39页);《艾利亚

① Aulo Gellio, Notti Attiche, Traduzione Italiana di Luigi Rusca, Volume Secondo, BUR, Milano, 2001, p. 1111.

·森体亚法》(周枏:《罗马法原论》,第 115 页,第 244 页,第 246 页,第 507 页)(“·”应改为“和”,以下同);《埃利亚·申齐亚法》(徐国栋:《法律行为》,第 145 页);《埃利亚·申济亚法》(优士丁尼:《法学阶梯》,第 29 页,第 33 页);《艾里亚和森迪亚法》(盖尤斯:《法学阶梯》,第 5 页及以次);《艾里·森第亚法》(费安玲:《婚姻·家庭和遗产继承》,第 407 页)

[勘误]黄风:《罗马法词典》,第 155 页,指出“不得解放未满 20 岁的奴隶”,经核实应为“30 岁”;黄右昌:《罗马法与现代》,第 90 页,将此法的拉丁文写为“*Lex elia Sentia*”,掉了一个“a”。

Lex Aemilia de censura《关于监察官的艾米流斯法》

参见 *Lex centuriata de potestate censoria*《关于监察官权力的百人团法》。

Lex Aemilia frumentaria《艾米流斯小麦法》

制定于公元前 78 年,由执政官雷必达(Aemilius Lepidus)提议,该法恢复了罗马城邦早期的粮食供给制度,规定每个市民每月可获得 5 莫迪小麦。

[译名]《艾米里粮食供给法》(格罗索:《罗马法史》,第 300 页)

Lex Aemilia Sumputaria《艾米流斯反奢侈法》

制定于公元前 115 年,由执政官艾米流斯·斯考鲁斯(Aemilius Scaurus)提议,它是反对奢侈行为的最激烈的法律之一。它没有限制宴会费用,而是确定了膳食的种类和限制,禁止在宴会上上鼠肉、大鼠肉、睡鼠肉、贝类和来自外国的鸟肉。

Lex Alearia《赌博法》

可能制定于公元前 204 年,此法禁止用骰子赌博,其提起人不详。

Lex Anastasiana (又称为 *Leges Anastasianae*)《阿那斯塔修斯法》

优士丁尼用它来指称东罗马帝国皇帝阿那斯塔修斯(Anastasius)颁布的一些重要的敕令。其中一项涉及债权转让问题,它规定:受让有争议债权的人只能从债务人那里获得已向转让人支付了的钱款数额。阿那斯塔修斯的另外一项重要改革是通过皇帝敕答的方式将一个人从家父权中解放出来,并且允许被解放的兄弟姐妹与未被解放的兄弟姐妹对实行法定继承的遗产享有同等权利。

Lex Antia sumptuaria《安求斯反奢侈法》

制定于公元前 71 年，由保民官雷斯梯约(C. Antius Restio)提起，此法禁止(存在一些例外)长官和长官候选人接受宴会邀请，并限制宴会可能花费的金钱总数，具体数目不详。

Lex Antonia de candidatis《关于候选人的安东纽斯法》

颁布于公元前 44 年，此法由安东尼【＝安东纽斯】(L. Antonius)提起，它承认恺撒有权推荐一半官职的候选人，但执政官候选人除外。

[译名]《关于候选人的安东尼法》(格罗索:《罗马法史》，第 306 页)

Lex Antonia de dictatura in perpetuum tollenda《关于永久废除独裁制的安东纽斯法》

制定于公元前 44 年，由安东尼(Marcus Antonius)提起，经元老院通过，目的是废除独裁制，犯此罪者被判处死刑，并没收其财产。

Lex Antonia de Permutatione Provinciae《关于调换行省的安东纽斯法》

制定于公元前 44 年，由安东尼(Marcus Antonius)提起，在恺撒被暗杀以后通过，此法修改了行省之分配，将分配给安东尼的行省从马其顿换为山南高卢和山北高卢。

Lex Antonia de Termessiubs《关于特尔梅苏斯市民的安东纽斯法》

制定于公元前 68 年(另一说是公元前 71 年)，由保民官安东尼(C. Antonius)等数人提起，此法授予特尔梅苏斯(Termesus，小亚细亚的彼西底亚地区的一个城市)的市民自由权，并且将他们看成“罗马人民的朋友和同盟国”。此举是为了奖励他们在战争中对罗马人民的帮助。此法被保留在碑铭之中。

Lex Antonia iudiciaria《安东纽斯审判法》

于公元前 44 年颁布，由安东尼(Marcus Antonius)提起，该法设立了一个由老兵组成的百人审判庭开展刑事案件的审理活动。

Lex Appuleia de maiestate《关于国事罪的阿布勒尤斯法》

于公元前 103 年根据平民保民官萨图尔尼努斯(Lucius Appuleius Saturninus)的建议颁布，该法将长官违抗民众意愿实施的侵害行为也列为国事罪惩处。乃第一部关于国事罪的法律。

Lex Appuleia de sponsu《关于允诺保证的阿布勒尤斯法》

大约于公元前3世纪末颁布，调整允诺保证(sponsio)和诚意允诺保证(fidepromissio)问题。该法规定：如果债权人针对数名保证人中的一人提起连带责任诉讼，可要求该保证人对全部债务承担责任，后者在清偿债务后可以向其他保证人提出追偿要求。该法还规定：保证人无检索抗辩权的保护，债权人向保证人提出清偿请求可不以先向债务人提起诉讼为前提条件。

[译名]《阿普莱拉法》(周枏：《罗马法原论》，第883页)；《阿布勒伊法》(盖尤斯：《法学阶梯》，第240页)

[勘误]周枏：《罗马法原论》，第883页，此法的拉丁术语被错误地写为：Lex Appulela。

Lex Aquilia de Damno《关于损害的阿奎流斯法》

大约公元前287年(至少可以确定是在公元前3世纪下半叶)由保民官路求斯·阿奎流斯(Lucius Aquilius)提议颁布的一项平民会决议。凡三条，主要调整杀死或伤害他人奴隶或牲畜行为的责任，成为现代西方侵权法的基础。由该法产生出阿奎流斯法诉讼(actio legis Aquiliae)。

[译名]《阿奎利亚法》(江平、米健：《罗马法基础》，第14页)；《亚奎利亚法律》(黄右昌：《罗马法与现代》，第295页)；《阿桂利亚律》(丘汉平：《罗马法》，第371页)；《阿奎利亚法》(陈朝壁：《罗马法原理》，第12页)；《阿奎利亚法》(彭梵得：《罗马法教科书》，第59页)；《阿奎利亚法》(周枏：《罗马法原论》，第46页)；《阿奎利亚法》(盖尤斯：《法学阶梯》，第275页)

Lex Aternia Tarpeia de multa maxima《关于最高罚款的阿特尔纽斯和塔尔佩尤斯法》

大约制定于公元前455年，由保民官瓦鲁斯(A. Aternius Varus)和蒙塔努斯(Sp. Tarpeius Montanus)提起。此法授权所有的长官可对冒犯其权威之人处以罚款，并且设定了最高的罚款为2只羊和30头牛，或2头牛和30只羊。

[译名]《亚特尼亚·塔泊伊亚法》(周枏：《罗马法原论》，第773页)("·"应改为"和")；《阿德尔尼和塔尔培法》(格罗索：《罗马法史》，第192页)

Lex Atia de sacerdotiis《关于祭司的阿求斯法》

颁布于公元前 63 年，由保民官拉比耶努斯(T. Atius Labienus)提起，该法调整僧侣团体成员的选拔制度：每个空缺由祭司团的既有成员提出两个候选人，由平民选举其中的一人补缺。此法推翻了《关于祭司的科尔内流斯法》(Lex Cornelia de Sacerdotiis)。

Lex Atilia de tutore dando《关于官选监护人的阿梯流斯法》

据推断颁布于公元前 210 年(另一说为公元前 3 世纪末)，该法要求裁判官为在罗马和意大利的没有法定监护人和遗嘱监护人的自权未适婚人和妇女指派一名监护人；这种监护人后来被称为"官选监护人"或"阿梯流斯监护人"(tutor Atilianus)。

[译名]《阿弟里亚法》(江平、米健：《罗马法基础》，第 145 页)；《阿地利亚律》(丘汉平：《罗马法》，第 126 页)；《阿第里亚法》(陈朝壁：《罗马法原理》，第 436 页)；《阿梯里亚法》(彭梵得：《罗马法教科书》，第 133 页)；《阿体利亚法》(周枏：《罗马法原论》，第 265 页)；《阿提利亚法》(优士丁尼：《法学阶梯》，第 79 页)；《阿蒂里亚法》(盖尤斯：《法学阶梯》，第 68 页)

Lex Atinia de tribunis plebis《关于平民保民官的阿梯纽斯法》

大约颁布于公元前 102 年(又有说公元前 120 年或公元前 149 年)，由保民官盖尤斯·阿提纽斯·拉贝奥(Gaius Atius Labeo)提起，该法规定平民保民官卸任后自动地提升为元老阶级。

Lex Atinia de usucapione《关于时效取得的阿梯纽斯法》

颁布于公元前 150 年，该法禁止对被盗物适用时效取得制度；被盗物除非重入失主之手并经其确认为被窃之物，才能除去被盗物的污点，否则该失窃物就永远没有适用取得时效的可能。

[译名]《阿梯里亚法》(彭梵得：《罗马法教科书》，第 166 页)；《阿梯尼法》(彭梵得：《罗马法教科书》，第 419 页，索引)；《关于时效取得的阿梯尼法》(黄风：《罗马法词典》，第 156 页)；《阿体尼亚法》(周枏：《罗马法原论》，第 348 页)；《阿提尼亚法》(优士丁尼：《法学阶梯》，第 149 页)

[勘误]黄风先生在他翻译的《罗马法教科书》一书中，对于同一个"Lex Atinia"在正文中与在书后索引中翻译名不一，如上译名列举所示，在正文中，

他将之与“Lex Atilia”的翻译名(《阿梯里亚法》)混淆了。

Lex Aufidia de Ambitu《关于选举舞弊罪的奥菲丢斯法》

颁布于公元前61年，由保民官鲁尔科(M. Aufidius Lurco)提起，它规定：如果参选人在选举中对一些部落承诺给予金钱，并且之后没有支付的，他不应受处罚；但如果他已经实际给予或分配了一定数额的金钱，应处罚他在其有生之年每年向每个部落支付3000塞斯特斯的罚金。

Lex Aurelia de tribunicia potestate《关于保民官权力的奥勒流斯法》

颁布于公元前75年，由执政官科塔(C. Aurelius Cotta)提起，该法此法允许前平民保民官担任其他长官，这样就改变了之前苏拉设立的曾任平民保民官的人不能再担任其他长官的限制。

[译名]《奥勒留法》(格罗索：《罗马法史》，第300页)

Lex Aurelia de ambitu《关于选举舞弊罪的奥勒流斯法》

颁布于公元前70年，由执政官科塔(Lucius Aurelius Cotta)提议，该法禁止在选举中使用提名人。对犯有选举舞弊罪之人规定了10年无资格作为候选人的惩罚。

Lex Aurelia iudiciaria《奥勒流斯审判法》

颁布于公元前70年，由执政官科塔(Lucius Aurelius Cotta)提起。它规定：在常设刑事法庭中，元老级阶级、骑士阶级和司库长(tribuni aerarii)阶级的陪审员人数应相等，各占1/3，每次诉讼从各类别人员中以抽签的方式选出同等数额的陪审员。

[译名]《奥勒留法》(格罗索：《罗马法史》，第269页)；《奥勒留审判员法》(格罗索：《罗马法史》，第300页)；《奥勒利亚法》(周枏：《罗马法原论》，第954页)

B

Lex Baebia de praetoribus《关于裁判官的贝比尤斯法》

大约颁布于公元前192年，由平民出身的执政官塔姆菲鲁斯(M. Baebius Tamphilus)提起，规定裁判官的数量应在4个和6个之间隔年轮换。

C

Lex Caecilia de Censoribus《关于监察官的切其流斯法》

制定于公元前 54 年，由执政官内博斯(Quintus Caecilius Metellus Nepos)提起，此法废除了制订于公元前 58 年的限制监察官权力的《关于监察官的克罗丢斯法》(Lex Clodia de censoribus)。

Lex Caecilia Didia《切其流斯和蒂丢斯法》

颁布于公元前 98 年，由执政官内博斯(Q. Caecilius Nepos)和蒂丢斯(T. Didius)提起，该法有 2 条。

第 1 条规定：法律的公布日与表决日之间应当隔有三个 8 天的罗马周(trinundium，24 天)或 3 次集市期(tertiae nundiae，17 天)。目的在于控制激进的法案通过，通过给予人们这么长的冷却期，可以理解法案的意义并劝说人们反对其通过。

第 2 条规定：不得将多项内容不同的法律条款汇集在一个提案中(即所谓"一揽子提案")提交立法机构表决。

该法的制定背景是在马略第六次担任执政官时(公元前 100 年)，保民官萨杜尔尼努斯(Saturninus)和裁判官格劳恰(Glaucia)提出土地法案把北部意大利的土地分给马略的老兵。法案是激进的，通过的方法是强制性的，招来了多数人的不满，甚至马略也不满。最终导致萨杜尔尼努斯的法案被废除，并通过了《切其流斯和蒂丢斯法》。

萨杜尔尼努斯的法案的内容如下：(1)把波河以北的所有土地，包括独立的凯尔特部落的土地分给马略的老兵；(2)在西西里、亚该亚和马其顿建立殖民地，把意大利人移民于此，他们享有意大利权；(3)以 5/6 阿斯一莫迪的价格向贫民出卖小麦；(4)在该法通过的 5 天内，每个元老都要宣誓遵守这一法律，违者被逐出元老院并处重罚金。

这一法案十分混杂，可能出于保民官通常面临的期限紧、任务重的局势。它的第 1 条有问题，因为待分配给老兵的土地已经是行省民的财产；第 2 条让一些老罗马市民不满，他们不愿意大利分享他们的特权；第 3 条让国库承受不了；第 4 条具有强人所难的意味。元老 Mettelus Numidicus 拒绝宣誓，被流放。萨杜尔尼努斯的同僚保民官行使了否决权。但萨杜尔尼努斯坚持票决。财务官 Caepio 以暴力驱散会议。元老院宣布票决无效，因为程序进行时听到了打雷。萨杜尔尼努斯要求元老院最好保持安静，不然雷声以后有冰雹。这个法案最终在马略的老兵们的帮助下通过。

Lex Caecilia de vectigalibus《关于税负的切其流斯法》

制定于公元前62年。该法免除了意大利的土地税和通行税，并确立了意大利权（Ius Italicum），其内容从税法的角度看为豁免缴纳直接税和一定的间接税，所以又被后世学者称为《关于意大利权的切其流斯法》（Ley Cecilia de derecho de Italia）。此法颁布后唯一剩下的捐税就是1/20的解放奴隶税。

Lex Caelia tabellaria《切流斯投票法》

制定于公元前107年，为一系列的投票法（Tabellariae Leges）中的一个，此法由保民官卡尔杜斯（C. Caelius Caldus）提起，它在敌对行为案子的审理中引入了秘密投票制度，而以前的做法是口头投票。

Lex Calpurnia de condictione《关于请求给付之诉的卡尔布尔纽斯法》

大约颁布于公元前200年，该法将请求给付之法律诉讼的适用范围扩展到以给付确定物为标的之债的关系上面，规定法官的职权仅在判决当事人誓言的正确与否，不得调和双方的利益作恰当的解决，当事人一经败诉即丧失誓金，遂使析产等较复杂纠纷的当事人常不敢冒风险用宣誓程序解决其争执。

[译名]《卡菩尼亚法》（黄右昌：《罗马法与现代》，第329页）；《卡尔博尼亚律》（丘汉平：《罗马法》，第425页）；《加博尼亚法》（陈朝壁：《罗马法原理》，第554页）；《坎布尔尼亚法》（彭梵得：《罗马法教科书》，第72页）；《卡尔布尼法》（盖尤斯：《法学阶梯》，第296页）

Lex Calpurnia de pecuniis repetundis《关于搜刮钱财罪的卡尔布尔纽斯法》

颁布于公元前149年，实际上是平民保民官富如纪（Lucius Calpurnius Piso Frugi）为限制在罗马卸任的高官在行省滥用权力而发布的一项平民会决议。该法设立了一个惩治搜刮钱财罪的常设刑事法庭。这是罗马的第一个常设刑事法庭，由此把罗马的刑诉从民众审判带入常设刑事法庭审判阶段。

[译名]《古尔柏尼亚律》（丘汉平：《罗马法》，第416页）；《坎布尔尼法》（格罗索：《罗马法史》，第268页）

Lex Canuleia de Conubio Patrum et Plebis《关于贵族与平民结婚的卡

努勒尤斯法》

于公元前445年颁布的平民会决议，由保民官卡努勒尤斯(C. Canuleius)提议通过，该法规定取消平民与贵族通婚的限制，它是平民第三次撤离运动的成果，标志着平民在争取通婚权的长期斗争中最终取得胜利。

[译名]《甘纽黎亚律》(丘汉平：《罗马法》，第17页)；《坎努里阿法》(江平、米健：《罗马法基础》，第9页)(其拉丁原文排版有误：*Lex Ca nuleia*)；《卡努勒亚法》(陈朝璧：《罗马法原理》，第377页)；《坎努勒亚法》(彭梵得：《罗马法教科书》，第109页)；《卡努列亚法》(周枏：《罗马法原论》，第46页，第187页)；《卡努勒亚法》(格罗索：《罗马法史》，第87页)

[勘误]陈朝璧：《罗马法原理》，第12页，谈到"纪元前444年，《卡米亚法》(*Lex Camilia*)，关于准许贵族平民通婚之规定"，此说不仅与大多数学者的观点相悖，而且与他在后面(第377页)谈到的此等主题相矛盾，他在此谈到的应该为《卡努勒尤斯法》。

Lex Cassia《卡修斯法》

制定于公元前104年，由保民官龙基努斯(L. Cassius Longinus)提出，此法不允许在民众审判中被定罪之人或其谕令权(imperium)被剥夺之人继续当元老。

Lex Cassia agraria《卡修斯土地法》

颁布于公元前486年，此法由执政官维谢里努斯(Sp. Cassius Viscellinus)提起，他通过与非拉丁人的埃尔尼其人(Hernici，常译为"赫尔尼基人"，拉丁姆地区的一个城市)的协议，攫取了他们2/3的土地并在拉丁人与罗马平民中进行分配，之后此法被通过。

Lex Cassia de plebeis in patricios adlegendis《关于向平民授予贵族身份的卡修斯法》

颁布于公元前45年，由保民官龙基努斯(L. Cassius Longinus)提起，该法授权恺撒将贵族身份授予他欣赏的任何平民。

Lex Cassia tabellaria《卡修斯投票法》

颁布于公元前137年，由保民官拉维腊(L. Cassius Longinus Ravilla)提出，它对在民众审判的所有案件的审理中都引进了秘密投票制度，但对敌对行为的案件除外。公元前 107 年，此一例外又被《切流斯投票法》(Lex Caelia tabellaria)推翻，即对敌对行为的案件亦适用秘密投票制度。

[译名]《卡西法》(格罗索：《罗马法史》，第 197 页)

Lex Cassia Terentia frumentaria（有时称为 *Lex Terentia Cassia frumentaria*）《卡修斯和特伦求斯小麦法》

颁布于公元前 73 年，由该年的执政官龙基努斯(Gaius Cassius Longinus)和卢库鲁斯(Marcus Terentius Varro Lucullus)提出，它规定对贫穷的市民分配小麦。该法的目的是限制领取小麦的市民的数目。

Lex centuriata de bello indicendo《关于宣战的百人团法》

为公元前 6 世纪颁布的法律，该法规定百人团大会专有宣战权，宣战的同时要设立一个战区指挥官。这个法律的最后一次适用是公元前 32 年罗马对克娄奥巴特拉治下的埃及宣战。

Lex centuriata de potestate censoria《关于监察官权力的百人团法》

也称为《关于监察官的艾米流斯法》(*Lex Aemilia de censura*)，大约颁布于公元前 434 年(也有人认为是在公元前 366 年)，据说它将监察官的最长任职时间限定为 18 个月；在此之前，监察官的任期是不确定的，甚至可无限期延长。

[译名]《艾米里法》(格罗索：《罗马法史》，第 89 页)；《关于监察官权力的百人团法》(格罗索：《罗马法史》，第 177 页)

Lex Cicereia de sponsu《关于允诺保证的西塞罗法》

于公元前 173 年制定，包含着关于允诺保证和诚意允诺保证的规范。它要求获得担保的债务人说明谁是自己的保证人并且哪些债务得到担保，否则，保证人可以自承担新债务后的 30 日内提起诉讼，请求免除其担保义务。

[译名]《西赛雷亚法》(周枏：《罗马法原论》，第 883 页)；《西塞罗法》(盖尤斯：《法学阶梯》，第 240 页)

Lex Cincia de donis et muneribus《关于馈赠的琴求斯法》

于公元前 204 年颁布的平民会决议，由保民官阿利门图斯(Marcus Cincius Alimentus)提议制定。该法限制赠与的数额，只可向近亲属以及有一定特权的人进行大额赠与，违背此法的赠与并不是无效，而是赠与人可主张“琴求斯法抗辩”(exceptio legis Cinciae)。此法还规定律师不可因其职业活动收取当事人的礼物作为报酬。此法在奥古斯都时代被一项元老院决议确认，并规定如果律师收费，对方可以起诉他，法院将判处律师支付相当于谢礼 4 倍的罚金。此法在克劳丢斯时代被大大修改，一个律师可收取 10 塞斯特斯，如果超过此数额，他可能被起诉返还之。在图拉真时代，此种允许也大大受限制，在工作被完成之前不可支付费用。

[译名]《真琪亚法》(丘汉平:《罗马法》,第 17 页);《辛西亚律》(丘汉平:《罗马法》,第 56 页);《琴其亚法》(彭梵得:《罗马法教科书》,第 302 页,第 316 页);《辛西亚法》(周枏:《罗马法原论》,第 145 页,第 822 页,第 968 页);《琴其亚法》(徐国栋:《法律行为》,第 71 页)

Lex Citationis《学说引用法》

又称《引证法》(*Lex Allegatoria*)，426 年由罗马东西两皇帝狄奥多修斯二世(Theodosius Ⅱ)和瓦伦体尼亚努斯三世(Valentinianus Ⅲ)共同颁布，据以敕定五大权威法学家(包括盖尤斯、帕比尼安、乌尔比安、保罗、莫特斯丁)的解答都有法律效力。

Lex Claudia de aere alieno filiorum familiarum《关于家子债务的克劳丢斯法》

于 47 年颁布，由皇帝克劳丢斯(Claudius)提起，它规定：对未经家父同意向家子实行消费借贷的人处以罚金。

Lex Claudia de senatoribus《关于元老的克劳丢斯法》

颁布于公元前 218 年，由保民官克劳丢斯(Q. Claudius)提起，此法禁止元老参与海外贸易，只允许他们拥有可装载 300 双耳瓶(1 双耳瓶的容积大约是 6 加仑)下的船只，让元老不能从海外战争中得利，以此实现平民的利益。该法实施的结果，迫使元老阶级在意大利进行企业投资，并主要投资于土地和农业。骑士阶级获得了经营海外事业的空间。由此实现把统治阶级与经商阶级分开的目的。

Lex Claudia de sociis《关于同盟者的克劳丢斯法》

于公元前 177 年颁布，由执政官克劳丢斯(C. Claudius Pulcher)提起，它对拉丁人的迁居权加以限制。

Lex Claudia de tutela mulierum《关于妇女监护的克劳丢斯法》

44 年在克劳丢斯皇帝统治之下颁布，该法废除了宗亲对生来自由妇女的法定监护。

[译名]《关于妇女监护的克劳狄法》(江平、米健:《罗马法基础》,第 150 页);《克陆地亚律》(丘汉平:《罗马法》,第 127 页)

Lex Clodia de auspiciis《关于占卜的克洛丢斯法》

颁布于公元前 58 年，由保民官克洛丢斯(P. Clodius Pulcher)提起，此法否定了公元前 150 年的《艾流斯和富菲尤斯法》(Lex Aelia et Fufia)，不再允许长官以恶兆为由解散已召集的民众会议。

Lex Clodia de censoribus《关于监察官的克洛丢斯法》

颁布于公元前 58 年，由保民官克洛丢斯(P. Clodius Pulcher)提起，此法限制了监察官控制元老院名单的权利，其方法是要求两个监察官对同一个市民的考评一致才能生效，这样就以默示的方式引入了监察官的同僚否决权，形成了权力制约。该法还授权监察官把在普通法院定罪的元老开除出元老院。此法后来被公元前 54 年的《关于监察官的切齐流斯法》(*Lex Caecilia de Censoribus*)废止。

Lex Clodia de collegiis(又称为 *Lex Clodia de sodalitatibus*)《关于社团的克洛丢斯法》

颁布于公元前 58 年，由保民官克洛丢斯(P. Clodius Pulcher)提起，此法允许设立行会，这样就推翻了于公元前 64 年(另一说为公元前 80 年)颁布的禁止设立行会的元老院决议。

Lex Clodia de civibus romanis interemptis《关于杀害罗马市民的克洛丢斯法》

颁布于公元前 58 年，由保民官克洛丢斯(P. Clodius Pulcher)提起，该法规定:放逐任何未经审判而杀死罗马市民之人，此法实际是针对西塞罗在“卡提林纳叛乱”中未经审判而处死叛乱分子而制定的。

Lex Clodia frumentaria《克洛丢斯小麦法》

颁布于公元前 58 年，由保民官克洛丢斯(P. Clodius Pulcher)提起，此法将以前向贫穷的市民低价出售谷物的做法改为向他们免费供应。该法还设立了生活资料督办官(Curator Annonae)，他负责编制有权领取小麦者的名单；不对受益人的数目设定限制。

Lex Cocceia《关于阉割的科切尤斯法》

此法规定颁布于公元 96 年，即在内尔瓦(Marcus Cocceius Nerva)皇帝时期，此法禁止阉割。

Lex Cocceia agraria《科切尤斯土地法》

在内尔瓦皇帝时期(96 年—98 年)颁布的关于土地的法律，其内容为把国家的土地分配给贫穷的市民。

Lex Cornelia agraria《科尔内流斯土地法》

制定于公元前 81 年，由苏拉(Lucius Cornelius Sulla Felix)提起，通过此法，埃特鲁里亚和拉丁姆地区的居民被赶走，他们大量的土地被划为公地，并且分配给了其士兵。

Lex Cornelia Baebia de ambitu《关于选举舞弊罪的科尔内流斯和贝比尤斯法》

制定于公元前 181 年，由该年的执政官切德古斯(Publius Cornelius Cethegus)和塔姆菲鲁斯(Marcus Baebius Tamphilus)提起，它规定犯选举舞弊罪者 10 年内无候选人资格。

Lex Cornelia de aleatoribus《关于赌博者的科尔内流斯法》

制定于公元前 81 年，由苏拉提起，此法宣布所有在运动竞技中的赌注有效，只要竞技中的比赛被认为合乎道德。但是关于赌债的要式口约却是无效的。

[译名]《关于赌博的科尔内利法》(格罗索:《罗马法史》，第 299 页)

Lex Cornelia de ambitu《关于选举舞弊罪的科尔内流斯法》

颁布于公元前 81 年，由苏拉提起，该法决定建立惩治选举舞弊罪的常设刑事法庭，并且针对被判刑人规定了禁止在10年内担任公职的刑罚。

Lex Cornelia de captivis《关于被俘者的科尔内流斯法》

即复境权法，颁布于公元前81年，由苏拉提起，该法针对被俘者的法律地位引进了科尔内流斯法的拟制。规定罗马士兵在战争中被俘后不幸身死异域的，视同死在国内，或视为他在被俘之时即已死亡，以免其遗嘱失效。

［译名］《考乃利亚法》（江平、米健：《罗马法基础》，第110页）；《康尼利亚律》（丘汉平：《罗马法》，第61页）；《科尔内利法》（彭梵得：《罗马法教科书》，第33页，第364页）；《科尔涅利亚俘虏法》（周枏：《罗马法原论》，第120页，第535页）；《复境权法》（优士丁尼：《法学阶梯》，第61页）；《科尔内利法》（盖尤斯：《法学阶梯》，第48页）

Lex Cornelia de edictis praetorum《关于裁判官告示的科尔内流斯法》

于公元前67年颁布的平民会决议，它规定裁判官必须按照自己发布的告示所确定的标准审理纠纷，不得任意变更告示内容。

［译名］《科尔涅利亚谕令法》（周枏：《罗马法原论》，第48页）（他标注的拉丁原文为：*Lex Cornelia de edictis perpetuis*，他认为"edictum perpetuum"最好翻译为"常续谕令"，不过对本法的拉丁术语，采用"*Lex Cornelia de edictis praetorum*"的更多）

Lex Cornelia de falsariis（又写作 *Lex Cornelia de falsis*）《关于伪造的科尔内流斯法》

颁布于公元前81年，由苏拉提起，此法判处刑罚于虚假书写、盖章、朗读、展示遗嘱或其他文件的人，或在明知的情况下，以恶意诈欺制造、雕刻或盖用假印章的人，以及做伪证的人。对奴隶的处罚是极刑；对自由人的刑罚是禁绝水火。由于此法是处理伪造遗嘱以及钱币，所以又被西塞罗称为《关于伪造遗嘱或钱币的科尔内流斯法》（*Lex Cornelia testamentaria/nummaria*）。

［译名］《背信罪之科耳涅利亚法》（黄右昌：《罗马法与现代》，第336页）；《关于作假的科尔内法》（黄风：《罗马法词典》，第158页）；《关于欺诈的科尔内利亚法》（黄风、程波：《罗马的法律大全》，第444页）《关于伪造的科尔内利亚法》（徐国栋：《债·私犯之债（Ⅱ）和犯罪》，第199页）；《关于伪造的科尔内利亚法》（优士丁尼：《法学阶梯》，第539页）；《关于伪造的科尔内里亚法》（薛军：《学说汇纂第48卷》，第161页）

Lex Cornelia de imperio《关于谕令权的科尔内流斯法》

颁布于公元前 81 年，由苏拉提起，此法将对罗马及其近郊的城内谕令权(imperium domi)从军事谕令权(imperium militiae)中分离出来。

Lex Cornelia de iniuriis《关于侵辱罪的科尔内利流斯法》

颁布于公元前 82 年—公元前 79 年间，由苏拉提起，该法决定针对侵辱罪建立常设刑事法庭。规定将殴打、鞭打和暴力侵入住宅等原属私犯的行为纳入公犯范围，归刑事审判庭审判；并规定一切与原告有血亲或姻亲关系的人，例如女婿、岳父、继父、继子、堂表兄弟姐妹、恩主及恩主的父亲等，都不得担任此等法庭的陪审员。该法规定的处罚之一是不能作证，并规定治死病人的医生要放逐或斩首。

[译名]《科尔涅利亚侵权法》(周枏：《罗马法原论》，第 843 页，第 865 页)；《关于侵辱罪的科尔内利法》(格罗索：《罗马法史》，第 278 页)；《关于不法侵害的科尔内利亚法》(优士丁尼：《法学阶梯》，第 449 页)

Lex Cornelia de legibus solvendo (又写作 *Lex Cornelia de soluto legibus*)《关于免受法律约束的科尔内流斯法》

此法制定于公元前 67 年，由保民官科尔内流斯(Gaius Cornelius)提出，此法限制了元老院在特殊情况下可以豁免对某人适用某特定法的权利，它规定此种豁免的提起最少需要 200 名元老，并且事后还需要民众会议的通过。

Lex Cornelia de magistratibus《关于长官的科尔内流斯法》

颁布于公元前 81 年，由苏拉提起，该法将担任长官职务的最低年龄标准提高：财务官(quaestor)为 37 岁；裁判官为 40 岁；执政官为 43 岁；并规定同一人担任同一职位必须间隔 10 年。

[译名]《科尔内利法》(格罗索：《罗马法史》，第 166 页)

Lex Cornelia de praetoribus《关于裁判官的科尔内流斯法》

颁布于公元前 81 年，由苏拉提起，该法将裁判官的数量增加到 8 个。

[译名]《科尔涅利亚法》(周枏：《罗马法原论》，第 952 页)

Lex Cornelia de provinciis ordinandis《关于行省管理的科尔内流斯法》

颁布于公元前81年，由苏拉提起，它规定裁判官在罗马任职一年后，可以前裁判官(propraetor)的身份来管理行省，其原来享有的谕令权也相应地延长。前执政官(proconsul)也按照同样的情形来适用此法。

Lex Cornelia de repetundis《关于搜刮钱财罪的科尔内流斯法》

颁布于公元前81年，由苏拉提起，该法降低了对搜刮钱财罪的惩罚强度，只对其科处单倍的罚金。

[译名]《科尔内利法》(格罗索:《罗马法史》，第269页)

Lex Cornelia de sacerdotiis《关于祭司的科尔内流斯法》

颁布于公元前81年，由苏拉提起，该法废除了《多米求斯法》(*Lex Domitia*)规定的选举罗马人民的公共祭司的制度，建立了单纯的补选制度。

Lex Cornelia de sicarris et veneficis《关于刺杀和投毒的科尔内流斯法》

颁布于公元前81年，由苏拉提起，该法针对刺杀、投毒、准备谋杀等杀人罪行为规定了惩罚，同时将杀亲罪排除在该法的适用范围之外；并规定，与此等常设刑事法庭的主席或成员串通，收受金钱谋求把一个无辜者判处死刑的元老，处死刑。

[译名]《科耳涅利亚法》(黄右昌:《罗马法与现代》，第335页)；《关于谋杀罪和投毒罪的科尔内利法》(格罗索:《罗马法史》，第278页)；《关于谋杀和投毒的科尔内利亚法》(徐国栋:《债・私犯之债(Ⅱ)和犯罪》，第196页)；《关于杀人罪的科尔内利亚法》(优士丁尼:《法学阶梯》，第535页)；《关于杀人与投毒的科尔内里亚法》(薛军:《学说汇纂第48卷》，第141页)

Lex Cornelia de sponsu(又称为*Lex Cornelia de adpromissoribus*)《关于允诺保证的科尔内流斯法》

颁布于公元前81年，由苏拉提起，该法调整的是允诺保证和诚意允诺保证制度，将保证人在同一年度为同一债务人对同一债权人提供担保的数额限制在2万塞斯特斯以内，但在某些特殊的情况下允许不受此限制。

[译名]《考乃利亚法》(陈朝壁:《罗马法原理》，第238页)；《科尔涅利亚法》(周枏:《罗马法原论》，第883页)；《关于债务的科尔内利法》(格罗索:《罗马法史》，第299页)

Lex Cornelia de viginti quaestoribus《关于设立 20 个财务官的科尔内流斯法》

颁布于公元前 81 年，由苏拉提起，将财务官（quaestor）的数量从 8 个增加为 20 个。

Lex Cornelia de tribunes plebis《关于平民保民官的科尔内流斯法》

公元前 82 年制定，由苏拉提起，意图是剥夺平民保民官的权力。它规定仅能由元老担任保民官一职，前保民官不可再担任其他更高的官职，而且保民官意图提起的法案需要元老院审核通过才能提交讨论，他们的否决权（intercessio）也受到相当大的限制。此法以后被庞培废除，并重新设立了保民官以前享有的特权。

Lex Cornelia Fulvia de ambitu《关于选举舞弊罪的科尔内流斯和富尔维尤斯法》

颁布于公元前 179 年，由是年的执政官格奈乌斯・科尔内流斯・多拉贝拉（Gnaeus Cornelius Dolabella）和马尔库斯・富尔维尤斯・诺比略尔（Marcus Fulvius Nobilior）提起，该法对选举舞弊罪规定了死刑。

Lex Cornelia iudiciaria《科尔内流斯审判法》

颁布于公元前 81 年，由苏拉提起，该法将刑事审判陪审团的组成成员从骑士改为元老，从而恢复了元老参加此等陪审团的权利。

Lex Cornelia maiestatis《关于国事罪的科尔内流斯法》

颁布于公元前 81 年，由苏拉提起，该法决定建立惩处国事罪的常设刑事法庭，并且针对该犯罪规定了死刑，从而代替了以前可以选择的“自愿流放”。

［译名］《关于国事罪的科尔内利法》（格罗索：《罗马法史》，第 277 页）

Lex Cornelia sumpturaria《关于禁止奢侈行为的科尔内流斯法》

颁布于公元前 81 年，由苏拉提起，该法限制宴会支出费用和丧礼开支，具体规定了费用的总额和物品的价格。

Lex Coloniae Genetivae Iuliae（又称为 *Lex Ursonesis*）《关于开拓殖民地的尤流斯法》

制定于公元前 44 年，由恺撒提议，它规定了在西班牙的罗马殖民地乌尔索（古称“Urso”，现称“Osuna”，乃西班牙塞尔维亚的一个城市）的制度，禁止出售公共财产，只允许按 5 年的租期出租此等财产。此法的内容部分地保存在 4 块青铜板之上。

Lex Crepereiade summa sponsionis《关于允诺保证金额的克勒贝雷尤斯法》

颁布年代不详，大约公布在共和早期，该法规定：在百人法院审理的案件的预审中，当事人应当相互提供赌誓：在败诉情况下，败诉方向胜诉方给付的誓金从 500 阿斯降到 125 塞斯特斯。

Lex curiata de imperio《关于谕令权的库里亚法》

该法是存在于起自王政时期、存续于共和时期，保存至帝政时期的罗马政治习俗中的一系列授予王、长官和皇帝谕令权的法律。[①] 这一习俗的最早创始人是罗马的第二任王努马（Numa Pomfilius），他被库里亚大会授予王的职权后，提议此等库里亚大会投票确认他自己的权力，形成确立王权的库里亚法。他的后任图留斯·噢斯提流斯（Tullius Hostilius，公元前 672—公元前 641）、安库斯·马尔求斯（Ancus Marcius，公元前 614—公元前 616 年）、塔克文·普里斯库斯（Tarquinius Priscus）、塞尔维尤斯·图留斯（Servius Tullius）和高傲者塔克文（Tarquinius Superbus）采用同样的程序确权。

[译名]《关于谕令权的库里亚法》（优士丁尼：《法学阶梯》，第 17 页）

D

Lex de flaminica diali《关于朱庇特神祭司的妻子的法律》

可能颁布于公元 24 年，它规定：在朱庇特神祭司以共食婚的神圣形式缔结的婚姻中，其妻子并不处于其权力之下，她仅需在一些神圣的事务上服从他。此种措施是为了鼓励人们缔结共食婚，进而维持朱庇特神祭司的正常延续，因为在帝国早期采取此种婚姻形式的人已非常稀少，而朱庇特神祭司的候选者却必须为从此种婚姻中出身之人。

Lex de imperio Vespasiani《韦斯巴芗谕令权法》

① Adolf Berger，Encyclopedic Dictionary of Roman Law. Philadelphia：The American Philosophical Society，1991，p. 550.

颁布于69—70年,该法为元老院向韦斯巴芗(Titus Flavius Vespasianus)授予元首权力的宪法性文件。被记载在两块铜表上,只有一块残存,于1347年被科拉·迪·李恩佐(Cola di Rienzo,1313—1354)在罗马的圣乔万尼拉特兰诺大教堂的一个祭坛上发现。残存的这块铜表上包括8个条文,外加1个制裁,规定韦斯巴芗皇帝享有如下权力:(1)外交权。(2)法案提出权。(3)召集临时的元老院会议通过法案权。(4)长官候选人推荐权。(5)城界外推权,也就是扩大罗马城的范围的权力。这不仅具有城市建设的意义,而且有政治意义,因为一些长官例如保民官的权威以城界为界限,外推城界等于扩张此等长官的管辖权范围。(6)为国家利益便宜行事权。(7)免受法律约束权和前任政治权力继承权。(8)既往作为被追认合法权,外加违法豁免权、免交罚款权、免受控告权。就佚失的那块铜表上的内容,学界普遍认为规定了皇帝的如下权力:(1)土地分配权;(2)统帅设立与罢黜权;(3)设立殖民地、建立城市及毁灭城市权;(4)台伯河河岸和河床的定界权。

[译名]《维斯帕西安关于权力的法律》(格罗索:《罗马法史》,第316页)

Lex Didia sumptuaria《狄丢斯法禁止奢侈行为》

制定于公元前143年,由保民官奎里努斯(C. Didius Quirinus)提起,它将公元前161年的《范纽斯禁止奢侈行为法》(*Lex fannia sumptuaria*)的范围扩展到整个意大利,并对参与受法律惩处的宴会的客人也施加罚金。

Lex Domitia de sacerdotiis《关于祭司的多米求斯法》

可追溯到公元前103年,由保民官艾诺巴尔布斯(Cn. Domitius Ahenobarbus)提起,该法规定:部落民众会议应当选举所有主要的祭司(大祭司、占卜官等)。

[译名]《多米蒂法》(*Domizia*)(格罗索:《罗马法史》,第41页)

Lex Duilia de provocatione《关于申诉的兑流斯法》

颁布于公元前449年,由保民官兑流斯(M. Duillius)提起,此法是为了保护申诉权,规定:如果任何人意图设立一个其决定不可申诉的官职,或者取消平民保民官一职,应鞭打并处死之。

Lex Duodecim Tabularum《十二表法》

产生于公元前451—公元前450年,是罗马社会早期成文法的集中代表,也是贵族和平民这两大阶级长期斗争的妥协产物。为起草这部法律汇编，贵族和平民于公元前 451 年共同组建了十人立法委员会，并派出一个使团赴雅典学习希腊城邦的法制。当年将制定的法律铭刻在 10 块板上，展示于集议场。公元前 450 年，第二个十人立法委员会又补充了两表法律，由此形成了《十二表法》。此种将立法成果公布于众的做法使法律从少数僧侣和权贵的密室中解放出来，使所有的市民能够平等地借助法律维护其权益，因而在法制史中具有划时代的革命意义。《十二表法》基本上是对早期奎里蒂法的汇集、加工和修订，既包含着实体法方面的内容，也包括关于法律诉讼方面的一些具体规则。

［译名］《十二标法》（黄右昌：《罗马法与现代》，第 111 页）

F

Lex Fabia de plagiariis《关于拐带人口罪的法比尤斯法》

大概是在公元前 90 年之后制定的一项法律，该法调整的是惩处拐带人口罪的刑事制度，它包括两种情形：将一个自由人视为奴隶，或劝说奴隶离开其主人。此外帮助主犯实施此种行为之人也视为犯了此罪。在以后的发展中，将一个自由人作为交易（例如出售、作为嫁资）的标的，也视为犯了此罪，并且不管是给予者，还是接受者都应承受处罚，但前提是他们知道交易标的是自由人却仍然恶意行事。此法对此罪施加了一些严厉的惩罚，并且被以后的皇帝敕令加强。戴克里先【＝地奥克勒齐亚努斯】（Diocletianus）皇帝还对此罪引入了死刑。

［译名］《关于拐带人口罪的法比法》（格罗索：《罗马法史》，第 278 页）；《关于贩卖自由人为奴的法比亚法》（优士丁尼：《法学阶梯》，第 541 页）；《关于拐带人口的法比法》（薛军：《学说汇纂第 48 卷》，第 225 页）

Lex Fabia de numero sectatorum《关于限制追随者数目的法比尤斯法》

大约在公元前 66 年颁布，由保民官 M. 法比尤斯 · 阿德里亚努斯提议。该法旨在限制候选人的追随者的数目，这些人可能是在竞选期间雇佣的。

Lex Falcidia de legatis《关于遗赠的法尔其丢斯法》

即特留份法，颁布于公元前 40 年，由保民官法尔其丢斯（P. Falcidius）提起，该法规定：在任何情况下，遗产的 1/4 必须保留给继承人；为此目的，必要时应当按比例削减超过 3/4 限额的遗赠。

[译名]《法勒西迪法》(江平、米健:《罗马法基础》,第 426 页);《福尔西地亚律》(丘汉平:《罗马法》,第 304 页);《法尔其第法》(彭梵得:《罗马法教科书》,第 389 页);《法尔西地亚法》(周枏:《罗马法原论》,第 46 页,第 611 页);《法尔奇迪亚法》(徐国栋:《法律行为》,第 142 页);《法尔奇迪亚法》(优士丁尼:《法学阶梯》,第 213 页,第 251 页,第 253 页,第 257 页);《法尔其第法》(盖尤斯:《法学阶梯》,第 166 页);《法尔其第法》(费安玲:《婚姻·家庭和遗产继承》,第 491 页,第 583 页及以次)

Lex Fannia sumptuaria《范纽斯禁止奢侈行为法》

颁布于公元前 161 年,由执政官斯德拉波(C. Fannius Strabo)提起,它规定,国家重要市民,凡按古代仪式在大母神节赛会[①]时相互宴请,即众人之间轮流做东,必须在裁判官面前庄严宣誓,每一次的宴席,除了蔬菜、小麦和酒之外,开销不得多于 120 阿斯;不可饮用外国的酒,只能用本国酒;宴席上使用的银器重量不可超过 100 磅。

Lex Flaminia agraria《弗拉米纽斯土地法》

可能颁布于公元前 228 年(根据西塞罗)或公元前 232 年(根据波利比阿),由保民官弗拉米纽斯(C. Flaminius)提起,它规定了意大利皮切努姆(Picenum)土地的分配。此法遭到执政官的抵制,但得到实施,从安科纳到里米尼建立了一系列罗马殖民地。

Lex Flavia agraria《弗拉维尤斯土地法》

颁布于公元前 60 年,由保民官弗拉维尤斯(L. Flavius)提起,规定为庞培【=庞培尤斯】(Pompeius)的士兵分配土地,执政官梅特鲁斯(Caecilius Metellus)因反对此法而入狱。

Lex Fufia Caninia《富菲尤斯和卡尼纽斯法》

颁布于公元前 2 年,由备位执政官杰米努斯(C. Fufius Geminus)和伽鲁斯(L. Caninius Gallus)提起,该法限制通过遗嘱解放奴隶,只允许按照一定的比例解放自己的奴隶,并且要求采取在遗嘱中逐个列名的方式实施解放,目的

① 大母神节赛会(Ludi meglenses),纪念大母神的节日,伴有赛会。赛会从 4 日持续到 10 日。只有贵族在 4 日举行宴会,平民于 4 月 19 日庆祝凯莱斯节。

在于限制解放自由人在自由人中的比重。规定奴隶主只有一名奴隶的，该奴隶可予以解放；有奴隶 2～3 名的，最多可解放 2 名；有 4～10 名的，最多可解放 1/2；有 11～30 名的，最多可解放 1/3；有 31～100 名的，可解放 1/4；有 101～500 名的，可解放 1/5。但一个奴隶主解放奴隶的数目最多不得超过 100 人。

[译名]《顷宁尼亚律》（丘汉平：《罗马法》，第 68 页）；《富菲亚和卡尼尼亚法》（格罗索：《罗马法史》，第 325 页）；《富菲亚和卡尼尼法》（彭梵得：《罗马法教科书》，第 30 页，第 103 页）；《夫非亚・卡尼尼亚法》（周枏：《罗马法原论》，第 243 页）（应将"・"换成"和"，以下同）；《福菲亚・卡尼尼亚法》（优士丁尼：《法学阶梯》，第 35 页）；《富菲亚和卡尼尼亚法》（盖尤斯：《法学阶梯》，第 14 页及以次）；《富菲亚・卡尼尼法》（费安玲：《婚姻・家庭和遗产继承》，第 3 页）

Lex Furia de sponsu《关于允诺保证的富流斯法》

约在公元前 230—公元前 130 年颁布，该法规定：第一，不论市民或非市民的保证人，其责任以债务期满后的 2 年为限，如债权人在 2 年内不做主张，保证人的责任即行消灭。第二，债权到期未获清偿的，由生存的保证人按比例分担责任，其中有无力清偿的，其应负担部分不得分摊给其他保证人，若某保证人清偿之数超过其应分担的份额，该保证人对债权人也有直接实施拘押之权，称"准判决拘押"。

[译名]《夫里亚法》（黄右昌：《罗马法与现代》，第 330 页）；《富里亚法》（陈朝壁：《罗马法原理》，第 236 页）；《夫里亚法》（周枏：《罗马法原论》，第 883 页，第 885 页）；《夫里亚保证法》（周枏：《罗马法原论》，第 938 页）；《关于应保人的富里法》（盖尤斯：《法学阶梯》，第 298 页）

Lex Furia testamentaria《富流斯遗嘱法》

颁布于公元前 200 年，由保民官富流斯（C. Furius）提起，它规定：遗赠的数量不得超过 1000 阿斯，对于超过此限额的部分，受遗赠人应支付 4 倍的罚金。对于这 4 倍罚金，授予继承人"纯粹拘禁"对抗受遗赠人。受遗赠人可自任为诉讼保证人对抗继承人，在抗辩不成立时承担加倍偿还的责任。但对 6 亲等以内的亲属和兄弟姐妹的子女的遗赠，不在此限。

[译名]《弗雷亚遗嘱法》（丘汉平：《罗马法》，第 17 页）；《富利亚律》（丘汉平：《罗马法》，第 305 页）；《关于遗嘱的富里法》（彭梵得：《罗马法教科书》，第 389 页）；《夫里亚遗嘱法》（周枏：《罗马法原论》，第 610 页，第 938）；《福里亚

法》(优士丁尼:《法学阶梯》,第251页);《富里法》(盖尤斯:《法学阶梯》,第164页,第238页);《关于遗嘱的富里法》(盖尤斯:《法学阶梯》,第297页)

G

Lex Gabinia de uno imperatore contra praedones constituendo(又称为*Lex Gabinia de piratis persequendis*)《设立一个统帅对抗海盗的伽比钮斯法》

这个平民会决议由保民官伽比纽斯(A. Gabinius)于公元前67年提起,它指定庞培为统帅,授予他3年的谕令权,招募并指挥一支最多可由15个军团和200条船舰组成的军队剿灭地中海上的海盗,保障罗马从阿非利加获得粮食供应。[①] 同时规定,向外国驻罗马的使节提供贷款的人不享有诉权,目的是防止他们用借来的钱对罗马的元老们行贿。元老院被限制在每年的2月1日和3月1日会见外国使节。还规定,对于煽动在城市里秘密集会的人,按照先人的习俗处死刑。该法标志着元老院权力和罗马共和体制的萎缩。

[译名]《关于任命一名镇压强盗的将领的加比尼法》(格罗索:《罗马法史》,第301页)

Lex Gabinia tabellaria《关于投票的伽比纽斯法》

颁布于公元前139年,由保民官伽比纽斯(Q. Gabinius)提起,此法在长官选举中引进了秘密投票制度,从而代替了在民众会议中的口头表决制度。

[译名]《卡比尼法》(格罗索:《罗马法史》,第197页)

Lex Gellia Cornelia《杰流斯和科尔内流斯法》

颁布于公元前72年,由该年的执政官普布里科拉(Lucius Gellius Publicola)和克罗狄亚努斯(Gnaeus Cornelius Lentulus Clodianus)提起,此法给予了庞培可授予罗马市民身份给应得之人的特权,庞培的门客和西班牙人是此法的主要受益者。

Lex Glitiade inofficioso testamento《关于不合义务之遗嘱的格里求斯法》

---

① Anna Tarwacka, Romans and Pirates: Legal Perspective, Wydawnictwo, Uniwersytetu Kardynala Stefana Wyszynskiego, Warzawa, 2009.

此法的颁布日期不详，只是在盖尤斯的《格里求法评注》(Ad legem glitiam)(参见 D.5,2,4)中提到了它，此部分是关于“不合义务的遗嘱”的论述，所以，本法的目的在于阻止父亲订立不合义务的遗嘱。

Lex Genucia de feneratione《关于放债的杰努求斯法》

于公元前 342 年制定，是第四次平民撤离运动的成果。由保民官杰努求斯(L. Genucius)提起，它规定禁止借债取息，违者以公犯论，受破廉耻的宣告。

[译名]《格努西亚》(江平、米健:《罗马法基础》，第 341 页)

H

Lex Hieronica《耶罗法》

大约制定于公元前 3 世纪，它实际上不是一项罗马的法律，它在西塞罗控告前西西里总督盖尤斯·维勒斯(Verres)的辩护词中被提到，其作者是西西里的僭主耶罗二世(Hiero Ⅱ)以及以后的锡拉库扎(Syracusa，又译为“叙拉古”)的国王。此法是一个农业法，它处理的是公地的租赁以及 1/10 的土地税，并且在罗马征服西西里之后仍然有效，成为罗马人实行什一税的蓝本。

[译名]《杰罗内法》(格罗索:《罗马法史》，第 226 页)

Lex horrendi carminis《严酷条款法》

为早期的罗马刑事法律之一，它授权两人审委会审理敌对行为案件，并且在定罪后将犯罪人悬吊在树上用棍棒打死。两人审委会即是依此法而产生的。

[译名]《严酷条款法》(格罗索:《罗马法史》，第 133 页)

[分歧]对于此法的名称及内容的翻译有一定分歧，一译为《严酷条款法》(黄风:《罗马法词典》，第 160 页)，另一译为《恐怖咒语法》(黄风、程波:《罗马的法律大全》，第 449 页)；而且对于是否是“以咒语害人”这一方式也存在分歧。“carmen”除了有“歌谣、诗歌”的意思外，还有法律的“规则、制度”的意思，一本拉意词典将之翻译为“legge di orrendo tenore”，而且此法的原始文献出处是 liv. 1,26,6，综合看来，前一种的译法似乎更佳。

Lex Hortensia de plebiscitis《关于平民会决议的沃尔滕修斯法》

颁布于公元前 287 年，是平民的第五次撤离运动的成果，由独裁官沃尔滕修斯(Quintus Hortensius)提起,该法规定平民会决议对于所有罗马市民均具有约束力。它标志着贵族与平民间200余年斗争的结束以及他们间平等的最终实现。本法还有许多技术性的规定。例如,为了便利郊区民众进行诉讼,规定以后集市日不做节日计,同时规定法官不得受理与自己及其亲属有关的案件,开创了后世的回避制度。至于非讼事件则不受上述限制,不论何时何地长官都可处理,也可自行解放奴隶和子女等。法官管辖权的有无视被告的住所而定,故原、被告不在一地的,原告应向被告住所的法官起诉,即使是有关物权的诉讼也不例外,此即后世的"原就被"的原则。但若被告原籍是罗马,即使其住所在外省,则当他回到罗马时,原告亦可向罗马或该城市的法官起诉,称"原籍管辖"。

[译名]《荷典希亚律》(丘汉平:《罗马法》,第18页);《关于平民会决议的霍尔滕西法》(黄风:《罗马法词典》,第160页);《霍腾西阿法》(江平、米健:《罗马法基础》,第90页);《霍腾西阿法》(陈朝壁:《罗马法原理》,第12页);《霍尔腾西法》(彭梵得:《罗马法教科书》,第13页);《霍尔腾西亚法》(周枏:《罗马法原论》,第37页,第929页);《荷尔吞西亚法》(优士丁尼:《法学阶梯》,第17页);《霍尔腾西法》(盖尤斯:《法学阶梯》,第2页)

[分歧]对于"H"是否发音的问题,根据肖原的《拉丁语基础》,大多数人认为"H"为哑音。

Lex Hostiliade Furtis《关于盗窃的沃斯体流斯法》

于公元前2世纪颁布,具体日期不明,它规定凡因公出差或作战被俘,如其财物被盗,所有市民均可以被害人名义对窃贼提起盗窃之诉,由此开创了诉讼代理和公益诉讼制度。

[译名]《霍斯第里法》(彭梵得:《罗马法教科书》,第74页);《霍斯体利亚法》(周枏:《罗马法原论》,第834页);《荷司提利亚法》(优士丁尼:《法学阶梯》,第499页)

[勘误]周枏:《罗马法原论》,第834页,标注的此法的拉丁术语为:*Lex Horstilia*,显然多了一个"r"。

I

Lex Iciliade Tribunis Plebis《关于平民保民官的伊其流斯法》

颁布于公元前492年,由保民官Sp.伊其流斯提议,它重申了平民保民官神圣不可侵犯,并规定,打断保民官在公民大会上讲话的人,要处罚金。拒付罚金者要判死刑并没收财产。

[译名]《伊西利亚法》(丘汉平:《罗马法》,第 17 页)

Lex Icilia de aventino publicando《将阿文蒂努斯山上的土地收归国有的伊其流斯法》

颁布于公元前 456 年的平民会决议,由保民官卢伽(Lucius Icilius Ruga)提起,此法决定将阿文蒂努斯 (Aventinus) 山上的土地分配给平民建造住房。当时,这座山上的公地已被人占有,罗马国家剥夺了他们的占有,对恶信占有人的耕作费用不予赔偿;对诚信占有人的此等费用则赔偿之。

Lex Irnitana《伊尔尼自治市法》

为 1981 年在西班牙南部的塞尔维亚省发现 6 块刻有拉丁文法律的铜版的总称,这些铜版上的文字显示它是罗马帝国弗拉维王朝时期一座名为伊尔尼(Irni)的小城的宪章,涉及城市管理的方方面面,此宪章是目前已知保存最完整的城市宪章。

Lex Iulia agaria《优流斯土地法》

颁布于公元前 59 年,由恺撒在其执政官任期内提起,包括 3 条。第 1 条规定依据本法设立的殖民地内的土地间的界石必须更换;第 2 条规定,不得阻塞合法的分界物,不得在其上为建筑或阻挠自然的水流,违反者罚款 4000 塞斯特斯;第 3 条规定,依据本法设立的界石不得移动,违反者罚款 5000 塞斯特斯。人们认为此法完成了将意大利的公地转归私人所有的过程。

Lex Iulia de adulteriis coercendis《优流斯惩治通奸法》

颁布于公元前 18 年的平民会决议,由奥古斯都提起。它试图打击以已婚女性为主角的各种性犯罪,以保护家庭并纯洁性道德。规定妻子通奸是公罪,由法院判处流放刑,没收嫁资的一半以及嫁资以外财产的 1/3 给国库。奸夫将被判处没收财产的一半并被流放到不同的小岛。它确立了追诉时效制度,规定丈夫和妻子的家长对通奸妇女的追诉期为 60 天,如他们徇私放纵,在 60 天内不起诉,则任何市民在期满后 4 个月以内均可起诉通奸之有妇之夫,在 6 个月内均可起诉通奸之寡妇,但在任何情况下,时效期间不得超过 5 年。该法还规定了限期羁押制度,规定丈夫逮住奸夫后,不愿或不能杀害的,可拘留他 20 小时取证。该法把刑罚确定化,体现了和解的观念、保护人权的观念和正当程序的观念，推动了罗马刑法的发展，但它存在男权主义、把通奸不合理地入罪、以同样的刑罚处罚轻重不同的性犯罪、确立拷打奴隶制度，从而为一般的拷打制度开了路等缺陷。

［译名］《育利亚通奸法》（江平、米健：《罗马法基础》，第 172 页）；《优利亚律关于通奸之规定》（丘汉平：《罗马法》，第 99 页）；《尤里亚通奸法》（陈朝壁：《罗马法原理》，第 405 页）；《关于惩治通奸罪的尤利法》（彭梵得：《罗马法教科书》，第 110 页，第 122 页）；《关于通奸的优利亚法》（徐国栋：《债·私犯之债（Ⅱ）和犯罪》，第 181 页）；《关于镇压通奸的优利亚法》（徐国栋：《债·私犯之债（Ⅱ）和犯罪》，第 188 页）；《关于惩治通奸罪的优利亚法》（优士丁尼：《法学阶梯》，第 535 页）；《关于处罚通奸的尤里亚法》（薛军：《学说汇纂第 48 卷》，第 55 页）

Lex Iulia de ambitu《关于选举舞弊罪的优流斯法》

颁布于公元前 18 年，由奥古斯都提议。该法分为 3 条：第 1 条规定，以贿赂方式竞选长官职位的人，在 5 年内禁止他担任此等公职；第 2 条规定，要求担任长官职位的人，在开始竞选前要提供一定数目的金钱作为质押，如果贿选，丧失此等押金；第 3 条规定，根据这一法律被判罪者如果证明是别人犯下此罪，则恢复原来的法律地位，但是不接受金钱的回复。① 公元 8 年，颁布了同名的法律修正前法，规定如果候选人使用暴力，他将被放逐。该法创立了选举保证金制度；并改先前的反选举舞弊立法的单一的罚则为二元罚则。对于贿选者，处 5 年的失能刑；而对于暴力强选者，则处放逐。

［译名］《选举罪之幼利亚法》（黄右昌：《罗马法与现代》，第 336 页）；《关于徇私舞弊的优利亚法》（优士丁尼：《法学阶梯》，第 541 页）；《关于贿选的尤里亚法》（薛军：《学说汇纂第 48 卷》，第 223 页）

Lex Iulia de annona《关于生活资料供应的优流斯法》

关于此法颁布的时间，一种学说认为是公元前 50 年由恺撒颁布，该法规定制裁一定抬高小麦价格的举动。另一种学说认为该法颁布于公元前 18 年，由奥古斯都提议。该法首先针对以投机为目的囤积食品的行为规定了 20 金币的罚金刑。后人由此把该法看做反垄断法或竞争法的先祖。其次，该法还

① 薛军译：《〈学说汇纂〉第 48 卷（罗马刑事法）》，中国政法大学出版社 2005 年版，第 223 页。

禁止滞留船舶或水手。最后，该法允许奴隶举报主人的粮食诈欺行为，但也不容许地方议员以低于法定价格的价格向其属下出卖粮食，从而保障供粮者的利益，使供粮可以持续。

[译名]《谷价居奇罪之幼利亚法》(黄右昌:《罗马法与现代》，第 336 页)；《关于粮食供应的优利亚法》(优士丁尼:《法学阶梯》，第 541 页)；《关于粮食供应的尤里亚法》(薛军:《学说汇纂第 48 卷》，第 205 页)

Lex Iulia de bonis cedendis《关于财产让与的优流斯法》

此法颁布于约公元前 46—公元前 45 年，由恺撒提起。内战后，恺撒面临废除债务和适当履行债务两种主张。他采纳了后一主张，这样就兼顾了债务人和债权人两者的利益。该法规定了财产让与制度。通过此制度，一个债务人可将其财产自愿转让给债权人，从而避免任何人身性措施(如强制执行)，也避免了破廉耻。此法开创了比较先进的破产制度。但是，对于债务人不动产和动产的估价，只是按战前的价格进行，这样就减少了 1/4 的债务。后来，一个皇帝的敕令把该法的好处扩张到行省。

Lex Iulia de civitate Latinis (et sociis) danda《关于向拉丁人(和同盟者)授予市民权的优流斯法》

颁布于公元前 90 年，时值同盟者战争期间，由是年的执政官路求斯·优流斯·恺撒(Lucius Iulius Caesar)提议，它规定先前曾反叛罗马的意大利城市的居民可取得罗马市民权。

[译名]《关于向拉丁人和盟友授予市民籍的尤利法》(格罗索:《罗马法史》，第 293 页)

Lex Iulia de collegiis《优流斯行会法》

于 7 年颁布。该法要求所有行会(极少数传统悠久的宗教行会除外)全部自行解散，然后人们可根据皇帝或元老院的批准重新组建相应的行会。批准分个别批准和概括批准两种。此法的目的是防止人们利用行会从事政治斗争。

[译名]《列其士·幼利亚·德·科列给士》(黄右昌:《罗马法与现代》，第 75 页)；《关于社团的尤利法》(丘汉平:《罗马法》，第 159 页)；《优利亚结社法》(周枏:《罗马法原论》，第 295 页)

Lex Iulia de fundo dotali《优流斯嫁资土地法》

在奥古斯都时期通过，该法规定丈夫未经妻子同意不得处分其嫁资中的土地，也包括房屋、树木等土地的从物。通说认为它是《优流斯惩治通奸法》的一个条文。

Lex Iulia de magistratibus《关于长官的优流斯法》

颁布于公元前 12 年，由奥古斯都提起。该法规定了长官候选人的财产资格为 40 万塞斯特斯(后被提高到 100 万塞斯特斯)，并将平民营造官的数目增加到 4 人，并且设置了 2 名贵族营造官负责粮食供给和竞技活动。

Lex Iulia de maritandis ordinibus《关于等级结婚的优流斯法》

颁布于公元前 18 年，由奥古斯都制定，此法旨在限制跨阶级的婚姻，例如元老及其子女与女解放自由人、生来自由人与破廉耻者和通奸者之间的婚姻。并惩罚独身，对独身者和无子女者做出了一些限制性规定，例如丧失继承的能力等。创立了落空遗产制度，此等遗产在无债权人或在此等债权人怠惰的情形归国库。最后，还为已婚者和多子女者规定了一些照顾性措施，规定了三子权，生有三子的生来自由妇女和生有四子的解放自由妇女免受监护。生来三子的男子在担任长官时优先。

[译名]《关于嫁娶的尤利法》(彭梵得:《罗马法教科书》，第 36 页，第 116 页，第 130 页)；《优尼亚婚姻法》(周枏:《罗马法原论》，第 562 页)；《关于各阶层成员结婚的尤利法》(盖尤斯:《法学阶梯》，第 66 页)

Lex Iulia de modo aedificiorumurbis《优流斯城市建筑高度限制法》

颁布于公元前 6 年，制定者是奥古斯都，它规定了房子的高度不得超过 70 罗马尺(20 米多)。这是较早的城建立法。

Lex Iulia de pecuniis mutuis (又称为 *Lex Iulia de fenore*)《优流斯金钱借贷法》

制定于公元前 49 年，由恺撒提议，此法对订立金钱借贷的债务人的债务进行了一定的减轻:从主债中扣除已清偿债务的利息，免除 2 年的迟延利息，允许以土地代替现金来进行偿付，根据内战前的价值来进行估价。此法使债权人损失了 1/4 的债务，但这也使他们避免了在国内动乱后经常会出现的损失。

Lex Iulia de peculatu et sacrilegiis《关于贪污罪和渎神罪的优流斯法》

颁布于公元前 8 年，由奥古斯都提议，该法针对贪污罪和渎神罪规定了禁绝水火刑。

[译名]《公物盗罪之幼利亚法》（黄右昌:《罗马法与现代》，第 336 页）;《关于贪污和渎圣的尤里亚法》（薛军:《学说汇纂第 48 卷》，第 209 页）

Lex Iulia de repetundis（又写作 *Lex Iulia repetundarum*）《关于搜刮钱财罪的优流斯法》

颁布于公元前 59 年，由恺撒在当执政官时提出，此法是最后的并且最严厉的关于搜刮钱财的共和时期的法令，它通过引进一系列附加刑（例如无担任公职的被选举权，无作证能力，无能力作为法官，无能力代表他人参加诉讼）提高了对此种行为的惩罚力度，它在优士丁尼时期依然有效（D. 48. 11；C. 9. 27），涵盖了所有的在履行其公共职务时的人的不正当地收受金钱的行为。

[译名]《收贿罪之幼利亚法》（黄右昌:《罗马法与现代》，第 336 页）;《关于索贿的尤利法》（彭梵得:《罗马法教科书》，第 169 页）;《尤利法》（格罗索:《罗马法史》，第 269 页，第 276 页）;《关于敲诈的优利亚法》（徐国栋:《债 · 私犯之债（Ⅱ）和犯罪》，第 201 页）;《关于贪污的优利亚法》（优士丁尼:《法学阶梯》，第 541 页）;《关于搜刮钱财罪的尤里亚法》（薛军:《学说汇纂第 48 卷》，第 197 页）

Lex Iulia de residuis《关于截留的优流斯法》

颁布年代不详。该法规定：对于侵占公共财物并且在 1 年内不予返还的人，增加罚金数额。

[译名]《官物消费罪之幼利亚法》（黄右昌:《罗马法与现代》，第 336 页）;《关于贪污的优利亚法》（徐国栋:《债 · 私犯之债（Ⅱ）和犯罪》，第 202 页）;《关于公务余款的优利亚法》（优士丁尼:《法学阶梯》，第 541 页）;《关于截留的尤里亚法》（薛军:《学说汇纂第 48 卷》，第 209 页）

Lex Iulia de senatu habendo《关于元老院开会的优流斯法》

大概于公元前 9 年颁布，由奥古斯都提起，此法旨在规范元老院的运作。规定元老院在每月的固定 2 天（初一和十五）开会，3 月除外。只有有资格的人召集元老院会议，要求将参加会议的元老的名单公布于众，对于无故缺席者，则处以高额罚金；并规定了元老院的表决程序。

Lex Iulia de theatralis《关于剧场的优流斯法》

大约颁布于公元5年之后，由奥古斯都提起，它规定：仅允许其父亲或祖父过去有至少40万塞斯特斯的财产（即骑士阶层）的生来自由人坐在剧场的前14排。元老则坐在乐池内，以此把社会等级关系在剧场里也体现出来。

Lex Iulia de vicesima hereditatum（又称为 *Lex Iulia vicesimaria*）《关于1/20的遗产税的优流斯法》

于公元6年制定，奥古斯都为了充实国库，筹措军饷，规定继承人一般应于继承人死亡后3～5日内将遗嘱代交税务处，在税务员前经半数以上的遗嘱见证人验视密封遗嘱的印章，然后启封，当众宣读遗嘱内容，并由税务员笔录遗嘱副本存档，交纳1/20的税金，但是留给父亲和孩子的以及金额很小的遗产除外。于是遗嘱的启封，便成为要式的并具有公务性质的行为，违者处以5000银币的罚金，如见证人不能出席，即由长官指定的有信用的市民代之，如遗嘱在第三人手中，而他又拒绝交出，则裁判官经利害关系人的申请，可颁发"交出遗嘱的令状"，强制其交出。

[译名]《优利亚1/20税法》（周枏：《罗马法原论》，第537页）；《关于遗产二十分之一税的尤利法》（盖尤斯：《法学阶梯》，第242页）

[勘误]周枏：《罗马法原论》，第537页，提到此法的拉丁名称为：Lex Julia de vicesima hereditatium，其中"hereditatium"书写错误，应为"hereditatum"。

Lex Iulia de vi publica et privata《关于公共暴力和私人暴力的优流斯法》

为颁布于公元前17年的法律，由奥古斯都提议，但也有人主张由恺撒提议。该法禁止私人武装，将暴力罪区分为武装的暴力或公共暴力和非武装的暴力或私人暴力；对前者规定了禁绝水火刑，对后者规定了没收财产。

[译名]《关于胁迫之尤里亚法》（陈朝壁：《罗马法原理》，第547页）；《优利亚暴力法》（周枏：《罗马法原论》，第355页）；《关于公共暴力的尤利法》（格罗索：《罗马法史》，第155页）；《关于公开暴力【＝使用武器的暴力】的优利亚法》，《关于私下暴力【＝不使用武器的暴力】的优利亚法》（徐国栋：《债·私犯之债（Ⅱ）和犯罪》，第181页，第190页，第193页）；《关于私下或公开暴力的优利亚法》（优士丁尼：《法学阶梯》，第523页，第539页）；《关于公共暴力的尤

里亚法》(薛军:《学说汇纂第 48 卷》,第 125 页);《关于私人暴力的尤里亚法》(薛军:《学说汇纂第 48 卷》,第 135 页)

[勘误]陈朝璧:《罗马法原理》,第 547 页,提到本法的拉丁术语排版有误:*Lex Julia devi*(“devi”应为“de vi”)。

Lex Iulia et Papia Poppaea《优流斯以及帕皮尤斯和波培乌斯法》

这是人们对两项奥古斯都的关于婚姻问题的法律的统称,即公元前 18 年颁布的《关于等级结婚的优流斯法》(*Lex Iulia de martiandis ordinibus*)和公元 9 年颁布的《关于婚姻的帕皮尤斯和波培乌斯法》(*Lex Papia Poppaea nuptialis*)。前者禁止跨阶级结婚,并把结婚和生育定为公民的义务,25～60 岁的男性和 20～50 岁的女性都必须履行这一义务。对独身者和结婚而不生育者罚款。单身者和没有生 3 个子女的父亲不能接受遗产,必须把此等遗产给立遗嘱人的有后代的孩子或亲属。赋予有 3 个孩子的父亲一种特殊的法律身份三子权。后者首先剥夺独身者和婚而不育者的继承能力,具体情况为:(1)独身者,男性的年龄在 25～60 岁之间,女性的年龄在 20～50 岁之间,因此完全失去继承能力。独身者被给予 100 天的时间结婚,结婚后对他(她)们的继承能力剥夺解除;(2)无子女的夫妇,他们丧失一半的继承能力;(3)单亲家庭中的父亲,即有前婚中所生的子女后来未再婚的父亲,其被剥夺继承能力的程度不详。其次,该法还废除了女主人不得与被解放的男奴隶结婚的规定。再次,该法把落空份额分给遗嘱中指定的有子女的继承人,由此到达鼓励生育的目的。复次,该法还规定,如果解放自由人生了 3 个儿子或女儿,可以排除恩主的继承权。相反,如果他只生了 1 个儿子或女儿,恩主可继承他一半的遗产;如果他生了 2 个儿子或女儿,恩主可继承他 1/3 的遗产。最后,该法授予多产母亲(生了 3 个子女的生来自由妇女和生了 4 个子女的解放自由妇女)免受监护的特权。

[译名]《育利亚和弟提亚法》(江平、米健:《罗马法基础》,第 77 页);《列其斯·幼利亚·夜体·拔郿亚·坡普泊亚》(黄右昌:《罗马法与现代》,第 115 页);《尤里亚和帕皮亚法》(陈朝璧:《罗马法原理》,第 374 页);《尤利和巴比·波比法》(彭梵得:《罗马法教科书》,第 335 页,第 351 页,第 386 页)(应将“·改为“和”);《尤利和巴比法》(黄风:《罗马法词典》,第 161 页);《优利亚及帕皮亚法》(徐国栋:《法律行为》,第 75 页);《尤利法》和《巴比和波培法》(盖尤斯:《法学阶梯》,第 56 页);《尤里亚和巴比亚法》(费安玲:《婚姻·家庭和遗产继承》,第 27 页,第 37 页,第 145 页)

Lex Iulia et Plautia《优流斯和普劳求斯法》

颁布日期不详，此法排除了以暴力获得的物时效取得的可能性，它在Gai. 2,45以及D. 41,3,33,2中被援引，但是它更可能是两个法律的合称，即为《关于暴力的普劳求斯法》(*Lex Plautia de vi*)和《关于暴力的优流斯法》(*Lex Iulia de vi*)的合称。

[译名]《尤利和普劳蒂法》(彭梵得:《罗马法教科书》，第166页);《优利亚和普劳提亚法》(优士丁尼:《法学阶梯》，第149页);《尤利法》和《普拉蒂法》(盖尤斯:《法学阶梯》，第92页)

[分歧]"ti"在a,e(ae),I,o,u之前，应该音变为[tsi]，但大多数译者未音变。

Lex Iulia et Titia de tutela《关于监护的优流斯和提求斯法》

这是人们对两项颁布于公元前1世纪的法律的统称，它们授予行省总督为妇女和未适婚人任命官选监护人或叫阿梯流斯监护人(tutor Atilianus)的权力。该法规定任何人，包括无行为能力人本人都可以申请这样的监护人。

[译名]《尤利和提第法》(彭梵得:《罗马法教科书》，第133页);《优利亚及提济亚法》(优士丁尼:《法学阶梯》，第79页);《尤利和提兹法》(盖尤斯:《法学阶梯》，第69页)

Lex Iulia iudiciaria《优流斯审判法》

颁布于公元前46年，由恺撒提议，该法更改了《奥勒流斯审判法》(Lex aurelia iudiciaria)的规定，取消了司库长阶级的法官团参加刑事审判团的机会。

Lex Iulia iudiciorum privatorum《优流斯私诉法》

颁布于公元前17年，由奥古斯都提议，该法对早期的诉讼制度进行改革，废除了形式主义的以自力救济为重要补充的不完备的法律诉讼，代之以程式诉讼。规定"原就被"的原则并非强行规定，当事人可以契约另订之，称"约定管辖"。有关契约的争议，则推定当事人是以订约地或契约履行地为约定管辖地。

[译名]《优利亚私诉法》(周枏:《罗马法原论》，第948页，第972页)

Lex Iulia iudiciorum publicorum《优流斯公诉法》

颁布于公元前17年，由奥古斯都提议，该法统一了常设刑事法庭的程序，重新组建了4个法院。一个由元老构成，一个由骑士构成，一个一半由元老，一半由骑士构成，最后一个由只有一半骑士身份的法官构成，把法官的最低年龄要求从30岁降到25岁。每个法院轮流运作，在有关的法院休假的期间，有关的程序中止，从11月中止到12月。

［译名］《优利亚公诉法》（周枏：《罗马法原论》，第948页）；《公共审判的尤利法》（格罗索：《罗马法史》，第370页）

Lex Iulia maiestatis《关于国事罪的优流斯法》

颁布于公元前8年，由奥古斯都提议。该法将所有损害皇帝尊严的行为规定为国事罪，它们包括：(1)破坏已故皇帝的纪念物；(2)破坏皇帝的雕像和其他形象；(3)杀害人质；(4)所有在未得皇帝命令的情况下鼓动战争的行为；(5)拒绝承认皇帝为神的行为。该法授权长官对罪犯实施拷打。对该犯罪规定了死刑，以投放野兽或烧死的方式执行。

［译名］《关于国事罪的优利亚法》（徐国栋：《债·私犯之债（Ⅱ）和犯罪》，第181页，第186页）；《关于国事罪的优利亚法》（优士丁尼：《法学阶梯》，第535页）；《关于国事罪的尤里亚法》（薛军：《学说汇纂第48卷》，第45页）

Lex Iulia municipalis《关于自治市的优流斯法》

在现代文献中常被称为“埃拉克勒阿铜表”（Tabula Heracleensis），因为此法被记载于在意大利南部的古城埃拉克勒阿（Heraclea）被发现的铜表之上，对于其刻写时间，一种观点认为在同盟者战争后，即公元前89年授予埃拉克勒阿居民市民权时所刻；另一种则认为在公元前49年之后，即恺撒提出并实施的一部自治城法案的部分摹刻。此铜表一部分涉及罗马的事务，但更大的一部分处理的是自治市和殖民地的通常管理，其主题涉及小麦的分配、建筑和交通规则、自治市长官的选举以及自治市的管理问题等。

Lex Iulia sumptuaria《关于禁止奢侈行为的优流斯法》

有两项以此为名，一个颁布于公元前46年，在恺撒任独裁官时期，一个颁布于公元前18年，在奥古斯都时期。前者除了一些通常的反对奢侈行为的禁止条款外，还包括一些关于轿子的使用、紫色奢侈的衣服以及珍珠宝石等的特殊的禁令；后者规定了妇女的服饰标准以及不同节日的不同宴会标准，对在宴会中无节制的奢侈行为重申了严厉的惩罚措施。

Lex Iunia de peregrinis《关于外邦人的优纽斯法》

颁布于公元前126年，由保民官佩努斯(M. Iunius Pennus)提起，它命令驱逐在罗马假装是罗马市民的外邦人。

Lex Iunia Petronia de liberalibus causis《关于自由权案件的优纽斯和佩特罗纽斯法》

大概颁布于19年，由执政官西兰努斯(M. Iunius Silanus)和P. 佩特罗纽斯(P. Petronius)提起，此法引进了这样一个规则：在审理关于自由权的案件时，如果因为缺乏证据造成其身份不清楚，从而导致法官之间存在争议的，并且对立票数相等，应当遵循自由权优先的原则判定该人享有自由权。

Lex Iunia Norbana de manumissionibus《关于解放的优纽斯和诺尔巴纽斯法》

颁布于公元前19年，由该年的执政官西拉努斯(M. Iunius Silanus)和巴尔布斯(L. Norbanus Balbus)提起，该法规定：以非要式的方式或违背以前的关于解放的特别限制要件解放奴隶的，该奴隶不能取得罗马市民的身份，而成为优纽斯拉丁人(Latini Iuniani)。

[译名]《优尼亚·诺尔巴那法》(周枏：《罗马法原论》，第114页，第241页)；《优尼亚·诺尔巴拿法》(优士丁尼：《法学阶梯》，第29页)；《尤尼法》(盖尤斯：《法学阶梯》，第212页)

Lex Iunia Vellaea Testamentaria《优纽斯和韦勒乌斯遗嘱法》

大概颁布于公元26年，由是年的执政官西拉努斯(L. Iunius Silanus)和杜多尔(C. Vellaeus Tutor)提起，该法创设了一类特殊的后生子类别，即在遗嘱订立之后并且遗嘱人死亡之前出生的后生子——此类遗腹子后来被称为“韦雷乌斯后生子”(postumi velleiani)。该法要求要么指定此等子女为继承人，要么剥夺其继承权，以免遗嘱人的遗嘱被打破。

[译名]《尤尼亚和韦勒亚法》(彭梵得：《罗马法教科书》，第376页)；《优尼亚·韦雷亚法》(周枏：《罗马法原论》，第521页)(“·”应改为“和”，以下同)；《优尼亚·维拉依法》(优士丁尼：《法学阶梯》，第191页)；《尤尼亚和韦雷法》(盖尤斯：《法学阶梯》，第126页)；《威拉伊埃法》(费安玲：《婚姻·家庭和遗产

继承》，第 291 页）（在括号中其拉丁原文被错误注明为：*Lex Velleiae*）；《尤尼阿·韦莱雅法》（费安玲：《婚姻·家庭和遗产继承》，第 297 页）；《韦莱雅法》（费安玲：《婚姻·家庭和遗产继承》，第 301 页，第 303 页，第 315 页）

L

Lex Laetoria de circumscriptione adulescentium《关于欺骗青少年的普雷托流斯法》（见 *lex Plaetoria*）。

Lex Licinia Cassia《李其纽斯和卡斯修法》

颁布于公元前 172 年，由是年执政官克拉苏斯（P. Licinius Crassus）和龙基努斯（C. cassius Longinus）提起，此法授予执政官和裁判官任命军团大队长的权力，而以前他们是由部落会议来选举的。

Lex Licinia de iudicis postulatione《关于要求法官的李其纽斯法》

颁布年代不详。该法引进了共同财产分割之诉，并且对其适用请求法官或仲裁人之诉。

Lex Licinia de sodaliciis《关于非法结社罪的李其纽斯法》

颁布于公元前 55 年，由执政官克拉苏斯（M. Licinius Crassus）提起，该法针对的是为了选举舞弊而特别设立的一些团体，此种团体通过不正当的实践来支持一个候选人参加选举，对于此种非法结社罪，该法规定了禁绝水火刑。本法还规定了执行本法的法庭的组织：控告人为被告提供 4 个部落作为陪审团的选择范围，被告可以排除其中一个，而不是个别地质疑选定的陪审员。

Lex Licinia Iuniade Legum Latione《李其纽斯和优纽斯立法法》

颁布于公元前 62 年，由该年执政官穆雷那（L. Licinius Murena）和西拉努斯（Iunius Silanus）提起，旨在防止民会通过隐藏的、无关的事项，它们可能被错误解释或导致不道德，并规定制定法的官方文本应该在国库存档，以防造假。

Lex Licinia Mucia de civibus redigundis《关于驱逐假市民的李其纽斯和穆求斯法》

颁布于公元前 95 年，由该年执政官克拉苏斯（L. Licinius Crassus）和谢沃拉(Q. Mucius Scaevola)提起,该法废除了拉丁人的迁居权,并且设立了一个刑事法庭惩处以罗马市民自居的外邦人。由此引发了同盟者战争,战争结束后,罗马被迫通过了《普劳求斯和帕披流斯法》(*Lex Plauta Papiria*)授予所有在意大利境内的拉丁人罗马市民权。

[译名]《李其尼和穆齐法》(陈朝壁:《罗马法原理》,第 52 页);《利西尼亚·慕西亚法》(周枏:《罗马法原论》,第 113 页)("·"应改为"和")

[勘误]陈朝壁:《罗马法原理》,第 52 页,对于此法的拉丁原文错误书写为:Lex Linicia Mucia,很明显"Linicia"应为"Licinia"。

Lex Licinia Sextia de modo agrorum《关于土地规模的李其纽斯和绥克斯求斯法》

颁布于公元前 367 年,由保民官斯托罗(C. Licinius Stolo)和拉特那努斯(L. Sextius Lateranus)提起,也可能是由他们提起的数项法律,包括多项内容:将一个人能够占有的公地的大小限制为 500 尤格,对违反者处罚金,设定了占有人能够在公共土地上放牧牲畜的数量:100 头牛或 500 头羊;减轻了债务人的债务,将已交的利息抵作本金;规定两个执政官中要有一人是平民,并且新设了只向贵族开放的裁判官和贵族营造官。

[译名]《李其尼和赛斯蒂法》(格罗索:《罗马法史》,第 90 页)

Lex Licinia sumptuaria《关于禁止奢侈行为的李其纽斯法》

可能颁布于公元前 103 年,由是年的执政官李其纽斯·格拉苏斯(Licinius Grassus)和格奈乌斯·伦图鲁斯(Gnaeus Lentulus)提议。该法规定三种日子的消费金额限量。一些日子可消费 100 阿斯;婚礼可消费 200 阿斯;其他所有日子,只能消费 30 阿斯。另外规定,在平常日子,消费的鲜肉不得超过 3 磅,咸肉不得超过 1 磅,但水果和蔬菜不限量。

Lex Livia agraria《李维尤斯土地法》

颁布于公元前 91 年,由保民官德鲁苏斯(M. Livius Drusus)提起,该法减少了在西西里的殖民地,并且对康盘尼亚、埃特鲁里亚和翁布里亚的公地进行分配。

Lex Livia frumentaria《李维尤斯小麦法》

颁布于公元前 91 年,由保民官德鲁苏斯(M. Livius Drusus)提起,它规定降低向平民供应的粮食的价格，其方法是用贬值了的货币支付小麦价金。

Lex Livia iudiciaria《李维尤斯审判法》

颁布于公元前91年，由保民官德鲁苏斯(M. Livius Drusus)提起，该法将骑士阶层的审判权收归元老阶级，并建立了一个特别的法院审判收受贿赂的法官。规定本法具有溯及力。

Lex Livia nummaria《李维尤斯钱币法》

颁布于公元前91年，由保民官德鲁苏斯(M. Livius Drusus)提起，该法允许按7∶1的比例发行银铜混合币，试图以此减轻因实施《李维尤斯小麦法》给国库带来的压力。

[译名]《货币铸造流通法》(格罗索:《罗马法史》，第292页)

M

Lex Maenia de patrum auctoritate《关于元老批准的梅纽斯法》

颁布日期不详，可能在公元前287年由保民官梅纽斯(Maenius)提起，它规定参加官员竞选的候选人，在人们进行民众会议投票之前，必须首先向元老院征求意见，这就将元老院以前享有的批准权变成为无拘束力的纯粹形式性的预先征求意见程序。此法的条款与《关于元老批准的普布利流斯·菲罗法》(*Lex Publilia Philonis de patrum auctoritate*)的主题类似。

[译名]《麦尼法》(格罗索:《罗马法史》，第173页)

Lex Malacitana《马拉加法》

颁布日期不详细，此法是关于自治市马拉加(Malaga，现为西班牙的一个城市)的城市规章，其内容与《萨尔盆萨法》(*Lex Salpensana*)类似。

[译名]《马拉其塔法》(彭梵得:《罗马法教科书》，第184页)

Lex Mamilia de Limites《关于地界的马米流斯法》

大概颁布于公元前109年，由保民官盖尤斯·马米流斯(C. Mamilius Limetanus)提议，它规定田地间应留5～6尺的空地，它们不能以时效取得，为了确定此等地界，裁判官可任命3名仲裁人。

Lex Manciana de colonis fundi villae magnae data《关于授予大庄园殖

民地土地的曼恰纽斯法》

颁布于2世纪，主要规范了在阿非利加（今突尼斯地区）对直属于皇帝的土地的使用权问题。该法规定了当地的土地租赁归私人，而这些人又再次安排他人耕种。耕种者有耕种土地的义务，同时又有义务向土地所有人（即皇帝）或者直接承租人缴纳土地出产物的一部分；如果在土地上种植的是树木，那么将自动获得地上权并可以由儿子继承；如果抛荒超过2年，则丧失使用权，土地将回归第一承租人，后者负有耕种土地的义务。

Lex Manilia de libertinorum suffragiis《关于解放自由人投票的马尼流斯法》

制定于公元前67年，由保民官马尼流斯（C. Manilius）提起，它规定把解放自由人分配在所有的部落，而非像过去一样仅分配在城市部落，由此增加了解放自由人的影响；并规定解放自由人可在其恩主的部落投票。该法很快被新任执政官宣布无效，因为其颁布未遵守法律规定的程序。

Lex Manlia de vicesima manumissionum《关于1/20的解放奴隶税的曼流斯法》

颁布于公元前357年，由执政官卡皮托里努斯（Cn. Manlius Capitolinus）提起，该法规定对解放奴隶的行为征税，其纳税额大约相当于被解放的奴隶市场价的1/20。通常由主人支付，如果奴隶自费赎身，由他支付。

Lex Marcia de Fenore《关于利息的马尔求斯法》

大约在公元前104年颁布，该法规定：对于收取高利贷的人，可以通过拘禁之诉要求获得4倍返还。

[译名]《马耳夏法》（黄右昌：《罗马法与现代》，第330页）；《麻西亚律》（丘汉平：《罗马法》，第17页）；《马尔西亚法》（周枏：《罗马法原论》，第938页）；《马尔其法》（盖尤斯：《法学阶梯》，第299页）

Lex Maria de Suffragiis Refendis《关于投票程序的马流斯法》

颁布于公元前119年，由保民官马流斯（C. Marius）提起，此法限制市民从等待投票地走到投票箱的桥的尺寸，目的是防止投票人在去投票箱的路上遭受关说。此等投票关乎司法。该法提到的桥，是在百人团大会上，投票者要走过以便到达票箱的那道旱桥，其设立目的是让投票人在大家的视线内。[①]此桥被做得很窄后，只容一人通过，意图的关说者无法与马上要投票的选民同时出现在桥上，也就无法实施关说了。

Lex metallis Vipascensis《关于维帕斯卡矿山的法律》

约制定于公元100年，此法是关于西班牙维帕斯卡（Vipasca）矿山的管理，它把矿区分为村落、矿和涉矿区，赋予它们不同的功能，从而具有城市规划的作用。该法还规定了帝国的矿山管理人向私人承包者出租矿山的规则。

Lex metilia fullonibus dicta《关于洗染店的梅特流斯法》

于公元前220—公元前217年之间颁布，由弗拉米纽斯（C. Flaminius）和埃米流斯（L. Aemilius）在担任监察官时提议，由平民大会通过。该法禁止染衣店和洗衣店把从他们作坊产生的污水排到公共的地方和田野，以罚金制裁违反者。[②]

Lex Minicia de Liberis《关于子女身份的米尼求斯法》

颁布年代不详（大概在公元前90年），该法规定：身份不同的夫妻所生的子女从较低的身份。故女罗马市民与无通婚权的外邦人所生的子女被视为外邦人；男罗马市民与无通婚权的女外邦人所生的子女同样被视为外邦人，即使该妇女在分娩时取得了罗马市民权。

[译名]《米尼奇法》（陈朝壁：《罗马法原理》，第51页）；《米尼西法》（周枏：《罗马法原论》，第111页）；《米尼奇法》（盖尤斯：《法学阶梯》，第28页）

Lex Minucia de Triumviris Mensariis《关于银行3人委员会的米努求斯法》

制定于公元前216年，由保民官米努求斯（M. Minucius）提起，此法任命了3个财务方面的官员管制短缺通货引起的危机。他们有可能建立一个公共银行解决私人的债务。对可以提供良好担保的债务人，先用公共基金代他们

---

① Lily Ross Taylor, Roman Voting Assemblies, From the Hannibalic War to the Dictatorship of Caesar, The University of Michigan Press, 1990, p. 39.

② Laura Solidoro Maruotti, La tutela dell'ambiente nella sua evoluzione storica. L'esperienza del mondo antico, Torino, 2009, p. 61.

还债;不能提供担保的债务人可以实物抵债。如此产生扣押财产并拍卖。

Lex municipalis Tarentina《塔兰托姆自治市法》

制定时间不详,大约在公元前 1 世纪,此法是关于意大利南部海边城市塔兰托姆(Tarentum)的城市规章,它包括城市长官的责任、城市建筑、市有财产以及城市警察等方面的规则。

[译名]《塔棱蒂法》(彭梵得:《罗马法教科书》,第 184 页)

N

Lex Numae《努马法》

早期的王法之一,由罗马的第二任王努马·庞皮流斯(Numa Pompilius)制定,它对杀人罪做出了刑事处罚,把杀害罗马市民与杀害亲戚等同,旨在强调以公力救济取代私人报复。区分故意杀人和非故意杀人,只让前者受制于私人报复。对于后者,它要求犯罪行为人在人民面前交付一只公羊给被杀者的宗亲,因为此等动物要被作为他的替代献祭于神。

O

Lex Ogulnia《奥古尔纽斯法》

颁布于公元前 300 年的平民会决议,由保民官伽鲁斯(Quintus Ogulnius Gallus)提起,该法将大祭司和占卜官的数目从 4 人分别增加到 8 人和 9 人,并且规定新增加的职位应当分配给平民。

[译名]《奥古尼亚律》(丘汉平:《罗马法》,第 18 页);《奥古尔尼亚法》(周枏:《罗马法原论》,第 51 页);《奥古尔尼法》(格罗索:《罗马法史》,第 92 页,第 168 页)

Lex Oppia《奥皮乌斯法》

颁布于公元前 215 年,时值第二次布匿战争的危机时期,由保民官奥皮尤斯(C. Oppius)提起,此法对于女人的一些奢侈行为进行限制,规定女人不得拥有超过半盎司的黄金、不得穿颜色过于鲜艳的衣服、不得坐马车来罗马或其他城市,参加宗教仪式的情形除外;并规定长官不能带妻子赴任。该法于公元前 195 年在妇女的压力下被废除,当然,废除的另一理由是罗马人通过赢得第二次布匿战争获得了极大的财富。

Lex Orchia de cenis《关于晚餐的奥克尤斯法》

颁布于公元前 181 年，由保民官奥克尤斯(C. Orchius)提起，此法也禁止奢侈行为，它限制了能够被邀请参与晚餐的客人的人数。

Lex Ovinia de senatus lectione《关于挑选元老的奥维纽斯法》

据说颁布于公元前 318—公元前 312 年，是一个平民会决议，该法将原由执政官担任的挑选和任命元老的任务转交给监察官，规定元老院的成员从原高级官吏的最优秀的人物中选出。

[译名]《奥维尼亚法》(周枏:《罗马法原论》，第 34 页)；《奥威尼法》(格罗索:《罗马法史》，第 162 页，第 170 页)

P

Lex Papia de vestalibus《关于维斯塔贞女的帕皮尤斯法》

颁布于公元前 65 年，规定了由大祭司挑选 20 个维斯塔贞女的程序，此等挑选不应考虑贵族和平民的阶级划分。

Lex Papia de peregrinis《关于外邦人的帕皮尤斯法》

颁布于公元前 65 年，由保民官帕皮尤斯(C. Papius)提起，此法引进特别的程序反对非法假装自己是罗马市民的外邦人，其处罚是将之驱逐出罗马。

Lex Papia Poppaea nuptialis《关于婚姻的帕皮尤斯和波佩乌斯法》

颁布于 9 年，由执政官穆提鲁斯(M. Papius Mutilus)和萨宾努斯(C. Poppaeus Sabinus)提起，该法与《关于等级结婚的优流斯法》一起对婚姻制度实行改革，特别鼓励罗马市民结婚并且多生子女，对独身者或结婚不生子女者采取某些限制其权能的措施，例如剥夺他们的继承权和受遗赠权，把遗产分配给那些有子女的共同继承人和共同受遗赠人；如无合格的共同继承人或共同受遗赠人，则将这些遗产上交国库。规定生来自由的妇女生有子女 3 人以上的，解放自由的妇女生有子女 4 人以上的，不论是婚生与非婚生子女，都享有“子女特权”，在她们的丈夫死后可免除监护。此法还扩大了恩主对于富有解放自由人的继承权。

[译名]《关于结婚的巴比・波培法》(黄风:《罗马法词典》，第 163 页)；《关于结婚的帕皮亚・波培法》(黄风、程波:《罗马的法律大全》，第 457 页)(很显然，此法由 2 个人提起，前 2 种译法都不正确)；《列苦斯・拔鄙亚・坡普泊亚》

（黄右昌：《罗马法与现代》，第 123 页）；《拔鄙亚・坡普泊亚之法》（黄右昌：《罗马法与现代》，第 132 页）；《柏比亚律》（丘汉平：《罗马法》，第 279 页）；《帕披亚・波拜亚法》（周枏：《罗马法原论》，第 562 页）；《帕皮亚・伯巴尔法》（优士丁尼：《法学阶梯》，第 319 页）；《巴比法》（盖尤斯：《法学阶梯》，第 156 页，第 186 页，第 206 页及以次）

［勘误］黄风、程波：《罗马的法律大全》，第 457 页，对此法的拉丁术语中的"nuptialis"误写为"unptialis"；费安玲：《婚姻・家庭和遗产继承》，第 37 页，《巴比亚法》，她在括号里将其拉丁原文错误地标注为：*Lex Iulia*。

Lex Papiria de civitate acerranorum《关于阿切拉市民的帕皮流斯法》

制定于公元前 332 年，由裁判官库尔索尔（Lucius Papirius Cursor）提起，此法授予无投票权的市民身份给阿切拉（Acerrae，意大利拿波里附近的小城）的市民。

Lex Papiria de consecratione（又有称为 *Lex Papiria de dedicationibus*）《关于祝圣的帕皮流斯法》

可能颁布于公元前 304 年，由保民官帕皮流斯（Q. Papirius）提起，它规定：未经平民批准，不准把不动产转化为圣地，诸如神庙。此前的祝圣程序是祭司团提出申请，元老院批准，本法的规定打破了贵族对于此等神事的垄断，具有一定的实际意义，因为侵犯保民官者的住宅都要改为某个神庙。如果祝圣权归元老院垄断，对侵犯保民官者的制裁就不能合法实施。

Lex Papiria de sacramento《关于誓金的帕皮流斯法》

颁布日期不详，由保民官帕皮流斯（L. Papirius）提起，它规定：在誓金法律诉讼中，誓金并不需要实际提存，但必须对它进行担保。

Lex Papiria tabellaria《关于投票的帕皮流斯法》

颁布于公元前 131 年，由保民官卡尔波（C. Papirius Carbo）提起，它规定在关于通过或废止法律的市民大会上应采取秘密投票制度。

［译名］《帕皮里法》（格罗索：《罗马法史》，第 197 页）

Lex Petreia《佩特雷尤斯法》

可能颁布于公元前 85 年，由保民官佩特雷优斯（Marcus Petreius）提起，规定对于叛变的士兵，实行“十中杀一”(decimatione militum)的刑罚。此法把十中杀一刑扩用于兵变，因为公元前 471 年在罗马人与伏尔喜人的战争中已适用这一刑罚于溃兵过。公元前 71 年，苏拉在斯巴达克战争中又适用之。杀了 4000 多士兵，欲证明自己比敌人更可怕。另有一些其他的适用例。执行方式是十人一组抽签，抽中者用石头砸死或棍棒打死；未抽中的不能在营地过夜，改吃马料。

Lex Petronia de adulterii iudicio《关于通奸审判的佩特罗纽斯法》

颁布于 61 年，由执政官杜尔皮连努斯(Q. Petronius Turpillianus)提起，该法规定：如果丈夫在第一次当场发现妻子与人通奸的情况下未提出关于通奸的控告，他将丧失对妻子以后的通奸行为提出控告的权利。

Lex Petronia de praefectismunicipiorum《关于自治市长官的佩特罗纽斯法》

颁布于公元前 32 年，该法规定：如果在每年 1 月 1 日前未选举出自治市最高长官，元老院则有权为该自治市指定一些行政长官。

Lex Petronia de servis《关于奴隶的佩特罗纽斯法》

可能颁布于 61 年，规定除非作为惩罚并经长官批准，禁止主人将自己的奴隶用于斗兽。仅当奴隶有值得处罚的不良行为时才能给予此等批准。

[译名]《贝特罗尼法》(彭梵得：《罗马法教科书》，第 101 页)

Lex Pinaria《披那流斯法》

该法颁布年代不详，可能是公元前 4～3 世纪。根据后人的报道，它将在誓金法律诉讼中选任法官的期限规定为 30 日，以便被告商定人选和进行和解，到期双方再到裁判官前接受任命的法官。

[译名]《宾那留阿律》(丘汉平：《罗马法》，第 421 页)；《皮那利亚》(陈朝壁：《罗马法原理》，第 553 页)

Lex Pinaria et Furia et Postumia《披那流斯、富流斯和波斯图缪斯法》

颁布于公元前 432 年，由保民官马梅尔库斯(L. Pinarius Mamercus)、梅杜利努斯(L. Furius Medullinus)和阿尔布斯(Sp. Postumius Albus)提起，该法规定：候选人在选举中不得把其托加袍涂白。

Lex Plaetoriade minoribus《关于未成年人的普雷托流斯法》

颁布于公元前 191 年，该法针对以欺骗手段与不满 25 岁的未成年人（无论是自权人还是他权人）缔结契约的人规定了惩罚措施，允许上述未成年人为维护自己的权益对有关适法行为的有效性提出抗辩。可以诉请追回已交付的物件，如尚未履行给付，他可拒不履行。梅因认为本法创立了保佐制度。

[译名]《普来多利亚法》（江平、米健：《罗马法基础》，第 154 页）；《柏拉多雷亚律》（丘汉平：《罗马法》，第 145 页）；《普罗库勒法》（陈朝壁：《罗马法原理》，第 451 页）；《普莱多里法》（彭梵得：《罗马法教科书》，第 35 页，第 76 页，第 137 页）；《普莱托里亚法》（周枏：《罗马法原论》，第 134 页，第 285 页）

Lex Plaetoria de praetore urbano《关于内事裁判官的普雷托流斯法》

颁布于公元前 242 年，该法为内事裁判官配备了 2 名侍从官。

Lex Plautia de vi《关于暴力罪的普劳求斯法》

颁布于公元前 78 年，提议者不详。本法中的暴力，指夺占他人房屋的行为、以武装人士占据公共地方的行为、以武装人群的集会影响长官和元老院的行为。该法把暴力罪定为公诉，为之规定了死刑；同时，允许被判刑人选择适用禁绝水火刑以免于执行死刑。该法还规定：对采用暴力行为取得的物品不适用时效取得制度。

[译名]《普洛体亚暴力法》（周枏：《罗马法原论》，第 349 页）

Lex Plautia iudicaria《普劳求斯审判法》

制定于公元前 89 年，由保民官西尔瓦努斯（M. Plautius Silvanus）提起，该法规定：每年完全不根据财产或社会地位从每个罗马部落中选择 15 个人作为法官来审理刑事案件，这样就打破了骑士阶级对司法的垄断。此法之后被苏拉的一系列法律所废除。

Lex Plautia Papiria de civitate sociis danda《关于向同盟者授予市民权的普劳求斯和帕皮流斯法》

在同盟者战争后于公元前 89 年通过，由保民官西尔瓦努斯（M. Plautius Silvanus）和卡尔波（C. Papirius Carbo）提起，该法向所有居住在意大利境内的拉丁人和其他自由人授予罗马市民权，并要求这些意大利人在 60 天内向罗马内事裁判官提出这方面的申请。

［译名］《公民权法》（江平、米健：《罗马法基础》，第 9 页）；《普洛梯亚·帕皮里亚法》（黄右昌：《罗马法与现代》，第 6 页）（此种译法显然不妥，因为此法是由 2 人提起）；《普洛体亚·帕披里亚法》（周枏：《罗马法原论》，第 111 页）；《关于向盟友授予市民籍的普劳第和帕皮里法》（格罗索：《罗马法史》，第 293 页）

Lex Plotia agraria《普罗求斯土地法》

可能颁布于公元前 70 年或公元前 69 年，它规定为庞培在西班牙的老兵分配土地，其内容与弗拉维尤斯土地法（Lex Flavia agraria）相似。

Lex Poetelia de ambitu《关于选举舞弊罪的佩特流斯法》

制定于公元前 358 年，由保民官佩特流斯（C. Poetelius）提起，它禁止在集市日和公众活动地点拉票，以阻止新人（平民中的富有者）染指贵族盘踞的执政官职位。这个法律有利于贵族，因为他们不需要宣传就已众所周知。该法未规定制裁，可能是一个不完全法。

Lex Poetelia Papiria de nexis《关于债奴的佩特流斯和帕皮流斯法》

颁布于公元前 326 年，由该年执政官威索鲁斯（C. Poetelius Libo Visolus Ⅲ）和库尔索尔（L. Papirius Cursor I）一起提起，该法废除了债奴制度，并且解放了所有的债奴，从而使罗马法中的债不再以债务人的躯体作为承担责任的保证。

［译名］《博埃得里亚法》（黄风：《罗马法词典》，第 164 页）；《柏提利亚法》（江平、米健：《罗马法基础》，第 9 页）；《柏雷利亚》（江平、米健：《罗马法基础》，第 91 页）；《卜地利亚律》（丘汉平：《罗马法》，第 322 页）；《博埃特里亚和帕皮里亚法》（陈朝壁：《罗马法原理》，第 47 页，第 556 页）；《博埃得里亚法》（彭梵得：《罗马法教科书》，第 78 页，第 216 页，第 271 页）；《珀特利亚·帕披里亚法》（周枏：《罗马法原论》，第 717 页，第 858 页，第 939 页）（“·”应改为“和”）《柏德尔法》（格罗索：《罗马法史》，第 115 页）

［勘误］此法是由 2 个执政官一起提起，故而将其拉丁名称写做“*Lex Poetelia de nexis*”（黄风、程波：《罗马的法律大全》，第 458 页）或“*Lex Poetelia*”（黄风：《罗马法词典》，第 164 页）都不是很确切的。

［分歧］对于“oe”这个双元音如何发音存在争议，根据肖原的《拉丁语基

础》，其发音应为[ei]。

Lex Pompeia《庞培法》

颁布于公元前 89 年，该法取消了祖父对孙子、丈夫对妻子、家长对媳妇的生杀权。

[译名]《庞泊亚法》(周枏:《罗马法原论》，第 151 页)

Lex Pompeia de ambitu《关于选举舞弊罪的庞培法》

颁布于公元前 52 年，由庞培【＝庞培尤斯】(Cn. Pompeius Magnus)提起，它规定剥夺贿选得到的公职，并剥夺其将来的任职资格，还永久流放他们，伴随没收并出售被判处者的财产。该法被赋予 20 年的溯及力。该法还改造了选举舞弊罪常设刑事法庭，要求事先宣布开庭日期以保证充分出席，豁免检举者自己的罪行。诉讼时间被缩短到 5 天，头 3 天用来讯问证人。证人必须到庭陈述，不许书面证词。发言被限定时间，不许长篇大论拖延时间。第 4 天进行辩论，控方和辩方被赋予同样的时间。第 5 天，从庞培制备的陪审员名册中挑选陪审员。其中有 80 个陪审员，控方和辩方可以拒绝其中的 30 人，最后构成 50 人的陪审团作出裁决。

Lex Pompeia de iure magistratum《关于长官权利的庞培法》

颁布于公元前 52 年，由庞培(Cn. Pompeius Magnus)提起，该法要求执政官候选人必须身在罗马，以限制身在行省者竞选执政官。该法是庞培对抗正在高卢任总督的政治对手恺撒的手段。

Lex Pompeia de parricidio《关于杀亲罪的庞培法》

颁布于公元前 55 年，由庞培(Cn. Pompeius Magnus)提起，扩展了"杀亲罪"的概念，使之适用于一定亲等的亲属、恩主、未婚夫妻。该法规定对犯有杀亲罪者科处法律为杀人罪规定的刑罚，即禁绝水火刑，以取代早期的袋刑。

[译名]《杀亲罪之澎湃亚法》(黄右昌:《罗马法与现代》，第 335 页)；《关于杀亲罪的庞培法》(彭梵得:《罗马法教科书》，第 116 页)；《关于杀害亲人罪的庞培法》(徐国栋:《债·私犯之债(Ⅱ)和犯罪》，第 181 页，第 198 页)；《关于杀亲罪的庞培法》(优士丁尼:《法学阶梯》，第 537 页)；《关于杀亲罪的庞培亚法》(薛军:《学说汇纂第 48 卷》，第 155 页)

Lex Pompeia de provinciis《关于行省官职的庞培法》

颁布于公元前 53 年，由庞培（Cn. Pompeius Magnus）提起，该法规定：在罗马城长官任职与行省长官任职之间必须有连续 5 年的间隔期。庞培试图利用该法阻碍恺撒获得有关的行省官职。

[译名]《庞培法》（格罗索：《罗马法史》，第 222 页）

Lex Pompeia de transpadanis《关于波河彼岸地区的庞培法》

可能颁布于公元前 89 年，由执政官斯特拉波（Cn. Pompeius Strabo）提起，该法向波河北岸的高卢地区授予拉丁权，以建立更广泛的同盟者阵营。

[译名]《庞培法》（格罗索：《罗马法史》，第 221 页）；《关于波河这边的高卢人的庞培法》（格罗索：《罗马法史》，第 497 页）

Lex Pompeia et Licinia de Provincia C. Iulii Caesaris《关于恺撒的高卢行省的庞培和李其纽斯法》

颁布于公元前 55 年，由执政官庞培（Cn. Pompeius Magnus）和克拉苏【＝克拉苏斯】（M. Licinius Crassus）提起，此法将恺撒对高卢行省的总督任期延长了 5 年。

Lex Pompeia de vi《关于暴力罪的庞培法》

颁布于公元前 52 年，由执政官庞培（Cn. Pompeius Magnus）提起，此法对于在阿庇亚大道发生的放火和杀人等骚乱犯罪规定了流放刑。此法实际上是因为克洛丢斯（Publius Clodius Pulcher）在阿庇亚大道附近被米罗（Titus Annius Milo）杀害而制定，后者即是在此法下接受审判的。

Lex Pompeia Licinia de tribunicia potestate《关于保民官权力的庞培和李其纽斯法》

制定于公元前 70 年，由执政官庞培（Cn. Pompeius Magnus）和克拉苏（M. Licinius Crassus）提起，它规定废除苏拉的法律对于平民保民官的限制，恢复其权力。

Lex Porcia de provocatione《关于申诉的波尔求斯法》

制定于公元前 199 年，由保民官雷卡（P. Porcius Laeca）提起，此法重新强调了在刑事案件中罗马市民的申诉权。

[译名]《波尔其法》(格罗索:《罗马法史》,第 222 页,第 274 页)

Lex Porcia de tergo civium《关于鞭打市民的波尔求斯法》

颁布于公元前 195 年,由执政官老伽图提议。对于把鞭打作为独立处罚的长官决定,允许人民申诉。该法可能就此废除了针对罗马市民的鞭刑,但似乎允许作为执法措施的鞭打。

Lex Portus Asiae《亚细亚关税法》

公元 62 年颁布,它规定亚细亚行省的税项和征收。例如,对紫螺的税率是 5%。

Lex Publilia de sponsu《关于允诺保证的普布里流斯法》

公元前 250—公元前 150 年间颁布,该法规定保证人在清偿了被担保的债务后而于 6 个月内未受清偿的,可以对债务人提起拘禁之诉;在法律诉讼被程式诉讼取代的情况下,允许该保证人提起保证人追偿之诉。若债务人否认其义务的,败诉时应加倍给付。

[译名]《菩步利利亚法》(黄右昌:《罗马法与现代》,第 330 页);《普布利利亚保证法》(周枏:《罗马法原论》,第 938 页)

Lex Publilia Philonis de auctoritate patrum《关于元老批准的普布利流斯·菲罗法》

颁布于公元前 339 年,由该年的独裁官菲罗(Q. Publilius Philo)提起,该法规定:元老院对法案的批准不应是在民众会议通过该法案之后,而应当是在此之前,并且表现为对长官提案的确认。自此以后,元老院的此种批准就仅是一种形式。

[译名]《布布里利和菲洛尼法》(格罗索:《罗马法史》,第 93 页);《关于元老批准的布布里利和菲罗尼法》(黄风:《罗马法词典》,第 165 页);《关于元老批准的普布里利亚和菲罗尼斯法》(黄风、程波:《罗马的法律大全》,第 459 页)

[勘误]不知什么原因,此法的命名法与通常罗马法律的命名法有点不同,此法仅是由 1 个人提起,而不是由 2 个人提起,所以上述翻译法都有不准确的地方;也正是因为这个原因,在有些著作中,其拉丁名称写为“Lex Publilia de auctoritate patrum”,也就是去掉了“Philonis”,这样就与罗马法律的通常命名法符合,以下 2 个法律亦同,不赘述。

Lex Publilia Philonis de censore plebeio creando《关于设立平民监察官的普布里流斯·菲罗法》

颁布于公元前 339 年，由该年的独裁官菲罗提起，该法规定：在 2 名监察官中应当至少有 1 人出身于平民。

Lex Publilia Philonis de plebiscitis《关于平民会决议的普布里流斯·菲罗法》

颁布于公元前 339 年，由该年的独裁官菲罗提起，该法规定：平民会决议具有与法律相同的效力；长官应当将平民会做出的决定提交百人团会议通过。

Lex Publilia Voleronis de tribunis plebis《关于平民保民官的普布里流斯·沃勒罗法》

制定于公元前 471 年，由保民官普布里流斯·沃勒罗(Publilius Volero)提起，它规定：允许通过部落民众会议而不是百人团民众会议来选举平民保民官，对平民营造官的选举亦如此。贵族能够通过其门客的投票在民众会议中来操纵保民官的选举，但此法通过部落划分的选举严重削弱了贵族的影响。

Lex Pupia《普皮尤斯法》

制定于公元前 57 年，该法规定：禁止在民众会议之日(comitiales dies)召开元老院会议。

Q

Lex Quinctia de aquaeductibus《关于水渠的奎茵克求斯法》

颁布于公元前 9 年，由执政官苏尔皮恰努斯(T. Quinctius Crispinus Sulpicianus)提起，它规定，以恶意诈欺自己或让人刺穿或弄破、损害把公水运进罗马城的已启用的或将启用的水道、拱门、管道、支管、水槽或积水池，让此等公水不能到达罗马或不能被正常分派的人，要判处向罗马人民支付100,000塞斯特斯的罚金。对于非故意做如上事情的人，要修理、重建、更换他损害的东西并拆除他非法添加的东西，直到达到水保佐人的要求；如果水保佐人不在，要达到外事裁判官的要求。这两种官员都有权罚款并征收抵押物；如果奴隶做了如上事情，其主人要被判处 100,000 塞斯特斯的罚金。

在上述运送公水的设备附近的区域，禁止进行建造、圈围、耕种等活动，也不得把任何物带进此等区域，本法允许或要求的用来制造或更换上述运水设施的物除外。对于违反这一禁令的人，比照上列关于破坏运水设施者的实体和程序规则处理。

不得在上述运送公水的设备附近的区域放牧、割草或刈除灌木。水保佐人也不得在此等区域安排植树、种葡萄、种荆棘、种灌木、筑堤、圈篱笆等。[①]

R

Lex Remnia de calumniatoribus（还有写作 *Lex Remmia de calumniatoribus*）《关于滥诉者的雷姆缪斯法》

大概颁布于公元前 80 年，该法规定：将滥诉者提交曾经审判滥诉受害者的同一刑事法庭审判；同时还规定：剥夺滥诉者提起公诉控告的能力。

[译名]《雷米法》（格罗索：《罗马法史》，第 278 页）

Lex Rhodia de iactu《关于共同海损的罗得法》

起源于希腊的关于共同海损的规范，根据这一规范，当船长因船舶在航行中遭遇危险而将装载的货物投弃时，货物的所有人和承运人应当共同分担有关损失。

Lex Roscia《罗修斯法》

颁布于公元前 49 年，由保民官罗修斯（L. Roscius）提起，该法向阿尔卑斯山以南的高卢地区居民授予完全的罗马市民权。

Lex Roscia theatralis《罗修斯剧场法》

颁布于公元前 67 年，由保民官沃多（L. Roscius Otho）提起，它规定：在公众活动时，骑士可以坐在紧接着元老的头等席的前 14 排座位上，而且该法还为浪费人指定了特别的位置。

Lex Rubria de Gallia cisalpina《关于山南高卢的鲁布流斯法》

大约颁布于公元前 45—公元前 42 年，由恺撒通过保民官鲁布流斯（Ru-

① Sextus Julius Frontinus, On the Water-Management of the City of Rome, Translated by R. H. Rodgers, On http://www.uvm.edu/～rrodgers/Frontinus.html, 2013 年 11 月 16 日访问。

brius)提起，大约在公元前 43 年山南高卢停止作为罗马的一个行省，而成为意大利的一部分，这样原来的行省管理方式终止，而此法的通过便是为了对它提供管理规则，其内容包括城市长官的裁判权以及一些程序问题。此法仅部分地被保存在现存于帕尔马的铜表之上。

Lex Rupilia《鲁皮流斯法》

颁布于公元前 131 年，由鲁皮流斯(P. Rupilius)提起，此法是关于西西里行省管理的规则。它不是一个法律或平民会决议，而是一个告示，由元老院委托的 10 个元老拟定。它根据罗马人的习惯调整西西里不同城市之间的关系，确定它们之间的权利义务；采取的是分而治之的原则；并确定了不同市籍的人之间发生诉讼时的法官选任规则和准据法采用规则。如果同城的两个西西里人互诉，由西西里籍的法官根据两造的本城法做出判决。如果不同城的两个西西里人间发生诉讼，由总督抽签定法官。如果一个公民与一个城市发生诉讼，由另一个没有利害关系的城市的元老院裁决案件。如果一个罗马人起诉一个西西里人，由西西里法官为裁决。如果一个西西里人起诉一个罗马人，则由罗马法官为裁决。

Lex Rutilia de tribunis militum《关于军团大队长的鲁提流斯法》

颁布于公元前 362 年，由平民保民官盖尤斯·鲁提流斯·路福斯(Caius Rutilius Rufus)提起。它授权执政官在该年指定一半军团大队长，部落会议选举另一半。

S

Lex Saenia de plebeis in patricios adlegendis《关于平民升贵族的塞纽斯法》

颁布于公元前 29 年，由执政官塞纽斯(L. Saenius)提起，该法授权奥古斯都向属于上等人的平民授予贵族身份。

Lex Salpensana《萨尔盆萨法》

大约颁布于公元前 82—公元前 84 年，是关于拉丁自治市萨尔盆萨(Salpensa)的城市规章，它被保存于西班牙的城市马拉加(Malaga)发现的铜表之上，其内容涉及：城市长官、奴隶解放、监护人的任命、选举与投票、城市基金的管理、税收和罚款等。

Lex Scatinia(又有写作 *Lex Scantinia*)《斯卡提纽斯法》

颁布于公元前 149 年,此法对鸡奸行为人处以 1 万塞斯特斯的罚款。

Lex Scribonia de usucapione servitutibus《关于役权时效取得的斯克里波纽斯法》

约颁布于公元前 1 世纪末,该法废止了可通过时效取得役权的古法,理由是役权不能占有,且取得时效期间很短,易滋纠纷。

[译名]《斯克里波尼亚法》(彭梵得:《罗马法教科书》,第 198 页);《斯克里薄尼亚法》(周枏:《罗马法原论》,第 408 页)

Lex Sempronia agraria《森普罗纽斯土地法》

有两个以此命名的土地法,一个是由保民官提贝流斯·格拉古【=格拉库斯】(Tiberius Sempronius Gracchus)于公元前 133 年提起,另一个是由保民官盖尤斯·格拉古(Gaius Sempronius Gracchus)于公元前 122 年提起。提贝流斯·格拉古的土地法力图对贫穷的市民分配公地,他们为了接受此等土地仅需支付很少的租金并且在一定时期内不能让出此等土地;它还规定:每个人不能占有超过 500 尤格的土地,但每有一个儿子就可多占有 250 尤格的土地。多占有的土地被剥夺,不给任何补偿,这些土地分给贫民。提贝流斯·格拉古建立了三人委员会来推进此等改革,但由于大量土地早已被通过各种方式占有,因而改革遭到了既得利益者的强烈反对,在他被杀害后改革失败。提贝流斯·格拉古的弟弟盖尤斯·格拉古之后重新提起了此等土地方案,但由于元老院利用另一个保民官德鲁苏斯(M. Livius Drusus)与之对立,此等改革最终失败。

[译名]《土地法》(格罗索:《罗马法史》,第 285 页);《森普罗尼土地法》(格罗索:《罗马法史》,第 289 页)

Lex Sempronia de abactis magistratu《关于被罢免长官的森普罗纽斯法》

颁布于公元前 123 年,由保民官盖尤斯·格拉古(Gaius Sempronius Gracchus)提起,它规定:根据荣誉法被罢免的长官,丧失担任其他官职的能力。

Lex Sempronia de fenore（又有称为 *Lex Sempronia de pecunia credita*）《森普罗纽斯利息法》

颁布于公元前 193 年，由保民官森普罗纽斯（M. Sempronius）提起，该法规定关于金钱借贷的法律对同盟者、拉丁人和罗马市民同样适用。此法的目的是防止罗马市民以同盟者的名义放贷从而逃避适用罗马的关于利息的法律。

Lex Sempronia de provincia Asia a censoribus locanda《关于把亚细亚行省的土地由监察官出租的森普罗纽斯法》

颁布于公元前 123—公元前 122 年期间，应对帕加马国王 Aattalus 三世去世把王国遗赠给罗马带来的问题，其内容为接受阿塔鲁斯三世的遗产，由公民大会全权负责管理这块亚洲领地，把阿塔鲁斯金库的资金分配给接受土地的贫民作为补助资金以购买农具和种子；同时允许包税人避开元老院，实行征税承包。

Lex Sempronia de capite civium《森普罗纽斯市民死刑法》

颁布于公元前 123 年，由保民官盖尤斯·格拉古提起。该法禁止在未经人民授权的情况下审理市民的死刑案件，授权此等人民裁定对违法者的处罚。目的是废除在百人团大会审理死刑案件前此等案件经历的预审，并打击把一个人依法被定罪前可以把他当做敌人、剥夺其市民权的观念。它包括溯及力条款，规定：任何未经审判流放或处决一个市民的长官自身将受国事罪的追究。

Lex Sempronia frumentaria《森普罗纽斯小麦法》

颁布于公元前 123 年，由保民官盖尤斯·格拉古（Gaius Sempronius Gracchus）提起，它规定对所有的罗马市民分配小麦：每个月罗马市民有权以每莫迪（modius，古罗马的容积单位，约等于 8.75 公升）19/3 阿斯的价格购买 5 莫迪的小麦。

Lex sempronia de viis muniendis《森普罗纽斯道路养护法》

公元前 123 年由保民官盖尤斯·格拉古提议，它要求每一罗马里（合 1.85 公里）设立一个石柱。此等柱子与人同高，直径 37 厘米。

Lex Sempronia iudiciaria《森普罗纽斯审判法》

颁布于公元前 123 年，由保民官盖尤斯·格拉古(Gaius Sempronius Gracchus)提起，它规定：审理刑事案件的审判庭仅可由通过国势调查被证实为属于骑士等级的成员构成。他们的年龄从 30 到 60 岁，曾经担任过骑士或现在正在当骑兵，买得起并养得起一匹马，并且不是元老。由此，该法创立了罗马的第三个阶级骑士阶级，此时，骑士不再为一个兵种，而是一种财产等级。

[译名]《桑普罗尼亚法》(周枏：《罗马法原论》，第 954 页)

Lex Servilia agraria《塞尔维流斯土地法》

颁布于公元前 63 年，由保民官鲁卢斯(P. Servilius Rullus)在西塞罗任执政官期间提起，它是一项非常广泛的土地法案。此法被西塞罗成功地反对过，但它实质上被恺撒的公元前 59 年的《优流斯土地法》(*Lex Iulius agraria*)所执行。此法还被西塞罗称为《坎帕努斯法》(*Lex Campana*)，这是因为此法分配被称为坎帕努斯土地(Ager Campanus)的公地。

Lex Servilia Caepionis iudiciaria《塞尔维流斯·切皮约审判法》

颁布于公元前 106 年，由执政官切皮约(Q. Servilius Caepio)提起，它重新采用了搜刮钱财罪常设刑事法庭，修改了《森普罗纽斯审判法》(*Lex Sempronia iudiciaria*)的规定：法官名单可以骑士和元老各占一半。同时，该法还规定剥夺被判刑人的谕令权。

[译名]《加比奥尼的塞尔维里法》(格罗索：《罗马法史》，第 269 页)；《塞尔维里和加比奥尼法》(黄风：《罗马法词典》，第 166 页)；《塞尔维里亚·加比奥尼审判法》(黄风、程波：《罗马的法律大全》，第 461 页)

[勘误]此法是由 1 个人提起，其命名方法与罗马的法律通常命名方法有些不同，不可将之误认为由 2 个人提起，基于此原因，有些著作上将其拉丁名称写为：*Lex Servilia iudiciaria*。

[分歧]对于“ae”双元音的发音存在争议，根据肖原的《拉丁语基础》，其发音应为[ei]；而且“c”在“ae”之前亦音变为[tʃ]，而不是[k]。

Lex Servilia Glauciae de Repetundis《关于搜刮钱财罪的塞尔维流斯·格劳恰法》

可能制定于公元前 101 年或公元前 104 年，由保民官格劳恰(C. Servilius Glaucia)提起，此法适用于任何从私人手中不当地收受钱财的长官，但在其当职期间不可起诉之，它规定由外事裁判官每年从骑士阶层中选定 450 名列入陪审员名单，由诉讼控告人从此名单中选出 100 名告知被控告者，后者再从这 100 名中选择 50 名组成法庭审理。规定的刑罚包括财产性的和人身性的两种，前者是指将罚款从返还所收受的金钱改为双倍罚金，之后又改为 4 倍罚金；后者是指当被控告者不坚持诉讼反而从罗马逃离的情况下适用放逐的刑罚。另外，凡外邦人告发罗马官吏的贪污受贿而使之定罪的，可奖赏告发者罗马市民资格。

[译名]《格劳恰的塞尔维里法》（格罗索：《罗马法史》，第 269 页）；《塞尔维里和格劳恰法》（黄风：《罗马法词典》，第 166 页）；《塞尔维里亚 · 格劳恰法》（黄风、程波：《罗马的法律大全》，第 461 页）。

[勘误]此法是由一个人提起的，上述译法有些显然不妥，鉴于此原因，有些著作上将其拉丁名称写作：*Lex Servilia repetundarum*。

Lex Silia de condictione《关于请求给付的西流斯法》

大约颁布于公元前 200 年，该法针对涉及金钱之债的纠纷引进了请求给付之诉，即原告在裁判官前要求被告于 30 日后出庭，选任法官，判决返还其款项或物件的程序，亦称“要求出庭”。

[译名]《奚利亚法》（黄右昌：《罗马法与现代》，第 329 页）；《西里亚律》（丘汉平：《罗马法》，第 425 页）；《西利亚法》（陈朝壁：《罗马法原理》，第 553 页）；《西利法》（彭梵得：《罗马法教科书》，第 72 页）；《西利亚》（周枏：《罗马法原论》，第 945 页）；《西利法》（盖尤斯：《法学阶梯》，第 296 页）

Lex Silia de ponderibus publicis《关于公共度量的西流斯法》

大约颁布于公元前 3 世纪，此法规定了容积单位与重量单位之间以及不同的容量单位之间的换算关系，例如，1 夸脱葡萄酒应等于 80 个重量单位。如果长官故意把量具弄得重于或轻于规定的重量，如果他愿意接受罚款，则罚其家产的一部分，但非全部。如果有人愿意把此等罚款用来敬神，允许之。

Lex Sulpicia《苏尔毕求斯法》

有一系列法律以此命名，都由保民官鲁富斯（P. Sulpicius Rufus）于公元前 88 年提起，其内容包括：将对米特里达梯战争的指挥权从苏拉手中转到马略手中；召回以前被放逐的马略的追随者；将投票权授予新的市民和解放自由人；元老不可缔结超过 2000 狄纳流斯（denarius）的债务。

Lex Sulpicia Sempronia《苏尔毕求斯和森普罗纽斯法》

颁布于公元前 304 年，由执政官萨威里约(P. Sulpicius Saverrio)和索富斯(P. Sempronius Sophus)提起，它规定：如没有元老院或大多数平民保民官的批准，不能奉献庙宇或祭坛。

T

Lex Terentia《特任求斯法》

公元前 189 年制定，由保民官库雷奥(Q. Terentius Culleo)提起，它规定解放自由人之子的地位，监察官须按他们的财产登记于户口册，并且不得把他们和解放自由人一样强行编入 4 个城市部落之内，但在共和国时期，他们仍不能进入元老院和担任有荣誉的职务。

[译名]《特任体亚法》(周枏：《罗马法原论》，第 247 页)

Lex Thoria de vectalis《关于税金的多流斯法》

颁布于公元前 111 年的法律，由保民官多流斯(Spurius Thorius)提起，此法推翻了《关于分配公地的格拉古法》，但允许已经占有上述土地之人继续占有之，并且应付给国家的租金被分配给穷人。该法规定了 4 类土地：(1)在格拉古兄弟的法律规定的法定限额内占有的公地；(2)根据这些法律以抽签方式授予的土地；(3)不以抽签方式授予的土地；(4)因被不正当收回而返还给占有人的土地。就第一类和第四类土地而言，规定了以偿付税金为条件将占有转化为私人税地(Agri privati vectigales)；就第二类和第三类而言，确认了私人纳税地的地位。最后，它包含了关于用于放牧的公地的规范，它们被划分为两类公共放牧地，即仅由相邻所有人共同放牧的土地和公共的放牧地(Pascua publica)，即城邦所有成员的放牧地。就第一类放牧用地，规定了每个邻人可牧放牲口的数目限制。这样的限制是 10 头大牲畜(马、牛、驴等)和一定数目的小牲畜(绵羊、山羊、猪)。就第二类而言，放牧刚才提到的数目内的牲畜是自由的和免费的，而对每一超出这一法定限额的牲畜，都必须偿付一种税金，即公共牧场税(Scriptura)。

该法标志着公地之私有化过程中的进一步和最终的一步。此外，由于可免费放牧的牲畜有数额限制，这一法律推动了作为利用公地的一种方式的公共放牧地制度的传播。最后，作为保护私人税地的方式，这一平民会决议继续规定和调整“因你占有”禁令和“暴力占有”禁令。

Lex Titia《蒂求斯法》

制定于公元前 43 年，由保民官蒂求斯（P. Titius）提起，此法授予后三头（安东尼、屋大维和雷必达）5 年的谕令权，并且使对政治对手进行大规模公敌宣告合法化。

Lex Titia de tutoribus provinciis a praesitibus dandis《关于由行省总督指定官选监护人的蒂求斯法》

制定时间不详，但肯定在公元前 210 年以后，该法把《阿提流斯法》推广适用到行省，授予行省总督以为妇女和未适婚人任命官选监护人或叫《阿梯流斯法》监护人的权力。规定任何人，包括无行为能力人本人都可以申请这样的监护人。

［译名］《弟提亚法》（陈朝壁：《罗马法原理》，第 436 页）

Lex Titia de provinciis quaestoriis《关于行省财务官的蒂求斯法》

颁布于公元前 267 年，该法将行省财务官的数目从 4 人增加到 8 人。

Lex Trebonia de provinciis consularibus《关于行省总督的特勒波纽斯法》

颁布于公元前 55 年，由保民官特勒波纽斯（C. Trebonius）提起，此法将西班牙行省和叙利亚行省的担任 5 年行省总督的权力分别授予庞培和克拉苏。

Lex Trebonia de tribunis plebis《关于平民保民官的特勒波纽斯法》

颁布于公元前 448 年，由保民官特勒波纽斯（L. Trebonius）提起，它规定：如果 10 个保民官在民众会议解散之前没有被全部选举出来，那些已经被选举出来的保民官不算数，而应继续民众会议直到 10 个保民官全部被选出来为止。

Lex tributa de potestate tribunicia《授予保民官权力约法》

指平民会议向元首授予保民官权力和其他次要权力的规范性文件，授权保民官权力后，元首的人身便变得神圣不可侵犯。

Lex Tullia de ambitu《关于选举舞弊罪的图流斯法》

颁布于公元前63年,由西塞罗(M. Tullius Cicero)提议制定,该法禁止候选人在参选前的2年内向公众提供角斗表演,根据遗嘱进行的除外;禁止设宴招待选民;禁止雇人追随候选人或聚集在其身边;对违反者规定了10年期的流放刑。它还规定,如果被告以生病为由要求推迟诉讼,后来发现是诈病,也要受惩罚。

V

Lex Valeria Cornelia《瓦雷流斯和科尔内流斯法》

颁布于5年,由是年的执政官瓦雷流斯(L. Valerius Messalla Volesus和秦纳(Gnaeus Cornelius Cinna)提议。对于在百人团民众会议中选举裁判官和执政官的程序进行了一些补充,增加了10个百人团以纪念死去的执法官,并且给予他们挑选候选人参加选举的权利。

Lex Valeria de aere alieno《关于他人债务的瓦雷流斯法》

颁布于公元前86年,由弗拉库斯(L. Valerius Flaccus)提起,此法是在经济危机时期颁布的,它允许债务人仅需支付他们债务的1/4即可从此等债务中解脱出来。

Lex Valeria de provocatione《关于申诉的瓦雷流斯法》

可能颁布于公元前509年,由执政官普梯图斯(P. Valerius Putitus)提起,它规定如果罗马市民被长官判处死刑或身体刑,他有权向人民申诉,其目的是为保护市民不受长官擅权行为的侵害,并且任何人试图恢复王权的,将被判处死刑。有的史料记载:在公元前300年出现过一项同名的法律,它使向人民申诉成为罗马固定的诉讼制度。

[译名]《关于申诉的瓦勒里法》(格罗索:《罗马法史》,第153页)

[勘误]本法的拉丁术语名不应为"*Lex Valeria de provocatio*"(黄风:《罗马法词典》,第166页)(黄风、程波:《罗马的法律大全》,第462页),掉了"ne"。

Lex Valeria Horatia de plebiscitis《关于平民会决议的瓦雷流斯和奥拉求斯法》

据说颁布于公元前286年,由执政官坡梯图斯(L. Valerius Poplicola Potitus)和巴尔巴图斯(M. Horatius Turrinus Barbatus)提起,该法承认平民会决议对于所有的市民具有普遍的约束力,由此标志着贵族与平民两个阶级实现了完全的平等。

[译名]《瓦莱里亚·霍拉体亚法》(周枏:《罗马法原论》,第37页)(此法由2个人提起,故而"·"应换成"和");《瓦勒里和奥拉兹法》(格罗索:《罗马法史》,第71页,第78页,第93页)

[勘误]本法的拉术语名不应为"*Lex Valeria de plebiscitis*"(黄风:《罗马法词典》,第166页)(黄风、程波:《罗马的法律大全》,第462页),因为此法是由2个人提起的,掉了1个提起人。

Lex Valeria Horatia de tribunicia potestate《关于保民官权力的瓦雷流斯和奥拉求斯法》

据说颁布于公元前449年,由执政官坡梯图斯和巴尔巴图斯提起,它规定平民保民官、平民营造官和十人委员会成员不可侵犯,侵犯他们之人将被献祭,其家产将被拍卖。

[译名]《瓦勒里和奥拉兹法》(格罗索:《罗马法史》,第71页,第78页)

[勘误]本法的拉术语名不应为"*Lex Valeria de plebiscitis*"(黄风:《罗马法词典》,第166页)(黄风、程波:《罗马地法律大全》,第462页),因为此法是由2个人提起的。

Lex Valeria Horatia de senatusconsultorum custodia《关于元老院决议的保管的瓦雷流斯和奥拉求斯法》

据说颁布于公元前449年,由执政官坡梯图斯和巴尔巴图斯提起,它规定:元老院决议应在谷神(ceres)的庙宇之中,并处于平民营造官的看护之下。

Lex Vallia de manus iniectione《关于拘禁的瓦流斯法》

大约颁布于公元前200—公元前120年间,该法规定:如果债务人有足够的清偿能力,可以在拘禁之诉中担任自己的出庭保证人,也就是说自己无须交保,只不过在抗辩无效时加倍偿还即可。

[译名]《范利亚律》(丘汉平:《罗马法》,第424页);《瓦利亚法》(周枏:《罗马法原论》,第938页);《瓦里法》(盖尤斯:《法学阶梯》,第300页)

Lex Varia de maiestate《关于国事罪的瓦流斯法》

颁布于公元前90年,由保民官塞维鲁斯(Q. Varius Hybrida)提起,该法总结同盟者战争的教训,扩大了国事罪的范围,增加了煽动对抗罗马的骚动罪。为此设立了一个常设刑事法庭。

Lex Villia annalis《关于任职最低年龄的威流斯法》

颁布于公元前 180 年，由保民官威流斯(L. Villius)提起，规定了担任特定官职的最低年龄：执政官为 43 岁，裁判官为 40 岁，营造官为 37 岁。它规定：在未担任过行省刑事审官的情况下不得担任监察官；在未担任过裁判官的情况下不得担任执政官；在上述不同官职之间必须有 2 年的间隔期；为取得一个官职须服兵役 10 年。

Lex Visellia de libertinis《关于解放自由人的威塞流斯法》

于 24 年颁布，由执政官瓦罗(L. Visellius Varro)提起，它规定：优纽斯拉丁人在罗马宵警队中至少服役 6 年后，即可获得罗马市民权。对冒用生来自由人名义的解放自由人规定了处罚，并禁止他们担任地方官吏。

[译名]《维塞利亚法》(周枏：《罗马法原论》，第 248 页)

Lex Voconia《沃科纽斯法》

颁布于公元前 169 年，由保民官萨克撒(Q. Voconius Saxa)提起，该法一方面限制妇女根据遗嘱接受遗产继承的权能，规定妇女不能被第一等级(即拥有 10 万阿斯以上财产的市民)指定为继承人，仅允许与被继承人同父所生的姐妹参加继承，其他女子一律不得充当宗亲的继承人；另一方面规定继承人所取得的遗产不得少于受遗赠人所接受的财产。

[译名]《渥可尼亚法》(江平、米健：《罗马法基础》，第 426 页)；《窝空尼亚律》(丘汉平：《罗马法》，第 288 页)；《窝康尼亚律》(丘汉平：《罗马法》，第 304 页)；《沃科尼亚法》(陈朝壁：《罗马法原理》，第 510 页)；《沃科尼亚法》(彭梵得：《罗马法教科书》，第 35 页，第 350 页，第 368 页，第 389 页，第 541 页)；《渥科尼亚法》(优士丁尼：《法学阶梯》，第 251 页)；《沃科尼法》(盖尤斯：《法学阶梯》，第 164 页)

[勘误]陈朝壁：《罗马法原理》，第 510 页，提到该法的拉丁术语有误：*Lex Vocania*；周枏：《罗马法原论》，第 494 页，将此法的拉丁原文错误书写为：*Lex Vocolia*。

第二部分　元老院决议

一、相关说明

1. 元老院决议的中文翻译规则：关于＋内容描述＋的＋提议人的氏族名原形音译＋元老院决议。注意，应根据提议人的“氏族名原形”音译，而不是根据其“氏族名形容词形式”音译。

2. 对于由元首提起的所谓“元首的演说”(oratio principis)的此种特殊的元老院决议，大部分放在本部分的最后，但对其中采取“*Senatusconsultum ad orationem* ⅩⅩ”命名的此部分则依字母顺序与一般的元老院决议混放在一起。

二、参考资料

1. 黄风：《罗马法词典》，法律出版社2002年版。

2. Federico del Giudice, Dizionario Giuridico Romano, 4ed., Esselibri-Simone, Napoli, 2004, pp. 457～463.

3. Adolf Berger, Encyclopedic Dictionary of Roman Law, The American philosophical society, Philadelphia, 1953, pp. 361～371.

4. Edoardo Volterra, Senatus Consulta, Novissimo Digesto Italiano, Vol. ⅩⅥ, UTET, Torino, 1969, pp. 1047～1078.

5. Senatus consulta, See William Smith, A Dictionary of Greek and Roman Antiquities, John Murray, London, 1875, pp. 1022～1028, on http://penelope.uchicago.edu/Thayer/E/Roman/Texts/secondary/SMIGRA */Senatusconsultum.html, 2009-08-31.

6. Antonio de Puente y Franco y José Francisco Díaz, Historia de las leyes, plebiscitos y senadoconsultos mas notables, desde la fundacion de Roma hasta Justiniano, Imprenta de D. Vicente de Lalama, Madrid, 1840, pp. 186～215.

7. Senatus consulta, On http://web.upmf-grenoble.fr/Haiti/Cours/

Ak/,2009-08-31.

三、罗马的元老院决议

Senatusconsultum Acilianum《阿其流斯元老院决议》

发布于122年(当时Acilius Aviola为执政官之一),它规定:禁止遗赠或买卖与建筑物相连的装饰品(例如雕像、雕刻品、花瓶),其目的是避免建筑物失去其装饰。

Senatusconsultum ad orationem Antonini de donationibus inter virum et uxorem《关于夫妻间赠与的安东尼努斯元老院决议》

于206年根据安东尼努斯·比尤斯(Antoninus Pius)皇帝的建议发布,该决议变通了关于配偶间赠与的禁令,它规定:在实行赠与的配偶一方死亡的情况下,向另一方实行的赠与有效,只要该赠与一直未被撤销。

Senatusconsultum ad orationem Hadriani《阿德里亚努斯元老院决议》

于129年根据阿德里亚努斯皇帝的建议发布,它被保存在优士丁尼的Tanta敕令之中,它确认了法学家尤里安编辑永久告示的最终版本,并且授权皇帝完成以及在需要时补充之的权利。

Senatusconsultum ad orationem Marci et Commodi《马尔库斯和康茂德元老院决议》

于2世纪根据马尔库斯·奥勒留(Marcus Aurelius)和康茂德(Marcus Aurelius Commodus Antoninus)皇帝的建议发布,该决议禁止受监护的妇女与其监护人或者监护人的儿子结婚,除非该监护人履行了汇报监护帐目的义务。

Senatusconsultum ad orationem Severi(又称为*Oratio Severi de tutela*)《塞维鲁斯元老院决议》

于195年根据塞维鲁斯(Lucius Septimius Severus)皇帝的建议发布,该决议禁止监护人和保佐人转让或抵押被保护人的土地,否则处他们意图从被保护人手中欺诈的数额2倍的罚款。

Senatusconsultum Afinianum《阿菲纽斯元老院决议》

发布时间，它规定：如 1 个小孩在 3 个男孩中成了被收养的一个，那么此被收养的小孩对于收养人的财产享有 1/4 的份额，即使之后他被收养人解放，亦同。

Senatusconsultum Aemilianum《埃米流斯元老院决议》

发布于 11 年（此时 Marcus Aemilius Lepidus 为执政官之一），被记载于 D. 29,5,13 之中，此决议是对《斯拉努斯元老院决议》（*Senatusconsultum Silanianum*）的补充，它对违反《斯拉努斯元老院决议》决议而拆开被害者的遗嘱的人规定了 5 年的时效期间，但是此等期间对于被控告有杀亲罪（parricidium）的人不适用。

Senatusconsultum Apronianum《阿普罗纽斯元老院决议》

大约在阿德里亚努斯皇帝时期发布，它允许将信托遗产授予城邦。

Senatusconsultum Articuleianum《阿尔蒂库勒尤斯元老院决议》

于公元 101 年（此时 Sex Articuleius Paetus 为执政官之一）发布，该决议修改了遗产信托的规则，它规定：如果受委托解放被继承人的奴隶的人拒绝履行该委托义务，裁判官可以决定对有关的奴隶实行解放，此决议还适用于缺乏受托人的情形，并且此决议在行省领域亦可适用。

Senatusconsultum Calvisianum de nuptiis《关于结婚的卡尔维修斯元老院决议》

于 61 年发布，该决议禁止 60 岁以下的男人或者 50 岁以下的女人同 50 岁以上的女人或者 60 岁以上的男人结婚，否则此等婚姻被称为“不般配”（impar），不能取得遗产、遗赠以及嫁妆。

Senatusconsultum Calvisianum de pecuniis repetundis《关于搜刮钱财的卡尔维修斯元老院决议》

于 4 年发布，它重述了奥古斯都关于搜刮钱财的众多告示中的一个，此决议简化了诉讼程序，并将审判权交给了由 5 位元老组成的委员会。

Senatusconsultum de Castratione《关于禁止阉割奴隶的元老院决议》

于 97 年在内拉蒂·普利斯库斯和安纽斯·维鲁斯担任执政官时颁布，它禁止主人阉割自己的奴隶，违者没收一半财产。

Senatusconsultum Claudianum de adsignandis libertis《关于分配解放自由人的克劳丢斯元老院决议》

于 45 年发布，此决议由克劳丢斯皇帝提起，它允许拥有 2 个以上在其家父权下的子女的恩主将其对解放自由人的所有的权利移转给其子女或外孙。

Senatusconsultum Claudianum de contubernio《关于与奴隶同居的克劳丢斯元老院决议》

于 52 年发布，它规定：女自由人与男奴隶在主人的同意下长期同居，她将丧失其生来自由人的身份；在不顾奴隶主人的明确三次反对的情况下，该女自由人及其产生于上述同居的子女将成为该主人的奴隶；另外，如一个男自由人误认一个女奴隶为自由人而与之结婚，其子成为自由人，而其女成为奴隶。

Senatusconsultum Claudianum de nuptiis《关于结婚的克劳丢斯元老院决议》

于 49 年发布，为使克劳丢斯皇帝能够合法地娶阿格里披娜(Agrippina)为妻，该决议将原构成乱伦的叔叔与侄女间结婚加以合法化。此决议之后于 355 年被君士坦丁废除。

Senatusconsultum Claudianum de repetundis《关于搜刮钱财罪的克劳丢斯元老院决议》

于 47 年发布，该决议规定：律师违反《琴求斯法》(Lex Cincia)向其委托人索取和收受 10000 塞斯特斯以上的钱款的，将按搜刮钱财罪惩处，并且委托人可对此律师提起 4 倍罚金之诉。

Senatusconsultum Dasumianum《达苏缪斯元老院决议》

可能于 101 年发布，它规定：在信托解放奴隶的情形，如继承人或一些共同的继承人缺席，裁判官有权根据遗嘱宣布解放奴隶。在继承人未成年并被指定遗嘱监护人时，应先宣布解放奴隶，再接着指定监护人。

Senatusconsultum de aquaeductibus《关于水道的元老院决议》

于11年发布，它包括众多关于水道的规定，并借助重整奥古斯都时期水道的机会颁布出来。它包含如下规定：(1)水保佐人的人员配备和设备配备。当他们在城外履职时，给他们配备两个侍从官、3个公共奴隶、1个建筑师，另配相当数量的文员、抄写员、助理、信使等。这些人可以领到工资。水保佐人可以领到书板、纸张等办公用品。(2)禁止私人直接从公共水道接水，而必须从公共水槽取水，水保佐人决定在何处建造此等水槽，并决定哪些人可以建造私人水槽，获准建造私人水槽的人从水道取水的管子的直径不得超过5指宽，此等引水管与水道的距离不得超过50尺。(3)水的供给以取得此等权利的土地所有人仍然占有此等土地为条件，但对洗浴企业的供水以及作为汲水地役权结果的供水除外。(4)在修理运水设施时，各种材料要尽可能方便地运送，以图少惊扰私人。(5)水道两侧15尺内不得有树木等植物，如有，要清除之。必须保证水道两侧5尺的空间为空地，违令者处10.000塞斯特斯的罚金，其中一半归举报人，另一半入国库。水保佐人承担此等案件的审理。另外还规定，对承包商完成的水道工程的检查由监察官进行，有时由营造官进行，偶尔由财务官进行。它还规定，经证实不法地引公共水道之水灌溉私人土地的，该土地要被没收；主人对其奴隶的这种违法行为即使不知情也要受罚款；任何人不得污染公共用水，违法者将被处10,000塞斯特斯的罚金。

Senatusconsultum de artificum Atheniensibus et artificum Isthmi litibus《关于雅典和以斯特姆斯手工业者争议的元老院决议》

于公元前112年公布，雅典和关于雅典和以斯特姆斯(Isthmus)的手工业者协会都派遣使者到罗马相互控告对方偷盗和恶信的行为，元老院最后做出有利于雅典的决议。

Senatusconsultum de actis Attali confirmandis《确认阿塔罗行为的元老院决议》

于公元前113年公布，记载于一希腊铭文之上，它确认了阿塔罗(Attalo)有利于帕加马(Pergamo)城的一些处置行为。

Senatusconsultum de actis Mithridatis confirmandis《关于确认密特里达提行为的元老院决议》

于公元前116年发布，它与一封执政官的信一起被保存在一希腊碑文中，此决议宣布密特里达提(Mithridates)五世所为的赠与直到其死亡时有效，并且批准了10个在亚洲的使节的任命。

Senatusconsultum de advocationibus《关于律师的元老院决议》

发布于55年，它规定：禁止在审判前支付或承诺支付荣誉金给律师，但他们可以在审判后给付不超过10000塞斯特斯的报酬。

Senatusconsultum deAmbraciotibus et Athamanibus《关于安布拉基亚和安塔马尼的元老院决议》

记载于一希腊铭文之中，公元前166年发布，它规定了一些关于安布拉基亚和安塔马尼这两个民族的事宜。

Senatusconsultum de Asclepiade（又称为 *Senatusconsultum de Asclepiade Clazomenio sociisque* ）《关于阿斯克勒比阿德的元老院决议》

发布于公元前78年，它将各种特权（例如免税）授予3艘曾在同盟者战争中给予罗马帮助的希腊船只的船长。

Senatusconsultum de Astypalaea《关于埃斯泰帕拉娥的元老院决议》

于公元前105年发布，该决议决定更新罗马与埃斯泰帕拉娥（Astypalaea）之间友谊与团结的协议，并命令将此协议写在铜板上面，最后将之保存在卡皮托山之上。

Senatusconsultum de Bacchanalibus（又称为 *Senatusconsultum Marcianum*）《关于酒神节的元老院决议》

发布于公元前186年，通过此决议，元老院为了避免扰乱公共秩序以及破坏罗马节制的传统风俗，禁止罗马市民、拉丁人和同盟者不遵循一定的形式而参加酒神节，禁止任何人在授权的集会中以祭司的名义行事，禁止超出指定的形式而宣誓，禁止在罗马实施秘密的献祭或在罗马城外实施公开的献祭，除非裁判官另外决定，参加献祭的人不可超过5人，或不超过2个男人和3个女人，并对违反者处以死刑，并且此等集会应在10天内解散。

Senatusconsultum de Campanis《关于坎帕尼亚人的元老院决议》

可能发布于公元前210或公元前211年，它对坎帕尼亚人规定了一些极其不利的措施，包括没收财产、出卖其妻儿、剥夺其罗马市民权和拉丁权，并划定其居住的特定区域，等等。

Senatusconsultum de collegiis《关于行会的元老院决议》

颁布日期不明，学者对其内容真实性也多有争议，它是有关设立行会的规定，并且命令解放实施了与国家利益相对的活动的行会。

Senatusconsultum de collegiis《关于行会的元老院决议》

发布于公元前 58 年，此决议被记载在西塞罗的一封信中(ad Quintum fratrem 2,3)，它规定将曾经被禁止的缔结行会自由归还于罗马市民。

Senatusconsultum de collegiis funerariciis(又称为 *Senatusconsultum de tenuiorum collegiis*)《关于葬礼合作社的元老院决议》

可能发布于 136 之后，它被记载于在拉努韦奥(Lanuvio)发现的一拉丁碑文之中，学者对其内容有争议，一般认为它可能是授权在拉努韦奥建立葬礼合作社的自由。

Senatusconsultum de confarreatione《关于共食婚的元老院决议》

可能颁布于公元前 11 年合作社，它在 Gai. 1,136 这个残缺的片段中被提到，它规定在共食婚中妇女只是在与祭祀相关的事宜上才是归入夫权之下(conventa in manum)，而在其他关系中妇女并不处于夫权之下

Senatusconsultum de Cyrenaeis（又称为 *Senatusconsultum de iudicio repetundarum*）《关于昔兰尼加的元老院决议》

发布于公元前 4 年，它被包含在昔兰尼加(Cyrenaica)发现的一希腊碑文之中，此决议包含有极丰富的关于在罗马行省进行刑事诉讼的程序的规定。奥利维也罗(Oliviero)曾归纳此碑文上面记载的程式如下：被告向裁判官陈述，指派辩护人，反方，陪审员构成，抽签，例外，反对，抽签决定替代，审判对象，惩罚和期限，法官义务免除，证人，判决。

Senatusconsultum de Delphis《关于德尔斐的元老院决议》

可能发布于公元前 165 年，其内容残缺，可能是确认了由弗拉米纽斯(T. Quinctius Flaminius)授予德尔斐的自由权和豁免权。

Senatusconsultum de Delo（又称为 *Senatusconsultum de Serapaeo Delio*）《关于德罗的塞拉皮斯神庙的元老院决议》

可能发布于公元前 164 年，此决议记载于 1911 年于德罗（Delo）发现的希腊铭文之上，它是基于可能是塞拉皮斯（Sarapis，古埃及地下之神）神庙的祭司或管理人的德梅特里约斯（Demetrios）的请求而作出的决议，它对一些献祭事宜的进行了规定。

Senatusconsultum de distractione bonorum《关于财产零卖的元老院决议》

具体发布年代不详，大致的发布时间是奥古斯都时代。该决议规定：当属于元老等级的人丧失债务清偿能力时，可享受财产零卖的照顾，以避免因执行财产拍卖程序而蒙受不名誉。

Senatusconsultum de Iudaeis《关于犹太国的元老院决议》

发布于公元前 132 年，此决议是答复犹太人对叙利亚国王安条克（Antiochus）的抱怨，罗马元老院与犹太民族重订了盟约，但回绝了他们的请求。

另外，还有数个同名的发布于公元前 47 年的元老院决议，分别规定：更新罗马与犹太人的同盟协议，并接受后者一笔价值不菲的赠与；扩大犹太国的领土范围；授权恺撒采取有利于犹太人的措施。

Senatusconsultum de Lacedaemoniis et Messeniis《关于斯巴达和梅森尼亚的元老院决议》

发布于公元前 140 年，它被记载于由尼布尔发现的一希腊铭文之中，它处理了斯巴达和梅森尼亚之间的冲突。

Senatusconsultum de legatis《关于遗赠的元老院决议》

发布日期不详，大概是在提贝流斯（Tiberius）皇帝统治时期，它规定了用益权遗赠的效力问题，并对属于消费物的财产的用益权遗赠确立了适用的形式。

Senatusconsultum de ludis saecularibus《关于百年竞技会的元老院决议》

发布于公元前 17 年，所谓百年竞技会指为了庆祝每一百年而举行的全国性的竞技会，此决议即是关于此种竞技会的规定，在其中，“15 个男人进行献祭"活动占有重要地位。

Senatusconsultum de Magnetum et Prienensium litibus《关于马格尼西亚和普里内争议的元老院决议》

发布于公元前143年，其希腊碑文被发现在普里内(Priene)的智慧女神的神庙里，此决议是关于处理马尼西亚(Magnesia)和普里内两城市之间争议的规定。

Senatusconsultum de manumissionibus in fraudem creditorum《关于以欺诈债权人方式解放奴隶的元老院决议》

发布年代不详(大约在2世纪)，该决议采用类推的做法禁止异邦人以欺诈债权人的方式解放奴隶。

Senatusconsultum de mense Augusto《关于奥古斯都月的元老院决议》

发布于公元前8年，它规定将古罗马的6月(sextilis mensis)称为奥古斯都月，以此作为皇帝奥古斯都的荣耀。

Senatusconsultum de Mytilenensibus《关于米蒂利尼的元老院决议》

发布于公元前62年，此决议部分地保存于在米蒂利尼(Mitilene)发现的希腊碑文之中，此碑文记载有在罗马和米蒂利尼之间的米特拉达悌(Mithridates)战争之后的一项协议，并且在此决议前面有一项元老院决议，它确认了米蒂利尼市民的自由权以及豁免权，并决定将此协议刻在铜板上，存放于卡皮托山。

Senatusconsultum de Narthaciensium et Meliaeensium《关于拿尔塔齐和梅里特的元老院决议》

可能颁布于公元前150—公元前147年，它被记载在位于塞萨利亚(Tessalia)的古代拿尔塔齐(Nartacio)废墟中发现的希腊铭文之中，它处理了梅里特人(melitensi)和拿尔塔齐人之间关于公地与荒地(ager pubblicus et desertus)的争议。

Senatusconsultum de navibus militibusque《关于船只和军队的元老院决议》

可能颁布于公元前7年，其内容残缺而难以明了其含义，可能涉及的是在镇压潘诺尼亚(Pannonia)叛乱过程中通过战舰和军队运输粮食的事宜。

Senatusconsultum de Oropiis《关于奥洛普斯的元老院决议》

公布于公元前73年，它与一封执政官的信一起被保存在一希腊碑文中，此信转述了解决收税人与奥洛普斯(Oropus)之间矛盾的一项法令，并且元老院决议确认了此项法令。

Senatusconsultum de pago Montano《关于山区村落的元老院决议》

大约发布于1世纪，它禁止在罗马埃斯奎利诺山丘的区域堆积垃圾和其他废物，例如尸体和粪便，并规定平民营造官可对违禁者提起拘禁之诉和扣押之诉。

Senatusconsultum de postulatione Cyzicenorum《关于齐兹切努斯请求的元老院决议》

大约在皮尤斯(Antoninus Pius)皇帝统治时期发布，它是对齐兹切努斯人(Cyzicenus)请求元老院对一社团(corpus)进行确认的答复，此决议对于研究罗马行省的结社和社团的历史十分有意思。

Senatusconsultum de philosophis et rhetoribus《关于哲学家和演说家的元老院决议》

发布于公元前161年，它禁止希腊的哲学家和演说家住在罗马。

Senatusconsultum de Prienensium et Ariarathe《关于普里内和阿里阿拉特的元老院决议》

发布于公元前163年，此决议的希腊碑文片段被发现在普里内(Priene)的智慧女神的神庙里，其中元老院决定送信给帕加马(Pergamo)的国王阿塔罗斯二世(Attalos Ⅱ)以及卡帕多恰(Cappadocia)的国王阿里阿拉特五世(Ariarathe V Philopator)，要求他们停止对普里内人的战争和暴力行为。

Senatusconsultum de Prienensium et Samiorum litibus《关于普里内和萨莫争议的元老院决议》

发布于公元前136年，此决议的希腊碑文被保存在普里内(Priene)的智慧女神的神庙里，此决议涉及普里内和萨莫(Samo)这两个城市关于一块田地的争议。此田地本来是从罗德鸟(Rodi)人手中被判给了普里内人，但是此判决在公元前189年被沃尔修斯(Cn. Manlius Volsius)撤销，并在次年将此田地给了萨莫斯人。50年后普里内人向罗马元老院请求让萨莫斯人归还此田地，此请求得到元老院的支持。次年，元老院针对此主题又颁布过一个元老院决议。

Senatusconsultum de provinciis consularibus《关于执政官行省的元老院决议》

发布于公元前51年，它被保存西塞罗的一封信中(ad fam. 8,8,5)，它对于元老院与执政官行省的高级官员之间的关系设立了一些制度。

Senatusconsultum de publicanorum et Pergamenorum litibus《关于包税人与帕加马人的矛盾的元老院决议》

可能发布于公元前122—公元前120年，此决议处理了包税人与帕加马人之间的矛盾。

Senatusconsultum de sicariis《关于刺杀的元老院决议》

发布年代不详(大约在克劳丢斯皇帝时期)，它规定：对于事故中的受难者实施暴力行为的，应对其实施与《关于刺杀和投毒的科尔内流斯法》(*Lex Cornelia de sicarris et veneficis*)一样的刑罚，即“禁绝水火”。

Senatusconsultum de Stratonicenisibus《关于斯特托尼西亚的元老院决议》

大约发布于公元前81年，此决议与苏拉的一封信一起记载在一块在拉吉那(Lagina)发现的希腊碑文中，此决议确认了斯特托尼西亚(Stratonicea)对罗马的功绩，并决定对它对罗马的忠诚行为给予补偿。

Senatusconsultum de sumptibus ludorum gladiatoriorum minuendis《关于减少角斗士竞技花费的元老院决议》

发布于176年，它设立了一些措施来减少角斗士竞技的花费。

Senatusconsultum de testamentis《关于遗嘱的元老院决议》

发布年代不详(大约在2世纪尼禄皇帝统治时期),该决定为制作蜡封遗嘱规定了一些必须遵守的特殊程序。

Senatusconsultum de Thisbaeis《关于提斯柏的元老院决议》

此为两个元老院决议,发布于公元前170年,提斯柏(Thisbe)被罗马人征服后,该城派遣使者到罗马向元老院提出请求,这两个元老院决议就是对其请求处理的规定。

Senatusconsultum de Tiburtibus《关于蒂沃利人的元老院决议》

发布于公元前159年,该决议对于蒂沃利人(Tivole,又称 Tiburtino)曾经对罗马人不利的行为实施大赫。

Senatusconsultum Geminianum《杰米纽斯元老院决议》

于29年(当时 Lucius Rubellius Geminus 和 Gaius Fufius Geminus 为执政官)发布,该决议规定:对于因在审判中提供或者不提供证言而收受他人钱款的行为,将按照作假罪论处。

Senatusconsultum Gaetulicianum《杰图里库斯元老院决议》

大约在178年以后发布,此决议是对《奥尔菲图斯元老院决议》(*Senatusconsultum Orphitianum*)的修正,由于相对于子女对母亲的无遗嘱的继承,《奥尔菲图斯元老院决议》忽视了丈夫的权利,本决议重新确立了在有夫权婚姻中丈夫与妻子在无遗嘱继承中的平等性,取消了后者作为前者继承人的资格。

Senatusconsultum Hosidianum《奥斯丢斯元老院决议》

于44年发布,该决议禁止以拆毁和出卖其材料为目的购买被建造或制造的物品。

Senatusconsultum Iuncianum《尤恩齐努元老院决议》

发布于127年,它规定如果有义务基于任何原因通过遗产信托解放奴隶的人缺席,裁判官能够宣布解放之。如继承人在场,裁判官可强迫他们实施解放,此等解放的性质依然是"依遗产信托的解放"。

Senatusconsultum Iuventianum《尤文求斯元老院决议》

于129年(当时 P. Iuventius Celsus 为执政官之一)发布,该决议规定:对于曾经占有遗产并随后将其转让的人,同样可以提起要求继承之诉;遗产的诚信占有人可以只返还因转让该遗产而获取的利益,而遗产的恶信占有人,除此之外,还应当返还有关的利息。

Senatusconsultum Largianum《拉尔古斯元老院决议》

于42年(当时 Gaius Caecina Largus 为执政官之一)发布,该决议为尤尼亚拉丁人的无遗嘱继承人规定先后顺序,即恩主、恩主的子女、恩主家外继承人。

Senatusconsultum Libonianum《里波元老院决议》

于16年(当时 L. Scribonius Libo 为执政官之一)发布,该决议规定:在根据遗嘱人的委托制作遗嘱的情况下,如果受托人最后成为了遗赠的受益人,将被认为犯有作假罪,除非遗嘱人亲自以明确的方式确认有关的遗赠行为。

Senatusconsultum Licinianum《李其纽斯元老院决议》

于27年(当时 Marcus Licinius Crassus Frugi 为执政官之一)发布,该决议规定:对于所有相互利用假证言或假遗嘱的人,将按照违反《关于伪造的科尔内流斯法》(Lex de Cornelia de falsis)以伪造罪论处。

Senatusconsultum Macedonianum《马切多元老院决议》

发布年代不详(大约是在1世纪韦斯巴芗皇帝统治时期),该决议禁止以消费借贷名义向家子出借钱款,除非预先获得家父的同意或者家子在成为自权人后对有关的借贷关系予以认可。但此交易不是无效,而是此等家子对出借人享有抗辩权(exceptio senatusconsulti Macedoniani)。此决议命名与其他元老院决议的命名不同,它来自于一个臭名昭著的名叫马切多(Macedo)的高利贷者。

Senatusconsultum Memmianum《梅谬斯元老院决议》

于63年(当时 C. Memmius Regulus 为执政官之一)发布,该决议规定:虚假的收养行为不产生法律效力,这样无子者就不能借虚假的收养来规避由《关于等级结婚的优流斯法》(Lex Iulia de maritandis ordinibus)所施加的不利。

Senatusconsultum Messalianum《梅沙拉元老院决议》

于 20 年(当时 Marcus Valerius Messalla 为执政官之一)发布,记载于《摩西法与罗马法合论》8,7,2 和 D. 48,10,1,1,它规定:无论律师还是证人,如果对一个他们明知无辜之人起诉或接受金钱,他们都被认为犯有伪造罪。

Senatusconsultum Neronianum de legatis《关于遗赠的尼禄元老院决议》

发布年代不详(大约是在 1 世纪尼禄皇帝统治时期),该决议规定:如果直接遗赠因缺乏特有的要件而无效,可以作为间接遗赠而成立,并且废除了几种不同遗赠的区别。

Senatusconsultum Ninnianum de collusione detegenda《关于揭露共谋的尼纽斯元老院决议》

发布年代不详(大约是在图密善皇帝统治时期),此决议包括一些反对贵族与解放自由人勾结而宣称后者为生来自由人的阴谋的规定。

Senatusconsultum Orphitianum(又称为 *Senatusconsultum Orfitianum*)《奥尔菲图斯元老院决议》

于 178 年(当时 Ser. Scipio Orphitus 为执政官之一)发布,该决议对母亲与子女之间的死因继承关系加以调整,大大革新了无遗嘱继承的体系,它允许子女参加对其母亲遗产的无遗嘱继承,并且其地位优先于旁系宗亲属。

Senatusconsultum Ostorianum《奥斯多流斯元老院决议》

于 41—47 年期间发布,该决议对恩主权的转移作出一些限制性规定。

Senatusconsultum Pegasianum《贝加苏斯元老院决议》

大约于 75 年(当时 Pegasus 为执政官之一)发布,该决议规定:在实行遗产信托的情况下,也参照《法尔其丢斯法》四分之一规则,为继承人至少保留四分之一的遗产。

Senatusconsultum Pisonianum《比索元老院决议》

于 57 年(当时 L. Calpurnius Piso 为执政官之一)发布,此决议援引了《斯拉努斯元老院决议》(*Senatusconsultum Silanianum*),它规定:在对杀人案进行调查时，可以对被害人的奴隶实行刑讯；如果应接受刑讯的奴隶已经被转让，此买卖无效，买受人有权要求出买人返还其价金。

Senatusconsultum Plancianum（又称为 *Senatusconsultum de agnoscendis liberis*）《布兰库斯元老院决议》

发布年代不详（大约是在1世纪），该决议规定：在婚姻关系解除时，为了确定有关的亲子关系，女方应在确定怀孕后在离婚的30天内向男方通知此信息，男方可以决定对女方的分娩情况进行检查。

Senatusconsultum Rubrianum《鲁比流斯元老院决议》

发布于101年（当时 Rubrius Gallus 为执政官之一），此决议规定：当一个人有义务按照遗嘱人的遗嘱解放奴隶但却拒绝如此做，裁判官应宣布此等奴隶成为自由人。

Senatusconsultum Silanianum《斯拉努斯元老院决议》

于10年（当时 C. Iunius Silanus 为执政官之一）发布，该决议规定：在发生主人被杀案件的情况下，可以对与被害人住在一起的奴隶进行调查并且采用刑讯的手段；在有关的调查工作结束之前将不开拆被害人的遗嘱，以避免因其中含有解放该奴隶的内容而使调查无法继续进行。另外，它还授予发现杀害主人的凶手的奴隶以自由权。

Senatusconsultum Silanianum de Mytilenensibus《关于米蒂利尼的斯拉努斯元老院决议》

于公元前23年发布，此决议由恺撒授权，由 M. Silanus 提议，它同意米蒂利尼（Mitilene）人来罗马的使馆举行庆祝活动，并将一个与罗马结成紧密关系的协议刻在铜板上面。

Senatusconsultum Tertullianum《特尔图鲁斯元老院决议》

发布年代不详（大约是在阿德里亚努斯皇帝统治时期，当时 Tertullus 为执政官之一），该决议规定：生育了3个（如为生来自由人）或4个子女（如为解放自由人）的母亲应被列入到其子女的无遗嘱继承人之中，但其子女的子女、其父亲和一些宗亲享有优先权。

Senatusconsultum Trebellianum《特雷贝流斯元老院决议》

于 62 年(当时 Trebellius Maximus 为执政官之一)发布,该决议规定:遗产信托的受托人,在返还遗产时,应当将所有主动的和被动的诉权移交给遗产信托受益人。

Senatusconsultum Turpillianum《图尔皮流斯元老院决议》

于 61 年(当时 Petronius Turpilius 为执政官之一)发布,该决议将《关于滥诉者的雷姆纽斯法》(Lex Remnia de calumniatoribus)中关于惩处滥诉罪的规定扩展适用于虚意控告罪(praevaricatio)和无故放弃控告罪(tergiversatio)。

Senatusconsultum Velleianum(又称为 *Senatusconsultum Vellaeanum*)《韦勒乌斯元老院决议》

于 46 年发布,属于所谓的立法性的元老院决议之一,该决议禁止妇女为他人实行债务承保,并且规定由妇女提供的担保不是当然无效,而是当债权人起诉时妇女享有本决议所规定的抗辩权(exceptio senatus consulti Velleiani),此决议对妇女的继承人和担保人亦有效,但在以下情况下例外:对未成年人;当行为是为了妇女的利益;当为了设立嫁妆目的时;当妇女变成了被担保人的继承人时。

Senatusconsultum Volusianum《沃鲁修斯元老院决议》

于 56 年(当时 Q. Volusius Saturninus 为执政官之一)发布,该决议针对《奥斯丢斯元老院决议》(*Senatusconsultum Hosidianum*)中关于禁止为变卖材料而拆除被买物的规定列举了某些例外情形。

Senatusconsultum Volusianum de vi privata《关于私人暴力的沃鲁修斯元老院决议》

于 56 年(当时 Quintus Volusius Saturninus 为执政官之一)发布,该决议扩大了暴力罪的范围,将任意支持他人针对第三人提起诉讼以便从中渔利的情形列为私人暴力罪。

Oratio Augusti《奥古斯都元老院决议》

颁布日期不详,它处理了自治市的地位(status)问题。

Ortaio Claudii de aetate recuperatorum et de accusatoribus coercendis《关于判还官年龄和惩罚控告人的克劳丢斯元老院决议》

记载于发现在埃及的纸莎草之上，大约颁布于42—51年，可能是两个元老院决议，它是以皇帝克劳丢斯的口吻向元老院提议并被通过的法律，它将判还官(recuperatores)的最小年龄设定为满25岁；并且还规定对无故终止已提起的诉讼的公共控告人判处滥诉罪(calumnia)。

Oratio divi Marci（又被写作 *Oratio Marci*）《马尔库斯元老院决议》

记载于D.49,4,1,7之中，它规定了计算上诉(appellatio)有效期间的方式。

Oratio Hadriani《阿德里亚努斯元老院决议》

由乌尔比安记载下来(D.49,2,1,2)的一项元老院决议，它规定：禁止对一项元老院判决向元首申诉。

Oratio Hadriani《阿德里亚努斯元老院决议》

它规定：遗产信托(fideicommissum)被遗留给外邦人的，应将之没收并上交国库。

Oratio Impp. Marci e Commodi（又被称为 *Oratio Marci*）《马尔库斯和康茂德元老院决议》

记载于D.23,1,16和D.23,2,16之中，由皇帝马尔库斯·奥勒流斯和康茂德皇帝提议通过的元老院决议，它规定：禁止元老的女儿与解放自由人结婚，禁止监护人或保佑人与其被监护人或被保佐人结婚。

Oratio Marci Aurelii《马尔库斯·奥勒留元老院决议》

关于掠取遗产罪(crimen expilatae hereditatis)的元老院决议，它是指继承人将尚未向其分配的遗产据为已有的犯罪行为，直到马尔库斯·奥勒留皇帝提出此决议之前，它都不构成犯罪，并且行为人还可通过时效而取得其所有权。

Oratio Marci Aurelii《马尔库斯·奥勒留元老院决议》

记载于D.2,15,8,8、D.2,15,8,12和D.2,15,8,17之中，它规定：禁止

不经裁判官批准而对遗嘱中设立的抚养费达成和解。

Oratio Marci Aurelii《马尔库斯·奥勒留元老院决议》

关于当庭供认(confessio in iure)的元老院决议,但其具体内容不明。

Oratio Marci Aurelii《马尔库斯·奥勒留元老院决议》

记载于D. 2,12,1,2、D. 2,12,3和D. 2,12,7之中,它规定:在农作物收获期间或葡萄收获期,对一些诉讼可以授予宽限期,禁止在此期间传唤被告到法庭,但在一些特别紧急的情况,不在此限;并且还允许在节假日向裁判官请求实施某些程序,比如,任命保佐人和监护人,豁免负担沉重的监护人以及确定抚养费等等。

Oratio Marci Aurelii de servis《关于奴隶的马尔库斯·奥勒留元老院决议》

记载于C. 6,35,11,关于主人被害对其奴隶进行调查的规定,其具体内容参见前面的*Senatusconsultum Pisonianum*和*Senatusconsultum Silanianum*。

优士丁尼《学说汇纂》引用古代作品拉丁原文、诸中译及日译对照表

肖　俊　尹春海

关于这个译名对照表略作如下说明：(1)涉及的所有的日文作品都采用了日文原文，而没有将日文汉字转化为中文简体字。表格中的日译文基本应当是日本罗马法学界的通行译法。这样做一来是为了维持日文的原貌，以保持原汁原味，能够一目了然，同时也考虑到了少量日文字符并没有对应的汉语写法。另外，日文中对人名采用的假名译法也照录进来。(2)对少数日文译名做了一些注释，放在当页末尾。(3)整个表格以曾挂在罗马法教研室网站上的《学说汇纂》引用古代作品中译名（黄、徐、费译本）作为底本，加入一栏日译文。这样做是因为黄老师、费老师和徐老师的译本在国内比较权威和全面，将其与日文对照更易观察异同。上述三个中译本所对应拉丁文名的日译文基本都已找到，而且在还增补了一些以前没有的条目（表现为中译本的三栏为空白）。而且这次对原表中的串行错误做了补正。

LATIN	黄风译文	徐国栋译文	费安玲译文	日译文
A				
actionum libri		《论诉权》		訴権録
de adsignatione libertorum liber singularis				被解放自由人指定論単巻書
de adulteriis liber singularis	《通奸者》单编本	《论通奸》单卷本		姦通論単巻書
de adulteriis libri	《通奸者》	《论通奸》		姦通論
de ambiguitatibus liber singularis		《论双关的表达》单卷本		両義論単巻書
de appellationibus libri	《论上诉》	《论上诉》		上訴論

续表

LATIN	黄风译文	徐国栋译文	费安玲译文	日译文
de articulis liberalis causae liber singularis				自由身分訴訟規定論
αστυνομχοσ μονοβίβλοσ				按察官職務論単巻書
B				
brevium(brevis edicti) libri		《短论》	《法学纲要》	概略録
C				
de casibus liber singularis		《论决疑》单卷本		事変論単巻書
de castrensi peculis liber singularis		《论军营特有产》	《论军役特有产》	軍営特有財産論単巻書
ex Cassio libri	《论卡西》	《卡修斯评注》		カッシウス抄録
de censibus libri	《论财产登记》	《国事调查》	《论财产估价》	戸口調査論
de centumviralibus (septemviralibus) iudiciis liber singularis		《论七人法院》		百人裁判所単巻書
de cognitionibus libri	《调查》[①]《论调查》[②]《论诉讼审理》[③]	《论审理》		審理論
de conceptione formularum liber singularis				方式書作成論単巻書
de concurrentibus actionibus liber singularis	《论诉讼竞和》	《论诉权竞合》		訴権競合論単巻書
de constitutionum libri	《论谕令》	《敕令》	《论谕令》	勅法録

① [意]桑德罗·斯奇巴尼选编:《民法大全选译·司法管辖权·审判·诉讼》,黄风译,中国政法大学出版社 1992 年版,第 48 页。

② [意]桑德罗·斯奇巴尼选编:《民法大全选译·人法》,黄风译,中国政法大学出版社 1995 年版,第 18 页。

③ [意]桑德罗·斯奇巴尼选编:《民法大全选译·人法》,黄风译,中国政法大学出版社 1995 年版,第 79 页。

续表

LATIN	黄风译文	徐国栋译文	费安玲译文	日译文
D				
decretorum libri		《主要论点集》		勅裁録
definitionum libri	《定义》	《定义集》	《定义》	定義録
de delatoribus liber singularis	《告发者》单编本	《论公诉中的告发人》		告発人論単巻書
de differentia dotis liber singularis		《论嫁资的区分》		嫁資類別論単巻書
differentiarum libri	《论差别》	《区别集》	《论区别》	類別録
digestorum libri	《学说汇纂》	《学说汇纂》	《学说汇纂》	法学大全
digestorum a Paulo epitomatorum (Paulus epitomarum Alfeni [Vari]) libri		《阿尔芬努斯的〈学说汇纂〉摘要》		パウルス抄録伝法学大全
disputationum libri	《争论》[①]《论争论》[②]《争辩论》[③]	《论断集》	《论争辩》[④]《论辩论》	討論集
de dotis repetitione liber singularis				嫁資返還論単巻書
E				
ad edictum libri	《论告示》	《告示评注》	《论告示》	告示註解
ad edctum aedilium curulium liber				高等按察官告示註解
ad edictum monitorium libri		《教师【使用】的告示》		催告人告示註解

① [意]桑德罗·斯奇巴尼选编:《民法大全选译·司法管辖权·审判·诉讼》,黄风译,中国政法大学出版社1992年版,第15页。

② [意]桑德罗·斯奇巴尼选编:《民法大全选译·司法管辖权·审判·诉讼》,黄风译,中国政法大学出版社1992年版,第31页。

③ [意]桑德罗·斯奇巴尼选编:《民法大全选译·司法管辖权·审判·诉讼》,黄风译,中国政法大学出版社1992年版,第74页。

④ [意]桑德罗·斯奇巴尼选编:《民法大全选译·婚姻·家庭和遗产继承》,费安玲译,中国政法大学出版社2001年版,第29页。

续表

LATIN	黄风译文	徐国栋译文	费安玲译文	日译文
ad edictum praetoris libri	《论裁判官告示》	《裁判官告示评注》	《论裁判官告示》	法務官告示註解
ad edictum provinciale libri	《论行省告示》	《行省告示评注》	《论行省告示》	属州告示註解
ad edictum urbicum	《论城市告示》	《内城告示评注》	《论内事裁判官告示》	
enchiridii liber singularis	单编手稿①《手册》单编本②			法学通論单卷書
enchiridii libri		《教本》	《手册》	法学通論
de enucleatis casibus liber singularis	《论典型案例》单编本	《论清楚的案件》单卷本		抽出例单卷書
epistularum libri	《书信集》③	《书信集》	《论谕令》	書簡集
epistularum (et variarum lectionum) libri				書簡集(・雑録)
excusationum libri	《论法定免责理由》	《赦免》		免除録
de excusationibus tutelarum liber singularis		《论监护的豁免》	《论法定免除监护责任理由》	後見人免除单卷書
F				
fideicommissorum (de fideicommissis) libri	《论遗产信托》④《遗产信托》⑤	《遗产信托》	《论遗产信托》	信託遺贈録
de forma testamenti liber singularis			《遗嘱的形式》	遺言方式单卷書

① [意]桑德罗・斯奇巴尼选编:《民法大全选译・正义与法》,黄风译,中国政法大学出版社 1992 年版,第 36 页。

② [意]桑德罗・斯奇巴尼选编:《民法大全选译・正义与法》,黄风译,中国政法大学出版社 1992 年版,第 42 页。

③ 黄风编著:《罗马法词典》,法律出版社 2002 年版,第 207 页。

④ [意]桑德罗・斯奇巴尼选编:《民法大全选译・人法》,黄风译,中国政法大学出版社 1995 年版,第 36 页。

⑤ [意]桑德罗・斯奇巴尼选编:《民法大全选译・司法管辖权・审判・诉讼》,黄风译,中国政法大学出版社 1992 年版,第 74 页。

续表

LATIN	黄风译文	徐国栋译文	费安玲译文	日译文
de formula hypothecaria liber singularis	《论抵押的方式》单编本	《抵押》单卷本		抵当訴訟方式書論単巻書
ad formulam hypothecariam liber singularis	《单编论抵押程式》	《抵押》单卷本		抵当訴訟方式書註解単巻書
G				
de gradibus et adfinibus et nominibus eorum liber singularis		《论亲等和姻亲》单卷本	《亲等和姻亲及其名词》单编本	親等、姻戚関係およびその[①]＊名称論単巻書
H				
de heurematicis liber singularis			《案件集》单编本	助言集単巻書
I				
imperialium sententiarum in cognitionibus prolatarum sive decretorum libri				延期された審理における皇帝の判断および勅裁録[②]＊
interdictorum libri	《论令状》	《论令状》		特示命令録
de inofficioso testamento liber singularis		《论不合义务的遗嘱》单卷本		不倫遺言論単巻書
institutionum libri	《法学阶梯》《法学总论》[③]	《法学阶梯》	《法学阶梯》	法学全書
De instructo et instrumento liber singularis		《论连同其从物【遗赠】房屋或土地》单卷本		書面の意義論単巻書

① ＊およびその＝及其。

② ＊延期された審理における皇帝の判断および勅裁録＝关于延期审理的皇帝决断与敕裁录。

③ [意]桑德罗·斯奇巴尼选编，黄风译：《民法大全选译·司法管辖权·审判·诉讼》，中国政法大学出版社1992年版，第44页。

续表

LATIN	黄风译文	徐国栋译文	费安玲译文	日译文
de intercessionibus feminarum liber singularis		《论妇女的保证》单卷本		婦女債務引受論単巻書
de iudiciis publicis libri	《论公共审判》《论公共诉讼》	《公诉》		公訴訟論
de iure codicillorum liber singularis		《论遗嘱附书法》单卷本		小書付法論単巻書
de iure fisci libri		《论皇库的权利》		国庫法論
de iure fisci et populi libri		《论皇库的权利》单卷本		国庫・国民法論
de iure libellorum liber singularis		《论申诉权》单卷本		有子の権単巻書①
de iure patronatus liber singularis		《论恩主权》单卷本		保護者権単巻書
de iure singulari liber singularis	关于个别法的单编本	《论特别法》单卷本		特別法単巻書
iuris epitomarum libri	《法学选要》② 《法学提要》③ 《法学概要》④ 《法学摘要》⑤	《【私】法摘要》	《法律概要》	法の抄録

① 有子の権,是指公元前1世纪左右,生育子女的罗马人大幅下降,加之内战所导致的大量人口减少,罗马出现了人口危机。罗马统治阶层便运用法律激励手段,对人口再生产进行调控。根据所生子女数量的多寡,赋予其市民法上的有利或不利的效果。如,赋予生育一定数量以上子女的女性以有子权(有子の権),养育一定数量以上子女的上层社会男性可以免除监护的负担,等等。(林 信夫:「歴史にみる少子化問題」より)

② [意]桑德罗·斯奇巴尼选编:《民法大全选译·司法管辖权·审判·诉讼》,黄风译,中国政法大学出版社1992年版,第35页。

③ [意]桑德罗·斯奇巴尼选编:《民法大全选译·正义与法》,黄风译,中国政法大学出版社1992年版,第37页。

④ [意]桑德罗·斯奇巴尼选编:《民法大全选译·人法》,黄风译,中国政法大学出版社1995年版,第7页。

⑤ 黄风编著:《罗马法词典》,北京:法律出版社2002年,第103页。

续表

LATIN	黄风译文	徐国栋译文	费安玲译文	日译文
de iuris et facti ignorantia liber singularis		《论对法和对事实的不知》		法の不知・事実の不知論単巻書
L				
Labeo posteriorum a Iavoleno epitomatorum libri (posteriorum)	《雅沃伦的后期情况汇编》	《遗作・由雅沃伦所作的遗作》	《由扎沃拉诺整理的作品》①《拉贝奥的后期作品》	ヤウォレーヌス抄録伝ラベオー遺作
ex lege Rhodia (ad lege Rhodia)		《论罗德海法》		ロードス海法抄録
ad legem Glitiam liber singularis				グリティウス法註解単巻書
ad legem Aeliam Sentiam libri		《埃利亚和申齐亚法评注》		アエリウス＝センティウス法註解
ad legem Cinciam liber singularis	《论琴其亚法》单编本	《琴其亚法评注》		キンキウス法註解単巻書
ad legem Falcidiam liber singularis				ファルキディウス法註解単巻書
ad legem Fufiam Caniniam liber singularis			《论富菲亚・卡尼尼亚法》	フーフィウス＝カニーニウス法註解単巻書
ad legem Iuliam		《优利亚法评注》		ユーリウス法註解
ad legem Iuliam de adulteriis libri				姦通に関するユーリウス法註解

① [意]桑德罗・斯奇巴尼选编:《民法大全选译・婚姻・家庭和遗产继承》,费安玲译,中国政法大学出版社 2001 年版,第 249 页。

续表

LATIN	黄风译文	徐国栋译文	费安玲译文	日译文
ad legem Iuliam et Papiam libri	《论尤利和巴比法》① 《论尤利·巴比法》② 《尤利亚和巴比亚法》③	《优流斯及帕皮尤斯法评注》	《评〈尤利亚和巴比亚〉法》 《论尤利亚和巴比亚法》④	ユーリウス法・パピウス法註解
ad legem Velleam l. sing		《维雷阿法评注》		
ad legem vicesimam (vicesimam hereditatium) libri		《二十分之一的遗产税》		(相続財産に関する)20分の1法註解
ad legum Ⅻ *tabularum libri*	《论十二表法》	《十二表法评注》		十二表法註解
de liberali causa liber singularis				自由身分訴訟論単巻書
de libertatibus dandis liber singularis		《论给予自由权》单卷本	《获得自由的奴隶的义务》单编本	自由身分付与論単巻書
M				
manualium libri		《教科书》		便覧
de manumissionibus liber singularis				手権解放論単巻書

① [意]桑德罗·斯奇巴尼选编:《民法大全选译·人法》,黄风译,中国政法大学出版社1995年版,第2页。

② [意]桑德罗·斯奇巴尼选编:《民法大全选译·人法》,黄风译,中国政法大学出版社1995年版,第52页。

③ [意]桑德罗·斯奇巴尼选编:《民法大全选译·正义与法》,黄风译,中国政法大学出版社1992年版,第61页。

④ [意]桑德罗·斯奇巴尼选编:《民法大全选译·婚姻·家庭和遗产继承》,费安玲译,中国政法大学出版社2001年版,第237页。

续表

LATIN	黄风译文	徐国栋译文	费安玲译文	日译文
de manumissionibus libri	《论解放奴隶》	《论解放》	《论解放奴隶》	手権解放論
membranarum libri	《论书卷》[1] 《论羊皮纸书》[2]	《羊皮纸文稿》		備忘録
militarium(de re militari) libri				兵役録
ad Minicium(ex Minicio) libri		《米尼丘斯评注》		ミニキウス註解
de muneribus civilibus liber singularis				市民としての負担論単巻書
N				
ad Neratium libri		《内拉蒂评注》	《致内拉茨乌斯》	ネラーティウス註解
O				
ad officio adsessorum liber singularis				陪席官職務註解単巻書
de officio consularium liber singularis				執政官格職務論単巻書
de officio consulis libri	《论执政官的职责》[3] 《论执政官的职权》[4]	《论执政官的义务》	《论执政官的职责》	執政官職務論

① [意]桑德罗·斯奇巴尼选编:《民法大全选译·人法》,黄风译,中国政法大学出版社 1995 年版,第 30 页。

② [意]桑德罗·斯奇巴尼选编:《民法大全选译·正义与法》,黄风译,中国政法大学出版社 1992 年版,第 59 页。

③ [意]桑德罗·斯奇巴尼选编:《民法大全选译·司法管辖权·审判·诉讼》,黄风译,中国政法大学出版社 1992 年版,第 76 页。

④ [意]桑德罗·斯奇巴尼选编:《民法大全选译·司法管辖权·审判·诉讼》,黄风译,中国政法大学出版社 1992 年版,第 77 页。

续表

LATIN	黄风译文	徐国栋译文	费安玲译文	日译文
de officio curatoris reipublicae liber singularis		《论国家的掌管者的义务》		地方都市監督官職務論单卷書
de officio praefecti praetorio liber singularis				近衛長官職務論单卷書
de officio praefecti vigilum liber singularis	《论消防长官的义务》			首都警備隊長官職務論单卷書
de officio praefecti urbi liber singularis	有关城市执政官职责的单编本	《论市长官的义务》单卷本		首都長官職務論单卷書
de officio praesidis libri		《论总督的义务》		皇帝属州総督職務論
de officio praetoris tutelaris liber singularis		《论监护裁判官的义务》		後見掛法務官職務論单卷書
de officio proconsulis libri	《论行省执政官的职责》① 《论行省总督的职责》②	《论行省执政官的义务》	《论行省执政官的职责》	元老院属州総督職務論
de officio quaestoris liber singularis	《论基层执法官的职责》	《论财务官的义务》		財務官職務論单卷書
de omnibus tribunalibus libri	《论一切法庭》③ 《论所有的法院》④	《论各种法院》	《论各种审判人员》	全裁判所論

① [意]桑德罗·斯奇巴尼选编:《民法大全选译·司法管辖权·审判·诉讼》,黄风译,中国政法大学出版社 1992 年版,第 15 页。

② [意]桑德罗·斯奇巴尼选编:《民法大全选译·正义与法》,黄风译,中国政法大学出版社 1992 年版,第 63 页。

③ [意]桑德罗·斯奇巴尼选编:《民法大全选译·司法管辖权·审判·诉讼》,黄风译,中国政法大学出版社 1992 年版,第 38 页。

④ [意]桑德罗·斯奇巴尼选编:《民法大全选译·人法》,中国政法大学出版社 1995 年版,第 32 页。

续表

LATIN	黄风译文	徐国栋译文	费安玲译文	日译文
opinionum	《见解》① 《论见解》②	《意见集》		見解録
ad orationem divi Antonini et Commodi liber singularis		《被尊为神的马尔库斯的诏书评注》		神皇アントーニーヌスおよびコンモドゥス宣旨註解単巻書
ad orationem divi Severi liber singularis		《被尊为神的塞维鲁斯的诏书评注》		神皇セヴェールス宣旨単巻書
ορων		《定义集》单卷本		認識論単巻書
P				
pandectarum libri	《学说汇纂》	《潘得克吞》、	《学说汇纂》	法学総覧
pithanon(pithanorum) a Paulo epitomatorum libri		《值得相信的观点》		パウルス抄録伝ラベオー論点集

① [意]桑德罗·斯奇巴尼选编:《民法大全选译·司法管辖权·审判·诉讼》,黄风译,中国政法大学出版社 1992 年版,第 19 页

② [意]桑德罗·斯奇巴尼选编:《民法大全选译·人法》,黄风译,中国政法大学出版社 1995 年版,第 14 页。

续表

LATIN	黄风译文	徐国栋译文	费安玲译文	日译文
ex Plautio(ad Plautium)libri	《论普拉蒂》[①]《评普拉蒂》[②]	《普劳提评注》	《论布拉乌茨友》[③]《论布拉乌茨斯》[④]《论普拉蒂》[⑤]《致布劳兹乌姆》[⑥]《论布拉乌提乌斯》[⑦]	プラウティウス抄録(プラウティスウ註解)
de poenis libri		《论刑罚》		刑罰論
de poenis militum liber singularis		《论对军人的刑罚》		兵士刑罰論単巻書
de poenis omnium legum liber singularis		《论所有的法律规定的刑罚》		全刑罰論単巻書
de poenis paganorum liber singularis		《论对平民的刑罚》		俗人刑罰論単巻書

① [意]桑德罗·斯奇巴尼选编:《民法大全选译·司法管辖权·审判·诉讼》,黄风译,中国政法大学出版社1992年版,第81页。

② [意]桑德罗·斯奇巴尼选编:《民法大全选译·正义与法》,黄风译,中国政法大学出版社1992年版,第56页。

③ [意]桑德罗·斯奇巴尼选编:《民法大全选译·婚姻·家庭和遗产继承》,费安玲译,中国政法大学出版社2001年版,第529页。

④ [意]桑德罗·斯奇巴尼选编:《民法大全选译·婚姻·家庭和遗产继承》,费安玲译,中国政法大学出版社2001年版,第341页。

⑤ [意]桑德罗·斯奇巴尼选编:《民法大全选译·婚姻·家庭和遗产继承》,费安玲译,中国政法大学出版社2001年版,第79页。

⑥ [意]桑德罗·斯奇巴尼选编:《民法大全选译·婚姻·家庭和遗产继承》,费安玲译,中国政法大学出版社2001年版,第177页。

⑦ [意]桑德罗·斯奇巴尼选编:《民法大全选译·婚姻·家庭和遗产继承》,费安玲译,中国政法大学出版社2001年版,第341页。

续表

LATIN	黄风译文	徐国栋译文	费安玲译文	日译文
de portionibus quae liberis damnatorum conceduntur liber singularis	一部关于被判刑的人的子女确定继承份额的单编本著作	《论允许被判刑者给子女的遗产份额》单卷本		有罪判決を受けた者の子に分配される持分単巻書
ex posterioribus Labeonis libri	《雅沃伦的后期情况汇编》	《拉贝奥的遗作摘录》	《由扎沃拉诺整理的作品》①	ラベオー遺作抄録
de praescriptionibus liber singularis		《论取得时效》单卷本		前書単巻書
de publicis iudiciis liber singularis		《论公诉》单卷本		公訴訟論単巻書
Q				
quaestionum libri	《论问题》②《问题》③	《问题集》	《论问题》	質疑録
quaestionum publice tractatarum liber singularis		《公开审讯研究》单卷本		公開質疑単巻書
ad Q. Mucium(lectionum) libri	《论库尹特·穆齐》	《对昆图斯·穆丘斯的课文的评注》	《论库尹特·穆齐》	クィントゥス＝ムーキウス註解
R				
de re militari libri	《军法论集》			兵役論

① ［意］桑德罗·斯奇巴尼选编:《民法大全选译·婚姻·家庭和遗产继承》,费安玲译,中国政法大学出版社 2001 年版,第 249 页。

② ［意］桑德罗·斯奇巴尼选编:《民法大全选译·司法管辖权·审判·诉讼》,黄风译,中国政法大学出版社 1992 年版,第 58 页。

③ ［意］桑德罗·斯奇巴尼选编:《民法大全选译·人法》,黄风译,中国政法大学出版社 1995 年版,第 63 页。

续表

LATIN	黄风译文	徐国栋译文	费安玲译文	日译文
ad regulam Catonianam liber singularis		《伽图规则评注》		カトー法範註解単巻書
regularum liber singularis		《规则集》单卷本		法範単巻書
regularum libri	《规则》[1]《论规则》[2]	《规则集》	《规则》[3]《论规则》[4]	法範録
rerum cottidianarum sive aureorum libri (aureon)	《论日常事务》	《金言集》		日用·金言集
responsorum liber	《解答》	《解答集》	《论解答》[5]《论答辩》[6]	解答録
responsorum liber singularis		《解答集》单卷本		解答録単巻書
de ritu nuptiarum liber singularis				結婚式論単巻書

---

① [意]桑德罗·斯奇巴尼选编:《民法大全选译·正义与法》,黄风译,中国政法大学出版社 1992 年版,第 56 页

② [意]桑德罗·斯奇巴尼选编:《民法大全选译·正义与法》,黄风译,中国政法大学出版社 1992 年版,第 17 页

③ [意]桑德罗·斯奇巴尼选编:《民法大全选译·婚姻·家庭和遗产继承》,费安玲译,中国政法大学出版社 2001 年版,第 31 页

④ [意]桑德罗·斯奇巴尼选编:《民法大全选译·婚姻·家庭和遗产继承》,费安玲译,中国政法大学出版社 2001 年版,第 45 页。

⑤ [意]桑德罗·斯奇巴尼选编:《民法大全选译·婚姻·家庭和遗产继承》,费安玲译,中国政法大学出版社 2001 年版,第 221 页。

⑥ [意]桑德罗·斯奇巴尼选编:《民法大全选译·婚姻·家庭和遗产继承》,费安玲译,中国政法大学出版社 2001 年版,第 103 页。

续表

LATIN	黄风译文	徐国栋译文	费安玲译文	日译文
S				
ad Sabinum libri	《论萨宾》	《萨宾评注》	《论萨宾》	サビーヌス註解
de secundis tabulis liber singularis		《论第二遗嘱》单卷本		未成熟者遺言論単巻書
de senatus consultorum libri		《元老院决议》		元老院議決論単巻書
ad SC. Libonianum o Claudianum liber singularis	《里波或克劳丢斯元老院决议评注》单卷本		リーボー元老院議決註解単巻書	
ad SC. Orfitianum liber singularis		《奥尔菲图斯元老院决议评注》单卷本		オルフィティウス元老院議決註解単巻書
ad SC. Silanianum liber singularis		《斯拉努斯元老院决议评注》单卷本		シーラーニウス元老院議決註解単巻書
ad SC. Tertullianum liber singularis	《论德尔图良里安元老院决议》单编本	《特尔图鲁斯元老院决议评注》单卷本		テルトゥリウス元老院議決註解単巻書
ad SC. Turpillianum liber singularis		《图尔皮流斯元老院决议评注》单卷本		トゥルピッリウス元老院議決註解単巻書
ad SC. Velleianum liber singularis		《韦勒乌斯元老院决议评注》单卷本		ウェッレーイウス元老院議決註解単巻書

续表

LATIN	黄风译文	徐国栋译文	费安玲译文	日译文
sententiarum libri	《判决》[①]《论判决》[②]《见解》[③]	《论点集》	《判例》[④]《论判决》[⑤]	断案録
stipulationum libri		《要式口约》		問答契約録
de sponsalibus liber singularis		《论订婚》	《论订婚》	婚約論単巻書
T				
de tacitis fideicommissis liber singularis		《论默示的遗产信托》		黙示の信託遺贈論単巻書
de testibus liber singularis		《论证人》单卷本		証人論単巻書
U,V				
ad Urseium Ferocem libri	《论乌尔赛伊·费罗克斯》	《乌尔赛【费罗克斯】评注》	《乌尔赛伊·费罗克斯》	ウルセイウス＝フェロークス註解
variarum lectionum(ex variis lectionibus) libri		《各种课文【汇编】》		雑録
de verborum obligationibus libri	《论口头债》	《论口头债务》	《论口头债务》	言語債務論

① [意]桑德罗·斯奇巴尼选编:《民法大全选译·司法管辖权·审判·诉讼》,黄风译,中国政法大学出版社 1992 年版,第 47 页。

② [意]桑德罗·斯奇巴尼选编:《民法大全选译·正义与法》,黄风译,中国政法大学出版社 1992 年版,第 66 页。

③ [意]桑德罗·斯奇巴尼选编:《民法大全选译·人法》,黄风译,中国政法大学出版社 1995 年版,第 74 页。

④ [意]桑德罗·斯奇巴尼选编:《民法大全选译·婚姻·家庭和遗产继承》,费安玲译,中国政法大学出版社 1999 年版,第 150～151 页。

⑤ [意]桑德罗·斯奇巴尼选编:《民法大全选译·婚姻·家庭和遗产继承》,费安玲译,中国政法大学出版社 2001 年版,第 135 页。

续表

LATIN	黄风译文	徐国栋译文	费安玲译文	日译文
de verborum quae ad ius pertinent significatione libri				法律用語意味論
ad Vitellium libri		《韦德里评注》	《致韦德里》①《致维特里奥》②	ウィッテリウス註解
de usuris liber singularis		《论利息》		利息論単巻書

① ［意］桑德罗·斯奇巴尼选编：《民法大全选译·婚姻·家庭和遗产继承》，费安玲译，中国政法大学出版社 2001 年版，第 511 页。

② ［意］桑德罗·斯奇巴尼选编：《民法大全选译·婚姻·家庭和遗产继承》，费安玲译，中国政法大学出版社 2001 年版，第 571 页。

《学说汇纂》所引用的古代作家及作品目录拉丁文、英文、中文对照表

汪　琴

本表中，中文部分内容选自徐国栋教授翻译的《法律行为》的附录三，英文内容选自 Alan Watson 英译本 The Digest of Justinian 的列表，这两种译本的附录中对于古代作家和作品介绍的内容和顺序几乎完全相同。Alan Watson 的书中有一份与英文列表相对照的原始列表，但它是用拉丁语与希腊语相混合的方式做成。因此本表对于拉丁文部分的内容，主要选自 O. Lene 的 *Palingenesia Iuris Civilis* 一书后的索引，他几乎全部是以拉丁文介绍古代作家和作品。但由于版本不同，他与中英译本的介绍存在个别差异，包括书名、卷数以及某本书是否存在等问题。对于差异之处，本表格以徐国栋教授的版本为标准，根据 Alan Watson 一书中拉丁语与希腊语相混合的内容，补充缺漏的书，对书名和卷数进行修改，并在注释中标出。本表格制作之目的有二，其一在于贯彻徐国栋教授规范译名，其二是为了能够快速查阅。要想对作者和作品名称有深入了解，请直接阅读徐国栋教授《法律行为》附录三，其对此有深入的介绍。

	LATIN	ENGLISH	中文
	IULIANUS	Julian	尤里安
1	*digestorum* l. XC	*Digest*, 90 books	《学说汇纂》90 卷
2	*ad Mincium l* Ⅵ[①]	*Minicius*, 6 books	《米尼丘斯评注》6 卷
3	*ad Urseium Ferocem l*. Ⅳ.	*Urseius*, 4 books	《乌尔赛【费罗克斯】评注》4 卷

① 在 O. Lenel 的 *Palingenesia Iuris Civilis* 中，此书卷数不明，原作 *ad Mincium libri*。以下此书简称 *Lenel*。

续表

	LATIN	ENGLISH	中文
4	*de ambiguitatibus l.* sing	*Doubtful Questions*, sole book	《论双关的表达》单卷本
	PAPINIANUS	Papinian	帕比尼安
1	*quaestionum l.* XXXVII.	*Questions*, 37 books	《问题集》37 卷
2	*responsorum l.* XIX	*Replies*, 19 books	《解答集》19 卷
3	*definitionum l.* II	*Definitions*, 2 books	《定义集》2 卷
4	*de adulteriis l.* II	*Adulteries*, 2 books	《论通奸》2 卷
5	*de adulteriis l.* sing	*Adulteries*, sole book	《论通奸》单卷本
6	*de officio praefecti urbi*①l. sing	*Duties of the City Prefect*, sole book	《论诸市长官的义务》单卷本
	Q. MUCIUS SCAEUOLA	Quintus Mucius Scaevola	昆图斯·穆丘斯·谢沃拉
1	*öρων*②l. sing	*Definitions*, sole book	《定义集》单卷本
	ALFENUS	Alfenus	阿尔芬努斯
1	*digestorum l.* XL.	*Digest*, 40 books	《学说汇纂》40 卷
	SABINUS(MASURIUS)	Sabinus	萨　宾
1	*iuris civilis l.* III.	*Civil law*, 3 books	《市民法》3 卷
	PROCULUS	Proculus	普罗库路斯

① Lenel 的书里，PAPINIANUS 无此书，本处根据他处同名作品补充。

② 在 O. Lenel 的 *Palingenesia Iuris Civilis* 中无此书。

续表

	LATIN	ENGLISH	中文
	epistularum l. Ⅷ ①	*Letters*,8 books	《书信集》8 卷
	LABEO	Labeo	拉贝奥
1	*πιθανων a Paulo epitomatorum l*. Ⅷ ②	《值得相信的观点》8 卷	
2	*posteriorum l*. Ⅹ	*Posthumous Works*, 10 books	《遗作》10 卷
	NERTIUS	Neratius	内拉蒂
1	*regularum l*. ⅩⅤ.	*Rules*,15 books	《规则集》15 卷
2	*membranarum l*. Ⅶ	*Parchments*,7 books	《羊皮纸文稿》7 卷
3	*responsorum l*. Ⅲ	*Replies*,3 books	《解答集》3 卷
	IAVOLENUS	Javolenus	雅沃论
1	*ex Cassio l*. ⅩⅤ	*From Cassius*,15 books	《卡修斯评注》15 卷
2	*Epistularum l*. ⅩⅣ.	*Letters*,14 books	《书信集》14 卷
3	*ad Plautium l*. Ⅴ ③	*Plautius*,5 books	《普劳提评注》5 卷
	CELSUS	Celsus	杰尔苏
1	*digestorum l*. ⅩⅩⅩⅨ	*Digest*,39 books	《学说汇纂》39 卷

① 此处的卷数不同，根据徐国栋教授的版本修改。

② Alan Watson 此处遗漏。

③ 在 O. Lenel 的 *Palingenesia Iuris Civilis* 中作“ex Plautio”，此处从 Alan Watson，以下同书名皆如此。

续表

	LATIN	ENGLISH	中文
	POMPONIUS	Pomponius	彭波尼
1	*ad Quintum Mucium lectionum* l. ⅩⅩⅩⅨ[①]	*Reading on Quintus Mucius*, 39 books	《对昆图斯·穆丘斯的课文的评注》39卷
2	*ad Sabinum* l. ⅩⅩⅩⅤ.	*Sabinus*, 35 books	《萨宾评注》35卷
3	*epistularum* l. ⅩⅩ.	*Letters*, 20 books	《书信集》20卷
4	*variorum lectionum* l. ⅩⅤ[②]	*Readings*, 15 books	《各种课文【汇编】》15卷
5	*ad Plautium* l. Ⅶ	*Plautius*, 7 books	《普劳提评注》7卷
6	*de fideicommissis* l. Ⅴ.	*Fideicommissa*, 5 books	《遗产信托》5卷
7	*de senatus consultis l.* Ⅴ.	*Senatus Consulta*, 5 books	《元老院决议》5卷
8	*regularum* l. sing.	*Rules*, sole book	《规则集》单卷本
9	*enchiridii* l. Ⅱ	*Manuals*, 2 books	《教本》2卷
	VALENS	Valens	瓦伦斯
1	*de fideicommissis* l. Ⅶ.	*Fideicommissa*, 7 books	《遗产信托》7卷
	MAECIANUS	Maecian	梅西安
1	*quaestionum de fideicommissis* l. ⅩⅣ	*Fideicommissa*, 16 books	《遗产信托》16卷
2	*de iudiciis publicis* l. ⅩⅣ.	*Criminal Proceedings*, 14 books	《公【诉】》14卷

① 在 O. Lenel 的 *Palingenesia Iuris Civilis* 中无“lectionum”一词，此处从 Alan Watson。

② 在 O. Lenel 的 *Palingenesia Iuris Civilis* 中，此书卷数不详。

续表

	LATIN	ENGLISH	中文
	MAURICIANUS	Mauricianus	毛里奇安鲁斯
1	*ad legem Iulian et Papiam* Ⅵ	*Laws*,6 books	《优流斯及帕皮尤斯法评注》6 卷
	TERENTIUS CLEMENS	Terentius Clemens	特伦求斯·克莱蒙斯
1	*ad legem Iulian et Papiam* l. ⅩⅩ	*Law*,20 books	《优流斯及帕皮尤斯法评注》20 卷
	AFRICANUS	Africanus	阿富里坎
1	*quaestionum l*. Ⅸ.	*Questions*,9 books	《问题集》9 卷
	MARCELLUS	Marcellus	马尔切勒
1	*digestorum l*. ⅩⅩⅪ	*Digest*,31 books	《学说汇纂》31 卷
2	*ad legem Iulian et Papiam* l. Ⅵ	*Laws*,6 books	《优流斯及帕皮尤斯法评注》6 卷
3	*responsorum l*. sing	*Replies*,sole book books	《解答集》单卷本
	CERVIDIUS SCAVOLA	Cervidius Scaevola	切尔维丢斯·谢沃拉
1	*digestorum l*. XL	*Digest*,40 books	《学说汇纂》40 卷
2	*quaestionum* l. ⅩⅩ	*Questions*,20 books	《问题集》20 卷
3	*responsorum l*. Ⅵ	*Replies*,6 books	《解答集》6 卷
4	*regularum l*. Ⅳ①	*Rules*,4 books	《规则集》4 卷

① 在 O. Lenel 的 *Palingenesia Iuris Civilis* 中,此书的卷数不详

续表

	LATIN	ENGLISH	中文
5	*De quaestionum familiae l.* sing①	*Examination of a Slave Household*, sole books	《论对家奴的审讯》单卷本
6	*quaestionum publice tractatarum* l. sing	*Questions Publicly Discussed*, sole book	《公开审讯研究》单卷本
	FLORENTINUS	Florentinus	弗罗伦丁
1	*institutionum* l. Ⅻ	*Institutes*, 12 books	《法学阶梯》12 卷
	GAIU②	Gaius	盖尤斯
1	*Ad edictum povinciale* l. ⅩⅩⅫ	*Provincial Edict*, 32 books	《行省告示评注》32 卷
2	*Ad legem Iulian et Papiam* l. ⅩⅤ	*Laws*, 15 books	《优流斯及帕皮尤斯法评注》15 卷
3	*Ad edictum urbicum*③	*Urban Edict*, only 10 books found	《内城告示》仅存 10 卷
4	*aureon l.* Ⅶ	*Golden Words*, 7 books	《金言集》7 卷
5	*Ad legem* Ⅻ *tabularum l.* Ⅵ	Ⅻ *Tables*, 6 books	《十二表法评注》6 卷
6	*instiutionum* l. Ⅳ	*Institutes*, 4 books	《法学阶梯》4 卷
7	*De vuerborum obligationibus* l. Ⅲ	*Obligations Assumed by Prescribed Words (Verborum Obligationes)*, 3 books	《论口头债务》3 卷
8	*De manumissionibus l.* Ⅲ.	*Manumissions*, 3 books	《论解放》3 卷
9	*de fideicommissis* l. Ⅱ	*Fideicommissa*, 2 books	《遗产信托》2 卷
10	*de casibus lsing*	*Problems*, sole book	《论决疑》单卷本
11	*regularum* l. sing	*Rules*, sole book	《规则集》单卷本

① 在 O. Lenel 的 *Palingenesia Iuris Civilis* 中无此书，根据 Waston 添加。

② 在 O. Lenel 的 *Palingenesia Iuris Civilis* 中作“Gaius”。

③ 在 O. Lenel 的 *Palingenesia Iuris Civilis* 中作“ad edictum praetoris urbicum libri”。

续表

	LATIN	ENGLISH	中文
12	*dotalicion l.* sing	*Matters Relating to Dowry*, sole book	《嫁资论集》单卷本
13	*de formula hypothecaria l.* sing	*Mortgage*, sole book	《抵押》单卷本
	VENULEIUS SATURNINUS	Venuleius	魏努勒留斯【萨杜尔尼努斯】
1	*de stipulationbus l.* XIX	*Stipulations*, 19 books	《要式口约》19 卷
2	*actionum l.* X	*Actions*, 10 books	《诉权》10 卷
3	*de officio proconsulis* l. IV	*Duties of Proconsul*, 4 books	《论行省执政官的义务》4 卷
4	*de poenis paganorum l.* sing	*Punishments of Villagers*, sole book	《论对平民的刑罚》单卷本
5	*De iudiciis publicis* l. III	*Criminal Proceedings*, 3 books	《论公诉》3 卷
6	*De interdictis l.* VI	*Interdicts*, 6 books	《论令状》6 卷
	TERTULLIANUS	Tertullianus	德尔图良
1	*quaestionum l.* VIII	*Questions*, 8 books	《问题集》8 卷
2	*De castrensi peculio* l. sing	*Castrense Peculium*, sole book	《论军营特有产》单卷本
	PAPIRIUS IUSTUS	Justus	帕比流斯·尤斯图斯
1	*constitutionum* XX	*Constitutions*, 20 books	《敕令》20 卷
	ULPIANUS	Ulpian	乌尔比安
1	*Ad edictum praetoris* L VII	*Edict*, 83 books	《告示评注》83 卷

续表

	LATIN	ENGLISH	中文
2	*Ad Sabinum* LI.	*Sabinus*, 51 books	《萨宾评注》51 卷
3	*Ad legem Iulian et Papiam* XX	*Laws*, 20 books	《优流斯及帕皮尤斯法评注》20 卷
4	*disputationum* X	*Disputations*, 10 books	《论断集》10 卷
5	*protribonalion* X[①]	*All Seats of Judgment*, 10 books	《论各种法院》10 卷
6	*De officio proconsulis* l. X	*Duties of Proconsul*, 10 books	《论行省执政官的义务》10 卷
7	*pandectarum* X[②]	*Encyclopaedia*, 10 books	《论潘得克吞》10 卷
8	*regularum* VII	*Rules*, 7 books	《规则集》7 卷
9	*De fideicommissis* l. VI	*Fideicommissa*, 6 books	《遗产信托》6 卷
10	*opinionum l.* VI	*Opinions*, 6 books	《意见集》6 卷
11	*De adulteriis* l. V	*Adulteries*, 5 books	《论通奸》5 卷
12	*De appellationibus l.* IV	*Appeals*, 4 books	《论上诉》4 卷
13	*De officio consulis* l. III	*Duties of Consul*, 3 books	《论执政官的义务》3 卷
14	*institutionum* l. II.	*Institutes*, 2 books	《法学阶梯》2 卷
15	*regularum l.* sing	*Rules*, sole book	《规则集》单卷本
16	*De censibus* l. VI	*Census*, 6 books	《论国势调查》6 卷
17	*responsorum* l. II	Replies, 2 books	《解答集》2 卷
		Woks by the same author, each in a sole book	同一作者的作品以下皆为单卷本
18	*De sponsalibus l.* sing	*Betrothals*	《论订婚》
19	*De officio praefecti urbi* l. sing	*Duties of City Prefect*	《论市长官的义务》

① Lenel 作“de omnibus tribunalibus”。

② Lenel 是 1 卷。

续表

	LATIN	ENGLISH	中文
20	*De officio praefecti vigilum l.* sing	*Duties of Prefect of the City Guard*	《论消防长官的义务》
21	*De officio curatoris rei publicae* l. sing	*Duties of Curator Rei Publicae*	《论国家的掌管者的义务》
22	*De officio praetoris tutelaris l.* sing	*Duties of Praetor Tutelaris*	《论监护裁判官的义务》
23	*De officio quaestoris l.* sing	*Duties of Quaestor*	《论财务官的义务》
	PAULAUS	Paul	保罗
1	*Libro ad edictum praetoris* l. ⅤⅩⅩⅩ	*Edict*,80 books	《告示评注》80 卷
2	*quaestionum* l. ⅩⅩⅥ.	*Question*,26 books	《问题集》26 卷
3	*responsorun* l. ⅩⅫ	*Replies*,23 books	《解答集》23 卷
4	*brevium* (*brevis edicti*) l. ⅩⅫ	*Brief Notes*,23 books	《短论》23 卷
5	*Ad Plautium* l. ⅩⅧ	*Plautius*,18 books	《普劳提评注》18 卷
6	*Ad Sabinum l.* ⅩⅥ	*Sabinus*,16 books	《萨宾评注》16 卷
7	*Ad legem Iulian et Papiam l.* Ⅹ	*Laws*,10 books	《优流斯及帕皮尤斯法评注》10 卷
8	*regularum* l. Ⅶ	*Rules*,7 books	《规则集》7 卷
9	*regularum l.* sing	*Rules*,sole book	《规则集》单卷本
10	*sententionŭmo facton l.* Ⅵ①	*Views or Facta*,6 books	《论点或事实》6 卷
11	*sention l.* Ⅴ②	*Views*,5 books	《论点集》5 卷
12	*Ad Vitellium l.* Ⅳ	*Vitellius*,4 books	《韦德里评注》4 卷

① 在 O. Lenel 的 *Palingenesia Iuris Civilis* 中，无此书，此处根据“Alan Watson”书中的拉丁文与希腊语相混合的名称。

② 在 O. Lenel 的 *Palingenesia Iuris Civilis* 中，作“sententiarum ad filium l. Ⅴ”，此处根据 Alan Watson 书中的拉丁文名称补充。

续表

	LATIN	ENGLISH	中文
13	*Ad Neratium* l. Ⅳ	*Neratius*,4 books	《内拉蒂评注》4 卷
14	*De fideicommissis* l. Ⅲ	*Fideicommissa*,3 books	《遗产信托》3 卷
15	*decretorum l*. Ⅲ	*Decrees*,3 books	《主要论点集》3 卷
16	*De adulteriis* l. Ⅲ	*Adulteries*,3 books	《论通奸》3 卷
17	*manualium l*. Ⅲ	*Handbook*,3 books	《教科书》3 卷
18	*institutionum* l. Ⅱ	*Institutes*,2 books	《法学阶梯》2 卷
19	*De officio proconsulis* l. Ⅱ	*Duties of Proconsul*,2 books	《论行省执政官的义务》2 卷
20	*Ad legem Iuliam l*. Ⅱ	*Lex Juila*,2 books	《优利亚法评注》2 卷
21	*Ad legem Aeliam Sentiam* l. Ⅲ	*Lex Aelia Sentia*,3 books	《埃利亚·申齐亚法评注》3 卷
22	*De iure fisci* l. Ⅱ	*Rights of the Imperial Treasury*,2 books	《论皇库的权利》2 卷
23	*regularum l*. sing	*Rules*,sole book	《规则集》单卷本
24	*De censibus l*. Ⅱ	*Census*,2 books	《论户口调查》2 卷
		Works by the same author,each in a sole book	同一作者的以下作品皆为单卷本
25	*De poenis paranorum l*. sing	*Punishment of Villagers*	《论对平民的刑罚》
26	*De poenis militum l*. sing	*Punishment of Soldiers*	《论对军人的刑罚》
27	*De poenis omnium legam l*. sing	*Punishment Prescribed by All Laws*	《论所有的法律规定的刑罚》
28	*De usuris l*. sing	*Usury*	《论利息》
29	*De gradibus et adfinibus l*. sing	*Degrees of Relationship, and Relative by Marriage*	《论亲等和姻亲》
30	*De iure codicillorum l*. sing	*Law of Codicils*	《论遗嘱附书法》
31	*De excusationibus tutelarum l*. sing	*Exemptions From Tutelage*	《论监护的豁免》

续表

	LATIN	ENGLISH	中文
32	*Ad regularum Catonianam l.* sing	*Catonian Rule* (*Regula Catoniana*)	《伽图规则评注》
33	*Ad senatus consultum or Fitianum* l. sing	*Senatus Consultum or Fitianum*	《奥尔菲图斯元老院决议评注》
34	*Ad senatus consultum Tertullianum l.* sing	*Senatus Consultum Tertullianum*	《特尔图鲁斯元老院决议评注》
35	*Ad senatus consultum Silanianum* l. sing	*Senatus Consultum Silanianum*	《斯拉努斯元老院决议评注》
36	*Ad senatus consultum Vellaeanum l.* sing①	*Senatus Consultum Velleianum*	《韦勒乌斯元老院决议评注》
37	*ad senatus consultum Libonianum or Claudianum l.* sing	*Senatus Consultum Mum or Claudianum*	《里波或克劳丢斯元老院决议评注》
38	*De officio praefecti vigilum l.* sing	*Duties of Prefect of the City Guard*	《论消防长官的义务》
39	*De officio praefecti urbis l.* sing	*Duties of City Prefect*	《论市长官的义务》
40	*De officio praetoris tutelaris l.* sing	*Duties of Praetor Tutelaris*	《论监护裁判官的义务》
41	*De extradodinariis crminibus l.* sing	*Extraordinary of Fenses*	《论非常程序中的犯罪》
42	*Υλοθнк ρια.* sing	*Mortgage*	《抵押》
43	*Ad municipalem l.* sing	*Member of a Municipality*	《自由市民评注》
44	*De publicis iudiciis l.* sing	*Criminal Proceedings*	《论公诉》
45	*De inofficioso testamento l.* sing	*Undutiful Wills*	《论不合义务的遗嘱》
46	*de septemuiralibus iudiciis v. de centumviralibus l.* sing	*Trials before the Centumviri*	《论百人法院》
47	*De iure singulari l.* sing	*Ius Singulare* (*Law Issued for the Benefit of a Particular Category of Persons*)	《论特别法》
48	*De secundis tabulis l.* sing	*Secundae Tabulae* (*Second Wills*)	《论第二遗嘱》

① Alan Watson 作“Bellaianum”。

续表

	LATIN	ENGLISH	中文
49	*Ad orationem diui Seueri l*. sing	*a Speech of the Deified Severus*	《被尊为神的塞维鲁斯的诏书评注》
50	*Ad orationem diui Marci l*. sing①	*a Speech of the Defied Marcus*	《被尊为神的马尔库斯的诏书评注》
51	*Ad legem Velleam l*. sing	*Lex Vellaea*	《韦勒乌斯阿法评注》
52	*Ad legem Cinciam l*. sing	*Lex Cincia*	《琴求斯法评注》
53	*Ad legem Falcidiam l*. sing	*Lex Falcidia*	《法尔其丢斯法评注》
54	*De tacitis fideicommissis l*. sing	*Tacitum Fideicommissum (Unexpressed Trusts)*	《论默示的遗产信托》
55	*de portionibus quae liberis damnatorum conceduntur l*. sing	*Portions of the Inheritance Allowed to the Children of the Condemned*	《论允许被判刑者给子女的遗产份额》
56	*De iuris et facti ignorantia l*. sing	*Ignorance of the Law and of Fact*	《论对法和对事实的不知》
57	*De adulteries l*. sing	*Adulteries*	《论通奸》
58	*De instructo et instrumento l*. sing	*Legacies Instructo and Instrumento (Legacies of a House or Land with its Appurtenances)*	《论连同其从物【遗赠】房屋或土地》
59	*De appellationibus l*. sing	*Appeals*	《论上诉》
60	*De iure libellorum l*. sing	*Law of Libelli (briefs)*	《论申诉权》
61	*De testamentis l*. sing	*Wills*	《论遗嘱》
62	*De iure patronatus l*. sing	*Law of Patronage*	《论恩主权》
63	*de iure patroatus quod ex lege Iulia et Papia venit l*. sing	*Law of Patronage Derived from the Lex Julia et Papia*	《论优流斯法及帕皮尤斯法赋予的恩主权》
64	*De actionibus l*. sing	*Actions*	《论诉权》
65	*De concurrentibus actionibus l*. sing	*Concurrent Actions*	《论诉权竞合》

① 在 O. Lenel 的 *Palingenesia Iuris Civilis* 中，作“ad orationem divorum Marci Antonini et Comodi l. sing”。

续表

	LATIN	ENGLISH	中文
66	*De intercessionibus feminarum l*. sing	*Intercessions of Woman*	《论妇女的保证》
67	*de donationibus inter virum et uxorem* l. sing	*Gifts between Husband and Wife*	《论夫妻间的赠与》
68	*De legibus l*. sing	*Laws*	《论法律》
69	*De senatus consultis* l. sing	*Senatus Consulta*	《论元老院决议》
70	*De legitimis hereditatibus* l. sing	*Legitimate Hereditates (Inheritances by Law)*	《论法定遗产》
71	*De libertatibus dandis l*. sing	*Grants of Freedom to be Given*	《论给予自由权》
	TRYPHONINUS	Tryphoninus	特里芬尼鲁斯
1	*disputationum* l. XXI	*Disputations*, 21 books	《论断集》21 卷
	CALLISTRATUS	Callistratus	伽里斯特拉杜斯
1	*de cognitionibus* l. VI	*Judicial Examinations*, 6 books	《论审理》6 卷
2	*ad edictum monitorium* l. VI	*Monitory Edict*, 6 books	《教师【使用】的告示》6 卷
3	*de iure fisci et populi* l. IV	*Rights of the Imperial Treasury*, 4 books	《论皇库的权利》4 卷
4	*institutionum* l. III	*Institutes*, 3 books	《法学阶梯》3 卷
5	*quaestionum* l. II	*Questions*, 2 books	《问题集》2 卷
	MENANDER	Menander	梅南德尔
1	*de re militari* l. IV	*Military law*, 4 books	《军法论集》4 卷

续表

	LATIN	ENGLISH	中文
	MARCIANUS	Marcian	马尔西安
1	*institutionum* l. XVI	*Institutes*, 16 books	《法学阶梯》16 卷
2	*regularum* l. V	*Rules*, 5 books	《规则集》5 卷
3	*de appellationibus* l. II	*Appeals*, 2 books	《论上诉》2 卷
4	*de indiciis publics* l. II	*Criminal proceedings*, 2 books	《公诉》2 卷
		Works by the same author, each in a sole book	同一作者的作品以下皆为单卷本
5	*de delatoribus l.* sing	*Delatores (Informers)*	《论公诉中的告发人》
6	*ad formulam hypothecariam l.* sing	*Mortgage*	《抵押》
7	*Ad senatus consultum Turpillianum* l. sing	*The Senatus Consultum Turpillianum*	《图尔皮流斯元老院决议评注》
	GALLUS AELIUS	Gallus Aquillius	加鲁斯·阿奎流斯
1	*Responsorum*	*Replies*	《解答集》
	MONDESTINUS	Modestinus	莫特斯丁
1	*responsorum l.* XIX	*Replies*, 19 books	《解答集》19 卷
2	*pandectarum l.* XII	*Encyclopaedia*, 12 books	《潘得克吞》12 卷
3	*regularum l.* X	*Rules*, 10 books	《规则集》10 卷
4	*differentiarum* l. IX	*Distinctions*, 9 books	《区别集》9 卷
5	*De excusationibus* l. VI	*Exemptions*, 6 books	《赦免》6 卷
6	*De poenis l.* IV	*Punishments*, 4 books	《论刑罚》4 卷

续表

	LATIN	ENGLISH	中文
		Woks by the same author, each in a sole book	同一作者的作品以下皆为单行本
7	*De praescriptionibus* l. sing	*Prescriptions*	《论取得时效》
8	*De inofficioso testamento* l. sing	*Unduti ful Wills*	《论不合义务的遗嘱》
9	*De manumissionibus* *l*. sing	*Manumissions*	《论解放》
10	*De legatis et fideicommissis* l. sing	*Legacies and Fideicommissa*	《论遗嘱和遗产信托》
11	*De testamentis l*. sing	*Wills*	《论遗嘱》
12	*De eurematicis l*. sing	*Advice on Drafting*	《关于起草【文件】的忠告》
13	*De enucleates casibus* l. sing	*Problems Solved*	《论清楚的案件》
14	*De differentia dotis* l. sing	*Distinctions of Dowry*	《论嫁资的区分》
15	*De ritu nuptiarum* *l*. sing	*Marriages Rites*	《论结婚仪式》
	TERTULIANUS PATERNUS	Tarruntenus Paternus	塔伦德鲁斯·巴德尔努斯
1	*de re militari* l. Ⅳ	*Military Law*, 4 books	《军法论集》4 卷
	MACER	Macer	马切尔
1	*de re militari l*. Ⅱ	*Military Law*, 2 books	《军法论集》2 卷
2	*de iudiciis publicis l*. Ⅱ	*Criminal Proceedings*, 2 books	《公诉》2 卷
3	*de officio praesidis* *l*. Ⅱ	*Duties of Governor*, 2 books	《论总督的义务》2 卷
4	*ad legem vicensimam hereditatium* l. Ⅱ	*The Five Per Cent Inheritance Tax*, 2 books	《二十分之一的遗产税》2 卷
5	*de appellationibus l*. Ⅱ	*Appeals*, 2 books	《论上诉》2 卷

续表

	LATIN	ENGLISH	中文
	ARCADIUS CHARISIUS	Arcadius	阿尔卡丢斯
1	*de testibus l*. sing	*Witnesses*, sole book	《论证人》单卷本
2	*de officio praefecti pretorio l*. sing	*Duties of Praetorian Prefect*, sole book	《论大区长官的义务》单卷本
3	*de muneribus civillibus l*. sing	*Munera Civilia*, sole book	《论市民的义务》单卷本
	LICINUS RUFINUS	Rufinus	路菲鲁斯
1	*regularum l*. Ⅻ	*Rules*, 12 books	《规则集》12 卷

罗马法研究

罗马法学家思想中对归责问题的经验把握与过错概念的扩张[①]

[意]里卡尔多·卡尔迪里*著　徐国栋译

一、导言

"消息"(神事和人事的)和"知识"(关于正义和不正义的)两个术语表达了优士丁尼喜欢的法学(iuris prudentia)的观念(D. 1,1,10,2; I. 1,1,1),它们最初出现在法学家乌尔比安的《规则集》中,被作为一个教义学的支点与对智慧和道理的区分比较,前者是关于神事和人事的知识,后者是关于当为与不当为的知识。它表达了法学的被同一个法学家在其《法学阶梯》中表现的形象不同的形象,具体说来,是在他被收录在 D. 1,1,1,1 中的法言表现的形象,其中,"消息"与善良和公平相连。撇开它的历史背景与它在古人思想中的根源不谈,它引起了此等文本的产生环境问题以及对人类知识层面的强调,此等强调在解决极为复杂的法律问题时出现,例如在法学家们忙于建构一个致害行

① 根据作者 2014 年 6 月 14 日晚在厦门大学法学院举行的同名讲座记录整理。

* 罗马二大罗马法教授。

为与一个人类行为的关系时。

过错问题是对上述现象的确认。事实上，“过错”这一术语积累的意思使它承担了现在的和古代的针对责任问题的教义学上的一个中心角色，但要冒脱离历史环境谈论它的风险，如此把它搞成一个教条的和清楚的范畴，改变其已由有关法律原始文献证明的实际的创新和变革。

事实上，相对于在 Löhr，Hasse 和 Jhering 的研究中对罗马人打造的过错原则的文明性意义广为人知的承认，对有关原始文献被添加了的批评足以摧毁过错在罗马法系传统中被负载的意义，此等意义为理解罗马法学家和罗马法系的法学家在为归责的逻辑做合理化说明时所必要。事实上，批评时期的大师们提出的过于简化的历史重建，一方面造就了 20 世纪下半叶成熟的方法论趋势，这种方法论当然已被超越，因为它缺乏说服力；另一方面，不应让解构力量消失，此等力量的持有人已解读了过错，研究了它与疏忽、无经验与不谨慎的关系。关于过错范畴的学说丰富且复杂，它们在很大程度上纠缠在一起，值得这一代罗马法学者作出更可信的历史重建，超越有添加印记的令人不满的成果。

在 19 世纪的头几十年，作为责任的客观标准的过错是独立于疏忽的归责标准，这是 Wolfgang Kunkel 和 Vincenzo Arangio-Ruiz 的历史重建的必然结论，但这是建立在错误前提上的结论，按照该前提，过错获得其主观意义不过是后古典时期和优士丁尼时代的事情。超越先入之见的、被作为无可置疑的资料采用的条件，把过错与缺乏注意并不存在等同关系作为关键，是深入理解“Culpa”从公共拉丁语中的一个术语发展为罗马法学家讨论责任问题时的关键法律术语复杂性的教义学支柱之一。

二、远古罗马法中的非故意行为和疏忽行为

1. 非故意杀人与“以公羊祭神”。罗马法中留传给我们最远古的关于杀人的规则明确指出了意图因素，它开脱致害人，只规定他进行宗教性的赎罪。对于“某人并非想投掷武器，但武器脱手的”的规定，不必认为它是对先前存在的不同原则的修改。

这里要关注的是，非故意杀人并不像故意杀人一样承担杀人罪的责任，前者在《十二表法》中第一次得到了规定。

第八表第 24a 条：某人并非想投掷武器，但武器脱手的，应处以以公羊一只祭神。

但此等规定肯定来自王政时期的法律—宗教规定。从对意图因素进行环境描述的角度来看，要注意的一个事实是：从古人对致害行为的类型化描述——例如“如果武器脱手”——到更晚近的用“不谨慎”的术语描述行为人的转变。明知的故意—不谨慎之表达的中心地位的巨大法律意义的展开，在时间上并不与祭司法学的专门解释性发展相切合。其要点在于并不取消故意杀人与非故意杀人在概念上的区分。

2.“烧毁谷物堆”与疏忽行为的重要性。盖尤斯《十二表法评注》中的一段文字用经现代化的拉丁语记录了十人委员会关于烧毁房屋的一条规定。

> 盖尤斯：《十二表法评注》第4卷。D.47,9,9：烧毁房屋或堆放在房屋附近的谷物堆的，如属以明知且预见的方式实施，则捆绑而鞭打之，然后把他烧死；如为意外，即疏忽的情形，则赔偿损失；如属能力有欠缺者，则从轻处罚。

盖尤斯的文本坚持对关涉事故原因的行为进行详细定性，一方面，把明知与预见区分开来，另一方面，把这两者与意外事件，也就是疏忽区分开来。基本的理路是，火灾摧毁了建筑或家屋的，只有在故意的情形下导致死刑，行刑前要经过鞭打，而在意外的情形下，通常只导致赔偿。要考虑的是，如果“意外即疏忽”的补充说明是优士丁尼的添加或后古典时期的一个注释，就跳过了一个根本的问题，也就是不满在评价破坏性火灾的原因时，一方面把明知且预见的术语，另一方面把意外的术语置于概念体系中的中心地位。这样的不满在古典时期的法学家那里也很好理解，因为在盖尤斯浸淫的法学理论中，明知且预见和意外的两分制并不能涵盖所有可能的人类行为，因为还有在他的时代都被列入疏忽行为的诸种行为没有被包括进来。此等行为只能要么被吸收到明知且预见的类型中（重过失的术语就采用此等逻辑），要么被吸收到意外的类型中。盖尤斯作出的选择是采用一个解释性的表达，它并未背叛《十二表法》中规则的含义，而是把非故意行为与疏忽纳入意外火灾的语境中，在解释的名义下进行创造，最终得出了人们习惯的按故意、过失、意外事件的术语进行推理的模式，这其间可能有犹豫，但盖尤斯完成了对《十二表法》的术语体系的正确解读。

此外，如同我们在关于杀人的条文中所见的，在火灾的情形下，人们也区分故意行为和非故意行为以及疏忽，它们构成了一个概念框架，在其内部，尚未就过错在这一领域的含义有所建构。

3.典型行为与私犯：《十二表法》中的“毁伤肢体”、“折断骨头”；《阿奎流斯法》中的“杀害”、“打碎”、“折断”、“焚毁”。

《十二表法》第八表第2条：毁伤他人肢体而不能达成和解的，应对他同态复仇。

I.4,3,13。《阿奎流斯法》第三条规定了所有其他损害。因此，如果某人伤害了奴隶或属于牲畜的四足动物，伤害或杀死了不属于牲畜的四足动物，例如狗或野兽，本条赋予了诉权。就所有其他动物，同样，就所有无生命的物实施的不法损害，都可根据这一部分提起诉讼。事实上，如果某物被焚毁、打碎或折断，根据本条被授予诉权。

从《十二表法》关于毁伤肢体、折断骨头的规定，《阿奎流斯法》关于类似事项的规定显然可见，立法者并不操心要对这样的私犯使用任何具有意图因素或意志因素的术语，这种情况与我们在涉及故意杀人和房屋火灾的情形下使用明知的故意和明知且预见的术语的做法相反。

正如学界长期以来所证明的，人们已把意图的因素内化在值得注意的非法行为中，此等行为在描述它们的动词上具有类型化的力量，此等行为被理解为类型化了的故意行为，或以类型化的方式解释的故意行为。

大祭司对于杀害、焚烧、折断、毁伤的含义的解释处在一种意义传统中，此等传统通过难以理清的线索与王法和《十二表法》相连。过错承担了为确定责任而对具体行为进行评价的中心和统一角色，这并非偶然，此乃因为我们趋向于把故意的致害行为理解为求诸过错的条件，以便把非故意的、无任何正当理由的致害行为定性为不义。同时人们相信，对非故意行为的否定评价包括在广义的对此等行为的法律评价中，因为它们也构成“不法”。

5.本节的结论。从这样的快速扫描中可以确定一些临时的要点，从历史的角度看，它们与法学家在推理中倾向性地沉迷于求诸过错相连，这发生在他们开始组织深入评价已在市民法中存在的非故意行为和疏忽的时刻。否则，“过错”一词实质上不可能构成对非故意行为责任的确定，倒是“疏忽”要承担这样的角色，该词已断断续续地在各种各样的需要把一个事件归责于一个主体的前提中出现。相反，在公元前2—公元前1世纪期间，法学家在其术语表中用到它是可能的，它表达了一种作用于多种多样前提的倾向性向心力，此等前提是诉讼的现实催生出来的。

三、过错在公元前2—公元前1世纪开始作为吸收被适当考虑行为的多样性以便确定某人的“责任”的工具

1.引言。把我们与共和晚期的罗马的感觉、现实和复杂性以几乎不可弥补的方式分隔开来的明显距离是当今法学家的走眼造成的，此等法学家受成文法优位主义支配，他们相信法的实现契机就是从一个普遍的规范到具体案件演绎过程的结束。所以，在一些沉浸在晚期共和罗马的法的功能框架中的法史著作中，有必要全须全尾地理解一种达成正义的模式，它在法学家中找到了必不可少的工具(medium)。一个进一步的澄清正好关涉到法学家提出的不同解决方案的同时代性。他们让罗马法学家——现在他们已摆脱分属于不同历史阶段的局限，因同样受过添加而平等——能够利用包含在原始文献中的教义学模式中的财富。就我探讨的主题而言，此事很重要并应受强调：因为人们认识到，从市民法的奠基者到毛苏流斯·萨宾的《市民法三卷》的这些年中，强烈的趋势是把过错作为一个适当的术语去归拢并组织行为的前提，以便定义非故意的行为，这个术语与撇开过错的其他概念建构的理论财富平行，此等建构取决于对致害事件的不同的归责机制，关键在于确定责任(侵权责任或合同责任)，或关键在于分配与在经济上具有重要性的活动相关的风险范围。

在我看来，这允许为这样强大的思想运动找到其真实的意义，此等运动在阿德里亚努斯皇帝时代和塞维鲁斯皇帝时代就已无差别地和无个别性地把过错作为根本的归责(合同责任和侵权责任)标准，后来，优士丁尼又把它纳入以罗马法为基础的大陆法系的私法史中，但从过错原则发挥作用以后的效能角度看，它并未克服问题的复杂性，也不能取代具有同样人格的法学家建构的值得强调的理论财富。

2.共和时代术语中的“过错”。《拉丁语宝库》一书在完全收集古代史料的基础上指出，“过错”一词的第一个含义是“恶”(malum)，这是一个从“通过残暴行为或发生疏忽”意义上的“过错”一词派生出来的意思。就这一问题，有人权威性地确认，“它关系到以过错一语描述的情势的特别因素”，它有时是一个完全的事实，有时只是一个行为，有时仅仅是损害”。

3.普布流斯·穆丘斯·谢沃拉认定的“格拉古的过错”。在法学的范围内，最古老的使用过错一语的证据是著名的普布流斯·穆丘斯关于盖尤斯·

格拉古的妻子李其尼娅的嫁资的意见。

D. 24,3,66pr. 雅沃伦:《拉贝奥的遗作摘录》第6卷:塞尔维尤斯说,丈夫必须对因其恶意诈欺或过失对嫁资财产造成的损失承担责任,金钱除外,这也是普布流斯·穆丘斯的判决。事实上,这是他在格拉古的妻子李其尼娅的案子中讲的,她的嫁资在格拉古被杀的那场骚乱中丧失了。穆丘斯说,应向李其尼娅返还此等嫁资财产,因为格拉古对骚乱的发生有过错。

对普布流斯·穆丘斯·谢沃拉来说,承认必须承担返还李其尼娅的嫁资物的条件与摧毁嫁资财产的直接原因——它被界定为骚乱——与盖尤斯·格拉古的行为之间的关系的考虑关联,得出的结论是格拉古的过错导致了骚乱。

从这个角度看,我们面对的是一段具有启发性的历史证据,因为它明示地评价了一个在共和国的历史上具有重要意义的历史事件,此等评价由那个时代公共生活中一个无可争议的人物作出,此人就是普布流斯·穆丘斯·谢沃拉,他在提贝留斯·格拉古当保民官时当执政官。按彭波尼的说法,他还是市民法的奠基人之一。

众所周知,上述普布流斯·穆丘斯与P.李其纽斯·格拉苏斯·穆其亚努斯和阿庇尤斯·克劳丢斯·普尔克鲁斯一起,是盖尤斯·格拉古土地法的作者,作为公元前133年的执政官,他在提贝留斯·格拉古担任保民官期间,出于贵族派的压力以及普布流斯·科尔内流斯·西庇阿·纳西卡(担任过公元前138年的执政官)的压力,已经抵抗过对他提出的拿起武器对抗保民官及其党人的要求,但最终对抗敌人的紧急措施还是第一次用于对抗市民。另一方面,时任大祭司的普布流斯·西庇阿·纳西卡被记录在瓦雷流斯·马克西姆斯的《嘉行名言记》3,2,17中的批评是纯粹的对执政官普布流斯·穆丘斯对法秩序完全尊敬的责骂,他说贵族可以无可救药地毁灭罗马人的谕令权(imperium Romanum)。朱塞佩·格罗索就这一问题说到了"合法性的顾虑",此等顾虑后来演变成了以"依最优法采取的"的术语作出的对西庇阿·纳西卡不顾当任执政官的反对对提贝留斯·格拉古(他以保民官的身份被杀)采取的私人镇压行动的评价,而此等执政官应是领导镇压行动的第一人。

回到关于盖尤斯·格拉古的妻子李其尼娅的嫁资的法律问题上来,首先要强调的是穆丘斯对于导致摧毁李其尼娅的嫁资财产(另外还导致了盖尤斯·格拉古本人之死)事件使用的"骚乱"一语。这一术语使无人能对普布流斯·穆丘斯本人的表达加以质疑,因为穆丘斯的这一术语的作者身份取决于"判决"一语。在普布流斯·穆丘斯·谢沃拉看来,这样的骚乱出自格拉古的过错。嫁资财产灭失的直接原因通过过错一语被扩张到了对事件原因的评价，其中，尽管可以抽象地把事件的其他角色的其他行为（也是意志行为）确定为原因，但从具体的角度言，人们批评盖尤斯·格拉古曾扮演的角色，把他的行为在决定性角色的层面上与嫁资物灭失的法律后果联系起来。

普布流斯·穆丘斯在基于格拉古有导致骚乱的过错下，认定必须返还李其尼娅在骚乱中被摧毁的嫁资财产后，塞尔维尤斯·苏尔毕丘斯·路福斯在其《论嫁资》（单卷本）中把这一意见提炼为普遍的规则（塞尔维尤斯说：丈夫对所有属于嫁资的财产因故意和过失承担责任，D. 24,3,66），这一法律意见建立在谢沃拉最古的意见的基础上，它仍然以其历史现实性和政治判断性传递着强大的穿透力，它并不把过错当作一个以疏忽、无经验和无预见为特征的归责标准，而是把过错当作课加有故意和过失的丈夫返还嫁资财产义务的规则，其内容适合处理嫁资争议的复杂问题。

4.“过错”与“注意”。法律原始文献提供了大祭司昆图斯·穆丘斯·谢沃拉的著作中有意义地求助“过错”一语的实例。乌尔比安的《告示评注》第28卷（被收录于D. 13,6,5,3）记录了昆图斯·穆丘斯的一个可能关于使用借贷的意见，全文如下：

> 乌尔比安：《告示评注》第28卷：使用借贷通常只给借用人便利，因此，昆图斯·穆丘斯·谢沃拉的意见更有道理：他认为，借用人不仅要就其过错，而且还要就其缺乏注意承担责任。例如，如果出借某物，就其价值做了评估，借用人要就此等价值就一切风险承担责任。

在这个法言中，谢沃拉以有意义的方式把过错与注意勾连起来，案情是使用借贷物被就一切灭失风险做了估价。尤其是过错与注意的并列并未导致以打折的方式在判断过错时把它与疏忽同化，相反，倒是证实了这两个评价行为的尺度各有自己的空间。

对于昆图斯·穆丘斯·谢沃拉来说，在这一问题上，保罗在其《萨宾评注》（被收录于D. 9,2,31）中记载的他关于《阿奎流斯法》的意见是根本的。

> D. 9,2,31。保罗：《萨宾评注》第10卷。如果一修剪工在扔下树枝时，或一脚手架工人将一名路过的奴隶砸死，那么当他把树枝扔到公共通行的道路而没有事先喊叫以避免事故时才负责任。但穆丘斯说，即使事故发生在私人的地段，可以依过错起诉。而过错就是一个谨慎的人能够预见却疏于预见，或仅在危险已不可避免时才作出警告。根据同样的理由，他是否在公共通行的道路或在私人的地段经过并无多大区别，因为人们经常取道于私人的地段。但如果该处本无道路，那么加害人仅就其故

意承担责任，也就是说，他不能看见某人经过却又朝他扔致害物。但不可以过错起诉他，如果他根本不知道将会有人通过此地。

问题在于修剪工或脚手架工人杀死了一名过路的奴隶，原因在于掉落的砍下的一个树枝或一块砖头或石头。最初对于在公共地方发生的修树案的解决方案可能要归之于萨宾，在此等地方，法学家认定，修剪工只要没有大声叫喊并警告树枝的掉落就要根据《阿奎流斯法》承担责任。

昆图斯·穆丘斯的意见被记录为只涉及在私人的地方修树的情形，此等情形更强调依法行动与不依法行动的关系问题，此等问题体现在致害事件中，这是一个完全的行使所有权的活动。在自己的土地上实施修剪树枝本身并不排除责任认定评价，这一认定以"可以依过错起诉"的术语富有意味地加以证实。昆图斯·穆丘斯·谢沃拉尤其深化了对行为人行为模式的探讨，把修剪人的"能够预见却疏于预见"考虑为过错。把过错与预见联系起来的做法也存在于西塞罗的作品中(《图斯库鲁姆论断集》3,33,52)，按照当今的方法论趋势，这种做法的原创性是无可置疑的。学界还深化了对"预见"的使用：一方面，阐明了"预见"的含义，强调它与不谨慎因素的更有启发性的关联；另一方面，"预见"因素证实了评价行为方式的经验性的深化，因为它被理解为采取各种预防措施避免发生损害的义务，换言之，要提示树下的或正在进行施工的脚手架下的行人可能有物掉落下来。

在穆丘斯的意见中，确定过错的关键并非经验性地查清行为人没有具体地预见(或提供了标示)了树枝和石头的掉落，而是没有按照一个勤勉的人可能预见(或提供标示)的标准实施上述行为。在评价杀人行为实施者的标准中有一个巨大的品质突变，因为它被比照一个理想的行为模式衡量，此等模式被采用为价值坐标。

在这里，重要的考虑是，两种行为只有一种被评价为偏离勤勉的人的行为及其预见，同时，另一种行为(没有预告即发的危险)是过错，此等过错并不在与勤勉的人的行为模式的比较中存在。在后种情形中，人们对没有采取一定的措施避免造成行人死亡的危险的行为持否定的评价(仅在危险已不可避免时才作出警告)。如果把萨宾的高喊与穆丘斯的警告对比，似乎得到了一种后来由保罗加以解释的类型：对发生在无任何道路之处的过路奴隶被杀案，这个塞维鲁斯时代的法学家仅仅把故意设定为修剪工和脚手架工的归责标准，因为在不能预见是否有某人通过这个地方的情况下，不能认为他有过错。小径和通行道路的存在意味着要注意在高处进行的活动的危险，在这种地方，要采取一切必要的措施避免对行人造成致命的损害。

现在的法学家解释这一文本的困难在于过错积淀的含义，保罗把它当做疏忽、无经验、不谨慎的同义词使用。昆图斯·穆丘斯则相反，他原创性地在对过错的判断中引入了把握现实的具有极大潜力的评价工具：勤勉的人的模式。除此之外，该模式对于确定被告的过错仅仅是有用的标准之一，但无可置疑的是，该模式是能较好地适应在现实中提出的问题的特殊性的模式。对此还要补充的是，通过这一模式，被告只要证明了一个勤勉的人在同样的情形下实施的行为也不能避免损害，他就能免责。追随穆丘斯的路径，塞尔维尤斯·苏尔毕丘斯·路福斯在他人行为的责任问题上提出了一个这样的案例，它被收录在阿尔芬努斯的《学说汇纂》第 2 卷中（D. 18,6,12 [11]）：……如果出卖人已尽注意把标的物保管在公寓楼中，像一个节俭和勤勉的人所做的，如果发生了某种事故，他不承担责任。

昆图斯·穆丘斯·谢沃拉开辟了一条在过错史上永久打上痕迹的道路。从此，人们关于过错的法律讨论发生了转折，他们挣脱了现实的琐细语境的羁绊，以及拿捏一定的行为以便寻找迹象置此等行为的实施者于不利境地的方法的羁绊，相反，开始通过一个弹性的和可调试的工具评价此等现实，这种工具的要点是为人类行为刻画出一个客观的模式，即勤勉的人的模式，它将是表达罗马社会承认的价值的工具，并表达了为上流社会所共有的判断。

把过错与注意挂钩的道路在后几代法学家中似乎得到了扩展，不论是在逐渐被法学家们援引的注意的客观模式的层面上，还是在把不谨慎纳入注意的层面上，都是如此。

此外，在罗马法学家进行的正常的讨论中，这并不意味着抛弃对事件原因的精细研究，以及对有关人等的行为的研究。这样的研究非常富于思想启发性，并就其复杂性而言，代表了一种仍在受到批评的模式，可用来反思我们在讨论归责问题和责任确定问题时的行动和推理。

5. 过错标准与其他确定责任的标准的共存。通过上述昆图斯·穆丘斯·谢沃拉的探讨，我们拥有了一种后来被收入其《市民法十八卷》中的意见（彭波尼：《昆图斯·穆丘斯评注》第 17 卷，被收录于 D. 9,2,39 pr.），其中，针对在他人土地上牧放怀孕的母马造成的伤害，这位共和时期的法学家否定可因土地所有人的过错按《阿奎流斯法》起诉。相反，他具体分析了为起诉目的具有重要性的行为，尤其是把母马赶离自家土地的行为，这种行为完全合法并有正当理由。假设有人撞击了母马，或有人故意以粗暴的方式把它赶到自己的土地之外，这时才有侵权责任的理由。

关于这一方面，也可在阿尔芬努斯·瓦鲁斯通过无名氏对他的《学说汇纂》进行的摘要传给我们的意见中找到丰富的说明。

在就著名的店主案提出的意见中（阿尔芬努斯:《学说汇纂》第 2 卷，被收录于 D. 9,2,52,1），涉及一个这样的案件：

> D. 9,2,52,1。阿尔芬努斯:《学说汇纂》第 2 卷。一个店主在夜间把一盏油灯置放在路上的一块石头上，一名路人将其拿走，店主赶紧追上此人要求索回这盏油灯并在其想要跑开时紧紧将其抓住。为了从其手中挣脱，此人开始用手中的装有铆钉的鞭子抽打店主。于是发生了一场激烈的搏斗，在搏斗中店主将偷灯人的一只眼睛打瞎。店主现求诸咨询:是否能够判决他没有造成不法损害，因为他确是先被鞭打了。我回答说，他看来并没有造成不法损害，过错的确在先用鞭子打人的那人身上，店主有意将该人眼睛打掉的情形除外。但是，如果他并非首先受到了他人的殴打，而且当后者想要从他那里拿走灯的时候与其厮打，那么看来事情就是由于店主的过错发生的。

阿尔芬努斯对店主的行为和意图以及对偷走油灯的某个路人的行为进行了详细研究。鞭打店主以及以后的产生了损害（导致路人丧失一只眼）的激烈搏斗，被阿尔芬努斯刻意地衡量，他的咨询意见是:因为实施鞭打在先，所以认为店主没有实施了不法损害。他确认了路人的过错（他先鞭打店主）绝对并不排除认定店主造成了不法损害的可能性，只要过路奴隶在搏斗的混乱局面中丧失一只眼是故意被打瞎的。在此等情形下，挑起搏斗的过路奴隶的过错并不使本案的解决方案无效，因为店主并无意实施造成特定损害的故意行为。此外，指出这一点是富有意味的:阿尔芬努斯或塞尔维尤斯认为店主不承担侵权责任，因为过路奴隶失去一只眼并不是店主故意造成的，他说，过错的确在先用鞭子打人的那个人身上。“在”这个动词体现了阿尔芬努斯在两种行为中做出的衡量，他在产生后果（失去一只眼）的原因链中对搏斗的挑起者采取了一种更责怪的态度，而不把责怪施之于造成损害的物理行为。

另外，阿尔芬努斯致力于强调，假设路人没有先进行鞭打，店主的过错将成立并成为他承担责任的理由。在这第二种情形中，人们强调对一个本身是正当行为（索回自己的油灯）的过度反应，此等超过就被界定为过错。

在这一问题上，让人吃惊的是阿尔芬努斯在探讨这个案例时没有认为偷油灯的行为重要，并在对案件的解决方案中提到它，过路人实施的这一不法行为本身构成夜盗，它是导致店主作出反应的条件，此等反应是合法的，因而排除他承担侵权责任。人们也许应考虑到这个意见是在被问（其内容证明有利于提问的店主)能否提起侵权之诉的背景下作出的，所以，在偷盗油灯行为本身的层面上，其财产价值即使按照四倍赔偿，相较于店主造成的奴隶价值的减少，在比例上也是微不足道的。

另外一个采自阿尔芬努斯的《学说汇纂》第2卷的案例是两车爬卡皮托尔山陡坡案(D.9,2,52,2)，案情如下：

> D.9,2,52,2。阿尔芬努斯：《学说汇纂》第2卷。骡子正拉着两辆满载的板车向卡皮托尔山坡上行驶，头一乘车的车夫顶住往后倒退的板车，以减轻骡子的负重。在此时，前面的车开始向后滑退，在两车之间的骡夫从中间跳出之后，后面的车被前面的车撞上向后退下并碾过一个小男奴。该男孩的主人问，他现在应起诉谁。我回答，法律状态取决于具体情况，因为如果顶住了前面的车夫随意地放了手以致其骡子不能驾驶住车而由其自身的重量后倒，那么对骡子的主人则不提起诉讼，而对将车顶住的那些人则可依《阿奎流斯法》起诉；因为随意放掉其所持之物而使之碰到某人的人也造成损害。但是，如果骡子受到无论何物的惊吓或车夫由于恐惧被压倒而放开骡车，则对车夫不能起诉，而应对骡子的主人起诉。但是，如果既不是骡子的问题也不是车夫的问题，而是骡子不能驾驭重量，或者是当骡子正努力驾驭时滑倒或摔倒，以致车子后倒，而车夫由于车子后倒不能控制住车重，那么这时既不能控告骡子的主人，也不能控告车夫。然而有一点是明确的，即无论在上述哪种情况下，都不得对后面的骡车主人提起诉讼，因为后面的骡车不是自动地倒地，而是被撞倒的。

在这个法言中，这位共和时期的法学家对一个原因调查(一个在法院审理的案件)做了一个意义深远的解答。导致杀死奴隶事件的原因是客观因素的交织：卡皮托尔山坡的陡峭配上重载的车、动物的行为和骡夫的行为等。阿尔芬努斯深化了在其解答中包含的推理并阐明了它们，但在其意见中并未突出详细地描述行为模式。这样的在咨询意见与解答之间的轻重失调证明了法学家运用的文字相对于现实的力量，他把奴隶的主人可能的起诉选择与可能具体查证的事件的结果挂钩。另外，他还提出了特别的，在本文中解决不了的问题，即法学家为了作出解答的目的在法律上认为重要的事情、它在审判中被查证的具体可能(仅考虑一下骡夫担心车子压过他的身体在法官面前得到查证的可能)与人们对之保持沉默，但在我们看来可能对于确定责任具有重要意义的情节，诸如不谨慎或无经验之间的关系。就这一问题，相较于昆图斯·穆丘斯在D.9,2,31中表达的意见，引人注意的是，在阿尔芬努斯·瓦鲁斯的意见中，骡夫未预见到超载的车走在陡峭的山坡上的后果完全无关紧要，而这样的后果要引起骡夫根据一个客观的标准加以衡量的预见能力问题。

阿尔芬努斯提出来的主要区分是，区分对抗驾驭第一辆车的骡夫的侵权之诉与对抗第一辆车的骡子的主人的四足动物致害之诉。他断然排除了第二辆车的骡子的主人的任何责任，而该骡子在物理上通过碾压杀死了年轻的奴隶，该主人基本上被看作事件的因果链上的一个纯粹的“工具”，为因果关系的中心问题及间接原因问题提供了证据。

在对重要情节的选择中，阿尔芬努斯批评了骡夫自行撤走他对处于困境中的第一辆车的支撑的故意行为，这就可以把致害事件(年轻奴隶因为受到第一辆车冲撞的第二辆车的碾压死亡)的责任归之于他。指出如下事实是富有意味的：阿尔芬努斯在炮制其解决方案时，认定支撑某物或留住某物的人如果自行撇开它，以至于该物造成某人受伤，是造成损害。在一个活动已进行的情况下突然撤除对它已作出的干预，同时没有替代的措施跟进，这样的撤除是有意义的。这样的说明证明了一个事实：阿尔芬努斯并不感到需要认定撞击奴隶的责任，其逻辑路径是自行撤离——有过错——造成不法损害。在我看来，这表明阿尔芬努斯在其意见中运用了过错，他并不认为这样的逻辑路径有约束力，他也并不认为要受限于昆图斯·穆丘斯建立的传统。

相反，在骡夫并未故意撤去其支撑而是相反的情形，由于骡子不可预见地受惊，他有被压过的恐惧，为了不被碾压而避开，在此等情形，阿尔芬努斯认为责任在于骡子的主人。

最后，阿尔芬努斯排除了起诉骡夫的可能，以及起诉骡子的主人的可能，在本案中，既不是前者的行为，也不是骡子在事件的原因链上起重要作用，因为第一辆车是由于超载而后退的，这使第二辆车不可能支持其自己的重量，从而不可避免地碾压了年轻的奴隶。

不管事件如何进行，阿尔芬努斯以这样的完全排除第二辆车的骡子的主人的责任结束了其解答，理由是他并非自行如此，而是承受了来自后面的撞击。

此等情形在本文的框架内也出现了一个艰难地选择在法律上有重要意义的因素的契机。因为阿尔芬努斯断然地排除了不能支持车的责任，把如此的原因归之于坡的陡峭。这一情节的意义并不小，因为我们拥有塞尔维尤斯·苏尔毕丘斯·路福斯的其他意见(乌尔比安：《告示评注》第18卷，被收录于D.9,1,1,4)，其中排除了四足动物致人损害之诉，并认可在动物运送的货载由于地方的不平压倒某人的情形，假设骡夫有过错，并且如果给四足动物超过正常限度的压货，则可以不法损害的名义起诉。在可预见性和骡夫在执行其活动的“经验”（如同在 D. 9，2，31 中所说的）的框架内看待这一情节，它可能强调了对实施运输业者应知道如何处理陡坡，或者，应知道被运之货的重量，由于坡陡可能给第三人带来危险的人的行为的责备。另外，阿尔芬努斯还认为，超过合同规定的限制在牲口身上压货的人，既要承担合同责任，又要承担侵权责任（阿尔芬努斯：《学说汇纂·由保罗做的摘要》第 3 卷。被收录于 D. 19，2，30，2）。

6.“过错”与“无经验”。主要以过错—疏忽判断人的行为的道路的开辟，标志着过错史上的一个根本发展。人们以其他具有意义的行为的模式开辟了一条平行的，尽管不是切合的路径。这是按对特定技术的通晓定性的对行为的评价，它意味着对有关技艺的适当掌握。比照合乎资质的行为判断要考虑的行为，这种做法在原始文献中存在，在梅拉的意见中，它关涉到一个应具有驾驭骡子的技能的奴隶（乌尔比安：《告示评注》第 18 卷。被收录于 D. 9，2，27，34）；在普罗库鲁斯的意见中，它关涉到医生（乌尔比安：《告示评注》第 18 卷。被收录于 D. 9，2，7，8）。

把无经验吸收到过错中，第一次在杰尔苏的意见中完成。

> D. 19，2，9，5。乌尔比安：《告示评注》第 32 卷。杰尔苏在其《学说汇纂》第 8 卷中写道，无经验也应被视为有过错。如果某人根据租赁合同饲养牛，修理或清洗某物，他的不熟练的行为应被视为具有过错，并应为之承担责任。因为杰尔苏说道，显然他应像一名工匠那样履行合同。

根据乌尔比安之所言，在杰尔苏看来，无经验要被视为过错。这样的确认与承揽人的某种不履行问题相连：这些承揽人有牧人、洗衣匠和修理工。杰尔苏从这些承揽人的过错出发进行推理，以便把他们由于无经验实施的行为纳入过错。在杰尔苏的必须以加重正常的过错标准为前提的论述中，这样的纳入的道理在于依合同承担行为的性质是要求有资质的活动，或严格来说是有技艺的活动。这类承揽人按合同承担进行了在技术上复杂的活动，对与此有关的技艺的通晓是不言自明的，并且是建立起相对人的合同信赖的理由。所以，在杰尔苏的意见中，值得注意的东西似乎有二：其一，按工匠的标准追究无经验者的责任；其二，对于要手艺的合同当事人，无经验就表示一种过错。这样，他扩张了过错的含义，可以说，此等扩张是过错史上的一个节点。

盖尤斯在其《行省告示评注》第 7 卷（D. 9，2，8，1）中说：如果骡夫由于无经验而不能驾驭骡子，结果踏死他人的奴隶，通常认为他有过错而应负责任。

他还说无经验被视为过失(D.50,17,132)。盖尤斯把无经验纳入过错，允许重新审视先前的法学传统就这一问题提出的复杂解决方案。

显然，盖尤斯对于更古老的骡夫问题，做出了不同于阿尔芬努斯的解释。在其关于两车爬卡皮托尔山陡坡案(阿尔芬努斯:《学说汇纂》第2卷。被收录于D.9,2,52,2)的意见中，对骡夫的行为，阿尔芬努斯感到并没有必要把它定性为过错。

从阿尔芬努斯到盖尤斯，经历了梅拉的过渡。在梅拉看来(乌尔比安:《告示评注》第18卷，被收录于D.9,2,27,34)，负责驾驭骡子的奴隶的经验在奴隶的出租人、承租人、骡子的主人之间的关系中具有重要意义，因为由其行为引起的损害要么关系到奴隶丧失大拇指，要么关系到骡子的受伤。在梅拉看来，可以对出租人提起承租之诉，只要他把一个无经验的骡夫当作有经验的出租，在此等情形下，他感到没有必要把这样的错误选择定性为出租人的过错。

现在，对于盖尤斯来说，骡夫的无经验被视为过错。

三、罗马法学家“对过错概念的扩张”与适当地把握现实

正如我已澄清的，已作出的选择是对一个物质存在的部分评价，这完全不意味着抹平在原始文献中呈现出来的解决方案的复杂性——但正是在这样的复杂性中，过错作为一个适当的用来界定待考虑的行为，从而把此等行为的后果归之于其实施者的术语为自己开辟道路——此等复杂性确认并彰显了把其他归责因素纳入过错术语的内涵的程序的意义。这个术语确定了一个非故意行为的领域，它逐渐被视为重要。正是这一考虑，允许我们完全理解求诸作为一个把握现实的适当工具的过错概念的意义。事实上，与在审判之时要就每个案件表达的解决方案的复杂体系不同，过错概念的吸收力允许我们建构一个简单有效的归责体系，一方面，它极大地减少了求诸法学家解决责任问题的必要；另一方面，它在审判时提供了具有强烈弹性的规则框架以把握具体案件的复杂性。

最后，“视为过错”的情形指不合客观的行为模式，此等模式认为履行自己对社会上他人的合同义务或连带关系义务是正当的；“视为过错”允许适当地具体评价被考虑的行为，考虑它是否符合分配已发生后果的标准，并证明当事人之间争议的理由。

在这样的简化过程中，罗马法学扮演了主角。事实上，过错和意外事件变成了责任问题的两只角，决定了将来要交给优士丁尼的法典编纂者加工的法律规则的成熟。

萨索菲拉托的巴托鲁斯致力于寻求在优士丁尼法典编纂中被吸收在过错一语中的复杂含义的统一的理由，这位伟大的评注法学者以他专有的解释的力量，在“冒失地偏离操同样职业、具有同样身份的人共同拥有的注意”的表达中指出了此等理由。从此，“偏离人们共同拥有的注意”成为“所有的过错的类名”。

这显然是一个解释过程，它具有巨大的调试潜力并在岁月之流中具有耐久力。另一方面，过错在罗马法系的危机与按人的尺度衡量的私法的危机契合，所以，这一概念必须根据它对现代性和工业化生产中产生的问题提供答案的能力加以衡量。但在此等情形中，德国的潘得克吞学说以及后来的各个民族国家的民法学说已证明，过错概念即使在企业风险问题的范围内都有很大的适用空间。

罗马法系中的扶养之债

——历史、内容、义务人和发生根据*

[意]安托略·萨科丘*著　史志磊**译

一、论题的意义

我对这一论题的关注始于我作为成员之一的由我的导师桑德罗·斯奇巴尼教授负责的工作小组将优士丁尼《学说汇纂》翻译为意大利语的过程中，因此，我已经致力于该论题十年了。

事实上，在我们翻译题名为“非婚生子女的认领和对子女、父母、恩主以及解放自由人的扶养”的第25卷第3题的时候，我意识到罗马人同样面临着扶养问题，这是现代家庭法中最重要的问题之一。

在此，我想简要地阐述扶养问题引起古罗马法学家注意的方面以及他们处理这一问题的方式；然后，我想分析在现代法制中扶养义务的意义，目的在于捕捉扶养制度在历史发展过程中可能存在的连续性或间断性的线索，在适当的时候，指出当下该制度可能存在的不足。最后，我将简要地从教义学的角度阐述扶养之债在债的发生根据体系中的定位。

二、扶养义务的含义

让我们从第一点开始。现代法律（为了简洁，我们这里仅以意大利法举例）规定，要求扶养的权利以非法行为、双方协议、遗赠、法律的规定为发生依

* 根据作者2014年6月12日晚在厦门大学法学院举行的同名讲座记录整理。

* 意大利布雷西亚大学罗马法教授。

** 厦门大学法学院2012级博士研究生。

据。显然,对我们来说,前三种发生根据远没有第四种发生根据有趣,尽管罗马人已知晓前三种发生依据。关于基于法律的扶养义务,1942年制定的现行《意大利民法典》第433条概括性规定了扶养义务人并确定了他们的先后顺序,分别为:配偶、子女或近卑亲属、父母或近尊亲属、女婿或儿媳、公婆或岳父母、兄弟或姐妹,最后规定了受赠人承担的此等义务(第437条)。

此外,意大利法律严格区分要求扶养的权利和要求生活保持的权利,前者意味着权利人只能主张维持生活的必要费用(伙食费、住宿费、服装费),后者的目的在于确保权利人可以维持他从前有过的生活水准。

所有这些因素在罗马法中都出现了,但它们的起源过程是非常曲折的,且在学说上充满了争鸣。

根据原始文献,承认一些人针对另外一些人承担扶养"义务群"的原因是多元的,譬如,家庭亲情(pietas)(D. 27,10,4;D. 37,15,1)、血缘关系(charitas sanguinis)、衡平(aequitas)(D. 25,3,5,13)、自然理性(naturalis ratio)(D. 25,3,14),在恩主与解放自由人之间的关系中,还包括敬畏(reverentia)(D. 2,4,4,3)或尊重(obsequium)(D. 25,3,19)。这些义务在罗马父权制家庭内部都能找到它们的主要存在领域,并完全以相互性的方式运作,与家父是直系还是旁系,他们与扶养义务人之间的亲等如何,毫无关涉。

三、扶养义务在罗马法中出现的时间较晚

在罗马法中,很长一段时期,法律(lege)规定的唯一的扶养义务是债权人针对受判处者的(也就是被长官交给盗窃受害人或债权人的窃贼或破产债务人,以便他们对之进行人身执行),根据著名的十人委员会的命令,后者如果愿意,可以自备伙食,否则,根据《十二表法》规定的期限和分量(实际上与维持人存活的界限大致重合),债奴由监禁他的人扶养。[①] 对此,我们从古罗马法学家李其纽斯·鲁费努斯(Licinnius Rufinus)那里了解到,针对不履行扶养义务的债权人可以扩用的方式提起罚金之诉或甚至提起侵辱之诉(针对冒犯人格行为行使的诉权)(D. 42,1,34)。

可以确定的是,我们可以在《学说汇纂》中找到很多讨论子女承担扶养自

① 参见《十二表法》第三表第4条(由杰流斯的《阿提卡之夜》20,4,45保留给我们):债务人在拘禁期间,可自备伙食,如不自备伙食,则束缚他的人应每日供应二粒小麦一磅,如果愿意,可以加量。

己父母义务（或相反）的法言，譬如，我们可以几乎确定地举出161年安东尼努斯·皮尤斯皇帝的敕答，该皇帝要求享有管辖权的法官判令有扶养能力的子女向你（被扶养人）提供扶养，还有瓦伦丁尼安三世的敕令，该皇帝明确要求每个人都应该扶养自己的卑亲属（C.8,51,2pr.）。

在《学说汇纂》中，我们不能确切地知道扶养制度确立的方式和程序。我们只知道该制度并不是裁判官引入的，裁判官并不想以某种方式对抗稳定的市民法体系，并且扶养案件通过非常审判程序审理，尤其要借助于享有对这类案件管辖权的执政官的审判。

传统观点认为扶养制度作为特别法上的制度产生于安东尼努斯·皮尤斯皇帝时期，此后在对扶养事务享有管辖权的执政官的干预下，扶养制度得到逐步地维护和巩固。

如果在公元6世纪还需要皇帝（优士丁尼）的干预并重申对处于困难中的尊亲属或卑亲属的扶养义务，显然这是一项很晚才具有"法律拘束力"的义务。

四、扶养义务最初被家父权吸收

事实上，起初罗马法并没有规定亲属之间的扶养义务。阻碍扶养义务在罗马社会内部传播的最大障碍是罗马的父权制家庭结构。实际上，罗马社会弥漫着自有法家庭（familia proprio iure dicta）即广义家庭的僵硬规则，家父享有广泛权力的事实让人们不敢想象家子或妻子在家庭之外享有财产，根据彭梵得的理论，自有法家庭是一个十足的政治单位，所以将家庭关系诉诸法官是不可能的。

个体在家庭内部得到保护和生存资源，扶养处于其权力下的个体是家父权的题中之义，因此，没有留下扶养义务具有法律约束力的明确记载：家父供给扶养仅仅是一种道德义务。这就不难理解马尔切勒在公元3世纪的论断：儿子的孩子由我们负担，女儿的孩子由其丈夫的父亲负担，除非他已故或处于贫困之中（D.25,3,8，马尔切勒：《优流斯和帕皮流斯法评注》第1卷）。

虽然上世纪伟大的学者阿尔巴内塞已经指出家父对处于其权力下个体的生杀权在行使条件和频率上受到限制，但这一权力事实上阻碍了与扶养上述个体有关问题的出现：强制权力人扶养其享有杀死权的个体是不合逻辑的。从家父对新生儿的遗弃权中也可以得出同样的结论，只有当遗弃权的效力式微，才可以反向地谈论家父对其不再享有遗弃权的后代的扶养义务。

然而，扶养义务并不是一项法定义务，与法律不同，在共和时期，弥散性的社会控制力量介入扶养案件,因此,就有了监察官的介入,事实上,监察官是确保在家庭内部合理分配扶养资源(但并不止于此)的理想工具。

确实,那些容易发生家父不履行对子女扶养义务的领域需要法律的介入,同样,家父不履行对新生儿或即将出生的婴儿的扶养义务也需要法律的干预。因此就可以理解保罗在其《意见集》中主张将未履行对新生儿的扶养义务视为杀害。[①] 同理,在家父死亡时,授予母亲为了胎儿利益的遗产占有也是有意义的,也就是说,母亲可以从家父的继承人处获得一笔为避免胎儿受到伤害的扶养费用(D. 37,9,1,19;D. 37,9,5)。

在解除婚姻的情况下,从扶养的角度看妇女的地位并没有改变,男方不承担对女方的扶养义务(这一点下文将详述),子女的地位也没有改变,还处于家父权之下;相反,因女方的过错导致的婚姻解除,男方为了子女的扶养有权扣除一定数额的嫁资(所谓因子女的扣除)。

如果家父权终止(譬如子女被解放),在较早的罗马法中,父亲对被解放子女不再承担任何义务,反之亦然。

五、公元 2 世纪扶养义务浮现

扶养义务在罗马法原始文献中的出现是缓慢的:以前拉贝奥讨论过它(公元 1 世纪,参见 D. 27,2,1,4。乌尔比安:《告示评注》第 36 卷),人们仅能在《艾流斯和森求斯法》(公元 1 世纪)中涉及恩主与解放自由人关系的部分觅得其踪迹。

扶养义务的产生与公元 1 世纪在罗马发生的尊卑亲属之间(权力)关系的变化密切相关。事实上,在这一时期家父权逐渐瓦解,随之我们开始在原始文献中发现扶养先前处于其权力之下现在处于贫困状态的个体的义务/负担的证据。

在这一点上存在各种各样的讨论,但应该明确强调:

• 上文提到的生杀权的衰落并继之被废弃;

• 继之而来的,古典家庭、家庭的政治功能以及家父权制度在较大范围内的衰落;

① D. 25,3,4。保罗:《意见集》第 2 卷。杀害不仅包括某人使新生儿窒息而死,还包括某人遗弃新生儿并拒绝提供给养以及将新生儿置于公共场所、暴露于他自己缺乏的大家的怜悯之下。

• 宗亲家庭被一种建立在血缘关系和感情基础上的家庭模式代替；

• 妇女不再屈从于夫权的无夫权婚姻的普及；

• 家子在财产领域相对于家父获得了较大的自主权，用现代的法律术语讲就是家子获得了权利能力，正是基于扶养的事由，我们首次看到儿子被允许针对父亲提起诉讼；

• 在裁判官确立的继承规则（遗产占有）中，与宗亲关系相对的血缘关系得到承认和张扬。

所有这些导致了一类典型案件，即与他人存在感情或血缘关系的一些人经常陷入贫困之中，虽然后者在形式上已不处于前者的权力之下，也不处于几乎已经瓦解的仅存在于历史记忆中的家父权之下，但在当时这类案件的存在并没有正当的理由。

因此，我们可以合理地主张扶养制度并非产生于家父权之外，而不是如同德国学者格吕克所主张的那样，也不是从现代视角将扶养制度与核心家庭的解散实质性地联系起来，扶养制度产生于罗马宗亲家庭内部以及上文提到的历史事件的发生过程中。

在这一点上，举出经常在罗马法原始文献中出现[①]的一位家父与另外一位家父在有夫权婚姻缔结的过程中达成的由后者扶养即将进入其家庭的前者的女儿的协议的例子是有意义的：这间接地表示，供给扶养的义务与权力关系的建立是同时进行的。

可以合理地主张执政官是以家父请求家子履行义务而不是相反为契机介入家父权制度的，对比今天的社会形势，我们倾向于相信这一观点。事实上，从公元1世纪至公元2世纪起，越来越多的处于家父权下的家子被赋予权利能力并且非常富有：这些家子有义务扶养处于贫困中的父母。同样，也产生了父母扶养孩子的义务。

因此，扶养义务是在家父权内产生的，而不是家父权之外。在这一点上，被《学说汇纂》的编纂者收录在 D. 25，3，5pr. [②]中的乌尔比安的一个法言是关键的，在这一法言中，乌尔比安询问家父的扶养义务是否仅指向处于其权力下

---

① D. 15，3，20 pr.；D. 44，4，17 pr.；D. 17，1，60，3；D. 24，3，42，2。

② 如果某人要求其子女履行赡养义务或者子女要求家父履行扶养义务，法官应该受理这类案件。家父是否仅有义务扶养处于其权力下的子女还是也有义务扶养被其解放的子女或者以某种方式脱离其权力的子女？我个人认为如下安排更可取，即使子女不处于家父的权力之下，家父也应扶养他们，另外，不处于家父权下的子女也应扶养他们的父亲。

的家子，还是也包括被解放的子女；乌尔比安的回答是肯定的（应当对被解放的子女承担扶养义务），然而提出问题的方式表明扶养义务实质上是针对前者的，但扩张于不处于家父权之下的其他子女。实际上，扶养义务很早就从自有法家庭自然地扩张于单纯的父权制家庭（semplice famiglia paterna），此后，扶养义务存在的范围逐步扩大，直至优士丁尼时代达到顶峰。

六、扶养义务人

公元2世纪中期由安东尼努斯·皮尤斯创立（或者可能在公元2世纪由马尔库斯·奥勒留和路求斯·维鲁斯共同创立）的制度的扩张反映了血缘关系相对于宗亲关系的优越地位，但根据乌尔比安的文本，这种形势不能过度向前追溯，因为乌尔比安明确使用了“我个人认为……更可取”的字眼审慎地表达其观点。

优士丁尼将扶养义务扩及于非婚生子女（Nov. 89,15），仅有的例外是乱伦所生的子女或生于犯罪关系中的子女，以及生于无效婚姻中的子女（Nov. 12,2；Nov. 89,13）。优士丁尼课加对非婚生子女的扶养义务后，还课加扶养义务人对其婚生子女和自然兄弟的扶养义务（Nov. 89,12）。

《学说汇纂》中的一些法言也承认孙子女或外孙子女对祖父母或外祖父母的无差别的扶养义务，反之亦然。[①] 优士丁尼将其一般化并大大扩张了其适用范围（Nov. 117,7 和 C. 1,5,19,3），承认子女扶养母亲的义务和母亲对子女的扶养义务（但主要的扶养义务人是父亲，并且如果母亲基于对子女的爱不要求子女承担扶养义务，她也可以向孩子的父亲要求供给扶养），[②]承认兄弟之间相互的扶养义务，[③]承认叔侄之间、伯侄之间以及舅甥之间的扶养义务。[④]

一些现代学者，包括重量级的权威学者温德沙伊德，认为夫妻之间也存在

---

① D. 25,3,5,2；D. 25,3,8。马尔切勒：《优流斯和帕皮流斯法评注》第1卷：儿子的子女是我们的责任，女儿的子女是其丈夫父亲的责任，除非他已故或处于贫困之中。

② D. 25,3,5,2 乌尔比安：《论行省总督的义务》第2卷；D. 25,3,5,4；D. 25,3,5,14；D. 3,5,33(34)；C. 2,18,11。

③ D. 27,2,4；D. 27,3,1,2。

④ D. 3,5,26,1 表明舅舅与外甥女之间存在扶养义务关系，但这一法言可能被添加过。

扶养义务。然而在罗马法原始文献中没有存在此类义务的痕迹，[①]温德沙伊德的观点受到了潘得克吞学者特有的有色眼镜的污染，德国学者一般都是以这种方式解读罗马法原始文献的。同样，15 至 16 世纪学者的观点也是不可信的，他们认为丈夫对妻子的扶养义务是补偿后者在婚姻期间的家务劳动。

事实上，在罗马法原始文献中从来没有提及夫妻间的扶养义务。因此，罗马法中不存在此类性质的义务，这一方面是因为如同上文提到的，扶养义务产生于约束家父与其子女和奴隶的权力关系内部（妇女没有必要因婚姻而受丈夫权力的控制），一方面是因为罗马法学家认为婚姻结束后丈夫返还妻子的嫁资在广义上起到了供给妇女扶养的功能。关于已婚妇女，人们认为通过丈夫建构的生活共同体（societas vitae）能够保证她的体面生活，但这仅仅是一种道德义务而不是法律义务或债。

七、罗马法中扶养义务的内容

罗马法学家认为扶养权具有严格的对人性，但如果家父陷入贫困，他所承担的扶养义务可以移转于其继承人。[②] 此外，如果被扶养人严重冒犯扶养义务人，将丧失受扶养权。[③]

罗马法明确规定了履行扶养义务的客观前提条件：一方面，被扶养人事实上需要被扶养，也就是说被扶养人处于贫困状态，需要帮助，或者不能独自维持生计，也即被扶养人有工作维持生活，但仅凭其工作收入不足以应付所处的困境；[④]另一方面，扶养义务人有能力供给扶养。此外，罗马法学家也明确要求在供给扶养时不能忽视当事人的社会地位。[⑤]

罗马法学家也没有忽视对扶养义务内容的讨论。

尤其需要注意的是，奥菲流斯在其一部献给阿提库斯（公元前 1 世纪）的作品中评注上文提到的《十二表法》的文本时认为，“vivere”一词的指涉范围不仅包括食物（一些没有留下姓名的法学家主张 vivere 仅仅指涉食物），还包

① 在一些法言中（D. 24，3，22，8；C. 5，16，8；D. 34，4，22；D. 14，1，28，6；D. 24，1，15pr.），皇帝要求丈夫向处于婚姻中的妇女供给扶养，但这种要求的正当性并不在于保证妇女的日常生计，而是基于危机或特殊的情况，譬如父母患重病或者丈夫滥用嫁资。

② D. 25，3，5，17。

③ D. 25，3，5，11；C. 5，25，4。

④ D. 25，3，5，7；C. 5，25，3－4；D. 3，5，33。

⑤ D. 25，3，5，11。

括衣服及床铺。拉贝奥(公元1世纪)认为上述词汇指涉的范围不仅包括食物和饮品,还包括衣服以及一切人生活所必需的其他物品(D. 50,16,43),但这一观点没有出现在记载卡修斯和雅沃伦时期讨论这一问题的法言中(公元1世纪,D. 34,1,6。雅沃伦:《卡修斯作品摘要》第2卷)。最后,盖尤斯(公元2世纪)进一步主张照顾人的生活所需的一切物品都是扶养义务的内容,因此,也包括医药费以及其他与治愈疾病有关的费用(D. 50,16,43。盖尤斯:《行省告示评注》第22卷)。

扶养义务自然扩张的最后阶段也将教育费用涵盖进来(D. 27,2,4;D. 37,10,6,5;C. 5,25,3)。然而,现代法中存在法律意义上的扶养(alimenti civili)和自然意义上的扶养(alimenti naturali)的分类,前者的义务内容为提供食物等生活必需品,后者兼涉教育费用等其他内容,并基于这种分类分别适用法律(在意大利也是如此)。然而,到目前为止这种分类还不能在罗马法中寻得佐证文献。

无论如何,子女没有义务负担父亲的债务,反之亦然(D. 25,3,5,12 和 D. 25,3,5,16)。

当被扶养人能够自力更生时,扶养义务终止,除非患有某种妨碍其自力更生的疾病(D. 24,3,22,9)。如果儿子对其父亲从事了足以剥夺其继承权的违法行为,父亲的扶养义务也消灭(D. 25,3,5,11),因为罗马法上的扶养义务不能移转于继承人,所以扶养人或被扶养人死亡也导致扶养义务终止,但儿子的继承人有义务继续扶养处于极度贫困状态的祖父母(D. 25,3,5,17)。

八、扶养义务在现代法中的改变:把婚姻与扶养义务挂钩

与罗马法中扶养义务存在于家庭和权力关系的内部不同,欧洲现代法中的扶养义务发生了视角的转换,扶养义务属于基于婚姻产生的义务之一,事实上,这一转变的根基在于过去数个世纪欧洲的法律传统。

这一成功的转型始于《拿破仑法典》,1865年《意大利民法典》遵从之(第133条和第138条)。1942年《意大利民法典》使这一制度合理化,创立了婚姻关系之外的扶养权,但并没有完全抛弃将扶养义务与婚姻实质地联系起来的先决条件。

事实上,我个人认为对子女或其他亲属的扶养义务可以建立在罗马人亲

情(Pietas,这是一个很难翻译的词汇,无论如何,它涉及血缘联系)的观念或称为自然法或血缘关系的基础之上。

如果人们将扶养义务的支点从血缘关系移到婚姻关系,我个人认为会产生两个不合理的后果。

其一,这种转换忽视了在一些情形中正是自然法(这涉及人类和动物的共同点,因而是有意义的)使一些主体基于亲子关系对另一些主体负担扶养义务。因此,人们开始认为扶养权属于每一个人的生命权的必然结果,国家应当承担扶养的责任,当国家不愿意或者因为无效率而不能履行职责时,将扶养的责任委托给亲属承担。对19—20世纪的自由主义者和后自由主义者来说,这意味着承担扶养义务的个人实际上是为了比被扶养人的利益更高的利益或者同时为了被扶养人的利益和国家的利益而履行扶养义务。

最近,与上述观点差别不大的一种观点甚至认为,虽然国家是扶养义务人,但被扶养人并不是债权人,而仅仅是为公共利益而供给扶养的接受人或受益人。我认为后者背离了正常的权利建构模式,是纯粹的画蛇添足,因为它忽视了在权利建构和享有中人的中心地位(D.1,5,2。赫尔摩格尼:所有的法都是为人而设立的),并且剥夺了法律基于"天赋"而承认的个人权利。

其二,它抹杀了对子女的扶养与夫妻之间的扶养或对前夫/前妻的扶养在原因上的差别。

第一类扶养义务(共血人之间)的基础在于同血缘、自然、亲属之间的血缘关系,罗马人已认识到了这一义务基础,并且基于他们之间天然的紧密联系,社会意识不能容忍这样的人在有满足对方基本需求的能力时无所作为。针对这类义务,我认为讨论推动实现当事人之间财产地位的部分平衡(如同当下民法学者所主张的那样)是没有意义的,因为解决这一问题的视角在于帮扶处于贫困中的人而不是实现再平衡。相反,第二类扶养义务(夫妻之间)在后工业化时代有不同的、特殊的存在根基,也就是说其目的在于保护夫妻关系中处于弱势地位的一方(通常是女方),该方当事人可能为家庭从事家务劳动而牺牲自己的事业后无过错地被对方抛弃。在这种情形中,扶养义务的存在有再平衡的意味。

一些现代学者将后者(夫妻之间的扶养义务)置于"婚姻关系共同体"、甚至"后婚姻关系共同体"或者"准婚姻关系共同体"的背景下,主张这种扶养义务与具有血缘关系的亲属之间的扶养义务差不多。这些学者进一步主张支付给分居或离异的夫妻一方的补助费相当于具有救济功能的捐助,实现了救济功能和补助标准之间的协调。

事实上，虽然今天所有现行有效的法律在程序和形式上的规定有所不同，但都规定分居或离婚后无过错的一方有权维持与婚姻关系期间由另一方担保的同样的生活水准（在意大利，参见《离婚法》第 5 条），目的在于实现夫妻之间在生活各个方面（包括财产上）的平等，甚至规定离婚补助的标准应与婚姻期间的标准相适应，或者规定提供补助的期间不得超过婚姻存续的期间，或者规定对离异一方的赔偿使后者丧失离异补偿请求权。

我认为上述思路具有明显的固有缺陷。

首先，我认为这一观点是不正确的，即认为在分居的夫妻之间存在后婚姻关系共同体，甚至认为在婚姻关系解除后存在离异共同体。别居意味着婚姻关系的破裂，虽然在形式上还维持婚姻关系，但这不能认为他们之间还存在共同体关系。此外，我认为离异或解除婚姻关系与共同体关系是相矛盾的。认为婚姻关系的解除仅使人身关系消灭而财产关系继续维持的观点是不合逻辑的。

其次，如认为存在后婚姻关系共同体的观点是合理的，那么，如果当事人愿意的话，这也仅能证成维持对方基本生活需要或所谓法律意义上的扶养标准限度内的扶养义务，我认为这并不能证成一方要确保对方享受到只有在婚姻关系中才能达到的生活水平（也就是维持同一生活水准），更不能创设意欲解除婚姻关系的一方对另一方亲属的扶养义务。

另外，继续为婚姻解除后的家庭提供同类保护的做法与日益普及的所谓的事实家庭和所谓的单核心家庭是相矛盾的，这种做法通过创设对配偶另一方承担的义务为别居或离异的夫妻设置诸多障碍，这也造成我们经常在美国电影或其他电影中看到的为结婚而追逐亿万富翁的现象。

我们需要反思扶养制度，认识到当下的家庭结构使 1942 年的意大利立法者初创的单一独特的扶养制度处于危机之中，而不是认为当下的扶养制度毫无意义，只是一个历史遗迹。

实际上，我们一方面应该注意到存在对与我们有血缘关系的人的扶养义务，这一义务建立在自然联系之上，不应当被矮化，如同 1942 年《意大利民法典》第 439 条所规定的兄弟姐妹之间的扶养义务仅存在于“非常必要的限度内”。

另一方面，毫无疑问，在婚姻关系解除后保护需要被保护的配偶一方的利益是应该的，尤其在婚姻关系的解除不能归责于其行为的情形下，但为此而主张存在一个已不存在的共同体是没有意义的，同时将婚姻关系解除前的财产关系永久化也是没有意义的。

九、债的发生根据理论视野下的扶养之债

留给我的最后一个问题是扶养之债在债的发生根据理论中的体系定位问题。

这一问题不应该与只有表面相似的扶养之债的基础相混淆，关于后者，正如我们看到的，罗马法原始文献诉诸了一些价值，譬如亲情、血缘关系、怜悯、衡平等。

从法技术的角度看，学理上援引法律作为扶养之债的发生根据，也就是将扶养之债作为基于法律而产生的债的一种类型，将供给扶养的基于法律而产生的债与以法律行为（活人间的或死因的）和侵权行为作为发生根据的债对立起来的做法尤其体现了这一点。

如果人们检视罗马法学家阐述的债的发生根据的分类，就会很快意识到在盖尤斯《法学阶梯》中著名的契约—私犯的两分法中并没有为扶养之债留下存在空间。

同样的结论也应该从盖尤斯在其《论日常事务》中阐述的契约—私犯—其他各种债的发生根据的三分法中得出，这与其是因为最后一种债的发生根据可能具有的僵硬性，不如说是因为在盖尤斯时代还不存在涉及公元 2 世纪前后产生的扶养之债的法令，在学说上也没有一致的观点将其纳入当时讨论其发生根据的债的行列。

人们倾向于认为扶养之债是莫特斯丁在其著名的涉及债的发生根据的法言（D. 44,7,52）[①]中所讨论的基于法律而产生的债的一种类型，然而这一法言自古以来就是解释者十足的噩梦。

事实上，这一法言将在结构上处于不同层面的债聚合在一起显得毫无条理，以至于不能利用它建构任何基点以求得逻辑贯通。

此外，如果我们想在这一法言中寻找与我们所讨论的债之间的联系，在罗马法研究——包括最近的研究——中不缺乏这种尝试，我们应该援引基于必然（necessitas）而产生的债而不是基于法律而产生的债。

然而，在优士丁尼将债的发生根据四分也即分为契约、私犯、准契约（quasi ex contractu）和准私犯之后，扶养之债也许可以在准契约之债的范畴中找

① D. 44,7,52：我们或者通过物，或者通过言词，或者同时通过物和言词，或者基于合意，或者基于市民法，或者基于裁判官法，或者基于必然，或者基于私犯受债之约束。

到其存在的空间,遗憾的是,优士丁尼其实在其四分法中并没有提及扶养之债。

当提奥菲鲁斯在其《优士丁尼皇帝法学阶梯评注》中将上述术语添加成了准契约之债(obligationes ex quasi contractu)(而不再是准契约)时,我们所讨论的问题开始发生转向,事实上,他以这种方式创设了一个不同于优士丁尼仅仅在效力层面类型化的追求体系性的范畴,然而阐明这一体系需要通过解释者的努力。

在公元15世纪和公元16世纪的罗马法研究中,这一问题第一次在库亚乔,尤其在雨果·多诺那里得到了清晰的展示,他们一方面批评将法律作为债的一种发生根据显得没有条理,一方面接纳被提奥菲鲁斯再解读过的优士丁尼四分法,并将准契约的含义作如下界定:对雨果·多诺而言,准契约是虽然缺乏合意但产生债的效力的个人行为,而非侵权行为。

一方面,采纳这一观点的学者认为准契约意味着法律所允许的个人行为,另一方面,有学者采纳法国立法者在《拿破仑法典》第1371条中所持有的观点,该条规定:准契约是指人的纯粹自愿行为引起对第三人承担某种义务以及有时引起双方当事人相互负担义务。

这就产生了一个问题,虽然《法国民法典》原则上采用了四分法,但并不能涵盖所有的债的发生根据,因为在一些债的发生根据中既找不到属于合同的合意,也找不到属于侵权行为或准侵权行为的过错,这些债的发生根据也不属于个人的合法行为(准契约)。

事实上,波提尔认为有些债不属于四种类型的任何一种,因为法律是它们直接和唯一的根据,譬如,未成年人如果有能力的话,对他们贫困父母的扶养义务既不是源于契约也不是准契约。

因此,《法国民法典》第1370条第2款首先将法律作为第一种债的发生根据,其次是源于优士丁尼—提奥菲鲁斯传统的契约、侵权行为、准契约和准侵权行为。

这遭到了"内"、"外"两方面的批评。

首先,有学者指责立法者实际上已经将基于法律而产生的债纳入准契约之中,导致不能与其给出的准契约的概念相吻合。譬如,马卡待(Marcadé)责备立法者将在无因管理中管理人的管理之债(即使行为人不是自愿管理,而仅是屈服于管理人的号召)和为承受监护所必需的监护人之债(对自愿的监护人有不同的处理)都作为准契约(正如我们看到的,在《法国民法典》中准契约被认为是能够产生债的约束力的人的自愿行为)处理。

外部的批评认为将法律置于其他债的发生根据之前，可以被看作一个涉及不同教义学层面的问题，以法律作为发生根据的债与其他类型的债具有不同的适用领域，1865 年《意大利民法典》第 1095 条继受了法国法的做法。严格地讲，所有的债的发生根据都来源于法律，因此，或者只将法律作为债的发生根据，或者抛开法律进入对下一位阶的债的发生根据的探讨。

争论的结果反映在 1942 年《意大利民法典》第 1173 条上，该条回到盖尤斯在《论日常事务》中创立的债的发生根据三分法，基于无条理性，明确删除了基于法律产生的债的范畴。尽管如此，意大利和欧洲的法学理论依然认为扶养之债属于基于法律产生的债，而不考虑所有这些历史—教义学的发展。

论罗马法上的公共引水道

——兼论公有物的法律制度

黄文煌*

在古罗马留下来的遗产中,建筑艺术是其中的佼佼者,它在世界建筑史上被誉为创立了“罗马风”的建筑风格。[①] 这些建筑有罗马的大道、水道、神殿、广场、剧场、竞技场等等,这些属于公共设施的建筑,成了罗马人热衷于公共事务的见证。在它们之中,罗马的公共引水道尤为人们所赞叹,罗马共和末期居住于罗马的希腊籍历史学家迪奥尼修斯(Dionysius of Halicarnassus,约公元前1世纪),作为一名具有文化优越感的希腊人便如此感叹道:“依我看来,在罗马帝国的范围之内,最能展现罗马之面貌的三大工程依次为罗马的公共引水道、大道和排水道,这不仅仅因为它们的功用,还因为建造它们的奢侈花费。”[②]在迪奥尼修斯看来,在这些最能反映出罗马帝国面貌的建筑中,罗马的公共引水道居首,理由是这一建筑的“功用”和“花费”。从“功用”的角度看来,罗马的公共引水道的建设体现了罗马人讲求公共使用的公益精神;而从“花费”的角度上看,则反映了罗马人在公共事务上不惜成本的投入。罗马人的这种倾注在公共建设上的热情,正与罗马法的团体主义精神暗合。本文尝试以罗马的公共引水道为考察对象,从公共建筑的公用性与法律的公共精神的勾连的角度考察罗马公有物的法律制度,以揭示公有物法律制度中社会团结的因素。在内容和方法上,本文将围绕罗马公共引水道所涉及的公有物的一般法律制度,运用原始文献的文本分析方法,对其进行历史考察和制度分析。

---

* 苏州大学王健法学院讲师。

① 赵鑫珊:《罗马风建筑:信仰与象征》,上海辞书出版社2008年版,第28页。

② Yannis A. Lolos, *The Hadrianic Aqueduct of Corinth (With an Appendix on the Roman Aqueducts in Greece)*, Hesperia, Vol. 66, No. 2, 1997, p. 271.

一、罗马的公共引水道概况

罗马的公共引水道的建设与罗马建城的选址具有密切的联系。西塞罗(Marcus Tullius Cicero,公元前106—公元前43年)认为罗马的创建者罗慕鲁斯(Romulus,罗马第一任王)极富远见地选择了台伯河河岸作为城址,这是经周密的考虑之后所做的选择,因为这样可同时利用海洋的优点,又可以避免它的缺陷。[①] 但后世学者对此提出了质疑,并提供了考古资料证明西塞罗的论述与历史真实不符。[②] 德国伟大的罗马史学家特奥多尔·蒙森(Christian Matthias Theodor Mommsen,1817—1903)通过分析罗马城的地理条件,也否定了西塞罗的论述。根据他的考察,罗马城的土地并不肥沃,加上水源并不丰裕,罗马城周围的葡萄和无花果生长得不甚茂盛;台伯河时常泛滥与丘陵缓慢的排水能力,导致了罗马城多有沼泽,不适卫生,在此地建城是出于不得已或另有特殊的缘故。[③] 我认为,西塞罗提到的罗慕鲁斯选择城址创建罗马的传说,是根据城址的战略位置的考虑认为这种选择极富远见,但它并没有说罗马城的自然环境好。后来的史学家则揭示了罗马城的并不优越的自然环境的历史真实,《学说汇纂》也记载了这一历史事实。根据《学说汇纂》的一个片段,古典时期的罗马法便以令状方式禁止使用暴力阻止他人使用泉水、湖泊、水井和鱼塘(D. 43,22,1pr.),[④]这说明罗马的水源并不充裕。公共引水道的建设,就是在这样的自然环境的背景下开展的一项重要的公共工程。

罗马建城的百年之后,到了罗马的第五位王塔尔奎纽斯(Tarquinius,埃特鲁斯王,公元前615—公元前579年在位)时期,因人口增长以及建筑公物的需要,开始进行大规模的城市建设。其中一项工程就是铺设巨大的地下水道,将沟渠密布的湿地之水排放至台伯河,开辟出可供利用的土地。这是罗马历史上最早的公共水道建设,埃特鲁斯人的土木工程技术也开始应用在水道

---

① [古罗马]西塞罗:《论共和国 论法律》,王焕生译,中国政法大学出版社1997年版,第68页。

② [苏联]科瓦略夫:《古代罗马史》,王以铸译,上海书店出版社2007年版,第52页。

③ [德]特奥多尔·蒙森:《罗马史》第1卷,李稼年译,商务印书馆2004年版,第43页。

④ [意]桑德罗·斯奇巴尼选编:《债·私犯之债(Ⅱ)和犯罪》,徐国栋译,中国政法大学出版社1998年版,第157页。

建设上。[1] 随着对城市的开发以及对市民健康的重视，公共下水道的建设持续进行，当罗马进入高度城市化时期，其地下水道纵横交错，承担着城市的污水排放。

本文的考察对象——罗马的公共引水道(Aqua)[2]建设，始于公元前312年，是年，监察官阿庇尤斯·克劳丢斯(Appius Claudius)向元老院提出修建一条公共引水道的议案，元老院通过了该议案，任命克劳丢斯主持工程的建设，并延长其任期。工程竣工后，根据提案并主持修建的人的名字，该水道被冠名为"阿庇尤斯水道"(Aqua Appia)。[3] 据盐野七生的折算，它全长16.617公里，地下段落与地上段落的比例为185:1，在设计和建造原理等方面，阿庇尤斯水道创立了罗马公共引水道建设的典范。[4] 公元前272年，在战败了希腊名将皮洛斯(Pyrrhus)之后，罗马通过出卖战利品获得了大量资金，在两名监察官的提议下，元老院通过了修筑第二条引水道的决议，并专门成立了负责水道修建的两人委员会。为了与后来建造的使用同一水源的水道相区分，这条引水道后来被冠名为"旧阿纽斯水道"(Anio Vetus)。[5] 上述两条引水道维持了罗马一百多年的供水，直到第三次布匿战争之后，罗马才修建第三条引水道。这个时期，罗马建立了西班牙、马其顿、阿非利加等行省，使地中海成为"我们的海"(Mare Nostrum)。罗马帝国初步形成，带来了罗马城人口的增长和城市的繁荣，加上水道年久失修和不法用水现象严重，现存的两条水道已不敷使用。在此情形下，元老院任命一名内事裁判官(Praetor Urbanus)维修原先的水道并授权他修筑第三条引水道。[6] 该水道于公元前144年动工，在修

---

① ［英］约翰·B.沃德—珀金斯:《罗马建筑》，吴葱，张威，庄岳译，中国建筑工业出版社1999年版，第8页。

② 在罗马有两种水道——引水道和排水道，前者的拉丁文是"Aqua"，有"水"、"引水的管道"、"水漏"等意思(参见:P. G. W. Glare, *Oxford Latin Dictionary*, London: Oxford University Press, 1968, p. 157)。但它为"水道"的含义时仅指引水道，不包括排水道，本文也是在这层含义上使用"水道"一词的。

③ Sextus Julius Frontinus, *The Two Books on the Water Supply of the City of Rome*, Trans. Clemens Herschel, Botston: Dana Estes and Company Publishers, 1889, p. 7.

④ ［日］盐野七生:《罗马人的故事Ⅹ:条条大道通罗马》，郑维欣译，台湾三民书局2004年版，第118～122页。

⑤ Sextus Julius Frontinus, *The Two Books on the Water Supply of the City of Rome*, Trans. Clemens Herschel, Botston: Dana Estes and Company Publishers, 1889, p. 9.

⑥ Sextus Julius Frontinus, *The Two Books on the Water Supply of the City of Rome*, Trans. Clemens Herschel, Botston: Dana Estes and Company Publishers, 1889, p. 9.

建的过程中因宗教原因两次引发元老院的争论，但最终在执政官的影响力下顺利解决，竣工后根据主持人的名字该水道被冠名为“马尔求斯水道”（Aqua Marcia）。公元前125年，罗马开始修建第四条引水道——特普拉水道（Aqua Tepula），与前述水道不同，这条引水道直接从一个名叫卢库鲁斯（Lucullus）的私人土地上经过，[①]于是要涉及后文要分析的私人土地的征收问题。前述四条公共引水道建设于罗马的共和时期，在帝政时期，罗马再修筑了下述七条引水道：在公元前33年，奥古斯都皇帝（Agustus，公元前27年—公元前14年在位）任命其军事顾问阿古力帕（Agrippa，公元前63年—公元前12年）主持修建罗马的第五条公共引水道——优流斯水道（Aqua Iulia）；另外，为了向阿古力帕浴场供应用水，阿古力帕还主持修建了韦尔葛水郭（Aqua Virgo），这条水道在公元前19年投入使用；阿古力帕去世之后，他的全部财产遗赠给奥古斯都皇帝，其中包括由240名奴隶组成的水道建设技术团队，[②]奥古斯都继续任用这一技术团队，并亲自主持修建罗马的第七条水道——阿尔西埃提纳水道（Aqua Alsietina），该水道于公元前2年竣工；克劳丢斯皇帝（Claudius，41—54年在位）时期，建成了克劳丢斯水道（Aqua Claudia）和新阿纽斯水道（Anio Novus），它们均于52年竣工。[③] 罗马的第十条引水道是109年完工的图拉真水道（Aqua Traiana），它由图拉真皇帝（Traian，98—117年在位）主持修建，据统计，当时的罗马人口已经突破250万。罗马的第十一条公共引水道为修建于3世纪的安东尼努斯水道（Aqua Antoniniana）。[④]

罗马公共引水道的建设，历经五百余年，并且在建成之后一直发挥着作用，保障了罗马公私用水的供应，据统计，在这些水道的用水中，公共建筑（浴场、竞技场、剧院等）用水占了很大部分的比例。[⑤] 如果我们考虑到私人也通常从公共水槽取水，则罗马人的私人生活和公共生活莫不与这些公共引水道

---

① Sextus Julius Frontinus, *The Stratagems and the Aqueducts of Rome*, Trans. Charles E. Bennett, London: William Heinemann, 1925, pp. 345～347.

② ［日］盐野七生：《罗马人的故事Ⅹ：条条大道通罗马》，郑维欣译，台湾三民书局2004年版，第136页。

③ Sextus Julius Frontinus, *The Stratagems and the Aqueducts of Rome*, Trans. Charles E. Bennett, London: William Heinemann, 1925, pp. 349～357.

④ ［日］盐野七生：《罗马人的故事Ⅹ：条条大道通罗马》，郑维欣译，台湾三民书局2004年版，第140～141页。

⑤ Garrett G. Fagan, Bathing in public in the Roman World, Ann Arbor: The University of Michigan Press, 1999, p. 70.

息息相关。然而，自476年罗马遭受蛮族入侵，加上由此而来的城市人口锐减，罗马的公共引水道便逐渐被废弃不用。

二、人法物分类体系中的公共引水道的法律地位

在罗马人的宗教法律制度中，区分“人”与“神”的关系被认为是古罗马人的传统的世界观，他们认为所有的理性存在可分为神和人，并由此产生了所有的关系和事物在“神”与“人”之间的区分。[①] 据此，罗马人认为法学是关于神和人的事务的认识(I. 1,1,1)，[②]在罗马法的“物”的分类体系中，他们也认为神法物(Res divini iuris)与人法物(Res humani iuris)的区分是最基本的物的分类(D. 1,8,1pr.)。[③] 按盖尤斯和优士丁尼在其各自的《法学阶梯》中的阐述，神法物有圣物、安魂物和神护物三种类型(Gai. 2,3、Gai. 2,8、[④]I. 2,1,7[⑤])，属于神法物的有祭司奉献给神的祭品(I. 2,1,8)、墓地(I. 2,1,9)、城墙和城门(I. 2,1,10)。[⑥] 与这些具有宗教意义的神法物不同，公共引水道的公共使用性质决定了它属于世俗意义上的人法物，但对于人法物有哪些具体的类型，存在不同的观点。

首先，来看盖尤斯对人法物的分类。盖尤斯在Gai. 2,10中写道：“那些由人法支配的物品或者是公有的(Publicae)，或者是私有的(Privatae)。”[⑦]在这一法言中，盖尤斯对人法物作了二分法的处理，并以这种二分法揭示公私的二元对立。盖尤斯是一名具有希腊文化背景并擅于从整体上抽象地把握事物的

---

① [意]弗朗切斯科·西尼：《罗马宗教—法律制度中的人与神：神的和平、神的时间(节日、祭日)、牺牲》，徐国栋译，载徐国栋主编：《罗马法与现代民法》第3卷，中国法制出版社2002年版，第2页。

② [古罗马]优士丁尼：《法学阶梯》第2版，徐国栋译，中国政法大学出版社2005年版，第11页。

③ [古罗马]优士丁尼：《学说汇纂》第1卷，罗智敏译，中国政法大学出版社2008年版，第153页。

④ [古罗马]盖尤斯，黄风译：《法学阶梯》，中国政法大学出版社2008年版，第56页及以次。

⑤ [古罗马]优士丁尼：《法学阶梯》第2版，徐国栋译，中国政法大学出版社2005年版，第113页。

⑥ [古罗马]优士丁尼：《法学阶梯》第2版，徐国栋译，中国政法大学出版社2005年版，第113～115页。

⑦ [古罗马]盖尤斯：《法学阶梯》，黄风译，中国政法大学出版社2008年版，第57页。

法学家，[①]正如他创立了著名的“人物讼”三分的法学阶梯体例(Gai. 1,8)那样，[②]他在人法物的分类上也提出了这种公私二元的分类。根据他的“人物讼”三分的法学阶梯体例，人与物的关系属于主体和客体的关系，而在他的人法物的分类中，属于客体的物本身又可分为公有的和私有的。这样，根据物是作为人所作用的对象而存在的这一基本预设，对物的分类可以反映出对人的分类，那么盖尤斯对人法物的公私二分就揭示了对属于主体的人的公私二分。接着，在人法物二分法的框架下，盖尤斯对公有物和私有物进行了这样的解释，Gai. 2,11 中写道：“公有物(Res publicae)被认为不归任何人享有，实际上它们被认为是集体的(Universitatis)。私有物是归个人所有的物品。”[③]在这个法言中，公有物被解释为归集体的物，与归个人所有的私有物形成对立。但“集体的”所指的含义并非明确，它既可以指属于国家的较大的集体的，也可以指属于行省、市镇的较小的集体的，对它确切的含义及其具体类型，盖尤斯在他的《法学阶梯》中却未进一步说明。更令人不解的是，盖尤斯一方面使用了“Publicae”一词来表述公有物，另一方面又以“Universitatis”一词对其进行解释，从而制造了两者在含义上的等同，他的这种解释，也引起了在他之后有关公有物与团体物在区分上含糊不清。优士丁尼的《学说汇纂》则完全收录了盖尤斯的上述这两个法言(D. 1,8,1pr.)。

对公有物的范围和具体类型提供了说明的是古典时期的法学家埃流斯·马尔西安(Aelius Marcianus，约 193—235)。收录了马尔西安《法学阶梯》第 3 卷内容的《学说汇纂》中一个法言 D. 1,8,2pr. 写道：“根据自然法，某些物属于一切人所有，某些物属于一个共同体所有，某些物不属于任何人，而更多的物则属于个人，它们由个人因各种不同原因而获得。”[④]这是一个被罗马法学者反复讨论的片段，它与盖尤斯片段(Gai. 2,10)不同，在这个片段中马尔西安把人法物分为一切人共有的物、团体物和私有物三大类型。马尔西安的三分法中增加了盖尤斯没有提及的一切人共有的物的新类型。对于这一增加，徐国栋教授认为主要应归因于马尔西安的哲学背景，是他对自己信奉的斯多亚哲

① John MacDonell and Edward Manson, ed., *Great Jurists of the World from Gaius to Von Jhering*, Boston: Little Brown and Company, 1914, pp. 5～6.

② [古罗马]盖尤斯：《法学阶梯》，黄风译，中国政法大学出版社 2008 年版，第 3 页。

③ [古罗马]盖尤斯：《法学阶梯》，黄风译，中国政法大学出版社 2008 年版，第 57 页。

④ 罗智敏译：《学说汇纂》第 1 卷，中国政法大学出版社 2008 年版，第 155 页。

学所倡导的分享原则的贯彻。[①] 同时，马尔西安还采用了上述盖尤斯对公有物作解释的片段(Gai. 2,11)，抛弃了盖尤斯的"公有物"概念而取其解释，创造了"团体物"(Res universitatis)的概念，在他看来，这种团体物是指"属于城邦集体而非个人"的物(D. 1,8,6,1)。然而，马尔西安并未完全地将公有物逐出其人法物的范畴，根据他的列举，剧院、体育场、城邦公奴被认为是团体物(D. 1,8,6,1)；但他又认为河流和港口通常是公有的(D. 1,8,4,1)；另外他还提到了公有地问题(D. 1,8,9,1)。根据他对河流、港口和公有地的属性的界定，马尔西安虽然在形式上抛弃了盖尤斯的公有物的概念并提出了人法物的三分法，但实际上仍然承认公有物的类型。这样，马尔西安的人法物实际上有四类：一切人共有的物、公有物、团体物、私有物。分析至此，便产生了这样的问题：在盖尤斯的二分法中团体性是对公有物的具体解释，但马尔西安却将团体性从这一解释中独立出来，创设了团体物概念，并将它与公有物相区分。那么，公有物与团体物到底应如何区分？本文所要探讨的罗马的公共引水道属于公有物还是团体物？还是属于其他类型的物？遗憾的是，马尔西安除了解释他塑造的团体物概念，认为它是属于城邦共有的物(D. 1,8,6,1)之外，对这些问题未作回答。

优士丁尼的《法学阶梯》直接采用了马尔西安的上述片段(D. 1,8,2pr.)，但对其作了添加，I. 2,1pr. 中写道："……事实上，按照自然法，有些物为一切人共有；有些物是公共的；有些是团体的；有些不属于任何人；多数物属于个人，被各人根据如下将看到的形形色色的原因取得。"[②]

与上述 D. 1,8,2pr. 片段相比，可以发现 I. 2,1pr. 在 D. 1,8,2pr. 的基础上添加了"公有物"的概念。在关于人法物分类的 D. 1,8,2pr. 这一片段中，马尔西安根本没有使用公有物这一概念，只是在分析河流和港口的法律地位时，认为它们属于公有物(D. 1,8,4,1)。优士丁尼《法学阶梯》的编纂者则把马尔西安分散论述的公有物作为明确的人法物的类型，并将它规定在 I. 2,1pr. 中，从而创立了人法物的四分法：一切人共有的物、公有物、团体物、私有物。与盖尤斯和马尔西安的人法物的分类相比，优士丁尼的四分法是对他们论述的归纳和合理化：一方面，它抛弃了盖尤斯将"公有的"与"集体的"两者含义等同的

① 徐国栋：《"一切人共有的物"概念的沉浮——"英特纳雄耐尔"一定会实现》，载《法商研究》2006 年第 6 期。

② ［古罗马］优士丁尼：《法学阶梯》第 2 版，徐国栋译，中国政法大学出版社 2005 年版，第 112 页。

做法，采纳了马尔西安对公有物和团体物的区分；另一方面，它又将马尔西安分散讨论的“公有物”纳入了人法物的分类，使之成为与“团体物”并列的类型。优士丁尼《法学阶梯》对人法物分类的合理化，表明编纂者并非照搬前人的学说理论，更为重要的是它消除了作为其蓝本的盖尤斯《法学阶梯》的缺陷，从这层意义上说，优士丁尼《法学阶梯》并非仅仅是作为其蓝本的追随者而存在的，它还有原创性的特征。如果说理论是现实的反映，那么优士丁尼的人法物的四分法反映出世界、国家、团体和个人的多元并存的图景，这一图景要比盖尤斯的二分法和马尔西安的三分法所描绘的更加丰富多彩。

尽管如此，上述罗马法文献在物的分类中既未界定公有物的内涵，也未对公共引水道的法律地位进行分析。在罗马法文献中多处提到公有物的问题，但是缺少一个明快的定义，它关注的是物的公共使用属性。比如，马尔西安在其《法学阶梯》第3卷中写道：“而几乎所有的河流和港口都是公有的。”(D.1,8,4,1)[①]盖尤斯认为：“根据万民法，对河岸的使用就像对河流本身的使用一样是公共的。因此，任何人可以自由地使船泊岸，将绳索捆绑在生长在那里的树上……但是河岸的所有权属于与河岸毗邻的那块土地的所有者。”(D.1,8,5pr.)[②]在马尔西安的片段中，河流和港口被认为是公有的，但使用它们必须连带地使用河岸，为了实现此等公有物的公共使用，按事理之性质其河岸也应当具有公共使用属性。所以，在盖尤斯的片段中，虽然河岸的所有权被认为属于毗邻土地的所有权人，但对它的使用又是公共的。这种私人所有和公共使用并行不悖的观念，其实仍存留于现代法中。在现代的意大利法中便存在“用于公共利益的私产”的概念，它是指私人的财产除了为财产所有权主体而使用外，也应该为并存的公共利益而使用。[③] 分析至此，我们看到罗马人的实践理性在公有物问题上的运用，他们更多关注的是物的公共使用的属性，对公有物的概念和类型不作出理论上的归纳。那么，就这种在罗马人的生活中举足轻重的公共引水道而言，它们的地位并不逊色于竞技场或剧院，但法律文献对后者有所涉及的同时(如D.1,8,6,1和I.2,1,6)，却没有关于前者的法律地位的阐述，这是一个耐人寻味的现象。我认为法律文献的这种处理，并非由于法

① 罗智敏译：《学说汇纂》第1卷，中国政法大学出版社2008年版，第157页。

② 罗智敏译：《学说汇纂》第1卷，中国政法大学出版社2008年版，第157页。

③ [意]强保罗·罗西：《公产和用于公共利益的私产》，陈汉译，载江平，S.斯奇巴尼主编：《罗马法、中国法与民法法典化：罗马法与物权法、侵权行为法及商法之研究》，中国政法大学出版2008年版，第20页。

学家或立法者的疏忽，而是在特定的历史观念和现实背景下的产物。

首先，罗马法关注物的现实利用，就公共引水道的法律地位而言，它具有公共使用的属性。在上述罗马法的人法物的分类体系下，无论是盖尤斯的二分法还是优士丁尼的四分法，公有与私有的区分形成了两者在某种程度的区隔。一方面这种区隔固然可以通过确立公有的边界，使私有范围内的私人利益免受公共利益的干涉；但另一方面，这种区隔却掩盖了现实中存在的公有和私有之间的千丝万缕的联系，罗马史上公地的私人占有及其私有化运动的完成，其实就动摇了这种公私严格区分的预设。另外，上述河岸的私人所有与其公共使用也表明，人法物的分类体系所依据的所有权标准，本身就存在过于绝对化和分类不周延的缺陷。因此，根据物的公共使用属性对物进行的分类可能更符合社会的现实。这样，在不考虑物的所有权类型的情形下，根据物的公共使用属性，公有物、团体物或私有物均可成为公共使用的物。如果按照这一标准，罗马法上的公共引水道也属于公共使用的物。

其次，我们来看罗马人对"公有物"的理解。如果说"词"是"物"的概念外衣，那么对词的分析可以帮助揭示被定义的事物本身。如上所述，"公有物"的拉丁文形式为"Res publicae"，是"公共事务"的意思，[①]罗马人将"公有物"与"公共事务"用同一个术语来表达，反映了在他们的观念中他们对"公有物"与"公共事务"持同一理解。那么，罗马人所认为的"公共事务"又是什么呢？西塞罗在他的《论共和国》一书借斯基皮奥之口说："国家乃人民之事业。"(Res publica res populi)这是一个重要的对国家的定义，译者王焕生先生认为此处的"国家"(Res publica)一词也是"公共事业"的意思。[②] 由此可见在罗马人的观念中，"公共事务"就是指国家事务，是全体罗马人民的事务。至此，通过这样的概念的转接，罗马法上的"公有物"便顺利地被理解为属于全体罗马人民的物，"公有物"其实就是关于"罗马人民的物"，它相当于现代人所说的国家财产。[③] 所以，在罗马人的意识形态中，"Res publicae"的术语本身就揭示了"公有物"的内涵。

最后，让我们来看罗马人对公共引水道建设的国家主义态度。同罗马大道的建设一样，公共引水道的建设在开始时就被视为罗马的一项国家级的公

---

① 徐国栋：《罗马法与现代意识形态》，北京大学出版社 2008 年版，第 239 页。

② [古罗马]西塞罗：《论共和国·论法律》，王焕生译，中国政法大学出版社 1997 年版，第 39 页。

③ 徐国栋：《罗马私法要论——文本与分析》，科学出版社 2007 年版，第 123 页。

共事务。就最早的阿庇尤斯水道而言，提案人为监察官克劳丢斯（他也是第一条罗马大道的提案人），决议机构为元老院；其他后续的公共引水道建设也都是由监察官、执政官或皇帝提案并主持修建，由元老院讨论通过。其建设经费和维修费用由国库（Aerarium）负担，[①]到了帝政时期，皇库（Fiscus）也负担此等费用。[②] 由此可见，从提案到施工和维修，罗马的公共引水道的建设是一项国家级的工程，它是一项罗马国家的公共事务，这正符合了"Res pubicae"的公有物定义，因此可以认为罗马的公共引水道属于罗马法人法物中的公有物。除此之外，罗马的各行省也积极推行公共引水道的建设，这些水道是公有物还是团体物呢？我认为根据公有物所指涉的罗马人民之事务的内涵，加上公共引水道的建设牵涉各市镇甚至各行省之间的关系，只有在国家这个共同体的层面，才可以协调好这种关系并完成此等庞大的工程。所以，行省的公共引水道非属于某一行省，它们同其境内的罗马大道一样，应属于公有物。尤其因为它们与属于团体物的剧场、竞技场不同，不仅关系到个别城市的利益，而且事关帝国全境的健康和畅通。也只有将罗马的公共引水道理解为公有物，才可以理解皇帝敕令所规定的皇帝拥有行省公共引水道用水的特许权（C. 11,42,5 [③]）。

三、公共引水道的建造与征收制度

正如罗马大道的铺设一样，罗马公共引水道的建设需要占用大量的土地，这样便面临着通过什么方式满足用地需求的问题。在现代法上，这个问题常诉诸国家权力，通过国家的征收解决之。从罗马城的11条公共引水道的规模看来，以何种方式取得用地应该是当时现实存在的法律问题，因为如果没有解

---

① ［日］盐野七生：《罗马人的故事Ⅹ：条条大道通罗马》，郑维欣译，台湾三民书局2004年版，第6页。

② Sextus Julius Frontinus, *The Stratagems and the Aqueducts of Rome*, Trans. Charles E. Bennett, London: William Heinemann, 1925, pp. 449～450.

③ 本文所引用的以C.打头的优士丁尼《法典》（Codex）的片段，均援引自：S. P. SCOTT, ed., *The Civil Law including The Twelve Tables, The Institutes of Gaius, The Rules of Ulpian, The Opinions of Paulus, The Enactments of Justinian, and The Constitutions of Leo: Translated from the Original Latin, Edited and Compared With all Accessible Systems of Jurisprudence Ancient and Modern*, Vol. Ⅻ—XV, Cincinnati: The Central Trust Company, 1932.

决好对私人土地的使用,这些公共引水道便不能顺利建成。就如何完成规模宏大的公共设施这一问题,有学者认为在罗马法上存在基于公共利益的征收制度,并有专门的研究。[①] 但另有学者认为,罗马大道和水道建设的这些现象,不能充分支持罗马法上已形成了完善的征收制度的结论。[②] 我认为,如果按现代法的标准,罗马法确实没有建立统一完善的征收制度,但是罗马法中显然存在关于征收的零散性规定,更为重要的是这些规定所涉及的一些基本问题,为后世学者所关注,并成为现代法上征收制度的渊源。

罗马法上征收制度的雏形表现为国家权力对家父权的凌驾。在某些特殊情形下,国家基于公共利益的理由,可强制剥夺家父对其财产的权利,这种情形虽然未被冠以征收之名,但已具有了征收之实质。在这些具有征收实质的现象中,国家的权力对主人权(通常为家父权)进行了这样限制:国家基于公益的考虑剥夺主人对其奴隶的权力,使奴隶摆脱主人的控制,但主人通常也可以获得一定的补偿。具体而言,有如下情形:当主人恶待奴隶时,皇帝便以国家利益的名义,剥夺他对其奴隶的权力,命令出卖之,但主人可获得妥当的价金补偿,不服从该敕令者,要承受处罚(I. 1,8,2);在对主人及其他人(如奴隶的共有人、用益权人)的指控中,为了避免奴隶害怕遭受主人或其权利人的报复而说谎或固执忍受拷问,规定处于指控系属中的奴隶脱离其主人而被充公(D. 48,5,28,11),但应对主人或其他权利人的利益进行估价和补偿(D. 48,18,13);为了对立功的奴隶给予市民权奖励,国家强制剥夺主人对该奴隶的权力,使后者获得解放和市民权,但应对主人予以补偿以平衡公私的利益(C. 7,13,2)。这些情形,并非完全满足现代法上征收的条件,因为在现代法的征收中,被征收的财产首先被直接转化为公物,而补偿也应由公共财库支出,所以只能说是征收制度的雏形。尽管如此,上述情形涉及了在国家和主人之间存在利益冲突时,国家基于公共利益的理由可强制剥夺主人的权力,并兼顾了对后者的利益补偿。如果将国家视为"公"而将主人视为"私",出于公共利益的考虑,"公"对"私"的强制剥夺和补偿给予便具有了征收的实质。所以从这层意义上说,上述现象已经具备了现代征收制度的内涵。

罗马法上更具现代法色彩的征收制度,与土地所有权制度的变迁具有密

---

① J. Walter Jones, Expropriation in Roman Law, *Law Quarterly Review*, Vol. 45, 1929, pp. 512—527.

② William B. Stoebuck, A General Theory of Eminent Domain, Washington Law Review, Vol. 47, No. 4, 1972, p. 554.

切的联系。在罗马建城之后的一段时期内，由于社会仍处于农牧业经济阶段，罗马的人口并不多，建筑简陋而缺乏，因而罗马城在当时并非是真正意义上的都市。直到第一任埃特鲁斯王塔尔奎纽斯当政时期，由于人口增加的压力和市民公共生活的需求，国王积极推行重整罗马城的计划，推广和应用埃特鲁斯人的建筑技术，建成了工程浩大的地下排水系统、广场和神殿等公共建筑，从这一时期起罗马便初步具有了都市的基本面貌。① 但在这个时期，即使有这些公共设施的建造，罗马还不可能发生大量的对私人土地的征收，因为这一时期的土地私有化运动尚未完成，尚存大量的可供利用的公地。甚至有学者认为，除了为建筑公共引水道之外，在罗马的共和前期很少发生土地的征收。②我认为此现象一方面揭示了当时公共建设的不发达，缺乏征收土地的动因，同时也反映了在罗马的公地私人化运动完成之前，可供利用的大量公地的存在也是影响土地征收制度的客观原因。事实上，罗马的土地征收现象以土地私有化完成之后形成的公私分野的状态为依托。在这样公私分野的背景下，土地的归属已定，从前属于公有的土地大多变成了私人所有的土地，而基于公共利益的需要又必须利用此等私人的土地，这样作为调整公私矛盾的土地征收问题便自然地产生了。据此，从土地制度的变迁史上看，罗马土地的私有化是一个由“公”入“私”的过程，在此过程中公地不断被私人侵蚀，并最终尘埃落定——土地私有制完成；③而与这一过程相反的是由“私”入“公”的土地征收，它基于公共利益的需要试图在局部回复原初的那种土地所有权关系。所以，在国家征收权依据的解释中，就存在这样一种认为征收的根据是回复初始的国家所有权的理论。④ 按这样的理论，罗马史上限制私人占有公地的土地改革运动也富含征收之意。罗马的土地征收法的源头可追溯至公元前456年的

---

① [日]盐野七生：《罗马人的故事Ⅹ：条条大道通罗马》，郑维欣译，台湾三民书局2004年版，第40～41页。

② Rena Van Den Bergh, Roman Origins of Environmental Law, *Journal of South African Law*, 1999, p. 496.

③ 罗马公地的私有化过程极为复杂，所产生的私人权利也具有多元性，通常认为这种私有化最终完成于共和末年的恺撒时代。私有化的基本途径有：(1)公地之授予；(2)氏族土地的分割；(3)对公地占有而产生权利；(4)支付税金以获得私有纳税地。详见[意]阿尔多·贝特鲁奇：《罗马自起源到共和末期的土地法制概览》，徐国栋译，载徐国栋主编：《罗马法与现代民法》第2卷，中国法制出版社2001年版，第118～150页。

④ Carman F. Randolph, Eminent Domain, *Law Quarterly Review*, Vol. 3, 1887, p. 314.

《将阿文蒂努斯山上的土地收归国有的伊其流斯法》(*Lex Icilia de aventino publicando*),它规定剥夺贵族对阿文蒂努斯山上的土地占有并分配给平民建造住房,对恶信占有人的耕作费用不予赔偿,对诚信占有人则赔偿之。从形式上看这是公地回收,但实质上它具有征收的基本属性,因为根据古老的习惯法规范贵族家父可以占据和占有他们有希望耕种的土地,①他们对公地没有奎里蒂法上的所有权,但拥有产生于占有的权利。因此,当诚信占有人的这些权利被剥夺时,该法规定了对他们的补偿问题。类似现象在罗马的第二共和时期(公元前 264 年—公元前 27 年)不断上演,其中尤为突出的是格拉古兄弟的土地改革运动。由保民官提贝留斯·格拉古于公元前 133 年提出的《森普罗纽斯土地法》规定,凡租用土地超过 1000 尤格以上,必须将多余土地归还国家,但国家会根据归还土地的大小酌量发给补偿金。② 这些关于占有公地的限制及其重新分配的法律,被作为一种政治上的矫正工具,常常被用来执行社会经济改革。③ 应当注意的是,它们虽然一方面规定了国家撤销私人对公地的占有,但在另一方面又为此等公地的占有人规定了补偿,因而可以说这样的法律符合了上述回复初始的国家所有权状态意义上的征收理论。

罗马公共引水道的铺设,其线路之长和建设规模之庞大,无论是出于技术的考虑还是出于经济方面的考虑,必然要占用大量的私人土地和房屋,这样便面临着如何顺利解决水道的建设与土地所有权人的利益之间冲突的问题,可能的解决方式有二:其一,以平等的私人方式解决,即通过公共事业的私人化,国家将公共工程交给私人承建,由该承包人通过市场购买等方式,解决土地的利用问题。这种方式为罗马人经常运用,代表罗马国家的监察官的重要职能之一就是将公共工程承包出去,由私人承包商完成工程的建设。根据俄罗斯的罗马法学者烈昂尼德·科凡诺夫(Leonide Kofanov)的最新研究,这种国家和私人之间的公共承包合同即为“Mancipium”,它甚至出现在制定于公元前 450 年《十二表法》中。④ 其二,以国家的强制方式解决,即征收私人的土地用

① [意]阿尔多·贝特鲁奇:《罗马自起源到共和末期的土地法制概览》,徐国栋译,载徐国栋主编:《罗马法与现代民法》第 2 卷,中国法制出版社 2001 年版,第 134 页。

② [日]盐野七生:《罗马人的故事Ⅹ:条条大道通罗马》,郑维欣译,台湾三民书局 2004 年版,第 19～20 页。

③ J. Walter Jones, Expropriation in Roman Law, *Law Quarterly Review*, Vol. 45, 1929, p. 514.

④ Leonide Kofanov: Mancipium e Nexum nelle leggi delle Ⅻ Tavole, On http://www.romanlaw.cn/sub2-12.htm,2009 年 6 月 10 日。

于公共引水道的建设。这是一种现代国家通常采用的方式，但是在罗马法时期，特别是在元首制之前，由于当时并未建立完善的国家权力运作机构，这种征收方式并非均能取得良好的效果。例如公元前179年，罗马监察官提出一项建设公共引水道的议案，但是由于土地所有权人拒绝同意引水道从其土地通过，最终致使建设引水道的目的被挫。[①] 我认为，在公共引水道的公共设施建设中，这两种方式是并用且相互补充，但为保障公共设施建设的顺利进行，国家强制性的征收措施不可或缺，具体而言，公共引水道建设过程中的征收涉及如下方面问题。

1. 征收的补偿标准。征收的补偿标准是征收制度的核心性问题，它既反映了国家与私人利益的平衡，也是征收能否顺利进行的关键。奥古斯都时期由执政官昆图斯·埃流斯·图贝罗(Quintus Aelius Tubero)和保鲁斯·法比尤斯·马克西姆斯(Paulus Fabius Maximus)提案所通过的一项元老院决议规定：为了公共引水道修建的必要，可以从私人的土地上取走沙土、石头、瓦片、树木等，但应依“公正人的裁断”(Viri boni arbitratu)[②]的标准作出估价，对土地所有人补偿；同时还规定应当以造成土地所有人最小的不便和损害的方式进行上述物的提取。[③] 这项元老院决议规定了在公共引水道建设的征收中所遵循的法定标准是“公正人的裁断”的标准。

首先，“公正人的裁断”是罗马最古老的仲裁方式，它具有纯粹的私人性，由当事人选出的第三人主持裁断，不需遵守确定的形式，国家也不直接介入。[④] 但是所选出的第三人必须具备“公正人”(Bonus vir)的素质。从词义上分析，“Vir”是“Virtus”(德性)的同根名词，指一个具有德性的人。根据马尔库斯·波尔求斯·加图(Marcus Porcius Cato，公元前234—公元前149年)的叙述，人们称赞一个“公正人”通常说他是个“好农民”或“好庄稼人”，受到这样

---

① William D. McNulty, Eminent Domain in Continental Europe, *The Yale Law Journal*, Vol. 21, No. 7, 1912, p. 556.

② 黄风将其译为“第三人公平裁断”，参见黄风编著：《罗马法词典》，法律出版社2002年版，第34页。

③ Sextus Julius Frontinus, *The Stratagems and the Aqueducts of Rome*, Trans. Charles E. Bennett, London: William Heinemann, 1925, p. 457.

④ Derek Roebuck, *Bruno de Loynes de Fumichon*, *Roman Arbitration*, London: HOLO Books, 2004, p. 46.

的评价被认为受到了最大的称赞。[①] 西塞罗则具体解释了“公正人”所应具有的各种德性，认为这种人“尽可能地帮助所有的人，并且不损害任何人，除非是为邪恶所激怒”，而要成为这样一种人，是“需要履行无数的责任和具有无数的值得称赞的品质”，并且认为人们称赞这种人的正直和诚实时常说“他是一个能同他在黑暗中玩猜单双游戏的人”。[②] 可见，这种“公正人”的标准很高，他们所具有的素质保证了其裁断的公正。

其次，这种“公正人的裁断”方式，一般用于处理私人的争议，而公共引水道建设的征收也采用这种方式来确定补偿，将这种处理私人关系的原则用于处理公私关系，可以更合理地解决公私利益的冲突。加图的《农业志》一书多处提及“公正人的裁断”适用于农事方面的争议：在收取橄榄的承包关系以及制作橄榄油的承包关系中，如果承包人给主人造成损失，应按“公正人的裁断”将赔偿金从报酬中扣除；如牧场的主人或其奴隶给租户造成损失，也应按“公正人的裁断”赔偿租户。[③] 除此之外，这种“公正人的裁断”还用于解决合伙人之间的争议(D. 17,2,6、D. 17,2,75)和确定嫁资的份额(D. 32,43)。这样，这种处理私人关系的方式，被作为法定的确定征收补偿的方式，将使被征收人获得等同于私人交易所得的份额的补偿，这种补偿与现代法上征收制度规定的要求补偿的合理性同出一辙。

最后，这种“公正人的裁断”与诚信具有密切的联系。在罗马人的观念中，“公正人的裁断”需要当事人选出可以信赖的人来解决纠纷，由此它与“信义”(Fides)建立了联系。经过长时间的演变，裁断和信义之间的这种联系逐渐被包含在“诚信”(Bona fides)之中。[④] 根据优士丁尼《学说汇纂》的记载，“公正人的裁断”也可在适用诚信诉讼的合伙关系中提出，而且诚信本身就要求裁决须遵守“公正人的裁断”的原则。D. 17,2,78 记载了普罗库鲁斯《书信集》第 5 卷的一个片段，认为在合伙之诉的案件中也可以提出公正人的裁断，因为合伙之诉是一种诚信诉讼；在 D. 17,2,79 中，保罗认为，如果裁断的结果不恰当，

---

① [古罗马]M. P. 加图：《农业志》，马香雪，王阁森译，商务印书馆 1997 年版，第 2 页。

② [古罗马]西塞罗：《论老年・论友谊・论责任》，徐奕春译，商务印书馆 2003 年版，第 246～247 页。

③ [古罗马]M. P. ：《农业志》加图，马香雪，王阁森译，商务印书馆 1997 年版，第 66～69 页。

④ Derek Roebuck, *Bruno de Loynes de Fumichon*, *Roman Arbitration*, London: HOLO Books, 2004, p. 56.

以致产生明显的不公，它可以通过诚信诉讼予以纠正。[①] 在D.19,2,24pr.中，保罗认为，在承揽租赁契约中规定了劳务可以由材料的所有人验收，那么也就意味着同样可以由一名公正人来验收，因为诚信要求应如同公正人的裁断那样进行裁决。[②] 可见，"公正人的裁断"是诚信的具体化和体现，在征收的补偿问题上遵循这一标准，则反映了国家和私人之间应遵循诚信关系。

综上所述，这种"公正人的裁断"标准要求高素质的"公正人"，补偿须遵循私人关系中的合理性原则，并且它同诚信具有密切联系，使征收的补偿不会失之公允。正是因为适用了这样的补偿标准，私人的利益得到了最大限度的保护，从而回应了日本学者盐野七生这样的一个观点：在史料中找不到任何难以征收水道用地的记载，其理由不只在于罗马人富有公德心。[③]

2.征收和补偿的方式。由于罗马公共引水道工程的规模宏大，需利用大量的土地，按照上述"公正人的裁判"的标准补偿，必然要支出巨额的土地征收费用，所以在罗马执政者看来，公共引水道的建设是一项国家性的事务。无论是从提案到决策，还是工程的发包以及后期的维修，均由国家性的机构或官员负责。作为重要的建设费用之一，征收的补偿负担也从国家的财库开支。[④] 如何节省费用、合理利用经费、协调公私利益，也成为了罗马法关注的议题，在这个问题上，罗马法采用了灵活的征收和补偿的方式。公共引水道的建设通常占用沿线的土地，而这些土地又往往是所有权人土地整体的一部分，当这部分被用来建设水道之后，必然会影响整个地块的用益，所以会发生土地所有人不愿意土地部分被征收的情形。当被征土地的所有权人不愿意切割其整个地块时，征收的当局通常将整块土地买下，再将水道建设用地之外的剩余部分另

---

① S. P. SCOTT, ed., *The Civil Law including The Twelve Tables, The Institutes of Gaius, The Rules of Ulpian, The Opinions of Paulus, The Enactments of Justinian, and The Constitutions of Leo: Translated from the Original Latin, Edited and Compared With all Accessible Systems of Jurisprudence Ancient and Modern*, Vol. Ⅳ, Cincinnati: The Central Trust Company, 1932, p. 358.

② S. P. SCOTT, ed., *The Civil Law including The Twelve Tables, The Institutes of Gaius, The Rules of Ulpian, The Opinions of Paulus, The Enactments of Justinian, and The Constitutions of Leo: Translated from the Original Latin, Edited and Compared With all Accessible Systems of Jurisprudence Ancient and Modern*, Vol. Ⅴ, Cincinnati: The Central Trust Company, 1932, p. 87.

③ 罗智敏译:《学说汇纂》第1卷，中国政法大学出版社2008年版，第146页。

④ 罗智敏译:《学说汇纂》第1卷，中国政法大学出版社2008年版，第6页。

行出卖。[1] 这样，通过整体的购买使土地所有人获得了合理的价格，减少了公共引水道建设中土地征收的困难；通过剩余部分的出卖，又部分回收了所支付的费用，并且使土地得到最大化的利用。此外，为了避免以公共名义滥施征收，造成资源的浪费，西罗马帝国的狄奥多西皇帝（Theodosius，378—395 年在位）于 393 年颁发了一项敕令，规定在公共设施的建设中，拆除价值超过 50 磅银币的房屋时，必须申请皇帝批准（C. 8,12,9），这是征收审批权的中央化。在补偿问题上，除适用上述"公正人的裁断"的原则之外，还通过其他灵活的方式使土地所有人获得间接的补偿。公元 409 年的一项敕令规定，当城墙的塔楼完工之后，其土地被占有的所有权人被允许使用该公共设施，但条件是他必须放弃对该土地的权利并且承担设施的维修义务，以同时实现公共利益与个人利益的维护（C. 8. 12,18）。这项敕令实质上规定以公共设施使用权的授予作为土地征收的补偿。这样，一方面原土地所有人可以使用塔楼（居住或休憩），另一方面又必须维护之，这种补偿形式既满足了私人的利益，同时又可达到公有物维护的目的，这是在征收中协调公私利益的典范。

以上分析表明，在罗马法上已存在征收的现象，特别是公共引水道建设中的土地征收，在有关征收的补偿标准、征收的补偿方式、征收的审批等方面，罗马法已经发展出一套较为完整的制度。但即使如此，罗马法并没有对这些具体的征收现象进行理论的归纳并提出一般的征收理论。这种一般的征收理论是近代自然法理论的产物，它由格老修斯最先提出，经后来的自然法学家发展，并最终形成现代法上的征收制度。根据学者的考察，格老修斯（Hugo Grotius，1583—1645）在其《论战争与和平法》一书首次使用"Dominium eminens"这一拉丁术语，用以表达国家对其领域内所有的私人财产的权力。[2] 这一词汇通常被翻译为"Eminent domain"（国家的征收权），指称国家为了公共使用，通过支付补偿的方式取得个人财产的一种特殊的权力。[3] 在《论战争与和平法》的第 1 卷第 1 章第 6 节，格老修斯写道："法律上的权利有两类，涉及个人利益的私权，以及超越私权的公权，据此公权共同体可基于普遍的福利，

① Sextus Julius Frontinus, *The Stratagems and the Aqueducts of Rome*, Trans. Charles E. Bennett, London: William Heinemann, 1925, pp. 460—461.

② Arthur Lenhoff, Development of the Concept of Eminent Domain, *Columbia Law Review*, Vol. 42, No. 4, 1942, p. 596.

③ William D. McNulty, Eminent Domain in Continental Europe, *The Yale Law Journal*, Vol. 21, No. 7, 1912, p. 559.

对其成员及其成员的财产进行支配。"[①]该书第2卷第14章第7节写道："这一点也应当知道，即使是获得的主观权利，也可通过国王的代理人以这两种方式攫取，或者通过惩罚，或者通过征收权的强制。"[②]继格老修斯之后，普芬道夫(Sammuel Pufendorf，1632—1694)在其《论人和公民依自然法的义务》(1673)一书中也分析国家的征收权（第2题第15章第4节）；同一时期的让·多玛(Jean Domat，1625—1696)的《在其自然秩序中的民法》(1680—1697)一书也讨论了国家的征收权（第1卷第2题第13节）。孟德斯鸠(Montesquieu，1689—1755)、沃尔夫(Wolff，1733—1794)等18世纪大陆法系学者也阐述了国家的征收权。[③] 经过这些学者阐述，国家的征收权理论得以确立，并最终转化为1804年《法国民法典》的第545条："任何人均不受强迫让与其所有权，但由于公共使用的原因并给予公平和事先的补偿的，除外。"[④]

四、公共引水道上的水及其管理制度

在罗马法上，水是一个广受法学家关注的主题。根据美国学者尤金·F.维尔(Eugene F. Ware)的归纳，在优士丁尼的《学说汇纂》中就有393个片段涉及水的法律制度，[⑤]讨论水法的法学家有乌尔比安(Ulpianus)、保罗(Paulus)、彭波尼(Pomponius)等，共计39人。[⑥] 这些片段和卷入的法学家的数量可证，水的法律问题是罗马法的一个重要的问题域，这些法学家的分析和阐述涉及了罗马水法的方方面面。与本文的研究对象相关的是罗马公共引水道之水的法律地位，以及与此有关的水的分配与管理制度。

① Hugo Grotius, *De Jure Belli Ac Pacis Libri Tres*, Trans. Francis W. Kelsey, Oxford: The Clarendon Press, 1925, p. 36.

② Hugo Grotius, *De Jure Belli Ac Pacis Libri Tres*, Trans. Francis W. Kelsey, Oxford: The Clarendon Press, 1925, p. 385.

③ William D. McNulty, Eminent Domain in Continental Europe, *The Yale Law Journal*, Vol. 21, No. 7, 1912, pp. 560～562.

④ William D. McNulty, Eminent Domain in Continental Europe, *The Yale Law Journal*, Vol. 21, No. 7, 1912, p. 564.

⑤ Eugene F. Ware, *Roman Water Law*, *Translated from the Pandects of Justinian*, Cincinnati: West Publishing Company, 1905, pp. 33～140.

⑥ Eugene F. Ware, *Roman Water Law*, *Translated from the Pandects of Justinian*, Cincinnati: West Publishing Company, 1905, p. 23.

按照马尔西安的说法，根据自然法，流水和空气、大海、海滨一样，是“一切人共有的物”(D. 1,8,2,1)，这一片段也被优士丁尼的《法学阶梯》收录(I. 2,1,1)。流水被作为一切人共有的物的根据是自然法，而优士丁尼《法学阶梯》中所描绘的自然法是从人类产生起就设立的市民社会出现之前的法(I. 2,1,11)。[①] 这样，一切人共有的物的概念及其自然法理论仍在优士丁尼的《法学阶梯》中被采纳，它们同市民法上的物和市民法的并存表明：即使在国家这一市民社会的背景下，流水仍然属于自然法上的物，可以超越国家为一切人所共有。这是一种世界主义的思想，不同于以市民法为依托的民族中心主义，但同时这又是一种理想，在以国家为主体的私有化运动的过程中，这种一切人共有的物将面临被进一步私有化的命运。[②] 一切人共有的物的概念的创设者马尔西安也不得不面对时代的现实，他在另一片段中写道“几乎所有的河流和港口都是公有的”(D. 1,8,4,1)。显然，作为流水的转化形式之一的河流，在马尔西安看来它们大部分已经属于国家所有的意义上的公有物。

在水的问题上，多数罗马法学家选择了现实主义路线，选择了在“公水”与“私水”的框架下讨论其法律地位，与罗马的公共引水道相关的是水道之水的法律地位问题。根据弗朗提努斯(Sextus Julius Frontinus,97 年的罗马水道监护人)在《罗马水道考》(*De Aquis Urbis Romae*)一书的介绍，罗马公共引水道水源有两类：河流和湖泊。[③] 依据事理之性质，为保证公共引水道的长期供水，作为公共引水道的水源应该是四季水量丰沛的水体——常年的河流或湖泊。首先，就河流而言，根据上述马尔西安的“几乎所有的河流和港口都是公有的”这一说法，显然可推论出存在公有河流与私有河流的区分。在这个问题上，罗马法学家卡修斯(Gaius Cassius Longinus,公元前 85 年—公元前 42 年)给出了回答，他认为那些四季性的河流属于公有物(D. 43,12,1,3)，这样我们可以合理地认为作为罗马公共水道水源的河流也属于公有物。其次，作为公共引水道的另一个来源的湖泊，其法律地位并非十分明确。根据乌尔比安的阐述，湖泊是“具有永久性水源的水体”(D. 43,14,1,3)，它们中有些是公有的(D. 43,14,1,6)。另外，裁判官还专门发布令状允许在公有湖泊上航行

① [古罗马]优士丁尼：《法学阶梯》第 2 版，徐国栋译，中国政法大学出版社 2005 年版，第 115 页。

② 徐国栋：《罗马私法要论——文本与分析》，科学出版社 2007 年版，第 130 页。

③ Sextus Julius Frontinus, *The Stratagems and the Aqueducts of Rome*, Trans. Charles E. Bennett, London: William Heinemann, 1925, pp. 339～357.

(D. 43,14,1pr.)，并且法律规定在公有的水体中捕鱼中应当取得许可和缴纳租金(D. 43,14,1,7)。上述乌尔比安的分析表明湖泊也有公有与私有之分，对于在公有的湖泊上捕鱼实行许可制并收取费用，则反映罗马法上已经建立了捕鱼权及其特许制度。就湖泊的法律地位而言，不能根据水体的四季性或永久性来进行判断，这一点不同于河流。在乌尔比安对湖泊的定义中，具有永久性的水源就是湖泊的属性，它不能作为区分公有或私有湖泊的标准。另外，与河流的流通性不同，湖泊位于特定的土地之上而具有固定性，由于湖泊的这种与土地的不可分的关系，土地的法律地位决定了湖泊的法律地位。这样，湖泊的公有物或私有物的法律地位便由其底土的法律地位决定。根据罗马公共引水道建设中的征收制度，为了保障公共引水道及其水体的公有性，即使作为水源的湖泊位于私人土地之上，也可以通过征收方式实现水源的公有化。

罗马公共引水道之水的公有性，通过水的分配和水道管理制度加以实现。

1. 私人用水的特许制度。罗马公共引水道及其水体的公有物属性，决定了其公用与私用的重大分别：一方面为了保证水道带来的水能为多数人接近和利用，国家在城市街道或路旁设置了许多水槽，整日不间断供给，人们可以免费自由取用；[①]另一方面则实行严格的私人用水特许制度，并要求使用人缴纳使用费。私人若要从公共引水道接水自用，应先提出申请，受理申请的人一般为监察官，在监察官不在的情形下则由营造官(Aediles)受理，到了帝政时期则由水道保佐人接受申请后再交由皇帝作出许可。[②] 有一项敕令规定，未经皇帝的许可任何人不得接引从储水槽(Castellum)溢出的水，其理由是溢出的水是为保证城市卫生和下水道所必需的冲洗。[③] 可见，罗马法还出于环境保护这一公共利益的需要，限制私人用水。狄奥多西皇帝的一项敕令规定皇帝有行省公共引水道用水许可权，如果有人向行省总督提出申请，并秘密地获批准，则该申请人和行省总督均要承受到 50 磅黄金的处罚，总督的下属人员也要承受由皇帝规定的处罚(C. 11,42,5)，这道敕令还表明在狄奥多西时期的皇帝甚至对行省的水道都有最终的用水特许权。

---

① 罗智敏译：《学说汇纂》第 1 卷，中国政法大学出版社 2008 年版，第 151 页。

② Sextus Julius Frontinus, *The Two Books on the Water Supply of the City of Rome*, Trans. Clemens Herschel, Botston: Dana Estes and Company Publishers, 1889, p. 67.

③ Sextus Julius Frontinus, *The Two Books on the Water Supply of the City of Rome*, Trans. Clemens Herschel, Botston: Dana Estes and Company Publishers, 1889, pp. 80～81.

2. 私人用水的配给及其转让的限制。根据一项元老院决议，任何获得许可的申请人，不能直接从公共引水道引水，只能从储水槽引水。[①] 否则，他将丧失用水的权利，并承受与其身份相应的处罚(C. 11,42,3)。为不使公共引水道因为私人直接引水而破坏水道并造成断流，同时也基于清洁的考虑，在公共引水道的路段设置了许多储水槽，它们发挥了滤去沉淀物的作用，更为重要的是极大地方便了水的管理。在私人用水的配给上，这些储水槽发挥了现代水表功能，这一由现代水表执行的水量配给的任务是通过设置放水管来实现的。根据弗朗提努斯的介绍，这一工作由专门的施工人员执行，他们根据许可证书的内容设置相应宽度和长度的放水管，以限制了其流量和流速，并在放水管上加盖用水申请已获得许可的标签。[②] 其次，规定了私人用水权移转的条件和限制。根据弗朗提努斯的介绍，除公共浴场和以皇帝的名义获得的用水权外，水的使用权不因继承、买卖或因土地的新的占有发生移转。属于合伙的(Sociorum)土地用水问题，法律规定获得用水许可的合伙人之一生存时，合伙土地上的用水权继续存在，不需要重新取得许可，当所有此等合伙人不再占有该土地时，用水权终止。用水权到期时，应当加以公示和登记，以便此项暂时空缺的权利授予其他申请人，并给予了 3 天的宽限期，在此期限内用水权可卖给土地占有人或其他人。[③]

3. 对破坏公共引水道行为的处罚。首先，在行政处罚方面，根据弗朗提努斯的介绍，法律规定任何被证实不法地引公共引水道之水灌溉私人土地的，该土地要被没收；主人对其奴隶的这种违法行为即使不知情也要受到罚款；任何人不得污染公共用水，违法者将被处 1 万塞斯特斯(Sestertius)的罚款。[④] 389 年的一项敕令重申了上述处罚，规定任何人将公共引水道的水引至其私人土地的，该私人土地即被没收，归入皇库(C. 11,42,2)。由于罗马公共引水道的大部分工程位于地下，在地面上建筑设施或种植树木，会造成水道的破坏，尤

---

① Sextus Julius Frontinus, *The Two Books on the Water Supply of the City of Rome*, Trans. Clemens Herschel, Botston: Dana Estes and Company Publishers, 1889, p. 77.

② Sextus Julius Frontinus, *The Two Books on the Water Supply of the City of Rome*, Trans. Clemens Herschel, Botston: Dana Estes and Company Publishers, 1889, p. 77.

③ Sextus Julius Frontinus, *The Stratagems and the Aqueducts of Rome*, Trans. Charles E. Bennett, London: William Heinemann, 1925, pp. 439～441.

④ Sextus Julius Frontinus, *The Two Books on the Water Supply of the City of Rome*, Trans. Clemens Herschel, Botston: Dana Estes and Company Publishers, 1889, pp. 67～68.

其是当树根的生长渗入地下深处时，会致使地下部分水道的顶部和侧面发生破裂。为此，公元前11年通过了一项元老院决议，规定应在水源、拱门、水道墙两侧各维持15大步尺(Passus)的空地，如果是城市里面或毗连城市的水道，则应维持5大步尺的空地；在此等空地上不得修筑墓地及任何其他建筑，也不得种植树木，已经生长的树木则应连同根系一起去除。任何违反规定者，将被处以1万塞斯特斯的罚款，该罚款的一半归控告人(Accusatore)，另一半归国库。由水道保佐人认定和审理与此有关的事项。① 在处罚方面，一项敕令还规定任何损害公共引水道的人，处放逐并没收财产的处罚(C. 11,42,10)。东罗马帝国的阿那斯塔修斯皇帝(Anastasius,491—518年在位)在6世纪初针对土地所有人、承租人和农夫特别颁布了一项严厉的敕令，它重申了任何人不得在公共引水道任何一侧的15大步尺范围内耕作与种植的规定，并规定违反此规定者处死刑并没收其财产。②

4. 争议的解决。制定于公元前450年的《十二表法》第七表第8b条规定："如果通过公共地方水渠中的流水造成私人的损害，授予赔偿之诉。"③这是罗马法上最早的关于公有物侵权的国家赔偿的规定，根据这一规定私人可对公有物的侵害提起损害赔偿之诉，可见从早期开始罗马法就为个人的权利规定了周全的保护，即使是在国家和个人的关系中。根据塔西陀的记载，在提贝留斯皇帝(Tiberius,14—37年在位)时期，一名叫皮乌斯·奥勒留斯(Pius Aurelius)的元老，由于大道和公共引水道的建造损害了他个人的房屋，于是向元老院提出控诉要求赔偿，但是被国库裁判官(Aerarium Praetor)驳回。后来提贝留斯皇帝介入，并向该元老支付了房屋的价值，从而解决了此事。④ 这一事件反映出这样的历史事实：首先，在提贝留斯皇帝时期已存在专门负责审理公共引水道建设中涉及的国家赔偿案件的国库裁判官，这种裁判官处理的是国库与私人之间的纠纷；其次，皇帝对此类国家赔偿案件具有最终的裁决权。对此存有疑问的是经皇帝裁决的此类赔偿案，最后的赔偿由国库、皇库(Fis-

---

① Sextus Julius Frontinus, *The Stratagems and the Aqueducts of Rome*, Trans. Charles E. Bennett, London: William Heinemann, 1925, p. 459.

② Johnson and Coleman-Norton & Bourne, *Ancient Roman Statutes*, Austin: University of Texas Press, 1961, p. 253.

③ 徐国栋，阿尔多·贝特鲁奇，纪蔚民译：《〈十二表法〉新译本》，载《河北法学》2005年第11期。

④ Tacitus, *The Annals of Tacitus*, *The Loeb Classical Library edition of Tacitus*, Vol. Ⅲ, trans. John Jackson, Massachusetts: Harvard University Press, 1931, p. 373.

cus)[①]还是由皇帝的个人财产支付。在奥古斯都时期设立了皇库，由于它的收入来源充足，其地位也日益提高，它在公共生活中的影响也日益增大。根据弗朗提努斯的记载，在克劳丢斯皇帝时期就存在国库与皇库在水道管理上的分工。其中在水道维护的两组人员当中，有一组是由阿古力帕遗赠给奥古斯都皇帝的而由后者则赠与给国库，这一组人员的薪俸由国库负担；另外一组则是由克劳丢斯皇帝建立的，其薪俸由皇库支出。[②] 可见，在提贝留斯皇帝时期，在水道管理事项上还未完成国库与皇库的分工，这一时期只有负责国家赔偿的国库裁判官，而皇帝的介入具有非正式性；在克劳丢斯皇帝之后，随着国库与皇库在公共水道费用支出上的独立，成立负责处理与皇库有关的国家赔偿事项的裁判官也是必然的趋势。终于，内尔瓦皇帝（Nerva，96—98 年在位）任命了一名处理皇库与私人之间争议的裁判官（Praetor），从而在罗马城内便有 18 名裁判官（D. 1，2，2，32）。尤为重要的是，这些裁判官还实现了职能的分工，在涉及有关公共引水道的国家赔偿情形，还区分国库裁判官与皇库裁判官，因此可以说罗马法上存在完善的公有物侵权的国家赔偿制度。

五、结论

对于罗马的建筑，后人曾评价道："在所有的艺术当中，建筑是罗马人最富有创造力的领域。"[③]罗马的公共引水道是一项持续了五百余年的宏大的事业，其工程技术和建筑艺术上的成就，时至今日仍被当作世界建筑史上的典范，受到广泛的关注和持续的讨论。[④] 在今天人们仍可以从断垣残砖中去想象它们昔日的恢宏与壮观，甚至它们今日的样子仍不失其庄严与典雅。如果说公共引水道是罗马人贡献给人类的物质遗产，那么关于它们的罗马法律制

---

① "Fiscus"是"皇库"的意思，由奥古斯都于公元前 21 年创立，不能将它译为"国库"，罗马的"国库"为"Aerarium"，它由元老院掌管，罗智敏将"Fiscus"误译成"国库"。参见罗智敏译：《学说汇纂》第 1 卷，中国政法大学出版社 2008 年版，第 43 页。

② Sextus Julius Frontinus, *The Two Books on the Water Supply of the City of Rome*, Trans. Clemens Herschel, Botston: Dana Estes and Company Publishers, 1889, pp. 83～85.

③ [英]约翰·B. 沃德—珀金斯：《罗马建筑》，吴葱，张威，庄岳译，中国建筑工业出版社 1999 年版，第 5 页。

④ Howard Crosby Butler, The Roman Aqueducts as Monuments of Architecture, *American Journal Archaeology*, Vol. 5, No. 2, 1901, p. 175.

度，也具有同样的意义，现代大陆法系国家的公有物法律制度仍可溯源至罗马法。具体而言，与罗马公共引水道有关的法律制度涉及人法物的分类、公有物的基本概念、土地的征收制度、公有物的特许使用权制度和管理制度等等，在这些方面罗马法创造的规则及其体现的思想观念，为现代法上的国家财产的法律制度提供了参考。

同时，罗马公共引水道的法律制度又是公有物一般法律制度的一个注解，通过它我们可以了解罗马人的公私观念在公有物法律制度中的体现，以及罗马法在调整公私关系中的平衡艺术。一方面，罗马法在世界、国家、团体和个人四元结构的框架下，确认公私所有权的各种形式，并划定其各自的领域，从而实现了静态意义上的"分"。另一方面，罗马法又根据时代的需要，通过由"公"入"私"，以及由"私"入"公"的反向运动，对公私资源予以整合和配置，进而使公益和私益取得了动态意义上的和谐与平衡。在这样的过程中，罗马法创造性地运用了法律这一制度工具，本文就是对这些法律制度进行考察的尝试。但罗马的公有物法律制度涉及的议题极为广泛，比如公有物建设决策程序的公法性问题，建设资金来源的财税法上的问题(如 C.12,3,3)以及公共工程的承包和瑕疵担保制度(如 C.8,12,8)等等。在这些法律议题方面，罗马公有物的法律制度也均有所涉及，对这些广泛的法律问题还有待后续深入的研究。

对奴隶提起的诉讼

——奴隶权利在晚期罗马出现的历史

[俄]亚历山大·谢甫琴科　著　徐铁英*译

4—6世纪发生在罗马帝国的若干社会和经济变迁对奴隶的权利产生了巨大的影响。在那时出现并可被用来对奴隶提起的司法诉讼最引人注目。

盖尤斯的《法学阶梯》包含了一些可对奴隶提起的诉讼。于是，在第4—6世纪，针对船舶经营人之诉(actio exercitoria)被直截了当地对那些拥有自己营业(business)的奴隶提起(Gai. 4,71)，分割商业特有产之诉(actio tributoria)——对拥有自己营业的奴隶的主人提起(Gai. 4,72)，特有产之诉(actio de peculio)——对那些曾从其奴隶的特有产中取走一些财产的主人提起(Gai. 4,73)，损害投偿之诉(actio noxale)，对那些没有自己特有产的奴隶的主人提起(Gai. 4,75)。我们看到，对奴隶提起的诉讼仅发生在他拥有自己财产的情形下——特有产和营业，否则他的主人要为奴隶负完全的责任。我们有必要找出奴隶的这种司法独立在4—6世纪出现的原因以及奴隶特有产在此中扮演的角色。

在思索以上提及的诉讼出现在晚期罗马立法中的原因之前，我们必须回答奴隶在那个时代是否真的具有某些权利这一问题。然而，必须强调的是对待奴隶的态度在晚期罗马立法中改变了。4—6世纪的罗马法学曾有一种观点认为，奴隶是"有生命的存在"(alive beings)，应当具有某些权利；因而优士丁尼的《法学阶梯》阐明了审慎使用奴隶的必要性："他们被称作奴隶，因为统帅们通常保留而不杀死他们(I. 1,3)。"《学说汇纂》中有马尔西安对皇帝有权变解放自由人(libertine)为生来自由人(freeborn)的论证："有时，由于法律的溯及力，一个奴隶也成为生来自由人，例如，在元首恢复一个解放自由人的生来自由身份时。因为他至少被恢复每人都享有的出生权，而非他自己实际的

* 罗马二大博士研究生。

出生权，因为他是作为一个奴隶出生的。”(D. 40，11，2）不仅如此，和诺留和狄奥多西二世允许奴隶从皇帝那里接受敕答(rescripts)，就好像他们是自由的(C. 1，19，6)，甚至可在受危险威胁时在皇帝雕像下避难(C. Th. 6，44，4；C. 1，25，1)。奴隶的婚姻被承认为合法的，最重要的是，奴隶拥有一项财产——特有产(peculium)，它被认为是准财产。[①]

同样，优士丁尼的《法学阶梯》规定审慎地使用奴隶(I. 1，3)。杀死奴隶是被《学说汇纂》禁止的：“没有任何理由杀死奴隶的人受到惩罚……如同他杀死了其他人的奴隶。”(D. 1，6，1 §2)《学说汇纂》对行省总督课以进行调查的义务并且给出了一个范例，阿德里亚努斯曾一名对犯此罪的妇女处以流放5年之刑(D. 1，6，2)。如同D. D. Grimm所写，在这种情况中奴隶可“控诉主人”(querela de domino)[②]。主人不得在未取得市议会许可的情况下令奴隶去做角斗士。[③] 此外，被主人遗弃的生病奴隶获得自由。[④] F. Walter指出，皇库(fiscus)或皇帝的奴隶不得被判处死刑、山区苦役(mountain works)和从事角斗竞赛，尽管这一限制并不涉及私人奴隶。但是，优士丁尼却允许这两类奴隶从事山区苦役。[⑤] 然而，即使奴隶因惩罚而丧命，主人亦不承担任何责任：“若主人用棍棒或桦条惩罚奴隶，他不得因奴隶之死而受指控。”只有在他曾命令“灌毒、掷于野兽蹄足之下或火烧”的情况下才会受指控(C. Th. 6，12，1；C. 6，14，1)。只有拥有其他奴隶和财产的奴隶，依法是其自己主人的共同所有人，在该情况中丧失对该奴隶的权力：“……若奴隶伤害了自己的奴隶并致其贬值……后者应当从其特有产中解放出来……”(D. 33，8，9)我们看到，奴隶主的权力未受严格限制，且依据同样的法律很容易损害奴隶们的权利。无论如何，奴隶拥有某些权利，其出现归因于某些社会和经济的变迁。我们应尝试思考4—6世纪的此等社会及经济变迁，有必要思考此等变迁以揭示奴隶权利出现于晚期罗马帝国的原因。

罗马帝国在3世纪爆发了一场危机。罗马征服的时代结束了，输入的奴隶数目骤减。作为其结果，自耕农(free farmers)身上的税金负担加重，与此

---

① E. M. Staerman，《关于阶级斗争与罗马法发展的几点意见》，载*Kilo*，B. 61，H. 1，Berlin，1979，S. 10－11.

② D. D Grimm：《罗马法课程与教义》，3 ed.，圣彼得堡，1910，p. 29.

③ O. S. Ioffe，V. A. Musin：《罗马市民法基础》，列宁格勒，1974，p. 29.

④ Ibid.，p. 29.

⑤ F. Walter，《直到优士丁尼的罗马法史》，3 Aufl.，2 Theil，波恩，1861，S. 70－71.

同时富裕的大地产主却通常免于纳税。赤贫的自耕农涌入权贵庇护下的大地产中。这一进程具有如此不可逆转的趋势，以至于国家所有与其抗争的尝试均归于失败。因此，君士坦丁宣布佃农制（colonatum）合法。恩主（patron）转变为承担从其佃农（colon）收税之职责的官员。佃农则被固定于其块地（plot）之上。国家逐渐对佃农产生兴趣，后者在适于耕种的土地上劳作并向国库缴税。当奴隶劳作远较佃农劳作低效时，晚期罗马国家遂尝试将奴隶转变为佃农。

与其块地固定在一起的农业奴隶出现在4—6世纪的原始法律文献中，他们往往被称为“准佃农”（quasi-coloni）（D. 33,7,12,3）[①]。奴隶独立地在他们的块地上劳作并向国家缴税。《狄奥多西法典》和《优士丁尼法典》包含一些3—6世纪的敕令，它们禁止与其块地分离地单独出售农业奴隶。《狄奥多西法典》允许罗马士兵转让其财产，但登记于财产登记簿（Census）上的奴隶除外（C. Th. 7,1,3）。该法典判处没收农业奴隶以弥补短缺（C. Th. 7,20,1）。受托人可出售一切，除了农业奴隶（C. Th. 7,30,3）。依据和诺留和狄奥多西二世的敕令，“用于耕种的物不得被作为质物”（C. 8,16,8）。《优士丁尼法典》规定，若块地的一部分被出售，则禁止与其块地分离地出售奴隶或与奴隶分离地出售块地，以使整块地产的耕种不致中止（C. 6,48,7）。[②] 显然，关于把奴隶与其块地固定在一起的法律与大地产主的利益冲突，因而常被违反。总之，皇帝们不断发布有关此等固定奴隶的敕令，[③]之后君士坦丁被迫放弃并允许在行省出售农业奴隶（C. Th. 6,3,2）。[④] 登记于财产登记簿并拥有自己块地的奴隶也就作为固定农业人口而出现了。如此，在晚期罗马帝国奴隶有了自己的财产——主人不得没收的块地。奴隶自己经营这份财产，他独立地从其特有产获得生计，因此，奴隶对自己劳作的生产效率有了兴趣。

奴隶家庭在罗马帝国晚期被合法化了，奴隶须以特有产供养其家庭（D. 21,1,35；I. 1,10,10）[⑤]。君士坦丁皇帝禁止分离奴隶的家庭成员：“不可能允

---

① A. H. M:《晚期罗马帝国》，牛津，V. Ⅱ，1965，p. 795.

② C. 11. 48. 7。瓦伦丁尼安皇帝，瓦伦斯皇帝，格拉迪亚努斯皇帝。决不允许与其块地分离地出售自始的佃农（coloni-originarii），以及登记于财产登记簿的农业奴隶。1. 当出售地产的一小块而致整块地产的耕作停止时，该法不得被诈欺性地对自始的佃农适用。

③ A. V. Koptev，“晚古的他权人佃农与古典时期的人法”，On www. rome. wepzone. ru.

④ A. H. M. Jones：《晚期罗马帝国》，牛津，V. Ⅱ，1965，p. 795.

⑤ E. M. Staerman，“关于阶级斗争与罗马法发展的几点意见”，载《Kilo》，B. 61，H. 1，柏林，1979，第10～11页。

许将孩子从父母、姐妹从兄弟、妻子从丈夫那儿分开。若某人将这些奴隶或佃农分开，他将被强迫重新把他们聚集起来。”（C. Th. 2，25，1；C. 3，38，11）据P. E. Girard所言，曾有使奴隶维持其地位的尝试。① G. E. Lebedeva把它看作是4—6世纪奴隶依然为数众多且奴隶家庭出生率很高的证明②。V. M. Smirin描述了刻有奴隶父系亲属名字（gravestone with patronymics of the slaves）的墓碑③，J. K. Kolosovskaja也提到了奴隶家庭。④

如前所述，奴隶拥有自己的财产——独立经营并以之供养其家庭的特有产。优士丁尼的《学说汇纂》允许遗赠某些物给奴隶，如特有产（D. 40，7，2 § 3）。若该奴隶将凭这份特有产被解放（D. 40，7，35），此等特有产既不得被其继承人亦不得被买主没收。此刻奴隶与准佃农相似，奴隶在其主人面前几乎没有权利，但主人不得剥夺其特有产，它是国库税赋的来源。另一方面，奴隶的财产完全属于其主人。⑤ 依《学说汇纂》“所有通过奴隶获得的东西都归于主人。”（D. I，6，1 & 1）《学说汇纂》还写道：“奴隶主人可剥夺奴隶的特有产，或增加其特有产，或减少它。”（D. 15，1，4）奴隶不得盗用主人的物（D. 33，8，23，2）。毋庸置疑，奴隶的主人决定奴隶继承全部的特有产或只是一部分（D. 33，8，24；D. 33，8，15）。另一方面，主人可增加奴隶的特有产（D. 33，8，10）；禁止以通常的遗嘱对奴隶做遗留，让奴隶依遗嘱与自由一道接受遗产的情况除外，因为依戴克里先的敕令“奴隶不能有继承人”（C. 6，59，4）。193年佩蒂纳克斯亦允许奴隶依据遗嘱继承，但以其依同一遗嘱取得自由为条件（C. 6，27，1）。212年，卡拉卡拉规定：“奴隶的主人不赋予自由权地遗留给其奴隶的遗赠或信产信托不能有效，若奴隶们在遗嘱人死后同时从其他来源获得自由。”（C. 6，37，4；C. 6，37，5－6；37，12；C. 6，42，28）法学家马尔西安规定即使遗嘱并未提及，亦须解放奴隶（D. 40，4，6）。严格禁止妇女制订有利于与其通奸之奴隶的遗嘱（Ⅰ. Ⅱ，14）。必须强调的是，奴隶仅可依据遗赠（legatum）而继承

---

① P. E. Girard：《罗马法基础教科书》，Dalloz，巴黎，2003，p. 98.

② G. E. Lebedeva ：《早期拜占庭社会的结构》，p. 24.

③ V. M. Smirin：《罗马西班牙的奴隶制》，E. M. Shtaerman，V. M. Smirin，N. N. Belova，U. K. Kolosovskaya：《罗马帝国中罗马行省的奴隶制》，V. Ⅰ－Ⅲ VV.，莫斯科，1977，p. 45.

④ U. K. Kolosovskaya：《多瑙河行省的奴隶制》，E. M. Shtaerman，V. M. Smirin，N. N. Belova，U. K. Kolosovskaya：《罗马帝国中罗马行省的奴隶制》，V. Ⅰ－Ⅲ VV.，M.，1977，p. 163.

⑤ F. Walter：《直到优士丁尼的罗马法史》，3 Aufl.，2 Theil，波恩，1861，S. 63.

(D. 38,2)。遗赠给奴隶的遗赠物不得被剥夺(D. 33,8,5),虽然允许在合理限度内从中抵扣债务,"不使遗赠因遗赠物负债沉重而变得无意义"(D. 33,8,6)。至于解放自由人的特有产,《学说汇纂》中的一个法言规定"给奴隶的特有产遗赠在给予奴隶自由后无效"(D. 33,8,1),但依据《学说汇纂》中的另一法言"若奴隶及其特有产中的奴隶(vicarius)取得自由,他们并不失去符合遗嘱人遗留的特有产及遗赠"。这一冲突由优士丁尼的《法学阶梯》通过规定若主人在遗嘱中特别写明则特有产仍属解放自由人的敕令所化解(I. 2,20,35)。正如戴克里先的敕令所言:"由活人解放的(奴隶的)地位不同于由遗嘱解放的(奴隶的)地位。"在第一种情形中,他们的特有产属(解放自由人)……在第二种情形中,若未明确写下特有产给(解放自由人)的话,则属于(遗嘱人的)继承人"(C. 7,23,1)。F. Walter 也提到奴隶特有产在解放的情形下不得被剥夺。[①] 它可为《学说汇纂》中的一道告示确证,依据它从活的主人那里获得自由的奴隶以其特有产为主人的债务承担责任(D. 15,2,1)。不仅如此,被解放但没有取得任何遗产的奴隶可主张它(D. 38,14,20; I. 3,11),尽管《学说汇纂》允许以解放奴隶换取特有产遗赠(legatum peculii)(D. 33,8,8)。因此以上提及的为数众多的法言清楚地表明了晚期罗马的奴隶像佃农一样独立地经营其特有产。奴隶毫无疑问对其财产具有某些权利,在一连串的情形中奴隶财产都不得被没收。

必须强调的是,特有产是奴隶在法律上独立的真正原因。因为特有产的缘故,奴隶有权独立缔结交易并开始为其私犯承担责任。此外,主人也被允许通过其奴隶缔结交易(Gai. 2,86,94; I. 2,9,3)。正如 N. N. Belova 在其作品《罗马化的高卢的奴隶制度》中提到,奴隶经常从事贸易。[②] J. K. Kolosovskaja 确认了这一事实,即在达契亚,奴隶艺人常在企业中被使用。[③] 除此之外,奴隶不经告知其主人即可贷出款,但主人可在个案中调整该义务(D. 12,3)。依据裁判官法,奴隶可与自由人缔结债的关系(D. 7,1,2 § 4)[④],以及参与交易

① F. Walter:《直到优士丁尼的罗马法史》,3 Aufl. ,2 Theil,Bonn,1861,S. 63.

② Belova N. N:《罗马高卢的奴隶制》,E. M. Shtaerman,V. M. Smirin,N. N. Belova,U. K. Kolosovskaya:《罗马帝国中罗马行省的奴隶制》,Ⅵ-Ⅲ VV. ,M. ,1977,pp. 105~106.

③ U. K . Kolosovskaya:《多瑙河行省的奴隶制》,E. M. Shtaerman,V. M. Smirin,N. N. Belova,U. K. Kolosovskaya:《罗马帝国中罗马行省的奴隶制》,V. Ⅰ-Ⅲ VV. M. ,1977,pp. 180~181.

④ P. E. Girard :《罗马法基础教科书》,前引书,第 98 页。

(D. 15,1,4 § 5)并能够以其特有产为其全部的债务负责[①]。因而，依据晚期罗马立法，奴隶可占有其特有产。《学说汇纂》不常许可剥夺奴隶的特有产，《优士丁尼法典》严格禁止与其特有产——块地——分离地出售农业奴隶。此外，《学说汇纂》全面地描绘了奴隶可继承特有产的情形。它支撑着奴隶独立地维持其占有，并于4—6世纪在罗马的行省变得普遍起来。晚期的罗马奴隶自身对他们自己工作的生产效率产生了兴趣。农业奴隶变得越来越与佃农相似。像佃农一样，奴隶开始为其私犯承担一些责任。我们应更详细地思考，谁以及如何为奴隶的行为和债务负责。

奴隶的财产和交易受裁判官监管，他一方面保护奴隶财产的不可侵犯性；另一方面，可在奴隶违约的情况下帮助原告。[②]

奴隶主人只有在其奴隶占有一些特有产的情况下才不为其承担责任。因此，依盖尤斯的《法学阶梯》，针对船舶经营人之诉直接对拥有自己营业的奴隶提起(Gai. 4,71)，与此同时损害投偿之诉——对没有自己特有产的奴隶的主人提起(Gai. 4,75)。然而《学说汇纂》规定，若主人将财产托管于25岁以下的奴隶，则他要为该未成年人承担责任(D. 4,4,3 § 11)。《学说汇纂》禁止奴隶请求恢复先前的状态(D. 4,5,7)。依据《学说汇纂》，主人要为奴隶承担责任，如果其特有产过少(D. I,5,3)，或像 I. A. Pokrovsky 写道的，没有特有产。[③]另一方面，《学说汇纂》强调奴隶的主人根本不应为其奴隶承担责任并为奴隶的责任偿付，"即便庞菲流斯的特有产无法"支付(D. 33,8,15)。此外，I . A. Pokrovsky 的观点可以得到支撑，因为若奴隶根本没有特有产，主人依据损害投偿之诉为其奴隶承担责任(Gai. 4,75)。必须提及的是，奴隶可参加诉讼。毋庸置疑，它可与特有产的出现联系起来，归功于特有产，奴隶可独立地承担责任。奴隶的主人在其奴隶没有特有产的情况下为其私犯承担责任。

D. D. Grimm 和 O. S. Ioffe 写道，依据市民法奴隶主不为奴隶负责，在后者实施了某些犯罪的情况下，前者有义务支付罚金或者把他交出来。[④] 因此，正如亚历山大·塞维鲁在其222年的敕令中规定的，"若奴隶被指控犯有某罪，其主人应把他交出来而不得试图藏匿他"(C. 3,42,2)。I . A. Pokrovsky

① O. S. Ioffe, V. A. Musin:《罗马市民法基础》，列宁格勒，1974，p. 29.

② D. D. Grimm:《罗马法课程与教义》，3 ed.，圣彼得堡，1910，p. 29.

③ I. A . Pokroskiy:《罗马法史》，圣彼得堡，1999，p. 286.

④ I. A. Pokroskiy:《罗马法史》，圣彼得堡，1999，p. 286.

指出：若主人曾令奴隶偷盗或接受一件赃物，那么他是有罪的。[①] 然而在《学说汇纂》里，若主人曾同意其奴隶实施犯罪，他要承担责任；若没有，主人仅有义务返还非法所得(D. 15,3,3)。此外，《狄奥多西法典》不允许奴隶未取得主人同意即借出钱款，否则主人不得被起诉(C. Th 2,31,1)。因此，若主人曾批准奴隶犯罪，则他可能被处刑(D. 4,4,1 § 5—6)。因而，若奴隶在主人的同意下实施了一项犯罪，主人要承担其责任。同理，奴隶不为其主人承担责任："解放自由人和奴隶不得因他们主人或其他给予其自由的人的合同而受指控。"(C. 4,13,5)

所以，晚期罗马的奴隶显然具有某些权利。另一方面，主人有义务参与对其奴隶提起的诉讼程序。因而有必要回答奴隶是否可参加诉讼的问题。

E. Weis 写道，奴隶自帝国时代起便有权参加非常诉讼(extra ordinem)，并自优士丁尼时起作为独立的一方。[②] 另一方面，包含在《优士丁尼法典》中的戈尔迪安三世的一道敕令严格禁止奴隶参加诉讼："奴隶不应当参加诉讼。若判决必须对其作出，无效。"(C. 3,1,6)根据这位皇帝的另一道敕令，若有必要为获取真实信息而审讯奴隶，必须对其刑讯(C. 9,41,6)。

优士丁尼的《法学阶梯》禁止奴隶参与诉讼，即使是作为证人(I. 2,10,6)。至少从亚历山大·塞维鲁时起，主人必须在诉讼中保护其受指控的奴隶，尽管他本人不会受到惩罚："如果奴隶被指控犯了罪，他的主人可以在法庭上保护他……当犯罪被证明后，是奴隶而非主人应受惩罚。主人被允许保护其奴隶，因此主人可提出抗辩事由。"(C. 9,2,2)戴克里先规定主人要在一年内为其奴隶的私犯承担责任(C. 9,33,4)。人们也写道，主人也要为对其奴隶提起的债权诉讼承担责任，同样要为近期获得的一名奴隶或一件物的侵权事项承担责任。正如 F. Walter 所言，主人必须与其奴隶的债务人交涉乃至起诉他们(D. 15,1,41)。[③]

另一方面，有间接证据可证明奴隶能参与诉讼。依据优士丁尼的《学说汇纂》，不诚实的奴隶失去参与诉讼的权利："不诚实的奴隶不参与诉讼。"

总之，我们可依据法律方面的原始文献证明，对奴隶提起的诉讼作为 3—

---

① D. D . Grimm：《罗马法课程与教义》，第三版，圣彼得堡，1910，p. 28；O. S. Ioffe, V. A. Musin：《罗马市民法基础》，列宁格勒，1974，p. 30.

② Weiss E. Sklaven// Paulys Realenziklopädie der klassischen Altertumswssen-schaft，Ⅲ a. 1. ，S. 555.

③ F. Walter ：《直到优士丁尼的罗马法史》，3 Aufl. ，2 Theil，波恩，1861，S. 95.

6纪社会和经济变迁的结果而出现。征服的缺乏、奴隶制地产的低效生产迫使国家为危机寻求出路。作为其结果，佃农在4—6世纪的罗马帝国变得普遍起来，准佃农——与其块地固定在一起的农业奴隶——亦是如此。显然，准佃农的块地是其首要的奴隶特有产，其后对特有产的权利亦由那些并不从事农业生产的奴隶承受。奴隶独立于其主人经营自己的特有产：奴隶可通过合算的交易增益它，纳税甚至借款。另一方面，奴隶以其特有产为其行为承担责任。不过在奴隶没有特有产的情况下责任由其主人承担。总而言之，特有产导致奴隶的其他一些权利在4—6世纪的出现，并使他们在一定程度上免受其主人的肆意妄为的干扰。

罗马法学在日本的作用

——对日本罗马法研究进程的一省察

[日] 佐藤笃士　著　尹春海*译

译者导读

一

欲治法学者，必先治民法；欲治民法者，必先治罗马法。此语恐怕是近代以来我国法学界对法学现代化——西化进程认知的凝缩。传统上对于我国法史的概括性认识是"重刑轻民"，而西方法则是"重民轻刑"。这种认识虽不确切，但还是大体上道出了西方法以市民社会为基点，调整市民社会关系法的发达程度高，民事规范领域积累了深厚力量的这一事实。这种深厚的积淀由于近代潘得克吞法学的隆盛和持续影响力，使得全部潘得克吞及其变种体系仍要源源不竭地从罗马法中汲取营养。

我国大陆的民法学，从上世纪 50 年代新中国成立初开始大举引入苏联法学。尽管苏联法学与大陆法系同宗，但其自身发展及传播的脉络并未能凸显研究本来的罗马法的必要意义。而这一时期，也是我国自清末法治近代化以来，对罗马法关心最少，所出罗马法研究成果最少的时期。自 70 年代末 80 年代初以来，大陆法学界开始倚重台湾法学文献系统介绍大陆法系法学理论，形成了现今大陆法学发达的原始模型。由于特定历史时期的作用，台湾法学取道日德良多，所以在台湾法学界的影响下，我国大陆民法也形成了潘得克吞式

* 天津市第一中级人民法院法官。

的法模式。[①]

潘得克吞形成的历史性格已经是各种文献检讨的重点对象，但在这里笔者想强调的是，在其形成的历史过程中，罗马法（原始文献、添加研究）是其素材成立的中核部分。历史法学派自不言待，即使是日耳曼法学派也不否认罗马法学的重要作用。[②] 因此，在欧洲，法、德、意都曾产生过罗马法研究人才辈出、文献涌现的鼎盛期。

但是，作为东方法国家，日本与中国在引入现代西方法学时面临着同样的困境。对于潘得克吞的引入是否有必要学习欧洲传统，上溯到潘得克吞的法源头上去理解制度史和学说史的发展脉络呢？一个无法逾越的鸿沟在于我们并不存在罗马法传统，即便是自"和魂洋才"的维新运动和"中体西用"的洋务运动开始，中日不断引进西方的技术乃至制度，对于民法整备已经达到一定高度的情况下，也依然无法否认没有浸润在罗马文化传统中的事实。那么对于罗马法这样一种在多数现代人看来被科学市场化规则淘汰的学科而言，我们是否有必要对其加以研究呢？申言之，研究的进路是采用接济当代制度建设的民法走向，还是也有必要进行纯粹的罗马法整备呢？研究的到达点是否只及于为现代制度建设提供必要的历史知识储备，还是也需要通过丰厚的语言学功力上升到对"interpolatio"的分析从而整理本来的罗马法呢？

佐藤笃士先生的这篇文章为我们展开了同样作为东方法国家的日本学者对这些问题的思索和考察。

二

自明治维新时始，日本开始大量引入欧洲的文物。其中，法学作为一门技术性科学加以引进。《罗马法》课程的设立成为罗马法学科形成的一个标志性

---

① 需要指出的是，尽管我们通常认为这种大陆风的法形态就是法学（特别在民刑法领域）运行的主宰模式，但实际上我们所引入的不过是特定历史条件下、特定地理环境中生成的特殊产物。潘德克吞模式在亚洲的引入，实际上是以明治维新作为契机而进行的，但它对于日本以外的亚洲国家也起到了十分深远的影响。

② 跨越19、20世纪的意大利罗马法学巨擘彭梵得曾总结道，所谓潘得克吞其实就是优帝罗马法经由教会法、习惯法、神圣罗马帝国和新德意志帝国法律对其不断修正改造而来，同时也是德意志普通法（diritto comune tedesco）的重要组成部分。Cfr. Pietro Bonfante，Istituzioni di diritto Romano，Milano：Dott. A. Giuffrè，1987，p. 5.

事件,[①]因为“学科”不仅已包含知识学背景,而且以系统的知识与教学课程规划为基础。罗马法学科成立后的一段时期内,尽管采用了洋人讲学、日本人口译的授课方式,讲义、教材也都采用外国人写就的论著,但毕竟开启了日本罗马法学学习、研究的先河。随着研究的不断深入,专门的日本人授课教师出现,日文的罗马法专著、论文也开始增多。本文对至上世纪60年代止的日本罗马法学者的问学背景、师承关系、著述学说都依据丰富的资料进行了详细的考察。

其中,特别应与重视的是,罗马法研究的重要进展通常是由民法学者来推动的,这已经是周知的事实。如《日本民法典》制定时起到关键作用的穗积陈重、梅谦次郎和富井政章,虽然并非专治罗马法的学者,但普遍被认为具有很高的罗马法造诣。为什么当时的民法一线人物如此关心罗马法情事呢?私见以为,深刻的原因在于他们与当时德法一线民法学者具有相似的问题意识,都具有从罗马法源中寻找制度、学说储备的思路。也就是仍然要回到本文开篇提出的问学意识,即把现代问题的中心点上溯到该问题导源上去的意识。也就是说,以民法视点来关心罗马法的学者普遍具有跟踪民法古典问题的意识,这正是上世纪黄金一代的民法学者(兼罗马法学者)不同于今日日本普遍实用主义倾向、纯粹操作型技术发展(如担保物权的金融法化)、传统理论的泛美化整备(当然,这一点的原因是主、客观并存的,也是伴随新自然法的再度衰落而引起的连锁反应)等现代转型的独特气质。

这一点对于我国的罗马法学界而言,同样具有重要的启发意义。自民国时期,我国的罗马法研究的重任也主要落在民法学者身上。如丘汉平、黄右昌

---

① 作为罗马法的现代继承者意大利,现在一般讲授四门罗马法相关的课程,即罗马法初阶(Istituzioni di diritto romano)、罗马法史(Storia del diritto romano)、罗马法(Diritto romano)和罗马法原始文献分析(Esegisi delle fonti del diritto romano)。前两者为初级,后两者为高级。第一和第三门课程历史悠久,而第二和第四门课程则是晚近才设立的。Ved. Giovanni Pugliese, Istituzioni di diritto romano, Torino: G. Giappichelli editore, terza edizione, 1991, p. 10. 关于意大利罗马法教授、学者师承、课程开设的详细介绍,可以参看[意]桑德罗·斯奇巴尼:《20世纪罗马法研究中的罗马法学派》,载《厦门大学学报》(哲学社会科学版)2014年第1期。意大利的罗马法教学不仅培养了本国的罗马法教授,而且向国外,特别是包括日本、中国在内的亚洲国家输送了罗马法学问。佐藤的该文中提到的武藤智雄即是师从意大利罗马法学者李可波诺(Salvatore Riccobono, 1864—1958)而有所成的日本罗马法学者。对于今日中国罗马法学者的影响,只要看看留意进修的中国学者所翻译出版的《民法大全》选译本系列及其罗马法著述便可知其居功至伟。

等皆在从事民法研究同时产生罗马法著述，史尚宽所著民法全书大量引诸拉丁文及罗马法事例；同时法律学课程设置上也在民法之外讲授罗马法。[①] 改革开放以来，我国大陆的前沿民法学者也关注着罗马法的发展[②]，或出版了罗马法专论，[③]或在民法专论中撰写制度沿革时对罗马法多有涉及（也就是采用所谓"现实化"的方法），或更进一步关心更为纯粹的制度史的罗马法沿革。

与此同时，另一脉络即罗马法学者的罗马法研究也在进行。作者在该文中详细解说了日本罗马法五博士（春木一郎、船田享二、原田庆吉、田中周友、武藤智雄）[④]的求学经历、知识构成、治学方法及主要著述，为我们展现了一幅与民法学者不同的别开生面的画卷。罗马法学者关注的中心问题与民法学者有着较大的差异。与民法学者关心制度沿革不同，罗马法学者的研究更属于历史学研究领域，其研究更侧重于法思想史部分，更加浸润着法历史学、经济学和社会学的背景知识养料。因此，作为一般西洋法史研究之重要一环的罗马法学具有向上连通本体论，向下贯通制度史的渡桥意义；同时，在方法论上，比民法学者更进一步，罗马法学者凭借着惊人的语言学能力，在分析原始文献的基础上甚至开始探寻"interpolatio"的发现方法，探索本来的罗马法。在我国民法蔚然大观的今日，也可以看到真正的（或称是纯粹的）罗马法学者的这

---

① 民国时期，如梅仲协在中央政治学校大学部法律系授课时为学生开设罗马法课程，教材选用德文原著。参看梅仲协，《民法要义》，中国政法大学出版社 1998 年版，谢（怀栻）序第 3 页。而在现今我国大陆民法学界，开设罗马法课程或在外国民法中讲授罗马法也早不鲜见。在专门讲授罗马私法及罗马法史课程的大学中，厦门大学法学院颇具罗马法渊源，教学也颇有特色。至于在外国民法课程中讲授罗马法者，更是见诸许多高校，例如韩世远教授作为民法学者对讲授罗马法的态度，可以参看其《高山仰止的开山之作——读黄右昌先生〈罗马法与现代〉有感》，载《人民司法》2009 年第 5 期。

② 如通过江平、斯奇巴尼教授牵头而形成的小组，派遣了许多教师赴意学习罗马法，这些学者回国后参与了许多《民法大全》的选译工作。他们既在民法领域不断深入，同时也有着良好的罗马法素养。

③ 例如徐国栋《罗马私法要论——文本与分析》，科学出版社 2007 年版。徐国栋：《优士丁尼〈法学阶梯〉评注》，北京大学出版社 2011 年版。

④ 关于日本罗马法五博士及其背景的简要介绍，还可参看拙文《关于优士丁尼引用古代文献的拉—中—日文对照分析》，《第一届国际统一法律拉丁语术语会议论文集》所收（2008 年，厦门）。

种动向。[①]

三

前述问题相连，罗马法研究是否仅限于举世公认的私法领域，还是应该扩展到罗马的公法研究，这也是一个问题。值得注意的是，作者的论述不仅限于日本的罗马法领域，而且进一步将该问题的问题意识回溯到罗马法的发源、发祥地——欧洲大陆，通过对欧洲大陆罗马法研究状况的观察，挖掘罗马公法研究在意大利兴盛的深层社会背景。

同样作为二战时期轴心国成员的德国与意大利，其罗马法研究的发展呈现出不同的状态。在德国，罗马法的发展始终以罗马私法为中轴，在纳粹统治时期开始呈现萎靡状态。其原因在于：(1)德国罗马法课程设置的改革；(2)优士丁尼构筑的统一法典被视为优劣人等杂居状态下的法典，它与希特勒的人种优劣论南辕北辙。因此，作为日本罗马法五博士之一的原田庆吉曾对留德期间的身受感喟道："罗马法的中坚力量几乎根绝。"但与此相反，当时的意大利正基于恢复盛世罗马帝国的愿望而大力进行罗马法研究，并且在这种愿望的支撑下公法的发展得以长足地进步。就这样，罗马公法的发展尽管伴随着意识形态背景的支持而在意大利形成，[②]但客观上也促进了罗马公法研究在技术上的不断进步。也是从这个时期开始，人们开始感到罗马法的研究中心从德国逐渐转移到了意大利。而这一时期留意的武藤智雄也随之保有了很强的(意识形态下的)公法意识，从二战到战后，日本都出现了一些以罗马公法为中心关注点的罗马法学者。

我国的罗马法研究，无论是从民国还是从现在大陆出版的教科书和专著来看，对罗马私法的研究不仅始终是主流，而且甚至一度是罗马法研究的全部

---

① 运用 esegesi 方法作出的纯粹罗马法论文可以参看徐国栋，《是君主喜好还是元首决定具有法律效力——对元首制时期和优士丁尼罗马法宪政的考察》，载《现代法学》2011 年第 4 期等。另外，利用原始文献进行分析的纯粹罗马法专著也不断增多，例如王莹莹，《论"增加之诉"：罗马法代理与有限责任现象之解读并法学家与裁判官力量之展示》，法律出版社 2011 年版。

② 也就是说，这一问题意识依然是意识形态背景下的问题意识，是在社会问题背景下做出的技术问题研究。恐怕这还是和知识的拘束性原理相关。可以参看曼海姆教授关于社会知识成立及变动背景的出色分析，[德]卡尔・曼海姆，《意识形态与乌托邦》，黎鸣、李书崇译，上海三联书店，2011 年版，第 5 章第 2 节"知识社会学的两种类型"，特别是 267 页及以次"关于影响知识进程的社会进程"部分。

内容；及至晚近才显现了为数不多的罗马公法意识，出版了这方面的专著和译著。[①] 所以，对于罗马公法的介绍和研究，即使比起同样继受罗马法传统的东邻日本来说，我国的起步也属尚晚。不过可喜的是，我国大陆在这方面的力量现在还在不断增加。

四

在对学说史的考察作出线性铺陈的同时，作者的问题意识也不断展现在我们面前：那就是当代非罗马法传统学者在研究罗马法时遇到的困境，即多数学者只能先借助现代外国语文献了解罗马法在外国的研究现状，只有极少数具有深厚语言学功底并经年累月爬梳罗马法的学者才有可能依据原始文献写出纯粹的罗马法作品，甚至可以在一定的方法指导下开展"interpolatio"的研究。[②] 尽管日本的罗马法主要是由民法学者来推动的，但无可争议的是这部分工作一般只由纯粹的罗马法学者完成。

那么，这些纯粹罗马法的整理工作是否具有历史学以外的法学整备的意义呢？对于这一点来说，尽管作者没有直接给出答案，但从该文对日本罗马法学生长的梳理来看，仅从"日本的罗马法学主要由民法学者来推动"一点就可以窥探端倪。用作者在文中所说的话来讲，就是"埋首古法并不切断与现代的联系"。但是，同样无可否认的是，作为现代制度整备的罗马法研究同样涉及经济史、社会史的历史主义研究方法，如果脱离相关背景知识学的依托，制度史或思想史研究都将是无源之水、无本之木。而这一点从方法论上来看，正是导源于罗马法等西洋法史学的特有优势所在。

本文的作者就曾以此为目标，将精力投入到法制度及其产生语境的互动性考察过程中，由此产生了一系列社会知识学背景下的罗马法论文；并且作者在强调这种研究方法的同时，坚守科学主义的方法观，不对法制度作趋炎附势地非历史主义的解读。就作者对纳粹的强烈反对态度来看，这在倚重德、意传

---

① 译著如斯奇巴尼主持，薛军翻译的《学说汇纂》（第 48 卷），中国政法大学出版社 2005 年版，该卷内容为学说汇纂中的刑事法部分。专论可见徐国栋前引《对元首制时期和优士丁尼罗马法宪政的考察》等。

② 我国这方面的情况也类似。除上开提到的兼治罗马法与民法的诸位学者外，就主攻罗马法方向的学者而言，恐怕仍然是以现代诸外国学者的研究成果为主。如民国至共和国时期的罗马法大家周枏、陈朝璧两位先生，即是以法、英等现代学者的成果为基础进行研究的。这一点已如前述，除去极少数纯粹罗马法学研究以外，似乎是非罗马法传统国家研究罗马法的主要的文本工作方法。

统的日本罗马法学界确是值得学习的严谨态度。无论是从事古典民法理论研究,还是从事罗马法研究,这些对我国的研究思路都具有良好的启迪意义;并且这种研究方法同民法学者的民法研究方向转型相关,[①]也可以作为法学研究全般的方法论加以考量。

最后,作者还考察了日本罗马法学研究中存在的若干问题:(1)法史研究中相互批判的必要性;(2)法思想概念的有效性;(3)基督教与社会历史进程的交互影响。就第1点来看,研究法史(即使是作为罗马法发祥地的德、法、意等国)的力量要比研究现行部门法的力量弱,因此相互批判的缺少是作为发掘客观研究状态的问题点而提出的。对于第2点的克服,实际同上文提到的纯粹法学方法的弱化相关。至于第3点,则是基于罗马法研究的特质而提起的在研究方法上的进一步构想。[②]

五

本文作者曾求学于意大利博洛尼亚大学,归国后任教于早稻田大学比较法研究所。作者毕生用功于罗马法及法史学,具有深厚的语言学、历史学及法学功力,不仅完成了许多卓有见地的罗马法专论,而且从拉丁文翻译了《十二表法》。另外,作为编辑代表,他主持并亲自实施了盖尤斯《法学阶梯》的拉—日翻译工作。其治学的孜孜精神、严谨的态度及深厚的功力都值得我们当代法律学人学习。

在此例举作者的主要著书目录如下:《法制史文献目录》(参编,创文社,1945)、《法学》(独著,敬文堂,1967)、《Lex Ⅻ Tabularum——十二表法原文、日译及解说》(独著,早稻田大学比较法研究所,1969)、《法史学:日本法史·欧洲法史》(合著,日本评论社,1972)、《现代法学讲义3》(合著,日本评论社,1972)、《国宪论纲·罗马律要》(合著,早稻田大学比较法研究所,1974)、《古代罗马法的研究》(独著,敬文堂,1975)、《罗马法史》(独著,敬文堂,1982)、《对司法的民众参加:西洋的历史展开》(合著,敬文堂,1996)等。译著有《罗马所有

---

① 关于日本第二代民法领军人物鸠山秀夫所代表的概念法学向以末弘严太郎为肇始、我妻荣等为大成的引入新美国社会学方法、德国经济史论方法的民法观的转变过程,国内有不少介绍性论文。例如可以参看:渠涛,《日本民法编纂及学说继受的历史回顾》,载《环球法律评论》2001年第3期。

② 值得注意的是,我国罗马法学界在近期也出版了基督教与罗马法交互渗透式研究的专著,即汪琴博士的《基督教与罗马私法——以人法为视角》,法律出版社2011年版。由此看来,我国的罗马法学者已经逐渐具备了罗马法先进国的问题意识。

权法的理论》（独译，学阳书房，1983）、《德意志法史》（参译，成文堂，1999）、《法学提要》（盖尤斯《法学阶梯》的日译本，早稻田大学罗马法研究会译，佐藤笃士监译，敬文堂，2004）等。

本文原题为《日本におけるローマ法学の役割——日本におけるローマ法研究の歩みにたいする一つの反省》，发表在《早稻田法学》（40卷1号，第53～99页）上。笔者在翻译过程采用了硬译的风格，以最大程度忠实于原文的目的，并将原文的着重号一并保留，只有极少数地方在正文中以中括号的形式插入一些短语以便读者更好地理解原文。原文引用了大量拉、德、法、意、英文文献，且几乎均未附日译，本文将其一并译出并附原文在后，望方家对之批评指正。译文改正了原文的两处较为显见的德文拼写（也可能是原文排版时出现的）错误，但由于译者语力有限，对于在本译文中未能识出的错误和误译之处在此也恳请专家指正。另外，原文引用了许多近代日本法学者的论著和相关政策文件，这些论著文白相间，表述习惯、用语风格皆不同于当代日语，虽经反复忖度及求诸专业人士仍难免出现错讹，谨乞海内宏达并施丹黄。

罗马法学在日本的作用

一、绪论

罗马法学引入日本时日尚浅；而且，罗马法学对明治初期的日本人（知识分子阶层）来说，只不过是随着文明开化的呼声，作为一个人们所陌生的欧洲古董而在其好奇心驱使下得到关注的事物罢了。所以在那样的情况下，罗马法学作为一门学问领域在日本扎根，已经是明治终了时的事情了。[①] 总之，罗马法学从明治时代开始就被引入，至今已近1个世纪。[②] 在这一过程中，日本的罗马法学迄今为止承担着何种作用，罗马法学者以何种态度从事罗马法研究，留下了哪些遗产？我认为回顾这些问题是有意义的。现在，罗马法的研究者人数很少，开设罗马法课程的大学也不多。因此，在大学学习的学生对罗马法乃至罗马法学的认识很薄弱。此外，即使是对于一般的法学研究者，越是想

① 通说认为是春木一郎氏为研究罗马法而去欧洲留学，后来在京都讲授罗马法的时期。因此，春木氏以前的“罗马法”课程担任者未必是罗马法的专家。

② 明治元年为1868年，本文完成于1964年。——译注。

起他们对日本过去罗马法学状况的认识，越是可以从中看出他们疏远罗马法的倾向。这种事实不仅是后述的罗马法学自身的问题，而且也和研究有关欧洲问题时，日本研究者，乃至日本人自身的意识有关。[①]

那么，这里就从前述的问题意识出发，以日本的罗马法学者及以此作专业者为限进行列举——但不涉及中世纪罗马法学——因此，虽然本来应当把贯穿于细节的解释当成问题，但本文在当前并不正面涉及这一问题，而是想主要将其研究态度、问题意识作为焦点。

迄今为止，这种主题的论文已有多篇，比如，矢田一男的《作为民法学者的小野梓》（《法学新报》41—9），同一作者的《明治时代的罗马法教育》（《法学新报》44—3、4）、《优士丁尼法典》（《法学新报》48—5）、《明治以来罗马法源日译年表》（《法学新报》46—6～12）、《日本罗马法学界的近况——追忆原田教授的学风》（《法律时报》22—12）；原田庆吉的《我国的外国法史学的发达》（《东京帝国大学学术大观》昭和十七年），同一作者的《古代法》（《法学研究的指南》，昭和二十五年）；片岡辉夫的《悼念原田庆吉先生的逝去》（《法制史研究》3）等。本文参酌这些论文之处良多。此外，还有武藤智雄的《罗马法与日本法》（*Il diritto romano e il diritto giaponese*, Atti Congresso Internazionale, Bologna, 2, 297）、《论日本之继受及研习罗马法》（*La recezione e gli studi di dirtto romano in Giapone*, Archivio giuridico "Filippo Serafini", 111, 1934）。

---

① 这一问题同欧洲一般法史学，进而同日本的欧洲研究学全体相关联。也就是说，"为什么要研究欧洲"这样的问题，对于以欧洲为研究对象的研究者来说，是个不得不反复咀嚼吟味的问题。要言之，在西洋法制史学中，关于此问题，过去经常出现争论（久保正幡的《日耳曼法史的构想——西洋法制史研究的一个方法》，载《东京帝国大学学术大观》《论西洋法制史的概念与研究方法》《国家法学》，63—10・11・12合并号，世良晃志郎《论日耳曼法的概念》《法学协会杂志》，18—4、19—1）。然而在罗马法学中，即使是这样的论争也没有发展起来——进一步而言，研究者数量不够且还要各自分担自己的事情——这一点殊值注意。去岁年末，林毅发起的《对西洋法史学存在理由的自我反省》（载《法律时报》，1963年学界回顾——西洋法制史）对当今的情况具有极为重要的（说明）意义。

但是，还应对罗马法学一般研究者有另一重认识。也就是说，罗马法是以调控产业阶段的资本主义社会的法关系——近代市民法——形成为目的而被认同的。但是，在超越产业阶段的今日社会中，现实社会关系中产生的诸问题，出现了以罗马法为基础的近代市民法所无法完全规整的诸侧面。因此，作为解决这些问题的手段，罗马法学已经是过去式的事物了。这种主张不仅在日本，而且在欧洲的罗马法学中也不得不需要认真加以考虑。

二、明治时代罗马法的导入过程与罗马法学

(一)罗马法学科

维新当时的明治政府，为使日本能早日与欧洲先进诸国相平等，在实现日本的自由、独立、殖产兴业、富国强兵的口号下，大量导入欧洲的文化。欧洲学问的导入也作为其中的一环(甚至是其中核)。这其中，与国制相关的法律学是形成明治政府权力机构的中心。[①]

就此，改造了江户时代的"开成所"[②]，明治二年开设了"大学南校"，明治六年改称"开成学校"，法、理、工业用英语，艺术用法语，矿山用德语开始授课。[③]

"开成学校"于明治七年5月改校名为"东京开成学校"，从此日本的罗马法开始作为一门独立的科目设立。"罗马法律"为本科课程，设置在法学第二

① 按穗积陈重《法窗夜话》中的论述，明治三年，以司法卿江藤新平为中心进行民法编纂。据说，其态度即是"以法国民法为基础制定日本民法"——关于这一点，参看拙文《从法学史看日本的近代化》(载《比较法学》1—1)、手冢丰的《明治初年的民法编纂》(载《司法史料别册》第21号)，利谷信义《明治前期的法思想与裁判制度》(载《法律时报》35卷6号)——作为进行法制度整备之预备工作的外国法学习，其主调是"误译亦好，唯速译是善"。因此，作为笔译担当者的箕作麟祥每翻译出两三条，江藤就把它们提交到会议上。此外，又处于一个既没有辞典也没有参考书的年代，所以是一种非常辛苦的尝试。

另外，行政制度机构——中央官制——的改革也稳步顺利展开，这也是周知的事实。

② 德川幕府下的洋学研究机构经历了天文方(贞享元年1684)——蛮书和解御用(文化八年1811)——洋学所(安政二年1855)——蕃书调书(安政四年1857)——洋书调书(文久二年1862)——开成所(文久三年1863)等。幕府的态度是，在欧洲文物导入之际，以医学、天文学、地理学作为中心，当然对批判封建制度的近代精神采用压制的措施。参看岩波的讲座"日本历史·近代5"，高桥磌一的《洋学的兴隆与反封建的世界观》。

③ 矢田一男：《明治时代的罗马法教育》，载《法学新报》44—3，第84页。

年中级、第三年的上级。[①] 明治九年7月法律科目进行修正，在本科课程第二年中级设为选修课[②](但是，因为第三年加入了复习全科目的项目，第二年中级选修“罗马法律”的人就可以在第三年复习了吧)。

担任东京开成学校“罗马法律”科目的讲授者是明治七年(5月6日)来日的英国人格里斯比(William E. Grigsby)。他为教授预科生拉丁文而选用优士丁尼的《法学阶梯》(原文)作为教材，并用英语讲授。他作为一个英国人，讲课又用英语，所以推测起来其授课内容势必该以英国法与罗马法的比较研究作为重点吧！[③]

为什么“罗马法律”在东京开成学校的设置最初两年是必修课，后来改成选修课了呢？这一点确已无从得知。但若允许推测的话，可以说有以下几个方面。在东京开成学校里同时开授英国法与法国法。但在维新当初，明治政府已经事先决定引入欧美先进诸国的学问。针对法律而言，就是把当时欧洲

---

① 试举当时的科目如次：

本科课程

第一年 下级 列国交际法[平时交际法]、英国法律[大意、宪法及刑法]、宪法史记、心理学及论文、拉丁语

第二年 中级 列国交际法[战时交际法]、英国法律[惯用法、结约法、衡平法及其主旨]、罗马法律、政学、修身学及论文、法兰西语

第三年 上级 列国交际法[交际私法]、英国法律[私犯法、海上法及贸易法]、罗马法、法国法律[拿破仑法律要旨]、比较法论、证据法及理说

按矢田前揭论文记载，因为有《罗马法律、优士丁尼、十章律》和《文部省第二年报》(明治七年)，第二、三年度应该不会讲授优士丁尼《市民法大全》中的《学说汇纂》1～10卷概要。参看《东京帝国大学五十年史》上册，第299页。

② 明治九年法科科目表可以参看矢田前揭论文。这里值得注意的是，与第一年度的“国宪”一起，第二年度设置的“罗马法律”也同样是“依照学生的愿望学习的科目”，也就是说成了选修课。这种改正的理由在于“以前的课程中，如法学之内容是未得批准的”(东京开成学校所据政府敕令)。这种说法的真实性虽难揣测，但从敕令所附文书《改正诸学科课程》第5条中“以下……诸学以外……法科学生应修习日本法律及中国法律要领”一条便可看出，当时日本自古以来的法律对外国法的优越感深入人心。

③ 讲授什么内容能从考试问题中很好地看出来。比如，曾考过下面的问题：

○“遗产信托”是什么意思？它与英国法上的什么制度类似？(What is meant by Fidei-commissa? To what are they analogous in English Law?)

○ 什么是“口头合同”？它与英国法上的什么合同对应？(What was the contract “verbis”? To what kind of contract does it correspond in English Law?)

参看矢田前揭论文，第386页。

兴盛的罗马法也作为授课科目引进来。申言之，恐怕是出于探寻给当时欧美文化以强烈影响的罗马文化，特别是罗马法这样的愿望。

明治十年，东京开成学校与东京医学校合并，改称东京大学。首任大学校长加藤弘之本着转型思想中的国粹保守主义教育方针，废止了“罗马法律”科目，新设了“本国古代法律”科目。[①] 推想起来，其意图旨在肯定当时的天皇秩序，以此为由确立了研究日本古代法的目标。[②]

这样，罗马法相关科目就废止了。但在“法论”（明治十四年改称“法理学”）、“古代法”科目下讲授梅因的“古代法”（Ancient law），只是其中内容对罗马法有所触及。[③] 其授课人经历了格里斯比（Grigsby）—塔灵（Tarring）[④]—鸠山和夫—穗积陈重的更换。

明治十五年，虽然情况不甚明朗，但由美国人泰利（Henry Taylor Terry）[⑤]作为主讲人，罗马法课程再次复活。泰利的授课内容为“罗马法讲义采用桑德尔氏翻译的优士丁尼《法学阶梯》作为教科书，用一般方法讲授人法编的大意，特别引起学生注意的是无体物及有关债务的条目。大概条目仅限于英国法律上必要且相关者”（着重号为佐藤所加）；[⑥]并且，按照大学的教学细目，“罗马法为法学第一年度及第二年两学期期间讲授大意，以作预修英、法两

① 日本古代法律自然以日本法制史为起点，此外还加上日本刑法沿革、日本现行法律科目。这样是希望学生“避免只知西洋法律而对我国现行法律过于生疏的弊政”，（《东京帝国大学五十年史》上册 567 页）但实际上是着力于以天皇制为中心的制度史研究而讲授。顺带一提，学科课程“本部（法学部）以教授我国法律为主，辅以中国、英国、法国等法律大纲。但因我国法律并不完备，现今专门修习英国、法国法律要领”。（前揭《五十年史》568 页）当时，学科上的民粹主义根深蒂固。明治十二年，改为“日本刑法沿革→日本古代法律（沿革史）”，明治十三、十四年，改为“日本古代法律（大宝令）”。

② 关于加藤弘之的思想，可以参看石田雄的《明治政治思想史研究》第 67 页及以次。

③ 矢田前揭论文三，第 88 页。鸠山和夫的《缅氏古代法》是当时所产的卓越译著。

④ Grigsby，英国人，明治七年来日，明治十一年归国。教授不动产法、动产法、衡平法、国际法、刑法、罗马法。明治十年开始的 1 年间讲授法论。Tarring，C. J. 于明治十一年开始的 1 年间讲授法论。虽然也讲英吉利古代法，但明治十三年 9 月 20 日就解任了。

⑤ Terry，H. T.，美国人，明治十五年 9 月起至明治十七年止教授罗马法。明治十四、十五年也教授英国法及国际法。

⑥ 《东京大学年报 65》，第 6 页。

国法律的准备”。[①] 罗马法彻底成为学习英国法、法国法的前提，在人们意识中成为必要，因此也就不要求讲义的独创性了。

明治十九年，东京大学改称帝国大学，法学部改为法科大学。法科大学从明治二十年开始分成英国部、法国部和德国部，[②]罗马法科目由穗积陈重任教，第一年每周讲课 3 小时。明治二十年由德国人怀培尔特（Heinrich Weipert）[③]任教，在英国部、法国部于第二年的一年里每周讲 3 小时，德国部在第一年的一年里每周讲 6 小时，第二年一年里每周 3 小时讲授罗马法。这之后，明治二十二年，德国部在第一年度第一、二学期每周 6 小时，第三学期每周 4 小时，演习每周 2 小时；第二年度演习改为每周 1 小时，罗马法科目就这样固定下来。授课人经历了罔崎三郎→穗积陈重→怀培尔特→宫崎道三郎→户水宽人[④]、春木一郎的演变（中途明治二十六年开始改为讲座制，明治三十年又改为东京帝国大学）。

明治三十二年，京都大学也开设了法科大学，罗马法也作为一讲座从 9 月开讲（据敕令 31 号第 2 条），授课人依次为德国流派的千贺鹤太郎[⑤]、春木一郎、千贺鹤太郎。

---

① 《东京大学一览》，明治十五・十六年、十六・十七年。情况是这样的：明治十五年，一年级二学期每周两课时。明治十六年，一年级每周一课时。

明治十六年 7 月根据穗积陈重等人的建议设立了“别科法律科”，依据加藤弘之颁发的文件，“既要学科的高水平，又要学者数量多，要提高法学部现有的水平，因地制宜地设置学科而成为别科”，是社会的需要——律师培养——的要求。在此列举了“罗马法”、“民法”、“商法”、“刑法”等等作为正规学科。但是，明治十九年，东京大学改称帝国大学，别科于同年 4 月 1 日移管司法省。

② 法科大学开始分为以法语为主的法律学第一科，以英语为主的法律学第二科及政治学科这三个学科，罗马法在法律学第一、二科第二年的一年间每周授课 3 小时。任课者为穗积陈重。

③ Heinrich Weipert，德国人，明治十九年 10 月 13 日—二十三年 8 月 7 日任帝国大学法科大学教师，详后。

④ 至明治末，英国学风下成长起来的穗积陈重、户水宽人与持德国学风的怀培尔特、宫崎道三郎交互讲授罗马法。矢田前揭论文，第 94 页。

⑤ 千贺鹤太郎在德国柏林大学学习（从明治十七年即 1884—1893 年），至被京都大学聘用时止 15 年间都在德留学，留学期间兼任日本语教授。回日以后，罗马法自不待言，还主要从事国际公法的研究。详细情况参看矢田前揭论文三，第 98～99 页注(1)。

另一方面，设立了许多与法律学有关的私立学校。[①] 根据明治十九年文部省令第3号《东京府下设置私立法律学校特别监督条规》[②]，其主要目的是培养律师，所以要根据律师考试科目来设置课程，并且“应以帝国法律中制定并存在的内容为主进行讲授，辅以外国法在一旁作为对照”（该令第2条第2项），所以罗马法课程便与英国法、法国法、德国法并行讲授了。[③]

私立学校讲授罗马法者，有东京专科学校——早大的朝仓外茂铁、户水宽人、杉田金之助、津轻英麿。东京法学社——法大的鸠摩拉尔（五来欣造口译）、田中逊、津轻英麿、山川幸雄，中大的涉谷慥尔→渡边安积→户水宽人→朝仓外茂铁，庆应的威格莫尔（Wigmore）→津轻英麿，专修学校的高桥健三→山本谦三→目贺田种太郎→朝仓外茂铁。

（二）明治时代罗马法学者的问题意识

罗马法科目，已如前述，在日本的法学教育中制度化地固定下来，作为讲义所使用的教材，关于罗马法的专著也开始出现。那么，当时的罗马法学者在研习罗马法时抱有怎样的问题意识呢？下面，对此问题将到明治30年代——即真正的罗马法研究开始的时期——为止，大致分为三期[④]进行考虑。

1. 明治时代当初，法学授课以英语和法语进行，内容为英国法和法国法，这一点前文已述。不管怎么说，这是为尽早了解当时欧洲的法律制度，用从中获取的知识，早日编纂与欧洲比肩的法典，建成与欧洲比肩的司法制度、行政机构，是在这样的政府权力的目的意识下开展的活动。所以，罗马法成为对掌

---

① 明治八年，为讲授法国法律和英国法律开创了“法律学舍”（明治十年废止）。之后至明治二十三年仅在东京就陆续创设了15所法律学校。其中半数都废止了，剩下来的成为大学至今仍在发展。详细一览表见矢田前揭论文（44～4，第98页）记载。

② 这是私立学校接受帝国大学校长监督的关于课程时间表、考试、成绩、教学法方面的规定。受监督的法律学校为当时的五大法律学校：专修学校、明治法律学校、东京专业学校、东京法学校、英吉利法律学校。其后明治二十一年5月根据特别认可学校规则移属文部省管辖。

③ 监督条规条文记载科目中虽然没有罗马法，但关于外国法的讲授委诸各校弹性掌握。

④ 这种区分并不是以所谓时代区分的意义而作出的，但从本质上仍然反映了当时的社会政治条件。

握英国法、法国法大有裨益的学问。[①] 因此,为理解罗马法,最为简单的方法就是参考英国人写的罗马法教科书,讲读英国人用英语翻译的优士丁尼《法学阶梯》这样的方法。如果看到前述明治十五年在东京大学讲授罗马法的泰利的讲义内容(前述)就会对此非常明了。

在这些当中,日本人关于罗马法的著作也出现了。那就是堀口昇的《罗马元老院纪略》(明治八年)[②]、小野梓的《罗马律要》(明治九年)。[③] 这两本书据说都是将日本的罗马法研究汇聚一册的著述。小野梓的著作是否刊行还不明确,但这本书所围绕的是"欲知泰西法律,必知其源流罗马法"这样的主张,并似乎是以实现它为意图;[④]并且在英国、法国法学隆盛的当时,接触到萨维尼、普赫塔、温德沙伊德等人的学说,将潘得克吞法学介绍进来的小野梓的工作(《民法之骨》明治十七年)还是不同寻常的特质性的工作。[⑤] 研究英国法的马场辰猪的《罗马律略》(明治十二—十三年,共存杂志 20—628 号)也同样为探求欧洲法律的源流而简单介绍了罗马法外史。马场辰猪于明治十六年创立的明治义塾法律研究所(翌十七年改为明治义塾法律学校,明治十八年废止)中用日语讲授罗马法。[⑥]

明治 10 年代后半开始到 20 年代初,许多私立学校陆续设立了罗马法课

---

① 像现今所说的并非把实用法学作为科学从而追溯法的历史,这一点不言自明。毋宁说是将着力点放在作为西洋艺术、技术的法律形式上,所以"精神"方面还是东洋更优。

② 田中周友:《堀口昇〈罗马元老院纪略〉——我国关于罗马法的最初文献》,《法学论丛》28—1。

③ 原田庆吉:《我国的外国法史学的发达》,第 294 页。中村吉三郎:《明治法制史·第一辑》,第 63 页。

④ 中村,前揭书,第 63 页。

⑤ 原田,前揭论文,第 294 页。

⑥ 《明治义塾法律研究所略则》中第一项"本所授课皆以日语为之"(《明法志林》第 53 号,明治十六年 5 月)。马场在此之外还于明治义塾法律学校讲义录中连载了《梅因氏法律史》。

程。出版了用日语完成的教科书和译著，也发表了论文。[①] 渡边安积口述的《罗马法·完》（明治十九年）也是其中之一。他特别叹息当时能意识到研究罗马法必要性者非常之少，并进一步写道，"夫欧洲以成典完备而鸣于世者法兰西，以惯习自生之法而夸于众者英吉利，以法理之精致为崇尚者德意志，此诸邦博其声誉者盖以罗马法为业并吸纳发挥者也。……然我邦学者唯知讲授英法德之法律，而不晓应下力治罗马法，乃令人痛惜之至"，认为如果不上溯到罗马法，就无法真正理解当时英、法、德的法律。但是他所讲授的罗马法，以英国的罗马法学者马克尔迪、亨特、波斯特、桑德、马克肯奇的著作作为参考，与当

① 教科书有高桥健三的《讲义录》（《明法志林》29—31、明治十五年）、涉谷慥尔：《罗马法沿革史之一部》（明治十八年），同一作者：《罗马法讲义》（明治二十二、二十三年左右）、目贺田种太郎：《罗马法》（因为是课外讲述，所以大概是明治十九—二十五年间在专修学校[出版]）、东三条公恭：《罗马法》（明治二十三年？，主要讲述优帝法典）。

翻译有梅因的《古代法》，因作讲义使用，为了更加好读，除前述马场翻译以外，还出过鸠山和夫的《缅氏古代法》、增岛一郎的《法律沿革论》、菊地武夫的《古代法》。此外，还有马肯奇的《罗马法与法国法、英国法、苏格兰法视点的比较法研究》（Mackenzie, *Studies in Roman Law with comparative views of the laws of France, England and Scotland*）由何礼之译成《法律类鑑》（明治十年）；松野贞一郎、伊藤悌治的《罗英法苏各国比较法理论》（明治二十四年）；亨特的《罗马法入门》（Hunter, *Introduction to the study of Roman Law*）由西川铁次郎译出（《明法志林》第110号）。耶林（Jherring）的《罗马法的精神》（*Geist des römischen Rechts*）由矶部四郎译为《法理原论》（明治二十一年）。作者、年代不详，《优士丁尼法典》（优帝法学阶梯全译）。关于此的详细情况，参看《明治以来罗马法源日译事历》（新报49—6～12）。

关于论文情况的介绍，参看原田前揭论文，第305页注（六）。

时欧洲已经展开的罗马法原典[①]研究相对照，基本上没有原创性存在的余地。这恐怕是和为服从当时作为无上命令的法典编纂进行罗马法介绍阶段相适应吧！[②]

2. 然而，法典编纂活动具体地表面地显现出来，有人主张从《优士丁尼法典》到《拿破仑法典》成立，应强调罗马法的连续性。如果在日本实施法典编纂的话，罗马法也就成为日本法的母法。[③] 从这时开始，关于罗马法研究的欧洲学说渐次输入，中世注释学派、萨维尼的历史法学方法也介绍进来并浸透学界。

---

① 《民法大全》(*Corpus iuris civilis*)的德译、法译于19世纪前半世纪都已出版。

奥托·西灵·辛特斯尼，《民法大全德译》，7卷本，1830—1833(Otto Schilling Sintenis, *Das Corpus Iuris Civilis ins Deutsche übersetzt*, 7 Bd.)。于勒与贝特勒，《全50卷学说汇纂或潘得克吞》，7卷本，1803—1805(*Les 50 livres du Digeste ou de Pandectes*, trad. par Hulot et Berthlot, 7 vols.)。《十二表法》的校订也完成了。

狄尔克森：《从前关于十二表片段之批判及还原之尝试的概论》，莱比锡，1824(H. E. Dirksen, *Übersicht der bisherigen Versuche zur Kritik und Herstellung d. Textes d. Zwölf-Tafel-Fragmente*, Leipzig)；舒尔，《十二表法遗本》，莱比锡，1866(R. Schoell, *Legis Duodecim Tabularum Reliquiae*, Leipzig)；华兹华斯，《早期拉丁片段与标本》，牛津，1874(J. Wordsworth, *Fragments and specimens of early Latin*, Oxford, 1874)；佛科特，《十二表法，民事及刑事法历史及体系，诉讼程序，十二表法中包含片段》，莱比锡，1883(M. Voigt, *Die XII Tafeln Geschichte u. System des Civil u. Criminal-Rechts, wie Prozesses, der XII Tafeln nebst deren Fragmenten*, Leipig, 1883)；古德温，《十二表法》，伦敦，1886(F. Goodwin, *The twelve tables*, London, 1886)；亚伦，《早期拉丁文本拾遗》，博斯顿，1884(F. D. Allen, Remnants of early Latin, Boston, 1884)。

罗马法的专门学术杂志萨维尼所创办的《萨维尼法律史杂志》(*Zeitschrift der Savigny-Stiftung für Rechtsgeschichte, Romanistische Abteilung*, 1897—)发刊，《法国及外国法历史评论》(*Revue historique de droit français et étranger*, 1855—)上也刊载了罗马法研究的论文。而且还有即使是现在都可以作为这方面始祖的蒙森的《罗马国家法》(Mommsen, *Römisches Staatsrechts*, 1871—1888)、《罗马刑法》(Römisches Strafrecht)也出版了。

② 试看下例。《法学协会杂志》43号(明治二十年)渡边安积口述的《罗马法·完》的宣传告示如下写道："耶林氏曾谓罗马曾三次号令世界并一统之(武力、教权、法律)……现今我国的制度模仿欧美法律，欲取之并增进改良，则罗马法之引入我国势不可免，然而研习世界法律，以增益我国法律制度又岂能任由我辈一日放缓罗马法研究……"

③ 这种考虑方法后来成为法系论，继而催生出法律进化论，对后世许多学者造成了影响。

明治十九年与明治二十二年，在帝国大学任教罗马法课程的穗积陈重留下了《罗马法讲义》（明治十四—十九年?）一书。他在该书中设问道，“今日欧洲诸国对我邦[法律]之研究犹对亡国法律之研究，此乃何故?”耶林也曾论述依罗马法律的世界支配，“绝非摆弄古董之类，而是作为现在诸国施行的诸法律的认知材料而研究。”也就是说，如果说要具体说明这一点，需言明第一在立法上，第二在法学上之必要。第一，立法上之必要与渡边安积的论述相同，要抓住作为现今欧美诸国“母法”的罗马法，要树立不理解罗马法就不能真正理解现今欧美诸国法律的前提。他进一步写道，“现今我国法典编纂工作像民法那样，参考继承罗马法的诸国法律良多，而且居立法司法要职者概为通晓罗马法族诸国法律者也。”虽然论述过这样的理由，但日本民法今后是否也属于罗马法族尚不得知，所以这种研究并非如上所述。第二，法学上的必要是指，法学理论从来都是从罗马法研究中产生的——博洛尼亚的注释学派、萨维尼的历史法学派、奥斯汀的分析法学派等——但现在的罗马法学者却有“与探究罗马法意义相比，更侧重于以之为材料进行学理研究”的倾向。因为他同时讲授《法论》、《法理学》，所以能发现这样理论的侧面也属当然。它的意义便可称为向探明欧洲法律源流的方法上前进了一步。怀培尔特讲述，植村俊平译的《罗马法及法典编纂论》（《法学协会杂志》41 号，明治二十年 7 月 20 日）就这一点认为，即便日本法依固有法形成，在法理论上不学习罗马法也是不行的（该书第 36 页）。

但是，即使在对罗马法史以时代进行区分时，也不得不以成文法的成立时期，法典编纂这样的法形式区分作为基准。[①] 在这种情况下，罗马的国家权力的性格虽完全不成为问题，但无法否认还是以私法的生成作为着力点。与其说是因为罗马法的古代特性而追求古代社会中的法关系，倒不如说是探究作为近代法母法的罗马法价值所在，其当然归宿恐怕不能不说是采用追寻罗马法中的近代精神这样的手法吧?[②] 对罗马财产法的说明倾注了很大的力气，[③]

① 时代区分是依吉本的划分，即不成文法时代（建国→《十二表法》制定）——成文法的时代（公元前 450—公元前 100 年）——成文法发达的时代（公元前 100—公元 250 年）——法典编纂时代（250—550 年）。

② 这不能否定当时在德国活跃甚巨的耶林的重大影响。特别是读过《罗马法的精神》（全 4 卷）（*Geist des römischen Rechts*，4 Bde.，1852—1865）以后让人如此推测。

③ 当时罗马法著述都采用法学阶梯（Institutionen）方式，这除了罗马法《法学阶梯》是以 Institutiones 方式完成的理由以外，还主要基于当时正在编纂的波索纳民法典为主的法国法的原因。

从中也可以了解这一时期的情况。

3. 波索纳民法典草案作成后，围绕亲属法、继承法而展开了所谓的“民法典论争”，[①]无论如何，明治三十一年潘得克吞形式的民法还是施行了。贯穿这一民法形成过程，罗马法学成为了另一种变质。也就是说，为了了解欧洲法律，进行法典编纂，从事司法事业，需要系统地研习法学。在这样的理由下，罗马法学找到了自己的正当性，但围绕民法典的形成，近代市民法的属性与天皇制意识形态为中核的家族主义意识形态的对抗显现出来，最终以后者的主张固定下来。伴随这样的民法典的公布、施行，罗马法学被迫在罗马法研究中寻求新的意义。

户水宽人的《罗马法》(明治三十二年)也是这个时代的产物。推测起来，他自明治二十年渡边安积年轻时便殒命以后，便继承了渡边，在英吉利法律学校进行最初的罗马法课程讲授。[②] 但从那以后，他执教鞭于帝国大学(东京大学)、东京专业学校(早稻田大学)、专修学校(专修大学)、东京法学院(中央大学)、日本法律学校(日本大学)，形成了一个人背负明治后半的罗马法教学的景象。对于罗马法研究的意义，他提示了三个方面。第一，为同诸国法律比较研究而必需之物——也就是说，罗马法以外的法都在短期内随王朝的盛衰而消失，唯有罗马法“独经千有余年长明而愈现其发达”，所以了解罗马法的这种发展可起到对其他法制“知得失”的作用。第二，为知法律的历史而必需之物——欧洲大陆自不待言，连英、美、法也全“从罗马法汲取营养”。因为日本法律从明治十三年的《治罪法》制定以来，也是受欧洲大陆的影响而形成的，所以罗马法是了解日本法律沿革时所必须的。对于研究“新民法”的人来说更是如此。第三，为学术性地理解法原则的必需之物——罗马法是希腊思想与罗马的应用技术相结合的产物，通过对这一产物的研究生成了法学，所以欲了解现代法的法理，不理解罗马法是行不通的。这种主张与穗积陈重的考虑方法是一脉相通的。然而民法形成后，要作为现行法而具有实效性，与法学全体的概念法学化相伴，要对民法的诸规定、原理进行说明，为进行这种说明，最理想

① 关于“民法典论争”的文献，从穗积陈重的《法窗夜话》始，其后有星野通的《民法典论争史》、平野义太郎的《日本资本主义的机构与法律》(载《日本资本主义社会与法律》)等卓越的分析作品问世。其论争的核心在亲属法、继承法部分遭遇的法典实施反对意见中非常明确，本质上就是“自由民权法学与半封建的官僚”、“资产阶级自由派与半封建主义”之间的对立。

② 矢田，前揭论文，第111页注(5)。他的该著述的构成采用了纯粹的Institutionen体系(本论、第一编·人法、第二编·物法、第三编·诉讼)。

的法就是罗马法。在日法法律学校执教的鸠摩拉尔，他的《罗马法》（明治三十三年）一书这样写道，“近世法律即日本及其他文明国法律都包含有罗马法的原则，也就当然可以在审判中适用罗马法……虽然间接地有助于诉讼之裁判，但是作为最合适地得出判断的材料则无需质疑。”该书仅讲述了司法制度、诉讼程序、物权及债权，也就是说，他把亲属、继承部分排除在说明之外。[①]

另一方面，出现对半封建家族制度的积极评价的动向也值得注意。杉田金之助《罗马法》（明治三十二年）就是其中之一。他从与继来的单纯重视欧洲→日本的法律移植想法不同的观点出发，也即，世界中存在各种“法族”（罗马法族、回教法族、印度法族、中国法族、英法族），其中“最有势力的是罗马法族”，其次是英法族。转而看我国的话，“新民法”是罗马法的“变形”，所以欲知我国法律必须研究罗马法。进一步而言，为什么在我国进行罗马法研究特别必要呢？“在欧洲采纳的罗马法”中，罗马的亲属、继承制度没有被采用，这是因为在盛行个人主义的欧洲，亲属、继承制度与罗马上的该制度大相径庭。但是存在家族制度的“我国在可供效法的其他类例付之阙如时怎么办？唯夫罗马法存在家族制度。可能正因为如此，他们（欧洲）弃之不顾，我们对此扬弃并加以学习的必要就迫在眉睫了，所以不得不以其备作参考”。

这样，日本的罗马法学由罗马法与日本民法的单纯比较，罗马家父（Paterfamilias）与日本户主的比较为开端，言说了有益于日本民法家族制度构造正当化的意识的出现。[②] 但是，这种意识已经在法典论争中与穗积八束一起，随之在提出法典延期实施意见的高桥健三、朝仓外茂铁身上一并出现（《法学新报》14 号社论，明治 25 年 5 月 25 日）。也就是说，以罗马法中的家族制度

---

① 如果只说作为日本近代化素材的罗马法，日本半封建家族主义是否潜在含有与近代化不相容的意识并不明了。

此外，朝仓外茂铁的《罗马法》（明治三十一年，东京专业学校刊）也讲述了罗马法的沿革（时代分期划分为四期，国家创立→十二表法→西塞罗→亚历山大·塞维鲁斯→优帝），辞退私法课程以后未在东京专业学校继续完成。明治三十二年以后，预告由林讲师担当。此外，德意志流派的岡本芳二郎《罗马法讲义·完》（明治三十八年，明大出版部刊行）用潘得克吞（Pandekten）方式，法兰西流派的田中逊《罗马法》（明治三十九年，法大刊）用法学阶梯（Institutionen）方式讲述了罗马法。

② 在欧洲继受罗马法的同时，个人主义的近代市民法秩序也就形成，但对其理由的探究完全置之度外。因此，与经济学和社会学中如何克服半封建的家族制度这样的问题意识出发的对家制度的重整形成对照。穗积八束：《新法典及社会的权利》（明治二十九年）。

和个人主义的财产法并不矛盾，而是以这种统一的认识为前提，在主张日本民法半封建性格的正当性时，可能会潜藏着应求诸罗马法典范的意识吧！不管怎样，主张罗马法与日本法近似这种手法的极限，就是非以罗马法为专攻的穗积八束于明治四十四年1月10日在新年宫廷授课时发表的《在希腊罗马中显现的祖先崇拜事迹》[①]中体现出来。按照他的说法，“希腊罗马上古法制道德皆与我国相同且依此维持社会，这一点甚为了然。然而后来……欧洲民族（依据基督教）终于将此上古信念丧失殆尽。与此同时，所有以家族制度为基础的法制道德都舍弃，并向以个人当下福利为本位的法制道德转移”。他得出的结论是，为国家的发展，不得不盛倡希腊、罗马的祖先崇拜。这里仅仅能看到一个鼓动家的样子，对罗马法进行科学研究的态度已经完全丧失了。

三、从明治末期到战败为止的罗马法学状况

（一）以罗马私法史为中心点的学派

对当时这样低迷的罗马法学加以重要反省的是春木一郎氏。[②] 他于明治三十年7月在日本首次因罗马法研究被任命赴德留学，明治三十四年归国后立即成为京都帝国大学法科大学教授，担任罗马法讲座。他最初发表的论文是《论博洛尼亚时代以降至19世纪末间罗马法研究的方法》（《明治法学》第64号，明治三十六年12月）。在这篇论文中，他主要遵从萨维尼的考察方法，承认注释学派（12世纪）以前罗马法研究的存在（至那时为止采罗马法研究中断说），并进而论及注释学派——后期注释学派——德国的罗马法继受——法国、荷兰的罗马法研究——18世纪德国自然法——18世纪末的历史法学派。最后，论述了历史法学派的缺点。据此，(1)“历史法学派在法制的发达变迁中

① 天野德也：《祖先崇拜与法制道德》（《法学新报》第46～2、41～2页引用部分）。

② 略历、研究业绩见：《春木先生60大寿祝贺论文集》（昭和六年）。据其记载，明治三十四年作为京都大学法科大学教授担任罗马法讲座，另转年即明治三十五年开始分担英国法讲座。但是，从来讲授罗马法者未必是罗马法的专家（尤其是，例如梅谦次郎、富井政章、穗积陈重具备关于罗马法的当代一流知识。——原田：前揭论文，第295页），在此首现以罗马法作为专业研究的研究者，这对于学问分工而言不能不说是重要的进步。

穷其努力，但在与其他社会现象一起研究法制的方面"并没有多少业绩；[①](2)"历史法学派对法律的过去现今研究尽其所能，但对法律的将来却避而不谈，毋宁说是将其置之度外。"所以，关于今后的罗马法学，他一面有着"20 世纪的法学者果能想到克服此等缺陷的研究方法吗"这样的疑问，一面对此有着期许。[②]

对历史法学持有这种批判的春木，在将目光投向罗马社会史的同时，在其卓越的外国语能力的帮助下，以原始文献为基础对罗马法学史(Rechtsgeschichte)进行再建构。[③] 从此，日本也产生了与欧洲比肩的罗马法学专家。但在他最初的出发点所展现出的"言说法律之未来"这一点上，他本身几乎也没能指明方向，这也是一种遗憾(虽有《罗马法的道德的价值》(《法律春秋》二之二)，但我们没有机会得见，或许可能对此问题有所阐发)。因此，他所说的"将来"的意义我们并不明白可知。

无论如何，在此，日本的罗马法学以纵向的历史研究的形式固定下来。具

① 这不仅是对萨维尼历史法学派的批判，也是对当时日本文科风、法科风中偏重法形式，"形式上"比有职故实(指研究古代以来朝廷和武家的礼式、典故、官职、法令、装束、武具等的学问——译者按)具有更大影响的法制史学的痛烈批判。但是，为"与其他社会现象一并研究法律"需要参考什么样的文献还不明了。仅限于罗马法、罗马史领域而言，1891 年(明治二十四年)就已经出版，现在还有很大价值的韦伯的《罗马农业史》(Weber, Römische Agrargeschichte)，在此之前还有 1877 年摩尔根的《古代社会》，1884 年有恩格斯的《论家庭、私有财产与国家的起源》，关于这些作品他有何种程度的认识呢？《罗马奴隶制一般》(《日本法学》11－1，明治四十年 1 月)、《耶稣教理对罗马奴隶制的影响》(《中京法学》6－7，明治四十四年 7 月)、《论平民(Plebs)的起源》(《国家学会杂志》35－10，大正 10 年 10 月)、《罗马国奴隶制小话》(《中央学院大学法学论丛》2－1，大正 10 年 11 月)等作品中看以看出春木将法制与社会现象一起研究的问题意识。

② 这是单纯着眼于资本主义社会，还是也有几分汲取了当时盛行的带有抵抗国家权力的社会主义思想呢？

③ 从他的业绩中可以明显看出其研究中心是放在古代罗马法上的，而且其中大部分起到我国十二表法解释的先驱作用。

晚年(大正十五年以降)时期，在我国首次尝试将优士丁尼的《民法大全》从拉丁文翻译过来。关于此的详细信息，参照前记《春木先生 60 大寿祝贺论文集》所收的研究业绩。

体地说，原始文献批判研究，[①]也就是说，将《民法大全》中法学家的著作、《法学阶梯》中的修改添加予以证明，以分析古典法与优士丁尼法的区别为开端进行下去。此外，研究方向以罗马法史料为依托，无论如何还是以私法史作为中心。[②]

但是，此时虽然不以罗马法为专业，但在当时极富盛名的鸠山、山名、石坂等民法学者提出了不同的罗马法考察方法，也出现了民法学者的罗马法研究，我们无法不对此做特别的说明，即平野义太郎的《民法上的罗马思想与日耳曼思想》(大正十三年)。这可以说是为了说明我国法——特别是民法上——罗马法、日耳曼法在什么程度上加以制度化地、思想化地采纳，而固有法又在怎样的程度上起到阻碍作用。这种考察方法通过原田庆吉的一系列研究——日本民法的历史素描——逆输入进来。[③] 平野氏的研究并不止于此，转年即大正十四年发表了《法律上的阶级斗争》。这就从历史唯物论的立场出发，将罗马法的形成过程看做是阶级斗争的历史，进而道破罗马法及罗马法学在资本主义社会中的作用，即使到现今在罗马法学中也具有极为重要的启示意义。[④]

继春木一郎氏之后承接东大罗马法讲座的是原田庆吉氏。他于昭和四年发表了《严格市民法中罗马家族法的研究》(《国家学会杂志》42—2、12;43—1、2、12;44—2、4)，其研究是从家族法出发的。这篇论文精查了关于古代罗马家族法的所有历史文献，论及家族组织、婚姻、养子、监护、保佐等方面，特别是对罗马古代母权制是否存在的探讨部分，对氏族(Gens)属性的比较法上的解说

① 春木《L. 2 C. quae sit longa consuetude 8,52 的解释》(京法 1—8,2—1,明治三十九年 4 月)、《〈学说汇纂〉中的特里波尼安标记》及《〈学说汇纂〉中特里波尼安标记的发现方法》(京法 3—11、12,明治四十一年 11、12 月)。但是这些论文并没有采用在欧洲提起的米泰斯(Ludwig Mitteis,德国罗马法学家,提倡纸莎草的文献研究方法——译者按)方法——将原始文献进行再构成并进而立论的方法。

② 私法学者的罗马法研究也在发展。但是这一侧面的研究一般来说是以潘得克吞法学贯穿始终,罗马法只不过是为进入现行法说明的前置内容而已,并没有在法现象的历史研究上有所进展。春木不仅对于当时的罗马法学提出了极为进步的问题意识,而且在深入历史研究中,将现代与之连结,这是其论文惯有的意图,在此之前这是未曾有过的。这种将现行法与罗马私法交接,产生具体的成果的就是原田庆吉氏(后述)。

③ 原田:《我国的外国法史学的发达》,第 301 页。但是,原田完全没有进行过"法律上的阶级斗争"这样的评价。从这一点上看,原田氏的方法也有其界限吧!

④ 但是,从那以后,无论是战前还是战中,都没有出现罗马法专家所做的依据历史唯物论的方法进行的严肃罗马法研究。即使战后也几乎难觅。拙文《罗马共和后期的雇佣关系》(《早稻田法学会志》第 13 卷)虽是个别研究,但却是以此为目标的。

部分都具有特色。至昭和二十五年病倒为止，他做了许多这样的工作，关于这些研究的个别详细解说可看片岡辉夫《悼念原田庆吉先生的逝去》(《法制史研究》3)，这里不赘述。总之，(1)他有着极深的语言学造诣——在希腊、拉丁、苏美尔(Sumer)、阿卡德(Akkad)、赫梯(Hittite)、希伯来(Hebraios)、阿拉伯诸语上；(2)受中田薰的影响，在比较法制史的基础上，通过研究楔形文字法而致力于解明本来的罗马法；(3)将重点放在指明罗马法为我国民法"制度的，或是个别规定的，或是单纯法律的考察和思维形式的采纳情况，以及相反，被日耳曼法，德、法固有法及我国固有法所阻碍，没能进入现代法部分的状况"①。特别是，他的方法贯通了在柏林大学留学期间学习的保罗·科沙克(Paul Koschaker)的现实化(Aktualsierung)②的考量方法。

昭和八年(1933)，德国纳粹抬头，德国的罗马法学陷入危机。即是说，纳粹依其《纲领》第19条，在德国宣告驱逐了罗马法。按纳粹所说，优帝法创造了一个各种民族杂居的罗马国家，也就是"为解决各种民族间的利害冲突而精心打算的、合理的法的集合"。在此，"罗马的"被理解成"犹太的"的同义语。原田氏第一时间捕捉到这种情势，写就了《1933年的古代法的学界回顾》(《国家学会杂志》48－4)一文，以对立的目光对此加以批判，并介绍了当时欧洲古代法的研究状态。据该文，与德国形成鲜明对比，意大利虽然也处于法西斯政权下，但司法部长兼罗马法学者弗兰奇西(De Francisci)却以建立"新罗马帝国"为目标。因为有这个后盾，罗马法学更加隆盛，法西斯政府主办的国际罗马法学会1933年(昭和八年)于博洛尼亚和罗马举行，这让人感到罗马法学研

① 原田，前揭论文，第301页。但平野氏是把日耳曼法的介绍由市民法引向法社会学的桥梁。

② 科沙克的方法在战后出版的《欧洲及罗马法律》(*Europa und das römische Recht*)(1947)中论及。此外，久保正幡的《保罗·科沙克教授逝世》(《国家学会杂志》65－4)、片岡辉夫《保罗·科沙克》(《法律时报》24－12)中也有论述，详细情况可参看这些论文。

究的中心已经移到意大利。[①] 原田氏对这种情形从学术进步的视角加以介绍，从比较法制史的视角说明在其极感兴趣的考古学、纸莎草学方面德国无法与意大利相比，[②]并且该文也加入了关于法国、英美的罗马法研究处于沉闷状态的介绍。但是即使在意大利，恐怕看起来还是以私法史为研究中心吧！[③]

原田氏从这样对待纳粹的态度出发，昭和十四年趁保罗·科沙克的《罗马法危机与罗马法学》(*Die Krise des römischen Rechts und die romanistische Rechtswissenschaft*)(1938)[④]发表之际，立刻将其介绍到日本(《法学协会杂志》57－12)。他曾这样对之进行积极的、高度的评价，即它有着"将从来动辄便争论且难以究明的问题摆上台面，给所有的罗马法学者让其否定也好、肯定也罢，这样必须直面问题的机会的功绩"。保罗·科沙克所主张的要点内容可以分为以下几个方面。

(1)关于当时德国罗马法的存在根基。纳粹政权成立以后，学生从不得不修习罗马法课程、参加考试的束缚中解放出来，选修罗马法课程的学生几乎没

---

① 这次罗马法学会以"《学说汇纂》1400年纪念"为会名召开，主题为优士丁尼皇帝以后的罗马法学(4月17日～20日，博洛尼亚)以及优士丁尼皇帝法(4月22日～27日，罗马)。在罗马会议上，武藤智雄作了题为"罗马法与日本法"的演讲(PH 579－585)。当时的罗马大学教授李可波诺(Riccobono)在《论古》(*del Vecchio*)书简中写道，"德法为首的诸外国年年对罗马法研究忽冷忽热……唯独意大利对罗马法倾注着执着的热情，罗马法研究的王座如今已完全为意大利占据。"弗兰奇西(Pietro de Francisci)是当时意大利罗马法学界的第一人，他受到法西斯政府的重用。其后罗马法研究者不断地增加。

值此意大利罗马法研究兴盛时，1928年12月罗马大学中成立了罗马法及东方法学院(la scuola di diritto romano e diritto orientali)，修习最少1年的课程以后授予"作为殖民地官吏、律师、公证人的预备及关于在东方殖民地关系，外交关系的履历中法学士的优先许可"。详情参阅原田的《意大利"罗马法及东方法学院"的设立》(《法学协会杂志》48－5)。原田氏的研究带有文格尔(Wenger)古代法制史的研究方法，这是值得欢迎的，但我们也不能无条件地为之高兴。确实，如果看一下课程表的话，会发现有罗马的法关系、纸莎草学、金石学、回教法、东方地中海地方法等以古代法的比较研究为中心的课程。但是，殖民地立法、殖民史及殖民政策也没有漏掉，并成为必修课。1933年彭梵得(Pietro Bonfante)逝世。关于彭梵得，可以参看田中周友:《罗马法学者彭梵得教授的永眠》(《法学论丛》29－4)。

② 意大利的罗马法学还有向着希腊法、东方法领域发展的倾向，在观念上没有必要回避这一情况。研究罗马法，主张罗马法的伟大是与法西斯政府的权力意志完全一致的。

③ 不得不承认的是，如果不考虑其方法论的话，公法(国制)史方面的研究也流行起来，尽管同德国自蒙森以来在这方面的研究比较起来，还算不上是精彩。

④ 1937年12月21日于德国法研究院(Akademie für Deutsches Recht)会议上的演讲。

有，罗马法课程面临着自然消灭的命运。

(2)然而，科沙克认为，罗马法课程面临这种命运并非因为纳粹政权强制废除了考试，而是“因为课程自身内部就呈现出一种病态，无法为学生提供有实用性的东西”。这种病态的罗马法学是什么呢？伴随着《德国民法典》(BGB)的完成，到那时为止的潘得克吞法学发生分裂，成为了“依据对添加的研究而对罗马法内部纵向发展的研究”和“引入罗马法以外法域的视野，将其同罗马法进行比较并呈现其与罗马法交互影响的横向研究”这两大分支。但是，“纵向研究”与“横向研究”都无法引起学生们的兴趣。如果说还有能够引人兴趣的罗马法学研究方法，那就只有“将罗马法与现代法相结合的实用方法”(如从米泰斯的《潘得克吞》开始的作为民法入门的东西)了。

(3)那么罗马法学实用化的方向是怎样的呢？(a)虽然在实践中具体的方法依讲授者的个性而定，但研究者经常都是着眼于现代，将罗马法以体系化的教义式(Dogmatisch)方法讲述；(b)而且并不仅仅将罗马法当作单纯的一次性历史事件来对待，故而在题材上也囿于一次性的历史事物，而是选择一般性的人类共同点(allgemein Menschliche)。从这开始，就能理解超越时空而依然不损价值的罗马法的伟大之处了；(c)因此，楔形文字法、埃及固有法至多是运用罗马法式的思维形式来起到使比较法更加精进的作用，这便足够了。要言之，这种主张不是“只讲授与现行法关联的问题”，而是要“在体系的论述中时常勿忘现行法”。

(4)那么，为什么罗马法学(研究)需要持续下去呢？其理由应从欧洲文化的共通(及共同)点中觅得。也即“要捍卫作为欧洲法学代表者与基础的罗马法”(为证明这一点，需要说明查理大帝的世俗罗马国(weltiliche Romidee)以降作为欧洲文化基础的罗马法)。这种思考方法对1948年《欧洲及罗马法》(*Europa und das römische Recht*)的问世，乃至对战后的日本都具有很大的影响。

总之，在这样的问题意识的支撑下的原田氏的学问，不到战争终了是无法开花的。

除原田氏以外京都大学还有田中周友氏。与其说是在研究罗马私法上，倒不如说他是对纸莎草法学、希腊及希腊主义的法、优帝新敕法及相关法令更感兴趣。根据希腊语记载的原始材料，他发表了“与法源紧密结合的扎实可靠的论文”(原田：前揭《我国的外国法史学的发达》第299页)。

京城大学的船田享二氏——我们后面还会稍微详细提及这个人——他于昭和十八一十九年出版了“我国的标志性著作”(原田氏语)《罗马法全五卷》。

他的研究方法就是探究从罗马建国以来到优帝为止这段时间，随着社会的变迁，法是怎样发生、进化的，用他的话说也即，“以历史的方法来研究罗马法，能最好地对法是怎样发生、怎样生长以及怎样地衰落作出观察”，“把法作为一个社会现象，从同其他诸多的社会现象的关联中发生的变化，作为一种进步来观察”，这样便可以了解其他民族在各个时代的法拥有怎样的“特质”。因而从他的方法论来看，就有可能得出这样的结论：到现今社会为止的法的存在状况的“特质”，可以从罗马法的历史主义视点自然地理解并进而得出结论[①]（详细的分析可以参看原田氏的介绍，《国家》60—4）。故而虽然总体上没有“古典古代共同体”的认识，但采用了以社会、经济、政治等侧面来叙述罗马法的方法，对私法制度试图作出多方面说明这一事实，大概也表明了无论从哪方面来说，这都比到那时为止的常常仅流于从法形式说明罗马法的方法前进了一步。

但是，这种倾向早在井上周三的《罗马法概论》（昭和八年）里就出现了。这一点是值得注意的。也就是说，他为了讲授罗马法方便，并不仅局限于优帝法，而是将罗马法作为法制史学的一切加以认知——进而指出：(1)因为“现在的法律制度……同过去的法律制度……具有某种因果关系是通常的规则”，那么“（古代法）就是理解现在法律制度的根本所在”；(2)“（古代法）是现行法的批判及指导的依据”；(3)在“确立一般法概念的时候”，罗马法学扮演着重要的角色。这种主张历来的观点都有着决定性的差异，他不仅从政治史的方面，还从“占最基础地位的”经济诸条件出发来论及罗马法。以拜占庭期为着力点的栗生武夫氏，就是循照奴隶制与农奴制作出了一系列的论文，这也是周知的事实了。[②]

（二）以罗马公法史乃至其精神为中心点的学派

与德国的纳粹政权排斥罗马法的情况相反，在意大利，法西斯政府因为要寻求新罗马帝国的理论根据而鼓励对罗马法大加研究，此点前文已述。德国

---

① 这种主张是户水宽人的《罗马法·完》中所完全遵循的轨迹，此点值得注意。

② 关于栗生氏，可以参考恒藤恭：《难忘的诸君——其之一·栗生武夫君的追忆》。关于法史学的方法论在《法律史的诸问题》（昭和五十一年）《代序》中有所阐发。据此，法史学是追求无限延续的法的变动的学问，推想起来，其着眼点应在于对当下社会的维持、发展真正起作用的应然法加以挖掘。但是，如果说实定法的内容几乎都是应然法的话，那么我们就不得不再度追问规定实定法和应然法的本质性东西到底是什么了。奴隶制、农奴制也是，在其根基中，历史学上的史的唯物论的方法与其是有差异的。此外还有《拜占庭期亲族法的发达》（昭和三年）、《法的变动》（昭和十二年）等文可以参照。

的罗马法学即历史法学——潘得克吞法学几乎全是以仅对私法的关注而发展起来的，但在意大利却是以罗马的奥古斯都政体，即元首政论及帝国机构的关注为中心，因而不管从哪方面来说这都可以说是公法部分的重要材料。[①] 这一情况至少说是迎合了法西斯政权的需要[在意大利也有私法方面的研究，这一点是不消说的。但是，与受到纳粹政权排斥[②]的德国诸项研究相比，(私法研究的)水准、数量还是难以相比的。夏洛亚(Scialoja)以及对家族理论进行具有特质性的理论建构的彭梵得——古代的罗马家族"大家族"就是小的政治团体、小国家，例如遗嘱继承作为最初的家权移转形式，据此的继承人指定具有家族长的指明以及家族支配权的意义。彭梵得死后，罗马大学普通法的担任者李可波诺等就活跃起来]。

这种欧洲风潮直接影响到了日本。原田氏的前辈船田享二于昭和五年创作了《西塞罗的国家论与奥古斯都政体》(京城大学文学会,《法政论丛》第一部第 4 册)，为他的学位论文《罗马元首政治的起源与本质》提供了线索。他对公法的说明，主要从思想史的立场出发来加以叙述。这篇论文受到文格尔提倡的古代法史论的影响，"以西塞罗思想与奥古斯都的《业绩》的关系为中心"，考察了"希腊思想与元首政体发生的关系"，但这种考察，是在罗马公法的进化过程中，以希腊、东方法的法思想施与其多大的影响作为问题意识中心的。所以他主要以这样的方式来观察这二者，即"从共和政体向元首政体推移的时代中以罗马的一般社会状态，特别地以其思想上的一般倾向作为基础"。他把普拉顿、阿里斯特雷斯的国家论引入罗马社会，得出了这样的结论："为了与当时罗马一般社会状态的倾向相适应而不断地扩大其适用，与此同时，也使其更加罗马化，而且这种罗马化的哲学式的国家论，最终因为奥古斯都的伟业而塑造了极为有利的思想潮流。"当时，他对它们产生了何种影响所持的态度已无从得知。或者说，透过对元首政治的研究，他有了这样的认识：形式上是共和政体——民主的外表，但在实质上是依靠权威进行的罗马第一王者奥古斯都统

① 李可波诺高度评价了奥古斯都的政治意义，三期划分之中以奥古斯都政治的出现为契机，又将第二期再做两个分期的细分；而且在意大利，罗马法史是持续被置于意大利历史的位置中的。(彭梵得语)

② 按前述的纲领对罗马法加以排斥——大学的课程名称也变成了"古代法制史"——之外，还有犹太人教师被驱逐出大学。原田《科沙克〈罗马法的危机与罗马法学〉》(57一第 12、79 页)中写道，"中坚力量根绝，我(原田氏)在留德期间后任补充者全无，这样的大学相当多。"

治的一个理想像。[①]

在九州大学担任西洋法制史讲座的武藤智雄是当时在意大利学习罗马法学的唯一的日本罗马法学者。他在罗马大学师从李可波诺，其主要关心的问题是拜占庭时期的法律是可作罗马式的解读，还是可作拜占庭的东方式解读。关于这一问题，他发表了《罗马进化的诸阶段——关于罗马法制史的时代区分》(《九大法政研究》6－2)、《罗马法还是东方法》(《法学协会杂志》54－7～11)。结果，按照他的观点，拜占庭时期的法形态是所有的法律都融合在一起，形成了新法，其精神支柱为基督教伦理，东方法的影响很薄弱。晚年时，借重述罗马法时代区分之际(昭和三十七年《法与政治的诸问题》所收)，得出了"是为了叙述上的便利，并非值得许多学者考虑的重要事物"这样的结论。[②]

更进一步，从罗马法寻求精神皈依的是户仓广氏。他于昭和十年写成《罗马法制史概论》，副标题为《近代法上罗马思想的潮流》，同年还发表了《罗马法

---

① 《罗马元首政治的起源与本质》受到当时学会的高度评价(例如久保正幡教授的介绍，《国家学会杂志》51－2；三户教授的介绍，《法学》6－1；原田：《我国的外国法史学的发达》及同一作者《国家学会杂志》60－4 中的部分)。作为本书基础的诸论文——前述以外还有——《波利比乌斯(Polybius)的罗马共和政论》(《国家学会杂志》48－2、3)、《奥古斯都与元老院的立法权》(《法律新报》44－4)、《关于元首立法权的古典法律学者的理论》(《京城大学法学会论集》7－1)、《奥古斯都的元首政治与罗马的民事诉讼法》(《法律新报》46－5、8、10)等等。他常主张罗马公法研究的必要性，主要论点有：(1)罗马法进化的特征不仅在私法，也有从公法上理解的必要，即希腊、东方对罗马法进化的影响在公法上比私法上可能起到更具决定性的作用；(2)因为与私法相同，公法的进化也是循序渐进，所以对公法的研究就成了对不成文宪法国家的组织及其变迁实例的揭示——这种考察方法在《罗马法・全五卷》中继承下来。元首政治就是在这种变迁进化中介于共和政和君主制的过渡形态，特别是从希腊哲学背景赋予其思想存在发展基础这一点来看，元首政治占据罗马公法史上中心的地位，在此找到了元首政治研究的存在意义。结论就是，应该这样把握元首政治：在共和政组织的边缘形成了元首政治组织，共和政的习惯渐次向专主政治方面转移。久保、三户两位教授被认为对元首政治的生产过程几乎没能从社会的经济的背景上加以考虑，而对这个问题的思考会带给我们重要的启示。

② 据说他是"世界上最忠实的为同派(李可波诺学派)而斗的战将"(原田氏评)。李可波诺的学说就是具有"为证明古代罗马法不断发展的成果就是《民法大全》，应承认再度审视古典罗马法的意义和伟大之处的"功绩(原田，前揭，第 300 页)。但这里需注意的是对时代区分的认识。也就是说，时代区分从根本上蕴含着以什么样的方法发掘该时代的主要特征和矛盾的历史认识问题。从来将罗马法的历史分为王政—共和政治—帝政或王政—共和政治—元首政治—专主政治或原始共同体—奴隶制、农奴制，区分方法本来就体现着扎根于各种方法中的价值观，更不必说"叙述的便利"这样简单的归纳是不正确的。

的世界史的使命》。他在前者中写道，“在现代进步的法律界中，‘罗马法在法律学中全然无用’这种落后于时代的见解不能说全然没有。……罗马法的精神岂止没有灭绝，现今反而在我等世界中更显活力。……浅薄的观察者，将现存罗马法视作现代制度，并以此来认识罗马法是不可取的”。（着重号为佐藤所加）[①]——此后，规定了“罗马法式的德国法”、“罗马法式的法国法”、“罗马法式的英国法”等概念以后——判例、判决录增加，现代法“由于自身的庞大而在现今不断崩溃”，所以“拯救它的唯一方法就是从不灭的法律——罗马法中探究真的精神”。但是，德国已经有基尔克（Gierke）等人的学说发表，也介绍了我国如平野义太郎氏的诸论文，判例研究也以末弘严太郎氏为中心开展起来，这种动向作为到那时为止的解释学发展而展露出来，我们对此要如何解释呢？这理解起来难度很大。

在此提到的三名研究人员依当时日、德、意三国同盟缔结的战线而结成“法西斯学会”。这一阵营于昭和十六年以后发行了机关杂志《意大利》（月刊），其结成的目的在于“以日意为中心将轴心国的联系亲善立场作为指导国内新体制、建立世界新秩序的国策”。[②] 他们作为该会的发起人成员在谋划发会之际发表了如下祝辞。船田氏认为“关于法西斯意大利的研究，常对其必要性抱有兴趣，（但获取文献却较为困难）……”该学会的发起便消解了这种困难。户仓氏则写道，“国家的兴隆要靠强势文化建设的促进。应此等要望之需，我们先见到‘法西斯学会’的创立，现在又举行发会仪式，实令我国“学人”不胜欢喜。特别在大东亚战争下，此举具有更深的意义”。武藤氏更进一步认为，该学会“肯定能给法西斯主义带来更深一层的一般认识，同时也会为率大东亚而立的我国国策提供很好的参考资料”，这些研究者在机关报《意大利》上发表的论文融入了极盛的精神主义使命观，例如船田氏从恺撒·奥古斯都求诸法西斯国民理论的原型。这样，本应称之为罗马法研究科学的学问工作几

① 推测起来，可能是脑中闪过耶林的“依据法的世界支配”这种念头而发表的言论。市民法与社会法、法的形成、适用过程中的阶级斗争——在充斥着从历史唯物论出发的历史认识论的时代，为什么采用这种非历史的方法呢？在罗马法继受中，同各国的固有法对立、融合及其界限都已经有过讨论，但关于这一点却不是作为问题意识而被提出来的。

② 《意大利》昭和十八年5月号第38页及以次。发会时未集会，举行了“纸上发会仪式”。制定的会则是：会员全部推荐而来，一切会费免除，代意大利人支付费用。参加该会的除上记三位罗马法学者以外，还可见到大川周明、神川彦松、大河内一男等许多人的名字。原田庆吉、田中周友、矢田一男等其他罗马法学者的诸位没有参加该会。

乎全都未予进行，让人感到就是在为军部、右翼卖命。[①] 究竟是一时的噩梦，还是说其持有着与某种东西紧密相连的研究态度呢？总之，就是在这种状态下迎来了战败。

四、战败后罗马法学的状况

战败造成天皇制支配秩序的崩毁，也给依赖它建立起来的法西斯带来沉重的打击。但是，除了在战争中积极参加合作的人以外，并没有感受到这种程度的压力，细想起来也并没有依赖外国的文献输入，总之，研究生活继续维持下来。但是，就那样没有对自己认真反省而又追随新的风潮了吧！[②]

在罗马法学中，如果只论及以私法为着力点的学派的话，毋宁说是从各种制约下解放出来，能够对自己的主张直抒胸臆了。或者也可以说相反，研究的继续进行是因为战前不需要顾及太多国家权力的问题。

原田氏于昭和十二年开始继续发表了日本民法的史的素描的亲属编部分（《国家》60－7），一方面在科沙克的所谓现实化方向前进的“罗马法”上收获成

---

① 如果试着看一下这三位罗马法学者投在《意大利》的论文就可了然于心。武藤：《轴心的强力》，该志 1－11，《某日的永野提督》，该志 2－2，《12 月 8 日某种感激》，该志 2－12，《罗马都制概观》，该志 3－4；船田：《罗马主义与法西斯主义——法西斯主义中体现的罗马法精神》，该志 2－1，《罗马理念与法西斯法学（一）（二）》，该志 2－9，10；户仓：《罗马法与世界新秩序》，该志 3－1，《罗马人的传统尊重》，该志 3－6。

除此之外，武藤氏还发表了《我国文化与意大利的合作》（中央公论社，昭和十三年 5 月）、《法西斯立法的基调》（《日意文化研究》第 5 号，昭和十七年）等作品。具有讽刺意味的是，在研究公法史及其精神时，越是提起日本罗马法学的存在理由，越是可以看到当时其与权力的结合不断得到强化。

② 这个问题当然并不局限于法学者，其实是全体日本民众的问题。历史学的领域中——对战前、战中清一色的皇国史观——展开了痛彻的自我批判。关于这一点，从马克思的《资本制生产中先行的诸形态》日译（《历史学研究》129 号）开始，又继而连续论述的奴隶制、共同体的问题、国家权力的规定、天皇制的诸问题等不断发表的文章来看就能理解了。但是，这样的从史的唯物论出发的历史方法在法制史学里和罗马法学的接触极为稀少。

果，另一方面受中田薰的影响在德国就已经积累进行的楔形文字法研究方向上[①]发展。在“楔形文字法”方面也大有斩获。另外，展开了战前就举办的耶林《罗马法的精神》的读书会[②]，通过研究会活动实现“探究在完成罗马法律文化整备后作为第二期工作主要对象的法思想、法原理性的事物”，其成果在于发表了《罗马法的原理》（昭和二十四年）。但是，原田氏也相信，现代的法生活受罗马文化遗产的“支配”（《罗马法的原理》第1页）。

昭和二十五年，原田氏憾赴冥界以后，在东大，片岡辉夫助教授承继了罗马法研究。但其关心问题与原田氏相异，与其说是对私法倒不如说对罗马的国家权力形态倾力付出。其《罗马初期的刑法与国家权力》[③]已经达到现在研究罗马法学的世界水准。一词一句都不马虎的严密的研究态度，在想要释放深厚积淀的意图下行笔游走（例如，前揭论文以外，还有对弓削达的《关于〈狄奥多西法典〉的诸论稿》的批判，《法制史研究》10所收）。即使在欧洲国制史及公法史的研究，与私法研究相比较也是个全新的领域，可以看到他对历史学成果的关心具有相当积极的作用。但是，他关于罗马法史全盘的真正研究还要我们今后继续期待。

大阪市立大学的吉野悟助教授，也是在原田、船田二人的影响下开始研究

---

① 中田薰氏的比较法史学方法如次：在某种特定的文化的前提条件下，会呈现出定型化的发展力。其结果就是诸法虽没有相互的接触，却形成了同一现象。进一步而言，这诸法的比较有助于对思维形式的理解（《亚述法书及赫梯法典》，《春木先生60大寿祝贺文集》所收）。原田氏曾明快地表示为了精心雕钻罗马法而从事楔形文字法的研究（前揭《法学协会杂志》57－12所收论文）。

② 这一读书会战前在京城大学法文学院法学科的有志之士——因此不限于罗马法学者会员——中设立，阅读原著的第一卷，《京城大学法学会论集》刊载了其中的三分之一，进入二战后中断。读书会的成果是耶林《罗马法的精神》第一卷（1）（昭和二十五年9月）的出版。沿着昭和十九年以中田薰为中心组织的“比较法史研究会”的脉络，战后以原田、久保两教授为中心的耶林原著第二卷读书会开立，至昭和二十三年在季刊《法律学》（第3、5、6、7、8号）上刊载。

③ 法制史学会编《刑罚与国家权力》所收。沿着这一线索的最近业绩是柴田光藏的《Senatus Populusque Romanus（元老院与罗马市民）——罗马元首政治时代刑事裁判作用的诸类型》（《法学论丛》69－1，70－1、2，论文评论《法制史研究》13）。

片冈助教授还介绍了战后的外国文献（《国家学会杂志》66－4～6、67－3、4），在那样一个没有多少人从事欧洲学界情况介绍的年代，这些工作极富意义。吉野、片冈的《马克斯·卡泽〈罗马古代的ius〉》（《国家学会杂志》70－6）在日本也起到了执古代罗马法研究新意义之先鞭的作用。

罗马法的。他以《古代罗马法上的拘押 manus iniectio——古代罗马法上的支配、责任、债务的展开》(《社会科学研究》5－3、4)为开端,又陆续发表了《nexum(拘束论)》(《社会科学研究》6－1)、《mancipium(要式买卖论)》(《社会科学研究》6－4,7－1)、《causa usucapionis(使用取得原因论)》(《专修大学论集》27)、《古代罗马法上地役权成立过程试论》(《专修大学论集》14)等论文,主要以古代罗马财产法为中心追求私法的论理。[①]

战前以罗马公法及其精神为着力点的学派,是否是自发地研究另当别论,仅是向法西斯政权示好这一点,就让人感到战败后立论和问题意识的低迷。户仓氏又写了《法制史序说》(昭和二十四年)。但是这里已经没有《罗马法制史概说》(昭和十年)问题意识中的粗野,而是试着采纳了与田中周友《世界法史概说》相似的构成。"罗马法式的英国法"、"罗马法式的德国法"这样的词语已经不见了,变成采用历史的"法系"论进行解说。列举有关"共同体"的参考文献,一方面没有脱离不成文法→成文法、秘密→公示、义务本位→权利本位、公法→私法、诉讼法→实体法这样的穗积陈重"法律进化论"的方法,一方面举出"社会生活的进化"作为法的进化要因,其具体何指尚未言明。

武藤氏则仍坚守罗马主义的立场,主要发表了一些宏观性的一般概括式的论文。但这已经不限于罗马法,而是更为关心意大利历史中罗马法呈现出

---

① 其他论文还有《论古代罗马"最近宗亲"权地位的形成》(《专修大学论集》20)、《论古代罗马家族面貌的变化过程》[《现代私法的诸问题》(下)所收]、《Ager compascuus(论共牧地)》(《市民社会与私法》所收),作为现在的中坚力量之一,还在发表着更有活力的论文。但是,关于法构造所诞生的社会基础,它们的相互关联是否就没有必要考虑了呢?把这个问题都只交给韦伯([例如]《罗马农业志在国家和私法中的重要作用》*Die römische Agrargeschichte in ihrer Bedeutung für das Staats*—u. Privatrecht)是否合适呢?

吉野氏以外,将添加(interpolatio)研究开始真正引入日本而突然成为罗马法研究中核力量的小菅芳太郎发表了《关于 Uti Possidetis(因你占有,即特示令状)盖尤斯文(Gai,4.148)中添加的可能性》(《国家学会杂志》71－3,72－4、6、10),《最近的添加研究》(《法制史研究》9)、《法史学上夫妇间的赠与(上)》(《北大法学论集》14－3、4)。在第三篇论文中,他把"贯穿罗马法的大陆私法学形成过程的各个理论中的具体观念看做是法学史研究的前提",并举了《罗马法与德国普通法》、《德国私法理论形成中萨维尼的作用》中的一例作为说明材料。

此外,还有岩田健次的《罗马继承法的样态》(《法与政治》8－1)等等。另外基于德国的最近研究,町田秀实还发表了《罗马法史概说Ⅰ》(昭和三十八年)。

经过战前、战后,罗马法研究由非以罗马法为专攻的人们(主要是民法学者)带入了研究盛期,这已是周知的事实,关于这一点还需期待后日的整理。

怎样的样态，例如，《Juristen böse Christen（好法律家恶基督徒）的经纬——文艺复兴与宗教改革和法律学》（《阪大法学》11 号）、《文艺复兴与近代法》（《阪大法学》15 号）、《文艺复兴与意大利法》（《日意文化研究》复刊 2 号）等；与之同时，还留下了向外国介绍日本罗马法研究的《日本对罗马古文明的研究状况》（*Condizione degli Studi Romanistici ed Antichi in Giappone*，1950，IURA 2，etc.），以及关于中世意大利原居民组合的论文（《阪大法学》40、41 号）。尽管如此，像《罗马法的时代区分》（《大阪大学法学部创立十周年纪念论文集》，昭和三十七年）中可以看出的那样，武藤氏依然遵从李可波诺的考察方法，即“以罗马性再构罗马法”的学说，展开了时代区分无用论的论述（田中周友：《缅怀已故武藤智雄教授》，《法制史研究》13；三户寿：《我国的罗马法研究与武藤教授》，《意大利杂志》10—12，《阪大法学》44、45 号所收的《已故武藤教授略历及著作目录》）。

船田氏则将工作中心转移到他一开始就感兴趣的法哲学、法思想史领域，发表了《罗马法学与希腊的自然法论》（昭和二十六年，《法思想的潮流》所收）、《谕令权（imperium）概念的统一性》（昭和二十八年，《法哲学年报》）、《罗马的法思想》（昭和三十年，《法哲学讲座》2）。这里所主张的法思想及法思想史是“起到形成现实法秩序作用的思想，是为表现多数法学者乃至法哲学者理论构成而努力的思想，也是依某种法秩序形成及法学说的出现而进化变迁的思想”历史（“法思想史”）。但是，一方面主张法运动的思想，另一方面，更进一步研究这些思想怎么形成，并且考虑挖掘什么是让法形成的历史性力量这种必要性。

战前，在明治时代就从事罗马法研究史及《法学阶梯》日译工作的矢田一男教授发表了《法律的母都罗马（上）》（《法制史研究》5）、《日本罗马法学的近况》（《法律时报》22—12）。与此同时，与战前的《论十二表法原本及该法题号》（新报 41—3）相接的公法研究——《“渎职罪”（Repetundae）的端绪》（《法学新报》66—6）、《不当征收返还请求的〈阿奇流斯法〉大要（1）》（《法学新报》66—12）也发表了。无论哪一个都是实证的、中肯的研究，以原田氏之死为因缘不断地检讨日本的罗马法学，而其关于为什么必须要研究罗马法的理论方向，没有最终明示，也确实遗憾。[①]

五、结语

从日本引进罗马法开始，到最晚近罗马法学者的研究态度及问题意识都作为焦点叙述过了，特别是通过讲座制或者说在学院的课程中获得安营扎寨之地，我们可以知道罗马法的研究尚在继续发展。我国的罗马法学没有受到德国那样来自国家权力的弹压，其反面效果在于没能认真地科学性地互相论证自己的存在理由，而且对于战时中亲善国策的积极协力，在战后也没有得到建设性地反省。确实，研究对象是外国事物，没有囿于出发点也好，过程上也好，都既存着的难以逾越的沟壑，不能不承认许多论文都达到了世界水准。但是，不管怎么说，研究活动的中心还在欧洲。我国罗马法研究者首先要关心外国的研究状况及学说，虽然以对外国代表性学说的评价作标准来审视我国学者的业绩这样的方法是常态，但这也是没有办法的事。因为是以外国学说为样本，将“新学说”介绍进来，所以不能说完全切断了这两者的联系（更为奇妙的是，关于全盘的西洋法史学研究并没有参考过多东德及苏联的文献）。

但是，对继续研究罗马法的这种问题意识是不是有必要重新考虑呢？现在就指出其中若干点。第一，比其他都重要的是相互批判的必要。像早在1933年平野义太郎氏的《观念论法学的批判》中所论及的那样，必须尽早消除法制史学的无批判状况。迄今为止，确实进行过关于细节部分的错误和不充分点的指摘，其重要意义也得到了承认，而且关于其问题意识和方法论也不能说没有进行过建设性的讨论。第二，对研究西洋史——以及全盘历史——的历史学家的问题意识，除一部分外，罗马法研究者的意识几乎未与之接触。战后迅速介绍了马克思的著作《资本主义生产先行的诸形态》，日译工作已如前述。在其之后，历史学中——虽在日本史、东洋史中更为显著——提起共同体问题也好，提起古代末期的问题也罢，罗马法研究者在其论文中几乎都没有反

① 前揭矢田的《日本罗马法学界的近况》对近时的状况总结道，“值现行法比较研究的大好时机……罗马法本来的研究者没有停留在罗马法的范围内……而是溯及古今东西的法制，并且在比较法制史的实行方面进行着扎实的开拓”。但是，专心埋首于文格尔等人提倡的“古代法制史论”并没有切断与现实诸问题——如与法律解释学之间——的关联。

映，而且关于奴隶制也没有加入积极讨论。罗马法学一般以“文化”、“法思想”、“社会生活”这样的概念为基准进行论理构成。但是，这些概念本身对说明本质性法关系来说并非是有效手段。必须再次挖掘历史法则的运动中，古典古代社会的基本的矛盾—相关联的事物，而且学习韦伯与马克思从古典古代汲取营养的态度，以及把古典古代放到历史全体中的何等位置这一问题有所斩获。这且不论，既然法制史及法学史是历史学的一个部门，那么朝与历史学共同作业——历史的法则性的认识——方向发展就是必需的。这样就可以脱离对罗马社会中具有通用力的法学、法技术学的迷惑。此外，为解明罗马法，恐怕也确实需要考虑罗马社会中的基督教形态吧！

作者追记：罗马法研究者数量不多，但发表的诸业绩却为数可观，本文无法遍观其全部。或对诸先学有失礼之处，谨乞宽恕。（1964 年 8 月）

杂项研究

欧盟关于酒精饮料生产与销售的法律规范

[意]埃莫内吉尔多·马里奥·阿庇亚诺著[1]　徐铁英译

一、关于葡萄酒和烈性酒的内国法及国际条约的结构与定位概览

依据贯彻共同农业政策的相关职权，欧盟在葡萄酒与烈性酒生产与销售的各个方面做了详尽的规定，给成员国在该领域进行立法仅留下有限空间，它们基本上只是按要求完成纯粹的管理（应符合欧盟规范，它在冲突的场合优先适用）与监控任务。

欧盟规范在最近三年获得了整体更新，一方面更好地回应了市场与消费者的实际需求；另一方面使国际贸易愈加顺畅。第二点同时与以下背景相关：欧盟与多个第三国缔结了复杂精巧的国际协议体系，消除至少大大减少阻碍葡萄酒（主要）和烈性酒的贸易壁垒以促进其交易。这并未产生放任无序的结

① 都灵市律师，欧盟法博士。

果，而是产生了一个在该领域创造一套共同规则的长期任务，不可避免地给各方带来相互妥协和让步。

关于葡萄酒和烈性酒生产与销售的内国法及国际条约规范下列事项：酿造方法、原产地名称的保护、标签张贴、产品认证及在相关行政机关办理手续的方式。

接下来我们开始探究这些问题之所以重要的理由。

众所周知，酿造技术代表了葡萄酒或烈性酒的生产方式。在这个问题上，法律追求两个目标：保护消费者的健康及其经济利益。事实上，某些加工工序可能是有害的或有危害健康的风险，因此应予禁止。即便不存在此等危险，某种生产方式也可能对消费者造成损害，如生产一种虽然可以饮用、却是用劣质的、不合格的农业原材料制造的产品。这亦应取缔，因为从经济角度来看，消费者受到了蒙骗。因此，对于普通产品而言存在一条标准，低于该标准是不被允许的。

因而，对生产技术的规制与饮料标签上的质量标识紧密相关：瓶子或其他用于饮料销售的容器上标签的质量等级越高，所盛饮料的生产标准就越严格。正因如此，给饮料张贴标签并非随性而为的，而是被置于严格的规制与监控下，以确保容器所书与事实相符，否则不仅会给消费者、也会对真正的生产者造成经济损失。显而易见，酿造或蒸馏出高品质产品将造成生产成本的显著增加。

如同世界上许多其他国家一样，在欧盟，人们主要使用原产地名称和地理标志（前者对产品的要求较之后者更严格）凸显某种葡萄酒或烈性酒的品质。人们认为某种产品的品质与其产地紧密相关——基于这块土地特殊的地理因素（气候条件与土壤的化学成分）及人文因素（培育农作物并将其转化成饮料的传统方式）。这些因素结合在一起成就了具有非凡感官特性的葡萄酒或烈性酒。①

此等观念与 TRIPS 协定（《与贸易有关的知识产权协定》，于 1994 年 4 月 15 日在马拉喀什缔结，《关税与贸易总协定乌拉圭回合谈判》）的规定一致，一些知识产权问题已通过它规定在世界贸易组织（WTO）的相关协定中，约束所有的成员国，包括中国。TRIPS 协定第 22 条实际上承认了保护的必然性：“识别出一件产品乃源于成员国某地或该地某地区或所在地的标志，当一种特定的品质、名望或其他本质上可归于原产地的产品特征。”该概念与欧盟的原

① 也同样适用于食品。

产地名称概念对应。

现在我们尝试进一步阐释有关生产技术的欧盟规范与那些关于品质标识的规范之间的互动。

在第一个层面上，欧盟规范总体规定了所许可和完全禁止的生产方式。关于前者，有时规定了一些无论如何不能再降低的底线，否则将损害人体健康，或生产出无论如何都不能接受的劣质产品。符合最低标准的产品虽可销售，但只能在标签上标明其属性（属葡萄酒或烈性酒），禁止张贴任何品质标识。

为了将葡萄酒和酒精饮料提升至更高等级，即可在标签上张贴品质标识，生产者应在生产过程中遵从更为严苛的限制，亦由欧盟规范所设。然而在这里，成员国被授权进一步加重欧盟规范所设立的严格标准，以确保葡萄酒和烈性酒的本质特征与其领域内某地的地理标志相符。

显然，对原产地名称的保护是整个规范体系的轴心。此等保护建立在两项前提之上：首先，它以一块特定土地，即一块出产特定产品的地理区域为核心；其次，承认一个特定的原产地名称——其授予是相关国家与欧盟委员会的专门行政程序的结果——以存在一种保证特定品质的相关生产模式为前提。上述特定原产地名称获得认可后，使用它的权利仅归属于采取该生产方式的生产者。

该体系基本上行之有效。若该饮料不是产自那里或未遵守相关的生产方式，无人能够在欧盟销售贴有对应于欧盟特定领域的原产地名称或地理标志的葡萄酒或烈性酒。同样，亦不允许欧盟外的生产者在欧盟进口和销售标有欧盟地理名称的葡萄酒和烈性酒，但允许在标签上标明外国原产地名称。

前面已阐释了欧盟为了促进葡萄酒和烈性酒的销售所缔结的国际条约的重要性。现在我们来看看缔结这些国际条约的理由。

首先，特殊的生产过程预示了欧盟与第三国间的交易（大量行政事务使其变缓甚至停滞）障碍，尤其是当进口国不承认、限制、甚或干脆不许可使用在生产国通常被采用的特定工序时。

其次，如果不同国家在原产地名称的保护水平和方式上存在差异，则很可能扰乱不同国家生产者之间的竞争。事实上，一个国家如果不恰当保护外国的原产地名称，那么本国生产者便能合法地在他们国家生产和销售当地生产的却标有外国地理名称的产品，这对该地区确实遵守相关生产方式的人造成损害。

再次，张贴标签的有关规则——为消费者的利益而设——进一步阻碍了贸易。若它们互不协调，每个国家都可以在贸易中拒绝不符合本国标签张贴规则的葡萄酒。这便给外国生产者添加了调适的义务，使他们负担更高的成本和令人烦恼的手续。

这便解释了欧盟在葡萄酒和烈性酒的贸易中缔结国际条约的原因。这是一个广泛的国际关系网络，缔造它是为创造一个法律环境，使方才所提问题得到尽可能一致的处理。时至今日，中国是主要的缺席者。在评价目前取得的成就时，还应适当考虑到达成一项完全一致的国际规范恐怕是极为困难的，考虑到横亘于诸多法律体系间的差异，它们为经济利益所决定——也是不同国家生产者的规模大小以及对经济资源的支配力不同的结果——常常具有很大差异。

从欧盟自身的视角来看，它已在很大程度上逐步实现了一个目标——今日仍处于发展中——与通过多边协议达成的类似，不过在那里显然只有一个统一规则，而欧盟的实际情况由于诸多规定在这类协议中的例外和保留而碎片化，有时甚至足以动摇其效力。

在继续下文之前，须注意到：目前 27 个欧盟成员国缔结并于 2009 年 12 月 1 日生效的《里斯本条约》，使欧盟的制度框架发生了一些重要的变革。

尽管如此，我们所关心的问题只有一个形式上的变化：现行有效的关于酒类的规范中所使用的“欧洲共同体”这一术语，现在已为“欧洲联盟”替代，它在《里斯本条约》生效之前既已被采用。

二、关于烈性酒的法律规范综述，酒精饮料的界定

目前该问题在欧盟由欧洲议会和理事会 2008 年 1 月 15 日 CE n. 110/2008 号关于酒精饮料的概念、命名、介绍、标签及地理标志的保护的规则（以下简称《规则》）所调整[①]，也就是那些在英文版中被称为“spirit drinks”、在法文版中为“boissons spiritueuses”的饮料。

我们所说的那些饮料大体上——与啤酒和葡萄酒不同——是酒精含量超过 15%并具有下面将提到的若干特征的饮料。

---

① 欧洲议会和理事会 2008 年 1 月 15 日 CE n. 110/2008 号规定，见欧共体官方公告（*G.U.C.E.* 2008 年 2 月 13 日 L39，第 16 页），随后由欧洲议会和理事会 2008 年 12 月 16 日 CE n. 1334/2008 号关于用于食品的香料和一些具有香料添加特性的食品成分的规则所修订（*G.U.C.E.* 2008 年 12 月 31 日 L354）。

欧盟立法者通过上述《规则》在该领域提出了一个更加高效、简明的规范，导入了一个与葡萄酒（它毫无疑问更加宽广复杂[①]）平行的范畴，在欧盟层面整理[②]现行的规范框架。

该《规则》具有普遍效力：它是强制性的，直接在每个欧盟成员国适用，约束其领域中的每个主体（私的市民或公共机关）。[③] 在冲突的场合，《规则》优先于内国法。成员国还有义务采取必要措施贯彻该《规则》。即便此等措施缺位，亦不阻碍《规则》的直接适用[④]，可为任何利害关系人主张。

现在我们来看《规则》的结构与目标。

首先，该《规则》的适用对象得以明确，即在欧盟生产或销售[⑤]的酒精饮料[⑥]，对它们设置了具有普遍效力的最低质量要求[⑦]，但对供出口用的产品做了例外规定，它们最终由目的地第三国法规调整[⑧]。不过只要它们符合共同体（现为联盟）参加的国际协议，就不应影响到为进口到欧盟的产品所做的例外规定。[⑨]

---

① 关于葡萄酒生产与销售的基本规则规定在欧洲议会和理事会 2007 年 10 月 22 日设立农产品市场共同组织以及关于一些农产品的特别规定的 CE n. 1234/2007 规则的第 2 章（统一 OCM 规则，见 2007 年 11 月 16 日 *G. U. C. E. L* 299，第 1 页），以及欧洲议会和理事会 2009 年 5 月 25 日的 CE n. 491/2009 规则修订（载上述公告 L 154，2009 年 6 月 17 日）。欧洲议会对该规则还发布了以下实施细则：有关葡萄酒领域对与第三国交易、生产潜能与监管的支持计划 n. 436/2009 号规则（*G. U. C. E. L* 170，2008 年 6 月 30 日，第 1 页），有关葡萄酒行业中葡萄栽培记录、强制申报及市场监管信息、监督产品运输的文件和登记簿的管理规则（*G. U. C. E. L* 1282009 年 5 月 27 日，第 15 页），n. 606/2009 号关于酿酒规则的规定（*G. U. C. E. L* 1932009 年 7 月 24 日，第 1 页）以及关于特定葡萄酒产品受保护的原产地名称和地理标志、传统称谓、标签及介绍的 CE n. 607/2009 号规定（*G. U. C. E. L* 193，2009 年 7 月 24 日，第 60 页）。

② 《规则》注 1、注 2。

③ 《罗马条约》第 288 条第 2 款。

④ 《罗马条约》第 291 条。

⑤ 《规则》第 1 条第 2 款；参见注 5。

⑥ 《规则》第 2 条。

⑦ 《规则》第 2 条、第 3 条。

⑧ 《规则》第 1 条第 3 款。

⑨ 欧盟委员会 2009 年 10 月 7 日关于欧盟与相关第三国相互承认一些酒精饮料的条约之适用的 CE n. 936/2009 号规定（*G. U. C. E. L* 264，2009 年 10 月 8 日，第 5 页）。

其次，它通过两条路径提升相关饮料的品质。[①] 一方面，这些饮料现在被分为46个类，每一类都在欧盟法的层面上以一个特定名称及相应的生产技术要求为特征。这些技术要求允许技术革新以对各类饮料进行改进，只要无碍被视为其声誉之关键因素的传统生产方式。[②] 另一方面，上述各类饮料在各国的地理标志受到保护。这意味着承认各成员国有权对与其领土相关的地理标志规定更为严苛的质量要求和生产标准，保护传统生产工艺。为符合TRIPS协定的规定[③]，上述保护亦扩展至第三国的地理标志。

最后，作为刚才所提到原则的必然结果[④]，对欧盟生产或进口的"酒精"饮料的命名[⑤]、介绍[⑥]与贴标签[⑦]的方式受到透彻的控制。

至此，我们对《规则》的内容有了一个快速的全景检视，接下来进一步深入论述。

三、酒精饮料的概念

为明确哪些酒精饮料适用《规则》，只看最低酒精含量——15%[⑧]——这一标准是不够的。[⑨]

除标明最低酒精含量外，饮料还应标明其适于人类饮用及具有的独特口感[⑩]，将其归入酒精饮料（因此由该规则规范）的决定性因素是生产方式：由两种不同的技术或它们的搭配构成。

第一个是蒸馏：通过该程序产品自然发酵，得到酒精饮料中的乙醇，具有

---

① 参见《规则》注2。

② 参见《规则》注2和注6。

③ 参见《规则》注13和注15。

④ 参见《规则》注9。

⑤ 根据《规则》附件1（第14点），"命名"指在标签、介绍和包装中，在伴随某种饮料的运输文件、销售文件尤其是发票和交付单据以及广告中使用的语词。

⑥ 根据《规则》附件1（第15点），"介绍"指在标签、包装、广告和促销中、在图像和类似形式，以及在容器包括瓶子和瓶塞所使用的语词。

⑦ 根据《规则》附件1（第16点），"标签"指所有的描述及其他赋予某种饮料以特性的标记、插图、商标，张贴于容器之上，包括瓶塞或悬于其上的垂饰以及瓶颈覆盖物。

⑧ 唯一的例外为以鸡蛋制成的烈性酒或advocaat或avocat或advokat（由附件2第41点规范）做出的，其最低酒精含量为14%：《规则》第2条第3款。

⑨ 《规则》第2条第1款c项。

⑩ 《规则》第2条第1款a、b项。

或多或少的芳香。[①] 如果不将蒸馏程序与另一技术并用的话，那么正是这样的芳香赋予饮料以价值。

第二个是为令酒精获得特殊的感官气味，以往从特定地区出产的农作物[②](不得在从原材料中得到这种芳香之前找寻不相干的味道，否则可能失去大部分的芳香[③])或蒸馏过的农产品(从收取的作物那里保留了芳香[④])中获得。它可通过两套不同方法完成：将植物性原材料浸渍(或类似的处理方式)在酒精或农作物溜出液中[⑤]；或添加香料、糖、其他物质(农作物和/或食物和/或甜味剂，后者应属于规定在附件 1 中的)至酒精或农作物溜出液中。[⑥] 无论如何，酒精应当符合前述附件所规定的要求，且不能是合成的。[⑦]

除了直接取得即求诸刚才所说的一种或几种技术，酒精饮料还可以通过混合多种已具有该特性的饮料而获得，或使其中的某个与其他产品混合，可以是酒精(往往源自农作物)饮料，也以可是普通的非酒精饮料。[⑧]

以下产品不适用《规则》[⑨]并被明确排除：啤酒，(含高酒精度的)葡萄酒与未发酵的葡萄汁；苦艾酒和其他产自新鲜葡萄而经植物或芳香汁调制过的葡萄酒；其他的发酵饮料，如苹果酒；浓度超过 80%体积分数的性质未变的乙醇酒精，以及性质尽管已改变但依然具有一定浓度的乙醇和白兰地。[⑩]

---

① 《规则》第 2 条第 1 款 d 项 i 点，第一小段。

② 规定只能使用源于农业原材料的酒精有两个目的：保护消费者的健康，活化农业原材料市场(参见《规则》注 18)。

③ 《规则》附件 1，第 1 点(对允许添加的甲醇规定了限度)。

④ 《规则》附件 1，第 2 点。

⑤ 《规则》第 2 条第 1 款 d 项第 i 点，第 2 小段。

⑥ 《规则》第 2 条第 1 款 d 项第 i 点，第 3 小段。

⑦ 《规则》第 3 条。

⑧ 《规则》第 2 条第 1 款 d 项第 2 点。

⑨ 《规则》第 2 条第 2 款，将由 NC2203，2204，2205，2206 和 2207 诸规则规范的饮料排除，据欧洲议会和理事会 1987 年 7 月 23 日的有关税率和统计的术语表以及共同关税的 CEE n.2658/1987 号规定而制定(*G.U.C.E.L* 256，1987 年 9 月 7 日，第 1 页)，最后的修改由理事会 2000 年 1 月 31 日的 n.254/2000 号规定所作(*G.U.C.E.L* 28，2000 年 1 月 31 日，第 16 页)。

⑩ NC2208 内的下列产品显然适用《规则》：酒精体积比重低于 80%的未变性酒精；烧酒、烈性酒和其他含蒸馏酒精的饮料；由饮料的准备材料组成的酒精准备材料。

四、酒精饮料的生产与分类规则

生产规则在欧盟和成员国两个层面上得以建构。为提升本国生产的酒精饮料的品质，成员国往往可以介入[①]并规定较之前者所核准的——仅关涉欧盟整体的最低标准——更为严格的要求。这也是欧盟赋予成员国的权利。

无论如何，一方面，成员国较严格的规范应遵守欧盟规范[②]；另一方面，这些规范不能成为成员国在其领土内禁止或限制进口与其不符的酒精饮料的借口。[③] 易言之，如果某种饮料的生产符合欧盟规范以及对生产者具有管辖权的成员国所合法发布的规范，便可在整个欧盟领域自由流通。[④]

在这个制度框架下，规范依据属于未分类的酒精饮料还是可归入附件 2 规定的类型而不同。后者还有一个重要的次级分类，即使用附件 3 中所列地理标志的饮料。

我们接下来详细说明这方面的问题。

(一)未分类的酒精饮料

《规则》[⑤]规定此处的饮料可以从任何农业原材料和/或宜于人类食用的产品中获得，可能包括：源自农产品的酒精、色素和甜味剂(具体见附件 1)；芳香剂(见 CE n. 1334/2008[⑥] 号规范)。显然，此等规则——代表了绝对的最低标准——实际上重复了欧盟立法者采纳的上述界定“酒精”饮料的标准。

考虑到其简明的性质，此等标准显然不宜于提升并保护酒精饮料的品质。该任务由——在前面已显端倪——《规则》关于酒精饮料的分类那一部分承担，接下来便是规范生产方式和保护地理标志的规定。

---

① 《规则》第 6 条和第 11 条：明确规定成员国的规定只能最为严格。

② 《规则》第 6 条第 1 款末尾。

③ 《规则》第 6 条第 2 款。

④ 不能忘记 1976 年 2 月 17 日的历史性判决，案件 45/75，*Rewe* 法院，与 *Cassis de Dijon* 的判决对立。

⑤ 《规则》第 5 条第 3 款。

⑥ 可添加到未“分类”饮料中的芳香剂规定在欧洲议会和理事会 2008 年 12 月 16 日的有关在食品和调味料中使用的芳香剂以及芳香类物质的 CEE n. 1334/2008 号规定第 3 条第 2 段 a 节(*G.U.C.E.L* 354，2008 年 12 月 31 日，第 34 页)，定义为“芳香物质、芳香制剂、加热芳香调料、烟熏方向调料、先芳香剂或其他的调料或混合物”。

(二)分类的酒精饮料

毫无疑问,可归入当前规定在《规范》附件 2 中的 46 种[①]分类的饮料的生产规范尤为复杂严格。每种有自己名称的酒精饮料都附有最终的生产标准和质量要求。

《规则》还在这些分类的饮料间进一步加以区分,依据其生产技术,[②]即是通过蒸馏获取(附件 2 第 1 至第 14 条所列之饮料)或是给酒精加香料或植物性原材料浸渍所得的某种方式(剩下的第 15 至第 46 条)。

只要附件 2 未对某类饮料做例外规定,那么前述第一组饮料均须符合以下共同规则[③]:它们只能从定义中规定的有关农业原材料中通过酒精发酵和蒸馏生产出来;禁止添加酒精或加成芳香类物质;焦糖(只得用作染色)和甜味剂(仅可在欧盟通过适宜程序设置的最高值的限度内用来调和最终的味道,成员国有不同规定的除外)的添加受到限制。

除非附件 2 特殊规定,对属于上面提到的第二组的饮料适用以下标准[④]:

---

① 《规则》第 4 条参引附件 2,在那儿"酒精"饮料被分为:(n. 1)朗姆酒;(n. 2)Whisky 或 Whiskey;(n. 3)谷物烧酒;(n. 4)葡萄酒酿制的烧酒;(n. 5)Brandy 或 weinbrand;(n. 6)葡萄渣或 marc 制成的烧酒;(n. 7)果渣酿的烧酒;(n. 8)葡萄干或 raisin brandy 酿的烧酒;(n. 9)果子酿的烧酒,果子可为果肉、从特殊原材料采摘的浆果、蔬菜替代,也可采用其他名称;(n. 10)以苹果或梨制成的果酒酿制烧酒;(n. 11)蜂蜜烧酒;(n. 12)Hefebrand 或酒糟制成的烧酒;(n. 13)Bierbr 与 o eau-de-vie de bière;(n. 14)Topinambur 或向日葵烧酒;(n. 15)伏特加;(n. 16)浸渍和蒸馏后的果子酿制的烧酒;(n. 17)(果子或其他原材料酿制的);(n. 18)龙胆酒;(n. 19)加欧洲刺柏的酒精饮料;(n. 20)Gin;(n. 21)蒸馏过的 Gin;(n. 22)伦敦 Gin;(n. 23)香菜味酒精饮料;(n. 24)Akvavit 或 acquavit;(n. 25)茴香酒精饮料;(n. 26)Patis;(n. 27)Patis de Marseille;(n. 28)Anis;(n. 29)蒸馏的 Anis;(n. 30)苦味酒或 bitter;(n. 31)加香料的伏特加;(n. 32)烈性酒;(n. 33)(果子或其他原材料酿制的)甜酒;(n. 34)Crème de cassis;(n. 35)Guignolet;(n. 36)Punch au rhum(n. 37)SloeGin;(n. 38)Sambuca;(n. 39)Maraschino 或 marrasquino 或 maraskino;(n. 40)核桃壳酒;(n. 41)鸡蛋做的烈性酒或 advocaat o avocat o advokat;(n. 42)鸡蛋烈性酒;(n. 43)Mistrà;(n. 44)Väkevä glögi 或 spiritglögg;(n. 45)Berenburg 或 beerenburg;(n. 46)蜜酒或水蜜酒。此外,附件 2 还在上述 46 种之外规定了 2 种饮料:Rhum-Vershnitt 和 Slivovice。《规则》第 14 条第 2 款规定斜体的名称不得翻译成其他语言。

② 《规则》第 2 条第 2 款。

③ 《规则》第 5 条第 1 款。

④ 《规则》第 5 条第 2 款。

它们可从普通农业原材料[①]中取得（对于某些类型饮料的若干限制性例外是显而易见的，它们源于特殊农产品）；就其性质而言需要添加酒精的（满足附件1规定的要求）；可包括香精物质[②]和必要的芳香调味剂[③]以及食用染料与甜味剂（后者不仅为了调和味道，还为满足某种产品的特定需求，以符合特定成员国的具体规定）。

（三）使用地理标志分类的酒精饮料

这里的饮料指那些——至少在理论上——具有最高品质的饮料，事实上，《规则》对成员国进行干预是必要的，而这种干预以前只是偶尔为之。

在附件3中，分类的饮料这一类别的次级分类使内国的地理标志得到了欧盟保护：由于该规则的禁令，成员国有义务于2015年2月15日之前向委员会提交并公布关于各种可使用该类标识的饮料的技术登记表[④]（这是对过去做法的重要革新）。

该文件表达了所构建体系的一项基本要素：对希望给自己的产品打上获得认可的地理标志的人提出了统一标准。[⑤] 它重申了与欧盟规范相一致的义务，成员国只能做有限的例外规定[⑥]，表明成员国在技术登记表中规定的标准不能低于附件2中对可使用地理标志的饮料规定的标准，只要将来的某项欧盟规则未在具体情况中进行授权。

因此，技术登记表应记载表明饮料之独特性的证明要素，正是由于它们，此等地理标志方可享受特殊保护。

技术登记表因而包含下列信息[⑦]：对饮料的描述，包括物理、化学、感官方面的品质与特性，即那些使其与同类饮料区分的因素；指明相关地理区域，即

① 详细规定见《罗马条约》附件1中有关农业原材料的规定。

② 对“香精物质”的合法添加，在上述CE n,1334/2008规则第3条第2段b项中规定。

③ 对“芳香物质”的合法添加，在上述CE n,1334/2008规则第3条第2段b项中规定。

④ 《规则》第17条和第20条。具有地理标志的“酒精”饮料的“技术登记表”基本上与*D.O.P.*（受保护的原产地命名）和*I.G.P.*（受保护地理标志）的葡萄酒生产的规定一致：参见欧盟委员会2007年第1234号规则，第118条第2款、第4款。

⑤ 《规则》第15条第4款。

⑥ 《规则》第6条。

⑦ 《规则》第17条第4款。

饮料的生产地;可表达饮料与其环境或地理产地之间联系的因素(保护地理标志的观念即建立在该概念上);根据联盟和/或内国和/或当地的规定而应遵守的条件;对标签上的地理标志和/或特定规范的补充说明。

五、命名、介绍与标签

首先要指出,《规则》对这些问题进行了规制[①],而非关于可食用产品的标签与介绍的欧盟指令对此规制。[②]

已如上述,我们记得酒精饮料被进一步分为三大类:未分类的、单纯分类的以及那些不仅是分类的,还可使用附件3中的地理标志的饮料。

到目前为止,此等划分和生产规则与关于饮料的命名、标签和介绍的规则有关系:消费者应当知道自己买了什么,而有良心的生产者在向市场介绍自己的劳动成果时也应得到合理对待与保护。

上述三大类饮料适用一些共同规则。

首先,必须使用符合下面即将提到的形式和语言版本的销售名称。[③] 它们不得由品牌、商标或绰号替代。[④] 这显然并不代表禁止它们之间具有相似性。无论如何,对于使用附件3中地理标志的饮料,不得以此等行为规避该禁令:以《规则》不允许的用语补充地理标志。

此外,当将食品作为调味成分用于某种酒精饮料时,《规则》允许在最终产品的介绍及成分表中引用其名称,但以保证饮料本身被消费者正确认识、品质未被其他不那么珍贵的材料消除、稀释或混淆。该原则亦适用于标示着陈酒[⑤]或者通过混合[⑥]创造出另一种酒精饮料的情形。

---

① 《规则》第8条。

② 欧洲议会和理事会2000年3月20日关于协调各成员国有关供食用的产品标签、介绍及相关广告立法的指令(*G. U. C. E. L* 109,2000年5月6日,第29页)及后续修订。该指令是欧盟的另一个规范渊源。然而,与《规则》不同的是,该指令约束成员国达成一个特定目标,在形式和方式上将权限留给了成员国的国内机构:《罗马条约》第288条第3款。

③ 《规则》第9条第1款、第2款。

④ 《规则》第9条第8款。

⑤ 《规则》第12条第3款。

⑥ 《规则》第9条第9款,第10条,第11条。

为了使用《规则》规定的地理标志以外的（例如为表明酒的陈化[①]和包装[②]或用于获取乙醇的原材料[③]）其他标志[④]，可使用一种或多种欧盟官方语言以便消费者理解。在国际交易中存在一些例外。如果饮料由第三国出口到欧盟，允许以原产地国的语言显示这些标志，但应附有一种前述语言的译本。反之，如果是欧盟生产的饮料出口，相关标志亦可以目的地国语言显示。

（一）未分类的酒精饮料

假若某国不规范其领域内的生产活动并施加较欧盟规范更为严格的内国规则，那么这些饮料的品质就会趋向于下降。此处的饮料均应使用酒精饮料的表达（以一种或多种欧盟官方语言[⑤]）作销售名称，不得以任何方式替换或修改。[⑥]

我们所知的唯一例外是，某国根据本国法律规定可附加某个地理标志[⑦]：后者可补充上述销售名称而不是替代它。理由在于，这是在将来的登记中认可新的原产地标识的一个途径。

因此，禁止以造成与分类的饮料或贴有附件 3 中的地理标志的饮料发生混淆的方式设计饮料的销售名称，具体说来在“属”、“类型”、“方式”、“风格”、“商标”、“味道”或其他方面使用近似的表述。[⑧]

① 《规则》注 10。

② 《规则》第 12 条第 2 款及附件 1。

③ 《规则》第 12 条。

④ 《规则》第 14 条。

⑤ 《规则》第 14 条第 1 款。

⑥ 《规则》第 9 条第 2 款。

⑦ 关于未分类的饮料的销售名称，《规则》第 9 条第 2 款实际上对同条第 5 款规定了例外情况。

⑧ 《规则》第 9 条第 7 款，与 TRIPS 协议第 23 条第 1 款一致。

(二)分类的酒精饮料

简单地说,应当以表达某饮料[①](例如谷酿烧酒,用葡萄渣酿制的烧酒[②],杜松子酒,伏特加,烈性酒,等等)的特定种类、并仅可由该类饮料使用的销售名称进行交易,其他类型的饮料不得采用该名称。[③]

命名应当依据附件 2 的规定,对于那些不是以斜体[④]表示的,应翻译为其他欧盟官方言语。

只要符合本国法规,分类的饮料也可以使用地理标志。[⑤]

(三)具有地理标志分类的酒精饮料

上面最后一项规则此刻依旧适用,但有一个重大改变:地理标志——欧盟承认并保护——不仅可补充销售名称,甚至可以完全替代它[⑥](例如:意大利的用葡萄渣酿制的烧酒若符合意大利本国法规定的要件,也可以 Grappa 或 Grappa di Barolo 或皮埃蒙特 Grappa 或伦巴第 Grappa 或福琉里 Grappa 等名称销售)。

此外,地理标志不得以附件 3 未规定的语言或形式进行翻译。[⑦]

综上所述可知,地理标志只能在两种情形中以其他描述补充:对于目前规定在附件 3 中的地理标志,在 2008 年 2 月 20 日前已经以适当的用语表达的;对于一切地理标志(因而还有那些可能在将来获得承认的),若此等补充已规

---

① 《规则》第 9 条第 1 款。无论如何,依据该条第 3 款,若某种"酒精"饮料具有附件 2 中的种类的要件,则可以采用相应命名。

② 应注意的是,如果单独来看的话,"烧酒"(acquavite)这个词并不属于分类的饮料的定义中。事实上,该术语在附件 2 中往往与其他经蒸馏得出的产品的特性相伴,名称由这两部分组成。考虑到混淆的危险会对消费者造成的损害,不管怎样,给某个未分类的酒精饮料打上"烧酒"或"烧酒类"的标签构成对《规则》第 9 条第 4 款和第 7 款的违反。实际上,"烧酒"这一用语——不考虑其众多种类(依蒸馏原材料区分:谷物、葡萄酒、葡萄渣、果渣、葡萄干、新鲜果子或渣子、苹果或梨的果酒、蜜、酒糟、向日葵)——总是指称某种分类的酒精饮料,因而,代表了较之未分类的饮料更严、更高的质量要求。

③ 《规则》第 9 条第 4 款。

④ 《规则》第 14 条第 2 款,整合了上述 TRIPS 协议第 23 条第 1 款的另一项原则。

⑤ 《规则》第 9 条第 5 款,第二部分。

⑥ 《规则》第 9 条第 5 款,第一部分。

⑦ 《规则》第 14 条第 2 款。

定在相关饮料的技术登记表中。[①]

六、对地理标志的保护

在前文中，我们对一些主题优先进行了体系化的论述，现在则要对该领域中的若干问题进行较深入的研究。

当酒精饮料原产地的地理标志代表了某种品质或声誉或在认定的其他特性时为决定性因素时，《规则》便对其施以保护。《规则》[②]采纳了 TRIPS 协定第 22 条规定的概念："地理标志是……表明某一货物来源于一成员的领土或该领土内的一个地区或地方的标记，而该货物所具有的质量、声誉或其他性质实质上归因于其地理来源。"

如上所述，具有地理标志的饮料的技术登记表的作用实际上在于确保这些因素最终对饮料施加了影响，即具有的独特质量及感官要求。它们最终取决于人文因素（当地的传统生产方式）与环境因素的互动，依特定地域而异。

附件 3 在欧盟层面上[③]整合了目前已被"认定的"（即已获承认）地理标志并阻却其成为"普通的"[④]名称。尽管这些名字可使人想起它最初的生产或销售地，但随着时间的流逝它们在欧盟已转化为一种指代大家共同使用的饮料名称[⑤]（例如附件 2 中的伦敦杜松子酒或马赛茴香酒）。因此，"普通的"名称不得被认可为地理标志。[⑥]

尽管如此，这些名称享受如下保护。[⑦] 首先，可对抗对未登记产品——直接或间接的——商业利用，在这个意义上，它们可与具有地理标志的饮料相提并论，或者说此等利用构成对其声誉的盗用。[⑧] 其次，可对抗任何盗用、模仿

① 《规则》第 9 条第 6 款。

② 《规则》第 15 条第 1 款。

③ 《规则》第 20 条。

④ 《规则》第 15 条第 3 款。

⑤ 《规则》第 15 条第 3 款最后一段。

⑥ 《规则》第 15 条第 3 款第 2 段。

⑦ 《规则》第 16 条第 1 款 a、b、c 项。

⑧ 比如，正因为此处的保护，禁止给下列饮料贴上 Grappa（根据附件 3，这是一种用葡萄渣酿制的烧酒的原产地标识——在附件 2 中被分入第 6 号——在意大利生产，符合相关的技术登记表）的标签：葡萄酒或谷物、果实（其他的类型）制成的白酒；用产自意大利的葡萄渣但不符合技术登记表的方式酿造（此时欠缺典型性质量要求）。

或隐喻，即使“寄生”产品的真实产地已标在标签上或以翻译的方式(这本身是被禁止的[①])盗用地理标志，或是在它旁边伴有(无论翻译与否)诸如“属”、“类型”、“方式”、“风格”、“商标”、“风味”或其他类似表述。[②] 再次，对抗任何虚假或欺骗性的标示——关于产品的来源、产地、性质或基本品质——及那些可使人混淆其原产地的标志。最后，作为兜底条款，《规则》还特别规定已认定的地理标志在任何情况下均可对抗任何在产品的真实产地上欺骗消费者的做法。[③]

同音的标志可以登记，但有限制并附条件[④]，这也是因为 TRIPS 协定在该问题上仅对葡萄酒作了规定。[⑤] 如果发音相同的名称——尽管其使用是正当的——有使消费者产生混淆的风险，认为使用该名称的产品源于其他地区，那这种行为本身被禁止。当不存在此等风险时，《规则》规定应采用适当措施区别这些产品，该负担由时间上较后的登记者承受。

关于在将来承认目前尚未包括在附件 3 中的新的地理标志的程序，由欧盟委员会负责。[⑥]

对与欧盟某地相关的地理标志，委员会依据其所属国[⑦]附有相关产品的技术登记表的申请而决定。

反之，对与第三国领土相关的地理标志的申请亦可由直接利害关系人[⑧]提出。此外，光附上技术登记表是不够的，还必须证明该地理标志在第三国——所涉领土所处其中——法中得到了适当保护。[⑨]

同样，当相关产品未遵守其技术登记表规定的要求得到确认时，将已获承认之地理标志从目录中删除的权力亦属于委员会。[⑩]

---

① 因而给用葡萄酒制成的白酒或其他任何属“酒精”饮料却未分类的饮料——无论在哪生产——贴上“烧酒风味”的标签。亦见前文已引述的《规则》第 14 条。

② 于是与上述《规则》第 9 条第 7 款所做的禁止联系了起来。

③ 《规则》第 16 条第 1 款 d 项。

④ 《规则》第 19 条。

⑤ TRIPS 协议第 23 条第 3 款。

⑥ 《规则》第 17 条；参见注 17。

⑦ 《规则》第 17 条第 2 款。

⑧ 《规则》第 17 条第 3 款事实上宣称承认的申请“直接或通过相关第三国当局”被提交给委员会：该方式与提交此等申请的资格仅归属于第三国的观念不符。

⑨ 《规则》第 17 条第 3 款最后一部分。

⑩ 《规则》第 18 条。

最后，《规则》还规定了商标与登记的地理标志间的关系。[①]

TRIPS 协定[②]也规定，若某个商标包含已登记的地理标志或由已登记的地理标志构成，禁止其登记，即便已经存在也是无效的(有例外，在某些情形保护现状[③])。此时使用此等商标可能损害地理标志并使《规则》提供的保护落空，造成盗用或滥用，而这些是良法所应避免的。在后一情形中，应给在注册这些地理标志的集体组织保护这些标志留下一定的空间，在标签上使用这些地理标志的产品具有与其相关的品质。[④]

总而言之，商标并不总是优先于地理标志。实际上，若在一段较长的时间中具有众所周知的声誉，当一个能使消费者就产品的真实身份产生错误认识的新的地理标志(亦即不属于已认定的那些)进行认可之时，商标优先。因而在类似的情形中，排除了地理标志的登记。[⑤]

七、监管措施

总体而言，成员国负责进行必要的监管以确保《规则》得到遵守，指明本国的相关职能部门并分享为此目的而必须的信息。[⑥]

对于具有地理标志的饮料而言，无论在欧盟还是对于第三国，规则都更为严格[⑦]:在产品投入市场之前，须核对是否符合其技术登记表规定的要求，所需费用由经营者承担。

该核查工作委托给生产国的公共机关或认证机构。后者应当符合欧洲 EN 45011 规范或 ISO/CEI 65 标准。[⑧] 此外，对于欧盟的地理标志，认证机构

① 《规则》第 23 条。

② TRIPS 协议第 23 条第 2 款:“对包含识别葡萄酒的地理标志的……或包含识别烈性酒的地理标记的烈性酒，对其商标注册一成员应依职权予以拒绝或废止，如果该成员的立法允许或有利害关系的一方针对不是来源于该产地的葡萄酒或烈性酒提出要求”。

③ 《规则》第 23 条第 2 款。

④ 在葡萄酒领域，商标与名称的关系上，上述 CE n. 1234/2007 规定第 118 条作了规定。

⑤ 《规则》第 23 条第 3 款，并不与已被废除的基本规范一致。

⑥ 《规则》第 24 条。

⑦ 《规则》第 21 条。

⑧ 有关管理产品认证体系组织的一般要求。

应由独立的第三方设立，并符合 CE 882/2004 规范第 2 条的规定。[①]

无论如何都应当明确，《规则》无论是对公共当局还是指定的认证机构的监管提出了两点要求：一、对客观性和不偏不倚提供适当担保；二、配备具有相应资质的人员及符合要求的设备。

八、欧盟委员会之权力

首先，为贯彻《规则》[②]以使之得到统一适用[③]并解决实践中的具体问题（包括维护和发展有关酒精饮料的共同法则）[④]，采取一切必要措施之权属于欧盟委员会——在酒精饮料领域中由欧洲经济与社会委员会协助。[⑤]

委员会还被委托在酒精饮料领域为地理标志设立一个共同象征的职责。[⑥]

此时，依据《规则》第 25 条第 3 款[⑦]，应遵循由 1999/468CE 号决定设立的[⑧]所谓“条例程序”。

此外，欧盟委员会还对《规则》确立的其他具体任务具有管辖权，它们实际上不仅仅是执行性的。在已提到的地理标志的登记[⑨]、撤销[⑩]、查禁[⑪]的权力之

---

① 欧洲议会和理事会 2004 年 4 月 29 日关于对饲料和食品的规范及动物健康和福利的规范的遵守进行核查的官方监管的 CE n. 882/2004 规定（*G. U. C. E. L* 191，2004 年 5 月 28 日，第 1 页），最终由欧洲议会和理事会 2009 年 6 月 18 日 n. 596/2009 号规定（*G. U. C. E. L* 188，2009 年 7 月 18 日，第 14 页）修订。

② 《规则》第 27 条。

③ 《规则》第 25 条第 1 款。

④ 《规则》第 28 条第 2 款。

⑤ 《规则》第 24 条第 3 款。

⑥ 《规则》第 28 条第 2 款。

⑦ 《规则》注 16.

⑧ 理事会 1999 年 6 月 28 日设立由委员会授予的执行权之行使方式的决定（*G. U. C. E. L* 184，1999 年 7 月 17 日，第 23 页），随后由理事会 2006 年 7 月 17 日 2006/512/CE 决定所修订（*G. U. C. E. L* 200，2006 年 6 月 22 日，第 11 页）。

⑨ 《规则》第 17 条第 8 款。

⑩ 已登记在附件 3 中的地理标志有未遵守技术登记表规定的要求的情形确认后被撤销：《规则》第 18 条。

⑪ 目前已登记在附件 3 中的地理标志，若对其有管辖权的国家未在 2015 年 2 月 20 日前向委员会呈交饮料的技术登记表，被查禁：《规则》第 20 条第 3 款。

外，委员会获得授权以实现下列目标：相对于《规则》附件1和附件2，对用于出口的欧盟产品做例外规定，如果这样做为目的地国法律所要求[①]；对甜味剂的最大值[②]及对陈化的禁止[③]予以适当调整；修改定义列表和技术要求列表以及分类的饮料（附件2）的定义；修改地理标志登记目录（附件3）[④]；决定技术登记表及其变更[⑤]；对地理标志的登记程序及上述登记表的修改规定例外情形。[⑥]

至于非纯粹执行性质的权力，就像规则自身规定的那样，尽管不是在关键领域中[⑦]，其实施应依据——根据第25条第3款——上述1999/468/CE号决定第5条（附）规定更有力的"附监管的条例程序"进行。

① 《规则》第1条允许给予文本所载的理由修改附件1和附件2。

② 《规则》第5条第1款e项。

③ 《规则》第12条第3款。

④ 《规则》第28条第1款b项，并参考《规则》注17。

⑤ 《规则》第21条，援引了《规则》第17条。

⑥ 《规则》第28条第1款b项。

⑦ 《规则》注17.

“第12届中东欧国家和亚洲国家罗马法学者研讨会”综述*

李　飞

自1977年第一次举办中东欧国家和亚洲国家罗马法学者研讨会以来，其历次会议的相关情况已在汉语罗马法学界做了文字报道，①并不为我们所陌生。本次第12届同名会议由具有悠久的罗马法教学与研究传统的俄罗斯伊尔库茨克(Irkutsk)国立大学法学院、意大利国家科研委员会“Giorgio La Pira”研究会和意大利罗马第一大学(La Sapienza)共同主办，于2009年10月14—16日在东西伯利亚第二大城市、贝加尔湖畔的伊尔库茨克市举行。有来自俄罗斯、意大利、中国、波兰、罗马尼亚、塞尔维亚、乌克兰等12个国家31座城市的50余位罗马法学者与会，提交学术论文50余篇，分别涉及本届会议的4个主题。除第10届会议新增“当代法律体系中罗马法的继受”外，这些主题自2000年第8届同名会议确立以来，沿袭至今，它们是：罗马法系中的人与人民；民事权利的保护与债务人的保护；当代法律体系中罗马法的继受；罗马法

---

* 本届会议历时3天(10月14—16日)，但由于北京到伊尔库茨克航班所限，我和徐国栋教授未能赶上第一天的会期，对第一天会议的综述以会议相关书面材料所展示者为限。当然，由于会议口头发言中所使用的意大利语以外的法语和俄语为我所不知，尽管有N. Chestakova和M. Kabitskij同声传译的帮助，本综述所依仍以书面材料为主，且俄语发言及论文仅将其标题译出供读者参考。特此说明。

① 第1—8届会议综述参见徐国栋：《社会主义·后社会主义·欧亚团结——第8届“中东欧国家与意大利罗马法学者研讨会”及历次同名会议综述》，载徐国栋：《罗马法与现代意识形态》，北京大学出版社2008年版，第100～130页；第9届会议综述参见费安玲：《“PERSONA——人”：罗马法与现代民法典研究的连接点——“第9届中东欧国家和亚洲国家罗马法学者研讨会”综述》，载徐国栋主编：《罗马法与现代民法》(第四卷)，中国人民大学出版社2004年版，第310～319页；第10届会议综述参见徐国栋：《第十届中东欧国家和亚洲国家罗马法学者研讨会综述——兼述“罗马与印欧人民”圆桌会议》，载徐国栋主编《罗马法与现代民法》(第五卷)，中国人民大学出版社2006年版，第429～433页。

教学的必要性。

厦门大学法学院罗马法研究所徐国栋教授和博士生李飞作为中国代表参会，并分别就第二和第三个主题做了主题发言《罗马人的税赋——从起源到戴克里先时代》、《孳息含义的演变：从罗马法到现代民法》。下文将依会议议程对本届会议作一综述。

一、会议开幕

伊尔库茨克的十月文雪飘飞，素裹银装的"西伯利亚心脏"多少激起我心中的一种圣洁感，一睹会议尊容的急迫感也在飞机降落的一刹那骤然升腾。会议的地点就在与无畏上将高尔察克被枪决沉冰的安加拉河一路之隔的伊尔库茨克宾馆。

10月14日上午当地时间10点，开幕式举行。伊尔库茨克国立大学法学所主任 O. P. Liian 教授，会议学术委员会成员意大利罗马第一大学皮兰杰罗·卡塔兰诺教授、伊尔库茨克国立大学克里莫维奇(A. V. Klimovi)教授、塞尔维亚诺维萨德大学马雷尼查(A. Malenica)教授、罗马尼亚克拉约瓦大学桑布里安(T. Sâmbrian)教授和俄罗斯符拉迪沃斯托克(海参崴)远东国立大学谢甫琴科(A. S. Ševenko)教授相继发言。

Liian 教授在祝词之后，回顾了该校与罗马法的渊源，从中我们得知该校法学院第一任院长 V. P. Domangio 教授在上世纪初即因在罗马法研究中取得的创新性成果而为学校扬名。他在发言中引用耶林的"罗马三次征服世界"和 I. A. Pokrovskij 教授的"罗马法两次征服世界"的掌故，盛赞罗马法以及以罗马法为其一部分的古罗马文化的辉煌并强调罗马法学习的重要性："罗马法引导人类臻向法学之完善。"最后他讲到"西伯利亚永远都不只是一个风景如画的俄罗斯角落，还是一个学术开放的地方"，并表达了对本届会议的崇高期望："本次学术会议在西伯利亚举行的几天内，世界法学得以提升，国际学术联系得以加强，世界各国和各大学的声望得以巩固。"

今年的会期正好赶上 Giorgio La Pira 朝圣俄罗斯50周年纪念，[①]作为

① G. La Pira 于1959年，也就是在他两度担任佛罗伦萨市长(1950—1956；1960—1964)的间隙，造访苏联，并在克里姆林宫的最高苏维埃就裁军问题和宗教自由问题发表演讲。稍后的1965年11月，G. La Pira 前往越南的途中曾在伊尔库茨克停留，使得本次会议与 G. La Pira 的联系略显微妙。

"中东欧国家和亚洲国家罗马法学者研讨会"一以贯之的主办者之一"Giorgio La Pira"研究会,该研究会主任卡塔兰诺教授自然要提起这一事件。他对 G. La Pira 的主要社会活动以及作为罗马法学家的主要成就做了简要介绍。马尔蒂诺(Francesco De Martino)教授的大作《个人主义与罗马法私法》[①]我们都耳熟能详,但从卡塔兰诺教授的介绍中我们了解到,马教授在当时并不乏知音,G. La Pira 同样指出了"罗马法并非个人主义的"并发现罗马宪制与 1936 年苏维埃宪法的一致。卡塔兰诺教授回顾了 20 世纪中叶的罗马法研究:希特勒的国家社会主义与斯大林的马克思列宁主义对罗马法采取的截然相反的态度,对之后的罗马法研究产生了深远影响。前者认为罗马法是个人主义的,与德国的民族精神相悖,故在德国的大学取消了罗马法教学;而后者在苏联的所有法学院强制推行罗马法教学,这也带来了 20 世纪 70 年代社会主义国家罗马教学与研究的繁荣,现在的苏联加盟共和国,包括中国后来的罗马法研究均受益于这一决定。社会主义国家的罗马法教研盛况被一位东德学者介绍到意大利,[②]此后即开启了意大利与社会主义国家罗马法学者的接触与对话。[③] 接着,卡塔兰诺教授简要勾勒了历届同名会议的轮廓,最终将会议归结到徐国栋教授的表达——"欧亚团结",[④]并再次强调罗马法传统的亚洲根源。

第 10 届同名研讨会的东道主,塔吉克斯坦共和国宪法法院院长、科学院院士马赫卡姆·马赫姆多夫教授没有莅会,但发来书面贺电。他以塔吉克斯坦法律共同体及其高等教育机构的罗马法学者的名义祝愿与会者在学术研究中取得更大成就,在世界罗马法研究中取得新成果。马教授回顾了在杜尚别召开的第 11 届会议的情况,指出与会学者的报告被成功运用于塔吉克斯坦高

① 该文中译本参见弗朗切斯科·德·马尔蒂诺,薛军译:《个人主义与罗马法私法》,载徐国栋主编:《罗马法与现代民法》(第四卷),中国人民大学出版社 2004 年版,第 2~73 页。

② Elemér Pólay, L'insegnamento del diritto romano nei paesi socialisti, In Studi Sassaresi, 3ª serie, vol, I[1969], pp. 581ss.

③ 富有意味的是,意大利学者将这样的对话的起始定位于 4 月 21 日,即罗马建城纪念日。从 20 世纪 70 年代开始的社会主义国家与意大利罗马法学者的对话,参见徐国栋:《社会主义·后社会主义·欧亚团结——第 8 届"中东欧国家与意大利罗马法学者研讨会"及历次同名会议综述》,载徐国栋:《罗马法与现代意识形态》,北京大学出版社 2008 年版,第 100 页及以后。

④ 此时我脑海中闪现的是 11 月 9 日在网络上看到的德国为庆祝柏林墙倒塌 20 周年的庆祝场景。

等教育机构的罗马法教学之中。他还强调，杜尚别会议中提出的有关研究人员的培训、加强将罗马法原始文献翻译为中亚国家民族语言的建议、增加罗马法教学课时的建议至今尚未落实，并提请与会者注意寻求解决这些问题的途径。同时马教授认为，重要的是在中亚大学之间建立一个中心以深化罗马法以及法律制度的研究，在此基础上可以系统组织学术会议并成立一个工作组翻译罗马法、私法、罗马诉讼史、法律渊源史等所有领域的作品。这样一个中心的设立不仅将对深化研究一些探讨不足的罗马法问题发挥重要作用，而且将对这一地区所有国家的法律发展产生重要影响，因为继受自罗马私法的人法、物法、债法等制度已经渗透进这些国家的民法典条文之中。对于本次会议，马教授认为其将不仅有助于东西方学者之间学术交流的发展，而且有助于完善民事立法以及对罗马法及其对法律制度影响之研究的进一步发展。马赫姆多夫教授的建议对于我国罗马法研究的发展同样具有启发意义，遗憾的是此等建议如何落实仍然未知。

克里莫维奇、马雷尼查、桑布里安和谢甫琴科诸教授的发言因未见书面材料，不得而知。所幸的是，克里莫维奇、马雷尼查和桑布里安教授此后还有主题报告，我们仍得领略其风采和学识。

此外，圣彼得堡国立大学法学院院长阿列克谢耶娃（T. Alekseeva）教授的一篇未被列入主题的向罗马法学者的献礼之作同样值得在此做一介绍，它使我们领略了罗马法教学和研究在俄罗斯取得的辉煌成就并有助于消除一些误解，这就是《登上俄罗斯权力之巅的圣彼得堡的罗马法教授》。阿列克谢耶娃教授在文中提到，当今有三位罗马法教授登上俄罗斯的权力顶峰，他们是总统梅德韦杰夫（Dmitrij Anatol'evic Medvedev）、最高仲裁法院院长伊万诺夫（Anton Aleksandrovic Ivanov）和司法部部长科诺瓦洛夫（Aleksandr Vladimirociv Konovalov），而且就其出身而言，他们都与圣彼得堡大学有关，三位均出生于列宁格勒，就读于列宁格勒（圣彼得堡前名）国立大学法学院并获该校法学博士学位，并且随后在担任公职之前均教授过罗马法。梅德韦杰夫1990年以《国有企业民事法律主体性的行使问题》一文获博士学位，在1999年担任政府公职之前的9年里，他留校教授罗马法与民法并取得教授职位。在其学术活动中，梅德韦杰夫一直以适当的方式使用罗马法的术语，并强调许多现代范畴的历史特征及其拉丁语起源。梅教授的研究领域主要在物权法，在《俄罗斯联邦民法典》所规定的企业管理权（物权之一种）中，他发现了罗马法用益权的模型，此外他还对罗马法中的质权有着独到的研究。其代表作有《民法：教科书》（与伊万诺夫等合著）、《国有企业的财产权（第一、二部分）》（与伊万诺夫合著)、《俄罗斯质押法》等。阿列克谢耶娃教授的这篇介绍性论文有力地回应了对梅德韦杰夫是罗马法教授并曾教授罗马法的质疑。

伊万诺夫与梅德韦杰夫系同窗好友,但博士毕业晚后者一年,其博士论文为《所有权与市场货币关系》。他同样在毕业后留校教罗马法与民法,并于1991—1994年期间担任当代俄罗斯最权威的法学杂志之一 *Pravovednie* 的主编。1997年他开始公职生涯并最终担任最高仲裁法院院长。伊万诺夫积极从事学术活动,除参与翻译《优士丁尼学说汇纂》第5卷外,还撰写过大量学术作品,包括上述与梅德韦杰夫合写的著作,以及《关于 Krasin 号破冰船的争论》、《俄罗斯联邦的地上权:观念与制度》、《物权》、《(人民)共有财产与国家所有权》等。在这些论著中,他讨论了私人所有权的保护手段,经常使用罗马法的范畴,注重罗马法律术语与俄罗斯法律术语的对比分析并总是强调罗马遗产的重要性:"大陆法系所有的民法基本概念都来自古罗马,许多制度与两千年前罗马所规定者无异。"

梅德韦杰夫与伊万诺夫同龄,均长科诺瓦洛夫3岁,但科诺瓦洛夫在三者中最早担任政府公职,早在1992年即进入联邦检察院工作,先后担任巴什科尔托斯坦共和国(Bashkortostan,俄罗斯联邦89个实体之一)检察官(至2005年)、总统全权代表(至2008年)、司法部长。在担任检察官期间他并没有废弃学术研究,于1999年完成论文《民法中的占有及其保护》,获法学博士学位。他也曾在圣彼得堡国立大学法学院教授罗马法与民法,罗马法对其学术研究产生很大影响,他一直将罗马法视为民法发展的起点。罗马法中的占有令状、中世纪的侵夺之诉(actio spolii)等为其"占有"一文的写作提供了大量比较分析的素材,就占有保护制度的主要演变趋势,他得出如下结论:"从历史的角度看,它发端于罗马法的裁判官令状,这种警察公权力(il potere pubblico di polizia)的保护手段一直延续到当代立法中的私诉,最终安身于公法与私法的结合中。因此,更为重要的是它作为保护民事权利的法律工具,不同于权利的自我保护和任意保护。"阿列克谢耶娃教授最后乐观地道出,登上俄罗斯联邦权力之巅的罗马法学者的出现使所有的法学家看到了希望:无论在立法还是在法律适用中,罗马法的理性、良善与正义原则必将实现。

二、罗马法系中的人与人民

茶歇之后,第一个主题的研讨会开始。

首先是塞尔维亚诺维萨德大学德莱季奇(N. Deretić)教授的发言《罗马的

人口政策》。我们知道，1895 年，法国人奥古斯特·布歇—雷克雷尔克（Auguste Bouché-Leclercq）完成了《奥古斯都的人口法》（*Les Lois Démographiques D'Auguste*）一书，德莱季奇的此文当是继其余续。确实，罗马法是人类历史上第一个对人口增殖进行全面干预的法律体系，其人口法值得大书特书。

其次发言的是波兰华沙大学玛利亚·扎布洛斯卡（M. Zabłocka）和"斯特凡·维辛斯基红衣主教"大学扎扬·扎布洛斯基（J. M. Zabłocki）教授夫妇，他们都曾于 2007 年来厦门大学讲学。本次会议上他们的发言题目分别是《人的能力与三子权[①]》、《生活共同体》（*Consoritium vitae*）。扎布洛斯卡教授从四个方面展开论述：即将出生的婴儿、出生、父母的权利、能力的概念与罗马法。罗马法学家的文本显示，罗马人对婴儿的受孕时刻非常重视，毫无疑问，受孕但未出生的胎儿已取得其权利。我们知道这样一句罗马法格言：在涉及其利益时胎儿视为已经出生。当然，这有一个前提条件，只有活着出生者才能取得胎儿的权利。但如果涉及父母的三子权，仅有胎儿活着出生仍然不够，他/她还必须存活一段时间，至少到为其起名的那一天。一般男孩在出生后的第 9 天，女孩在出生后的第 8 天，为其举行涤罪仪式（lustratio），在此过程中为婴儿取名。婴儿取得名字、进入父亲的家庭并参与宗教仪式确实是非常必要的：从此刻起，出生才产生父母三子权的效果。扎布洛斯卡教授还告诉我们，三子权对于女性比对于男性更为重要，生有 3 个子女的女性（如果是女解放自由人，须生有 4 个子女）可免受监护，因而取得完全的行为能力及遗嘱能力，此外还可以免除《优流斯以及帕皮尤斯和波培乌斯法》规定的女性的再婚义务，并且除《沃科组斯法》的规定外，在继承方面同样取得与男性平等的权利。不可否认，三子权也为男性带来好处，无论男性还是女性，享有三子权意味着在继承权方面取得完全的能力，因此不再受奥古斯都的立法所规定的限制。在最后一部分，扎布洛斯卡教授强调，在古代，仅受孕并活着出生仍然不够，还必须拥有一种适当的身份（自由的身份、市民的身份、家庭的身份），因此，很难认为"人的能力"的概念可以与罗马法画等号。

扬·扎布洛斯基是《十二表法》波兰文的译者，他对《十二表法》中的罗马法制度颇有研究，而且还善于从奥路斯·杰流斯的《阿提卡之夜》中挖掘罗马法律制度的素材，比如他提交给第 8 届本会的论文《十二表法中的执行程序》

① 关于"三子权"的详细介绍，可参见徐国栋：《罗马私法要论——文本与分析》，科学出版社 2007 年版，第 63～65 页。

（即以《阿提卡之夜》中记载的哲学家法沃里路斯与法学家塞斯图斯·切齐流斯就《十二表法》的执行程序进行的伦理讨论为切入点）、给第11届本会的论文《从奥卢斯·杰流斯的〈阿提卡之夜〉看后生子的人格》、在厦门大学法学院的讲座《从奥路斯·杰流斯的〈阿提卡之夜〉看罗马人的家庭》等。在《生活共同体》一文中，他介绍了1983年约翰·保罗二世《教会法典》首次规定的婚姻的法律定义，该定义无疑受第2届梵蒂冈圣公会议有关婚姻的教理启发：一男一女两人之间的终身结合（生活各方面的结合），犹如上帝与特选子民之间的神圣盟约，乃男女之间爱的范式。在其报告中，扎布洛斯基教授尝试回答这样一个问题：为何几个世纪以来教会法文献中都没有对婚姻下正式的法律上的定义，包括为什么使用莫德斯丁的表达（生活各方面的结合）来定义婚姻；此外，他还尝试弄清为什么在确定婚姻缔结的时间时，要选择一个罗马随军祭司法上的术语“foedus”。在结论部分，扎教授在寻思为什么婚姻结合的模式采用古罗马法中的“不分遗产的共同体”。

随后的发言是俄罗斯叶卡杰琳堡乌拉尔国立法学院别尔格（E. B. Berg）教授的《法人——罗马法中的非商业组织》。本文当是别尔格教授第9届同名会议所提交论文《罗马法中的法人：现代非商业组织的雏形之研究》的姊妹篇。

俄罗斯斯塔夫罗波尔国立大学贝里科夫（A. P. Belikov）第五个发言，他在《共和时期罗马法中市民与国家的利益结合》中谈到，罗马人在共和时期与帝政时期，其地位的不同主要基于这样一个事实：市民成为国家的主体。重要的是，这一进程因212年“卡拉卡拉敕令”的发布而加快，市民身份因而被极大削弱。在共和时期，市民的权力与权利范围很大，并且他们可以运用罗马法很好地保护自己，此外，他们尊重个人与国家利益的初始平衡。在我看来，贝里科夫的研究领域主要是罗马公法，尤其关注共和时期的罗马公法，我们还记得第11届本会上他的发言是《共和时期平民与贵族在行省问题上的对立（法律面相）》。

接下来的两个主题报告分别是意大利罗马公法研究著名学者萨萨里大学罗布兰诺（G. Lobrano）教授的《优士丁尼〈学说汇纂〉中的“共和”》和俄罗斯“M. V. Lomonosov”莫斯科国立大学罗马法研究中心主任科凡诺夫（L. Kofanov）教授的《罗马共和时期的“公人”、“公团体”与“市民身份”》。但两位教授均未提交书面论文，遗憾无从展示其发言内容。

上午的主题报告持续到下午2点，接下来两天的日程同样如此。午餐之后，下午3点就第一个主题的研讨继续进行。依次发言的有乌克兰敖德萨国立法学院朱巴尔（V. Zubar'）副教授、俄罗斯科学院俄国史研究所（莫斯科）特里巴甫洛夫(V. V. Trepavlov)、意大利罗马第三大学曼尼斯卡尔科·巴西勒(G. Maniscalco Basile)教授、意大利罗马第一大学布鲁提(M. Brutti)教授、乌克兰敖德萨国立法学院研究生奈基特(E. G. Nekit)、罗马尼亚雅西"Petre Andrei"大学丘卡(V. Ciucă)教授、俄罗斯斯塔夫罗波尔国立大学佩特洛娃(I. V. Petrova)、波兰"斯特凡·维辛斯基红衣主教"大学助理教授塔尔瓦斯卡(A. Tarwacka)、俄罗斯科学院俄国史研究所(圣彼得堡)的斯热定斯卡雅(N. B. Sredinskaja)。

朱巴尔和特里巴甫洛夫的报告题目分别是《萨维尼对法人本质的研究》、《俄罗斯多民族国家的形成:法制概览》。两位教授同样没有提供书面发言材料,但法人制度似乎一直是朱巴尔教授长期研究的焦点,早在1998年第7届本会上,他就同一问题做了主题报告《乌克兰的法人制度》。

第三个主题发言是曼尼斯卡尔科·巴西勒教授的《起源于罗斯(Rus')的民族与帝国》。自3—4世纪的教会历史学家巴勒斯坦恺撒利亚的主教欧瑟比(Eusebio di Cesarea)提出其帝国理论开始,帝国的思想即意味着一个普遍的独裁的政府。但这种思想在解释起源于罗斯的俄帝国时则显得苍白无力。无论在何种情形,帝国作为一种思想和政治体制,都包含三个特别要素,使之区别于其他思想和制度,它们是:不同民族的共同利益背后的独裁政府;不同民族之间存在语言交流的可能性以及存在导向公共利益的共同行为;民族的多样性不应使人感到相互疏离。巴西勒教授更加强调"民族"的要素:帝国应被定义为一个"上升的"而非"下降的"政治结构,因为其"民族"使帝国成为一个现实的和特定的思想,并区别于其他思想和政治结构;中央集权的俄帝国的优势并非在于君主通过武力而征服的城市所形成的"土地",而是在多样化的种族中找到政治共同体的古老习俗,并且通过公共利益的共识共同建立起一个帝国的"民族"。这一点不同于欧瑟比的理论,他认为在基督教帝国中,共同利益的观念乃伴随着军事征服以及政治与宗教的一体化。如果将欧瑟比的理论套用于俄帝国,那么情形应当是:莫斯科的大主教 Makarij 在为伊凡·瓦西里耶维奇四世加冕时,伊凡四世赋予他统合野蛮民族(即没有理由而分裂的民族)的使命。事实显然并非如此。

布鲁提教授的报告是《市民、外邦人、衡平:罗马法的范式》,亦未见书面文稿。

奈基特是第五个发言的,但其论文《作为信托法律关系基础的"信"与"衡平"范畴》系以俄语作成,我只能是望文生叹!

丘卡教授的《一种新解释学中的"诚信"》系法语论文,虽然他只提供了一个很短的摘要，但我仍然理解得不够，看得有点一头雾水。该摘要大意是说，在古代社会，诚信为陈旧的法律形式主义所破坏，这带来一定的社会风险（缺乏法律保障，缔约人的反复无常等）。相比之下，我们今天所谈论的法律的保守主义、官僚主义风格、僵化及过于形式主义等，都是罗马古典时期，特别是通常被称作"公元前 107—公元前 79 年的共和国危机"时期的文献中所提到的附带现象。作者假设，在犹太文化区域，神秘的基督教术语掩盖了诚信在法律渗透中的印记，这种文化渗透通过自由和信赖的工具，使一个极端保守的社会远离猜疑。

佩特洛娃是第七个发言的，她的主题报告是《古罗马权利的司法生成现象》。

塔尔瓦斯卡的《古罗马法人的法律思想中"万民法犯罪"概念的根源》紧随其后。塔教授在文中告诉我们，国际法上的犯罪，在当今国际社会一般指的是强盗行为。1945 年纽伦堡国际刑事法庭区分三类国际法上的犯罪：反和平罪、战争罪和反人类罪。1998 年《国际刑事法院罗马规约》界定了四类国际法上的犯罪：种族屠杀、反人类罪、战争罪和侵略罪。此外，所谓的万民法犯罪，如海盗、贩卖人口、恐怖行为、伪造货币等也可以被追诉。大多数学者认为国际刑法起源于战争法的规范，而塔教授则认为在跨国范围内，战争罪的可惩罚性很晚才出现。在本文中，塔教授试图在罗马的法律与政治思想中确定"万民法犯罪"概念的起源，将之定位在罗马人对海盗行为的制裁。海盗问题在地中海由来已久，但直到共和末期，问题才严重到危及共和国的生命线，海上生活物资的输入几近停止。万民法上的结果就是，所有的共同体不得不宣布海盗行为非法并联合起来对抗之。正因为如此，西塞罗在《论义务》中唯独强调海盗属于"所有人共同的敌人"，并将其定义为"反自由的万民法犯罪"。[①] 在西塞罗的时代，尽管庞培已基本肃清了海盗，但海盗的危险性仍使共和国的最后一代人忧心忡忡。这个不难理解，即便在航海技术和军事力量强大如斯的今天，海盗仍然是困扰全球海运的一大心病。索马里海盗对中国货轮"德新海"的劫持就是最近的一个例子。正是在这样的背景下，海盗行为在共和末期成为一种特定的犯罪，不仅可以依市民法而且可以依万民法对其提起诉讼。在古典法时期，随着其他强盗行为的多样化出现，海盗行为的概念不敷适用，可

① [古罗马]西塞罗：《论义务》，王焕生译，中国政法大学出版社 1999 年版，第 349 页。

以推断，“万民法犯罪”的概念即产生于罗马共和制趋于没落的这样一个时期。[①]

本场研讨会的最后一个主题报告是斯热定斯卡雅的《14—15世纪意大利北方法律经验中的罗马人法规范》。

三、民事权利的保护与债务人的保护

15日上午，会议进入第二个主题，共有8位学者就“民事权利的保护与债务人的保护”做主题报告。

首个发言是来自我国厦门大学法学院徐国栋教授的《罗马人的税赋——从起源到戴克里先时代》。徐教授首先按今人的观念去观察罗马的税收，得出罗马人没有税的结论，这是我们所不愿看到的，所以我们还是要研究罗马人的税，但要记住，它是一种类似于现代人的税又与之不完全相同的东西。其次，徐教授分别阐述了罗马人的三项公共财政收入：Vectigal 、Tributum、Munus。这3个词共同构成对罗马人被强制接受的公共负担的描述，其中“Vectigal”指所有种类的公共收入，包括公地、牧场、树林、盐田、湖泊、河流承租人缴纳的租金和定期给付，以及各种税收，包括关税，它们是构成罗马的公共收入的重要来源。“Tributum”这个词最早指战时对非战士市民征收的实物税，但该词后来演变为指称税的一般术语。作者从词源学角度分析了“tributum”与部落(tribus)的关联，认为在早期罗马，各个市民对共同体的贡献是通过部落征收的，部落再把它们转给中央政府；“Tributum”的最早形式不是我们现在的金钱贡献意义上的税，而是一种劳役或其他贡献。所以，在金钱贡献意义上的税的概念出现于罗马前，有过一段税与劳役不分的时期。“Munus”即公役。再次，徐教授对罗马的直接税(包括解放奴隶税、遗产税、1/40的诉讼税、登基税或皇冠金、犹太税和贡赋)和间接税(包括销售税、进出口税、小便税和燃料税)展开了详尽的说明。最后的结论是，罗马人的税赋较轻，但由于当时罗马还有其他外源收入以及其他的税赋承担方式，同时国家活动也相对简单，同样能应

① 如果有兴趣的读者想要展开对罗马法中的海盗问题的研究，塔尔瓦斯卡教授为我们提供了一些有益的书目，比如 J. M. Sestier, La piraterie dans l'antiquite, Paris, 1880; N. K. Rauch, Merchants, Sailors and Pirates in the Roman Word, Charleston: Stroud, 2003; S. Tramonti, Hostes communes omnium. La Pirateria e la fine della Republica Romana(145—33 A. C.), Ferrara, 1994.

付公共开支。罗马人的轻税与一些学者提出的“罗马人螺丝钉论”并不矛盾，他们在承担较少赋税的同时，还要承担其他沉重的公共负担。

其次的报告是塔吉克斯坦国立民族大学洽里科夫(A. G. Chalikov)的《罗马法系中人的权利：其起源、承认及保护机制》和俄罗斯鄂木斯克国立大学“术语与翻译研究所——鄂木斯克术语中心”叶那季娜(A. A. Elagina)的《寺院的庇护权以及债务人行使该权利的可能性(塔西佗的记述)》。这两位学者虽被列入发言议程但均未出席，分别提交了书面的论文摘要。

洽里科夫的论文以乌尔比安的一句格言开题：“正义是分给每个人以其法律情势的稳定的、普遍的意志。”(I. 1,1pr. =D. 1,1,10pr.)作者在文中提请大家注意当代法律发展的一个基本方向：人的权利与自由。显然，历史上的任何一个法系都有一些在其中生发出“人的权利与自由”之思想的规则、制度以及法律部门。人的权利作为各国法律制度统一与和谐的核心，必在其中留下不可磨灭的印记。在此认识的基础上，洽里科夫考察了罗马法系中人的权利的起源、承认及保护机制。通过对罗马法原始文献、罗马法学家的观点以及罗马法适用与发展的实际情况的分析，他表明在古代，罗马法系就已十分重视作为所有价值之核心的“人”。撇开当时的政治利益和经济利益以及错综复杂的国际关系不谈，罗马法通过对人的经济权利和文化权利的承认，为人的权利与自由的真正承认铺平了道路，并逐渐发展出国家对个人权利与自由所承担的一系列责任。在作者看来，罗马人民的如下品质助成了法律的上述发展：民主、规则意识、理性、智慧等等。

叶那季娜曾对优士丁尼《学说汇纂》第 16 卷有过专门研究，这体现在她在第 8 届和第 9 届本会上的书面发言《罗马法系中的人：以优士丁尼〈学说汇纂〉第 16 卷为依据》、《罗马法系中的几个女性形象：以优士丁尼〈学说汇纂〉第 16 卷为依据》。近来她又转入对古罗马文学论著中的法律现象的挖掘，例如她在第 10 届和第 11 届本会上提交的论文《贝旦纽斯·瑟康杜斯的奴隶：一个为人身权利而斗争的尝试(以塔西佗的记述为依据)》、《小普林尼对自治市地位的论述》，以及本届会议的主题报告《寺院的庇护权以及债务人行使该权利的可能性(塔西佗的记述)》。

接着由波兰华沙大学文科(Artes Liberales)跨学科研究所的沃洛杰维奇(W. Wołodkiewicz)教授做主题发言。沃教授是著名的罗马法学家，也是本会的创始会员之一，我们知道，参加 1977 年第 1 届罗马法学者研讨会且仍活跃于该会议中的目前仅有卡塔兰诺教授和沃洛杰维奇教授等少数几位学者。沃教授在本次会议上以《戴克里先的“价格敕令”及权利的保护》为题，分四个部分解读戴克里先皇帝的价格敕令。首先是敕令的目的。罗马帝国在经历50年的危机(235—284)之后，经济和财政也走到了崩溃的边缘。戴克里先尝试以各种方式解决国家的财政治理和社会的经济治理问题。为稳定货币价值，引入了固定重量的金币和银币，但货币的发行和国家投资不但没有使物价得到遏制，反而使之在293—301年的期间上涨了5倍。于是戴帝寻求新的解决办法，于301年发布一个最高价格敕令，即“戴克里先关于出售物价格的告示”。这是就某一问题批准一项在整个帝国有效的法律的首次尝试。其次是敕令的适用。戴帝的这一敕令违反了古典法关于买卖的基本规则，即当事人自由协商定价。因而价格不再是当事人意愿的表达，而是变成一个国家武断的决定。该敕令由于与现实的悖离，不久即停止适用。再次是反贪婪的“公平价格”理论。买卖合同中的“公平价格”的字句出现在“价格敕令”第15条，但“公平价格”的思想在戴克里先之前的其他敕令中就已有所体现。[①] 沃洛杰维奇教授指出，对于罗马法学家来说，最为重要的还是该敕令的序言部分，它显露出立法者在成文法构成的态度上的转变，置身于享有无上权威的神话之中，自信能解决所有的社会和经济问题，戴帝在序言中想要表达的是，在成功地终结了国家的战争之后，他能保证人们在和平时期的幸福和健康。自此，法律的演化摆脱了创造性的解释，皇帝的权威取而代之。最后一个部分是“价格敕令”体现的惩罚的哲学。如果不能令人对违反敕令的后果产生惧怕的心理，人们不会情愿接受哪怕是为他们的利益而做的安排，基于这种认识，敕令对垄断商品及退出贸易等行为者处以死刑。最后沃洛杰维奇教授得出两点结论：第一，戴帝的“价格敕令”不仅是一个对于研究帝政初期的价格及市场具有巨大价值的文件，对于研究买卖、立法以及对于作为解决社会问题工具的惩罚的哲学，同样是一个重要的文献。第二，该敕令在罗马法形成的方法史上是一个重要的里程碑，它表明了专制政府与共和时期的政府在立法态度上的极大不同。

沃洛杰维奇教授之后是塞尔维亚诺维萨德大学西奇(M. Si)教授的报告《格拉提安敕令(C. Th. 4,20,1)与财产让与的“无过错(Innocentia)”要件》。

① 对戴克里先“价格敕令”、“非常损失规则”与“公平价格”的研究，亦可参见徐国栋：《公平与价格——价值理论》，载徐国栋：《民法典与民法哲学》，中国人民大学出版社2007年版，第497页及以次。

在恺撒或奥古斯都时代引入的古典时期的财产让与制度[①]有利于改善债务人的地位，使债务人免受人身执行或者因财产拍卖带来的破廉耻。包括沃洛杰维奇教授在内的部分罗马法学者接受了这样的观点——财产让与的适用是有限的，因为它需要一定的条件：债务人必须有充分的理由排除通常程序的适用，并且债务人必须有可让与的财产。根据这种观点，在不可抗力的意义上，充分的理由包括“无过错”要件。至于如何理解该要件，只有两个文本对此有所涉及：塞涅卡的《论恩惠》7，16 和格拉提安的一个敕令[C. Th. 4，20，1(379年)]。西奇教授选择了后者作为分析对象。该敕令禁止债务人为逃避清偿债务而进行财产让与，尤其是国库的债务人；只有当债务人的财产因不可抗力而毁损时方得进行财产让与。但西奇教授认为，该敕令所使用的词句并非指涉财产让与，而是指向清偿债务的义务，是免除遭受不可抗力的债务人之义务的一般规则。格拉提安在几年后的 385 年颁布了一个新的敕令(C. Th. 10，16，4)重申了上述禁令。在西奇教授看来，皇帝通过这些敕令想表达的是，对债务人来说，财产让与并无实益，因为他们仍将是国库的债务人。在后古典时期，国库是帝国内所有属民的债权人并对其现有的和将来的一切财产享有默示的抵押权。在此意义上，由于所有人均成为国库永久的债务人，财产让与制度在帝政后期便失去了它有利于债务人的含义，因不可抗力所导致的债务人财产的灭失仅在法定的情况下豁免支付税款，不过也只有皇帝才可以授予这种恩惠。

摩尔多瓦基希纳乌国立大学的沃尔琴斯基(V. K. Volinski)只是提交了俄语的书面论文而未与会，他的论文题目是《古罗马质押与抵押法律关系中债务人法律地位的演化》。

波兰比亚韦斯托克大学尼奇普鲁克(P. Niczyporuk)和塔莱斯卡(A. Talecка)共同撰写的《古罗马作为银行的业务形式之一的财产拍卖》一文由前者代为宣读。两位作者告诉我们，银行的活动在公元前 3 世纪至 3 世纪的漫长时间里发挥着重要的作用。银行在集议场或其他公共场所开展其营业，主要提供如下服务：控制货币的质量、兑换货币、接受存款、提供贷款以及组织财产拍卖，尤其在组织拍卖中，银行扮演了重要的角色。古罗马的拍卖由拍卖商(praeco)主持，他将货物提供给出价最高者。自公元前 2 世纪后半叶起，银行

① 财产让与(cessio bonorum)是《关于财产让与的优流斯法》创设的一项法律制度，它允许债务人在一定条件，通常是并非因其过错而导致资不抵债的情况下，通过向债权人让与其全部财产的方式避免损害损害其名誉的财产拍卖或人身强制措施。

业者(argentarii)开始参与拍卖，他们的任务是作为中间人向出卖人支付价款，并为买受人提供不超过1年的短期贷款。在普劳图斯和小伽图时代，征税人(coactores)也参与了拍卖，得到特许后，他们可以从买受人处收取价款，然后再移转给出卖人，他们还负责保存有关拍卖的详细登记簿。登记簿中包括拍卖时间、物品的详细描述、价款和买卖双方的姓名等信息。如果银行业者同时出现在拍卖中，则保存登记簿的任务转由他们负责。到公元前1世纪的时候，出现了银行征税人(coactores argentarii)，他们既是银行家，又是收税人，并且还组织拍卖和缔结买卖合同。

塞尔维亚诺维萨德大学阿里季奇(S. Alii)的报告题目是《古典罗马法中毁坏文书的阿奎流斯法责任》，会前我就受专注于阿奎流斯法之诉研究的黄文煌师兄委托关注此文，但拿到论文集才发现作者只提交了一个介绍性的摘要，不过作者还是把想要表达的意思交待得很清楚。在该摘要中，阿里季奇提到：(1)关于赔偿的范围。在阿奎流斯法损害赔偿范围逐渐扩张的过程中，古典法学家对《阿奎流斯法》第3条的解释相当重要，它允许对受害人的全部财产利益的损害进行估价。这同样适用于对证明债务存在的文书的损坏以及对清偿收据的损坏，但在损坏遗嘱板的情形下是否对全部损害进行估价，古典时期的诸法学家的观点并不一致。在上述情形中，根据阿奎流斯法之诉，不仅可以请求赔偿文书本身的价值，而且可以请求赔偿因此造成的全部其他金钱损失，但前提是原告必须能证明其财产利益的存在。(2)关于适用的前提。阿奎流斯法的适用是作为最后的救济手段而存在的，如果原告占有除被损坏的文书以外的其他证明手段，仅当原告无法通过其他方式实现其原始权利时才能提起阿奎流斯法之诉。(3)关于适用的情形。我们还了解到，古典时期的法学家只提到对具有证明价值的文书的损坏，而没有涉及损坏含有正式交易的实质性要素的文书(其缺失将导致交易无效)时的责任问题。此外，阿奎流斯法之诉仅适用于文书的损坏，而不适用于文书被盗、秘密的处分被公开的情形。(4)关于诉权类型及诉权主体。不得不指出，上述损坏文书的阿奎流斯法之诉为直接之诉，在古典时期的文本中并不存在针对文书损坏的阿奎流斯法扩用之诉，而且这种诉权通常属于文书的所有人，至于其他利害关系人是否享有该资格，原始文献中没有一个明确的说法。(5)关于因果关系。如果文书的作者本人损坏文书且造成间接损害，原告则不仅可以提起直接之诉，还可以提起事实之诉。(6)关于竞合。在损坏文书的情形下，阿奎流斯法之诉可能存在与合同之诉的竞合，还可能存在与侵辱之诉的叠合。

乌克兰哈尔科夫国立大学古舒瓦(A. N. Gužva)的论文《罗马法学家眼中

租赁合同中承租人的利益》主要围绕 D. 19,2(租赁)展开,需要提及的是,虽然提交了会议论文并被列入会议报告议程,他并没有出席。

俄罗斯伊万诺沃国立大学毕毕科夫(A. I. Bibikov)教授的报告是《在当代及罗马的法学论著中债务人的死亡与担保的命运》。

意大利罗马第二大学卡尔迪里(R. Cardilli)教授的《论"诉讼"与"权利"的关系:对作为权利保护伞的诉讼的批判性反思》,在我看来无非是要强调这么一点:诉讼是权利本身的一部分或者说是运动中的权利。文章的第一部分是对"诉讼"问题的提出,作者引用 Riccardo Orestano 教授在《法律百科全书》"诉讼"词条中表达的观点,认为它与罗马法律制度的运作紧紧交织在一起。第二部分是"作为主观权利保护伞的诉讼:概念清理的必要性"。卡尔迪里教授指出,"诉讼"的概念应当放在其经验背景中进行历史性的重置,以免将其向前或向后投影。随后他摆出了自己对主观权利的认定,诉讼是"每个权利由于其损害而呈现出的特殊形式"(萨维尼语),或者如 19 世纪末期的意大利学说所描述的,是"为使人尊重而处于运动中的权利本身"。诉讼在观念形态上被吸收到主观权利的内部,作为其发生损害时的能动表达,并因而变成主观权利的保护伞。第三部分是"作为主观权利保护伞的诉讼结构的普及:意大利的法典和法学家",卡教授依次分析了 1942 年《意大利民法典》、1948 年《意大利共和国宪法典》的规定以及意大利民事诉讼法学家的争论和罗马法家认识的转变(从具体诉权的观念到抽象诉权的观念)。作者适时地指出,所有的主观权利,事实上都需要一把保护伞,但这种保护伞多少要受制于利害关系人的主动性,需要权利人主动提出(宪法典第 24 条第 1 款,民法典第 2907 条)。第四部分是"在罗马法中诉讼相对于权利其作用的复杂性及其在制度中的重要性",重申了诉讼并非主观权利保护的"功能性要素",亦非主观权利的"工具性要素",正如 Salvatore Satta 所肯认的,诉权并非一项权利,而是权利本身在诉讼中的具体化。第五部分是"Riccardo Orestano 的文本的重要性:诉讼、法律制度的统一及其在体系中的含义":诉讼是权利在广义上的具体实现,使权利体系在诉讼的名义下具体化。

上午这场研讨会的最后一个主题报告是《论司法判决的"撤销"(rescissio):创设效力还是对无效的宣告确认》,发言人是来自俄罗斯托木斯克国立大学的图佐夫(D. O. Tuzov)教授。图教授试图揭示 rescindere 一词在罗马法原始文献中的含义,究竟是如学界流行的一种观点,认为该词包括两层含义,一是通过恢复原状或上诉对原判决的破毁,二是确认原判决无效,还是仅在前一种意义上被使用。作者在其提交的论文中以细腻的笔法对前者提出质疑并对后者进行证成。持前一种观点的学者往往拿 D. 49,8,1pr. [①]说事，事实上，在该文本中，马切尔意在调和确认一个已决案判决的不存在与该判决的实际存在之间的矛盾。图教授随后分别剖析了以否定形式和以肯定形式使用“rescindere”一词的原始文献，前者有 C. 4,35,3、C. 2,12,10、D. 42,1,42、C. 7,43,11，[②]以否定形式使用该词意味着一个有效判决的存在且不受侵犯，“rescindere”只是对原判决实际效力的变更；而只有 C. 7,64,5[③] 和 C. TH. 4,1 两个法言属于后者，但即便在这两个法言中，原判决（决定）的无效是自动获得的而非对其“rescindere”的结果。之后图佐夫教授分析了 D. 49,8 标题（*Quae sententiae sine appellatione rescindantur*）中“rescindere”的用法。该题中只有标题和头段出现了“rescindere”一词，且标题中该词似乎也暗指原判决无效，但该题述及类似情形的其他法言中皆没有使用“rescindere”（D. 49,8,1,1；D. 49,8,1,4），也没有表明判决无效的字眼，标题与内容似乎出现了矛盾。为了对此作出解释，再来看一下法言 D. 49,8,1pr. 的末尾部分，它使用的是与 D. 49,8,1,1 和 D. 49,8,1,4 相同的“无需上诉”的表达，因此标题中的“rescindere”暗示的是一个有效而非无效判决的存在。图教授最后得出结论：原始文献中并未出现在宣告原判决无效的意义上使用“rescindere”的趋势，相反，原始文献所揭示的是一直都在对有效判决的效力进行变更的意义上使用该词。

图佐夫教授的发言结束后是短暂的茶歇，12 点整，会议进入评议和讨论阶段。科凡诺夫教授、沃洛杰维奇教授、卡塔兰诺教授、卡尔迪里教授、西奇教授、图佐夫教授等相继对各主题发言进行点评，并就相关问题互相讨论和回应。当天下午 3 点，塞尔维亚诺维萨德大学萨尔基奇（S. Šarki）教授、同一大学名誉教授马雷尼查（A. Malenica）、俄罗斯坦波夫大学特洛菲漠夫（V. V. Trofimov）和俄罗斯伊尔库茨克国立大学克里莫维奇（A. V. Klimovi）4 位学者的发言仍然围绕“民事权利的保护与债务人的保护”这一主题进行，徐国栋

---

① D. 49,8,1pr.。马切尔：《论上诉》第 2 卷：我们必须记住，如果问一个判决是否作出，而该案的执法官回答没有作出，在此情形，即使判决已经作出，无需上诉，该判决被 rescindere。

② 如 D. 42,1,42。保罗：《解答集》第 3 卷：保罗答道：裁判官不能 rescindere 他已经作出的判决，但他必须就产生于该判决的一些辅助事项作出安排……

③ C. 7,64,5。加鲁斯、加利努斯及努梅利安努斯皇帝致多米齐安：行省总督可在一定限度内作出罚款决定，但如果他越权，对你罚款的数额超过了法律的规定，无疑违法作出的决定无效，可以将之 rescindere 而无需上诉。（283 年 1 月 13 日，加鲁斯和加利努斯担任执政官）

教授作为本场研讨会的主持之一引导着议程的有序进行。

大胡子教授萨尔基奇对中世纪塞尔维亚法的研究颇有建树，他在第9届本会上提交了《中世纪塞尔维亚法中人的盖尤斯式划分》，本届会议的报告也关乎同一主题：《中世纪塞尔维亚法中债务人的保护》。中世纪塞尔维亚法中并不存在保护债务人的特别制度，债务人与债权人之间的关系由塞尔维亚习惯法调整，这就意味着债权人可以在诉讼之外任意获得债务的清偿。对此，塞尔维亚法律文献提到两个相关的制度，即"udava"和"izam"。前者是债权人可以任意拘押债务人以获得债务的清偿，后者是任意拘押债务人的亲属、朋友或同胞以强迫债务人清偿债务。这两个制度都出现在塞尔维亚国王与拉古萨(Rugusa)共和国[①]之间的协议中。当时，拉古萨人主要是商人，他们控制着塞尔维亚的贸易，通常是作为塞尔维亚人的债权人出现，塞尔维亚国王为避免拉古萨人任意进行"udava"和"izam"，因此与拉古萨共和国签订一系列协议，明确禁止"udava"和"izam"。萨尔基奇教授通过对中世纪塞尔维亚国王与拉古萨共和国之间的协议文本的分析，再现了"udava"和"izam"由作为习惯法中的合法制度到国家权力稳定后在国王干预下变为非法的详尽历史，以及这两个制度在词性、词义上的演变。

马雷尼查教授的报告《沙皇杜山(tzar Duš an)的法典中人的保护》谈论的是处于中世纪上升时期的塞尔维亚为了巩固帝国权力而颁布的沙皇斯特凡·杜山的法典中的"合法性原则"。[②] 该法典的众多条文不分社会地位地对所有的人给予一体保护，无论皇帝还是封建主均不得非法行事。这对于一部中世纪的法典(1349年颁布了135条，1354年颁布了后续的66条)来说显得相当异类。对此，作者从社会、文化和意识形态原因等方面进行了解析，展示了塞尔维亚历史学家对该法典及其有关"合法性"的规定的态度，最后得出自己的认识：(1)无论其继受自罗马—拜占庭法的三分结构，还是其精确简练的立法语言以及将法律规范分解为各个条文的立法技术，该法典都受得起最高的评价；(2)该法典之所以规定"合法性原则"，其出发点在于对封建主的权力进行限制以及避免阶级冲突，并不意味着所有人都是平等的，《杜山法典》中的合法

① 威尼斯的海军基地，现今克罗地亚的杜布罗夫尼克。

② 该原则体现在法典第43条、第139条、第142条、第172条等。

性难以掩盖其“封建社会的合法性”的本质。[①] 但该法典中体现的对人的保护，其价值仍不可因此而抹杀，作为一个接受了“武器和法律乃皇帝的工具”的罗马教条且自比优士丁尼的有抱负的君主，在该法典的一部手稿中发现的杜山的真诚话语使作者更加确信这一点。

特洛菲漠夫的报告题目是《作为合同法指导思想的交换的正义(罗马法传统)》。年轻热情的东道主克里莫维奇教授的报告题目是《关于“请求给付之诉”》。可惜因为我的语言能力有限，在此不能将其报告的内容展现给读者。随着克里莫维奇教授报告的结束，本次会议第二个主题的研讨也告一段落，在卡尔迪里、图佐夫、克里莫维奇教授等自由发言之后是茶歇。对“当代法律体系中罗马法的继受”的研讨呼之欲出，下午 5 点 30 分，这一时刻终于到来。

四、当代法律体系中罗马法的继受

在这一单元，首先作主题发言的是俄罗斯莫斯科国立商业大学的阔萨烈夫(A. I. Kosarev)教授，他在 2002 年第 9 届本会上曾作过罗马法与穆斯林的对比分析:《罗马法与穆斯林法中的人权:对比分析》，这次会议他仍然延续这一研究脉络，其发言题目是《罗马法史与穆斯林法史中稳定与进化之间的主要矛盾》。

其次是俄罗斯科学院俄国史研究所毕奇科娃(M. E. Bykova)的报告《在俄罗斯国家权力思想形成中罗马与君士坦丁堡的地位》，由于毕教授没有提交书面论文，只能止于对其题目的介绍。

复次是俄罗斯符拉迪沃斯托克(海参崴)远东国立大学索宁(V. V. Sonin)的书面发言《文明间的过境:20 世纪 20—30 年代中国的作为罗马法传统之代表的俄国移民法学家》。看来此文介绍了一些流亡中国的俄国罗马法学者对中国法学研究的影响。

再次是希腊萨洛尼卡大学帕帕达托(D. Papadatou)的《〈希腊民法典〉之继承法对罗马法的继受》。现代希腊法对罗马法的继受与 1829 年希腊结束奥斯曼帝国 4 个世纪的统治取得独立密切相关。就采用何种私法的问题，19 世

---

① 法典第 50 条和第 55 条即为明证。前者曰:“如果大封建主辱骂或冒犯小封建主，罚 100 perperi;如果小封建主辱骂大封建主，罚 100 perperi 并受杖打。”后者曰:“如果 sebar(即下属)辱骂大封建主，罚 100 perperi 并烧其须;如果大封建主辱骂 sebar，罚 100 perperi。”

纪和20世纪初期的希腊法学家中主张将西方民族国家的立法引入希腊的观点最终占了上风,随着1946年《希腊民法典》的颁布,这个问题得到了解决。《希腊民法典》的发展建立在《德国民法典》模式的基础之上,而后者在很大程度上建基于罗马法。通过这么一转手,罗马法的原则和制度对《希腊民法典》之继承法的影响可能很明显但并不绝对。通过本文,作者一是要证明罗马法对现代希腊法的影响,二是要证明法律的一般原则和制度部分地起源于罗马法,而部分并非起源于罗马法,比如生存配偶的继承权。

然后是土耳其加拉塔萨雷大学(伊斯坦布尔)卡拉曼(B. Karaman)博士的《〈瑞士民法典〉在土耳其共和国的继受》。[①] 她首先介绍了19世纪奥斯曼帝国的改革不仅限于行政和军事,同样及于司法,事实上,这个时期的法典作品在商法、刑法和行政法的范围内采纳的是欧洲的范式,这样就在一个伊斯兰国家开启了法律罗马化的阶段。土耳其法律的罗马化完成的标志是1926年《土耳其民法典》的制定。在1923年土耳其共和国成立之初,一致的意见是在西方法典的基础上制定一部新的法典而不仅仅是简单的翻译,然而这又谈何容易!于是最终基本照搬了当时世界上最新的《瑞士民法典》。当然难以避免批评的声音,批评者们并不认为《瑞士民法典》这样一个外国法典能很好地在土耳其适用,但卡拉曼辩道,瑞士是一个由具有不同历史和传统的德国、法国和意大利等民族的成员构成的国家,《瑞士民法典》能在这样一个多样性的文化环境灵活运用,在90%的人口系统一种族的土耳其共和国必然同样适用。作者还从《瑞士民法典》的作者欧根·胡贝尔的思想入手,认为他在建构法律文本时尽量少地利用《德国民法典》而接受了自然法的影响和普遍性的原则——这也是土耳其继受《瑞士民法典》而基本未作改动的原因——以免《瑞士民法典》消散于潘得克吞法的发展中。作者将大量的篇幅花在将土耳其的民法体系与法学阶梯体系进行对比、《土耳其民法典》与《瑞士民法典》在结构和条文上的对比,以及包括《民事程序法典》、《执行法典》和《破产法典》在内的其他民事法典继受瑞士相应法典的介绍。

当天下午的最后一个主题报告是乌克兰敖德萨国立法学院教授洽里托诺夫(E. O. Charitonov)和洽里托诺娃(E. I. Charitonova)的《罗马私法的继受模式与欧洲的私法体系》。

---

① 对土耳其法律史感兴趣的读者,可以参看徐国栋:《一个正在脱亚入欧的国家的奋斗——土耳其民法典编纂史》,载徐国栋:《比较法视野中的民法典编纂(一)》,北京大学出版社2007年版,第298~321页。

萨尔基奇、卡拉曼、卡塔兰诺、帕帕达托、科凡诺夫等教授在自由发言时就相关问题，尤其针对卡拉曼教授的报告展开交锋后，第二天的研讨会也就结束。

16日上午10时，10位学者的报告将“当代法律体系中罗马法的继受”这一主题的讨论继续推进。

波兰克拉科夫雅盖隆大学的斯图斯（M. Stus）的报告《历史的方法、罗马法与私法法典化：两战之间[①]的波兰经验》首先亮相。斯图斯是一位以法语见长的年轻学者，他在报告中指出，所有的法学理论都在不同程度上运用历史的方法，这种方法可能只是考察立法文本、学说以及判例的演化，但这样不够，应考虑到法律史领域的出版物、档案、法学界各种角色自身的特点或者相关时期的社会——经济问题。在任何情况下，这种历史的方法在法律规范的制定过程中，尤其在法典编纂过程中都是非常有益的，好的立法者必须懂得在（一方面）法的现代化和/或理性与（另一方面）传统的遗产之间保持微妙的平衡。对于观察这种历史的方法对国家立法政策的形成产生的影响以及在法律制定过程中扮演的角色，两战期间（1918—1939）波兰进行私法法典化的个案将是一个理想的天文台，作者就此展开论述。

第二个报告是波兰什切青大学雅沃尔斯卡—斯坦杰维奇（R. Jaworska-Stankiewicz）的《罗马法与波兰法中的代位（delagatio）：问题概述》。罗马法中的债是现代法典的作者们获取资源的宝库，1933年波兰的债法典和民法典第3编也不例外。在1933年的波兰法典中就已经规定了代位，但1964年的民法典删除了这一制度，理由是它在国家经济制度（即社会主义经济制度）中不再必要。对这一制度的不规定是立法者厌恶抽象之债的标志，因为在代位制度的范围内，允许存在抽象的自治之债。1990年重新修订的民法典恢复了这一制度（第921.1—921.5条），然而由于它在波兰法律中的长期缺失给一些人带来这样一种印象：立法者发明了一种新的东西。因此有必要强调它是一个在罗马法中有其根源的古老制度，并使人意识到这样一个事实，现行法的历史根基在罗马法，它们并非产生于立法机构的单方决议，而产生于几个世纪的历史传统。随后作者展开对代位制度的解读。对于代位制度的介绍读者可以参看相关中文论著，在此不再赘述。提请读者注意的是，在罗马法学说中存在主动代位（债权人变更）与被动代位（债务人变更）的区分，当然这种区分在罗马法原始文献中并不存在。主动代位在现代罗马法论著中有时也被定义为“让

① 即两次世界大战之间的1919—1938年。

与”(cessione),但是尽管债的转让与代位两种制度的经济目的在本质上是相同的,仍不能将其混为一谈。在结尾部分作者提到,在古罗马,代位通常被认为是债的让与制度的最为古老的代替物,有趣的是尽管罗马人发展出“自我事务代理人”制度并逐渐加以完善,却没有废除代位,使它得以在优士丁尼的法典编纂中幸存,也因此成为我们今天研究的对象。

波兰波兹南“亚当·密茨凯维奇”(Adam Michiewicz,Poznań)大学罗兹瓦多夫斯基(W. Rozwadowski)教授的报告谈的是《波兰民法与罗马法传统》。罗马军团从未到达过今天波兰的领土,因此罗马法对波兰并无直接的影响,虽然罗马法的原则早已为12—13世纪的波兰所熟知,但对波兰民法的影响仍然微乎其微。18世纪由于对波兰的瓜分出现了转折,占领者们将本国的现行法推展到所占领的波兰领土,以这种方式,波兰南部采用了《奥地利普通民法典》(ABGB),波兰西部采纳了《普鲁士普通邦法》,随后采纳了《德国民法典》(BGB),苏联控制的其他地区接受了《俄罗斯帝国法律大全》的第10编,而波兰中部自1808年起采纳了《拿破仑法典》。因此,1918年波兰独立并在上述占领者的法典的基础上实现法制统一后,融入了罗马法的大家庭。

第四位报告人是波兰奥尔什丁“瓦尔米亚—马祖里”大学(Warmia—Masuria,Olsztyn)的年轻女学者尤利维奇(A. R. Jurewicz),议程安排上她的发言本来是《波兰共和国——习惯的保佐人》,但她临时更换了题目,伴以精美的幻灯片陈述了她对“诚信”的认识,由于在座的卡尔迪里教授和徐国栋教授都对“诚信”有着成熟的研究,这一问题也成为稍后自由发言阶段学者们热议的焦点。对于“诚信”,可以参看徐国栋教授的相关研究作品,在此不再对尤里维奇的报告进行转述,更重要的原因还在于我过不了语言关,对她演讲的内容听懂的不多。这里不妨就其提交的书面摘要《波兰共和国——习惯的保佐人》做一简单介绍。撇开其历史分期及政治制度,在罗马,国家除履行其他义务(或更准确地说行使职权)外,还对人们的习惯进行保佐。适格的长官(监察官,后来也包括皇帝)监视着官员以及私人的日常行为,例如其饮食习惯、着装方式等。这种政治权力存在于很长的一段时期内并不是偶然的,现在的波兰共和国同样以这种方式试图管控其属民的行为或思想。要是有人问,这种现象是否是罗马的做法在现代国家中的遗存,尤里维奇的回答很简单,如果认为这是古罗马的做法在现代波兰的存续,则是语义学和方法论的滥用。作者还想告诉我们的是,将罗马与波兰的情况进行对比只是一个起点,最终目的是迫使我们探寻现代社会管理的类似趋势。

罗马尼亚克拉约瓦大学桑布里安教授的口头报告是《罗马尼亚收养法中

的罗马法原则》，他并没有提交书面论文。

俄罗斯下诺夫哥罗德国立大学教授密涅耶娃（T. G. Mineeva）和罗曼诺夫斯卡雅（V. B. Romanovskaja）提交的是书面发言《俄罗斯的自然法：从西蒙·波洛茨基（Simeon Polockij）到库尼辛（A. P. Kunicyn）》，后者还有如下自然法的研究成果：《下诺夫哥罗德省的罗马法学家的观念在下诺夫哥罗德达马斯金主教的语言中的自然法理论（18 世纪 70—80 年代）》（第 8 届本会论文，与B. V. 库兹涅佐夫合写）。

第七个主题报告是俄罗斯科学院世界史研究所波德尼科夫（D. Ju. Poldnikov）的《罗马法中直接代理制的形成》，继之是我的《孳息概念的演变：从罗马法到现代民法》。我从对孳息的词源考察入手，先后追踪了孳息概念在罗马法、中世纪及至现代民法典编纂前夜的生发流变，提炼出自然主义的孳息观念与三分孳息观念的对立这样一条主线，并延展到现代各国民法中的孳息规定，得出随着新的收益形式的出现，孳息含义多元化（尤其表现在民事孳息概念的扩张）的结论，以及基于对民事孳息异质性的认同出现的向自然主义的孳息观念回归的演变趋势。

本场研讨会的最后两个主题发言分别是澳门大学客座教授（regular invited professor）、特伦托大学"亚洲国家法与中国法"合同教授（professore a contratto）卡斯特鲁奇（I. Castellucci，中文名易启志）的《罗马法传统与现代跨国商法》和俄罗斯伊尔库茨克国立大学阿波琳斯卡雅（N. V. Apolinskaja）的《罗马法学及现代法学中所有权的概念》。

当今的世界经济格局已经远非以西方为中心，以其他经济欠发达地区为辐条的自行车轮式的样态，而是网状的，至少是多中心的。在这样的背景下，易教授从多个方面探讨了罗马法及罗马法传统在现在世界经济和贸易的范围内所发挥的以及潜在地所能发挥的作用，包括为世界各国之间贸易的进行提供共通的法律术语、原理和规则以更适于建立起与伊斯兰世界的对话，以及对起草合同的技术的影响（合同将更为简洁易懂、更少出现一般条款等）。特别是《联合国国际货物销售合同公约》和《国际统一私法协会国际商事合同通则》体现了不同法律传统的融合，作为罗马法传统之中枢的"诚信原则"将发挥核心作用。总之，罗马法和罗马法传统能加强不同的地理—法律—经济体之间的对话，扩大法学家的共识，发现一些具有各个文明特色的通用原则和规则。

阿波琳斯卡雅的报告结束后是半个小时的茶歇，12 点 15 分，会议进入自由发言。卡尔迪里教授和卡塔兰诺教授对各主题发言逐一评点并提出一些问题，科凡诺夫教授、罗布兰诺教授、桑布里安教授等就"诚信"等问题展开热烈讨论，尤利维奇、波德尼科夫、阿波琳斯卡雅等主题发言人就相关提问一一作出回应。本次会议第三个主题的研讨就此落幕，下午3点开始进行的是最后一个主题的讨论："罗马法教学的必要性"。

五、罗马法教学的必要性

在下午的研讨会开始之前，本次会议的俄方主要操办人尼娜（Nina Bulanova）博士安排了会议结束后的相关事项。之后，会议正式开始。最后一场研讨会的议程进行得很快，因为既定的9个主题发言最后仅剩5个，其余4个因为报告人没有到会而作罢，它们分别是俄罗斯阿尔塔伊国立大学菲利波娃（T. A. Filippova）教授的《大学法律教育机构中罗马法教学的新方法》、阿尔巴尼亚地拉那大学曼德罗（A. Mandro）教授的《罗马法教学的必要性 · 罗马法研究的挑战 · 阿尔巴尼亚的情形》、俄罗斯瑟克特夫卡尔国立大学的纳依姆辛（M. E. Najmušin）和伊凡尼卡雅（I. I. Ivanickaja）的《对作为完善学科教学方法之要素的罗马法的历史编纂之研究》、罗马尼亚克鲁日—纳波卡的"巴比什—博雅伊"大学鲍勃（M. D. Bob）的《21世纪的罗马法教学：一些想法和建议》。

不过因故取消的4个主题报告均有提交书面发言提纲。其中菲利波娃教授和纳姆森、伊凡尼卡雅皆以俄语成文，恕我在此不能将其内容呈现给读者。曼德罗教授介绍了阿尔巴尼亚法学教育的现状以及罗马法在法学院的课程体系中的地位。根据他提供的数据，在阿尔巴尼亚，无论在公立大学还是私立大学中，每年越来越多的人选择学习法律。目前阿尔巴尼亚的3所公立的法学院，即地拉那大学法学院、发罗拉大学法学院和斯库台大学法学院，在2008—2009学年，其注册学生人数在1000左右；在开设法律课程的10所私立大学中，2008—2009学年大约有1800人选择学习法律。在一个只有350万人口的国家，这是一个可观的数字。阿尔巴尼亚的罗马法教学始于1994年前后，是当时唯一的法学院（地拉那大学法学院）与意大利巴里大学的师资交流促成的结果。后者向前者推荐并赠送了一批罗马私法制度的教科书并使后者意识到罗马法教学的必要性。现在在阿尔巴尼亚所有的法学院里，无论公立的还是私立的，都有罗马法存在的空间。曼教授还对罗马法教学在法学家养成中的重要性给予了高度评价，并提出了罗马法教育中必须回答的一些问题以及罗马法教师的关键作用。面对罗马法研究的挑战，作者认为必须提出一项行动计划以确立将来的目标，这项计划应当包括一个符合现实需要的罗马法课表的制定、罗马法师资培训项目的落实、文献的交换、国际会议的参与等。

鲍勃则在文中指出，罗马法教学在前社会主义国家中面临一些特别的问题：教学课时的减少、高中的拉丁语教学的不稳定、阻碍图书馆建设的经济问题、教科书和课程的内容有时过于意识形态化等等。他的报告就是要将克鲁日—纳波卡在欧洲可能要重订法典的背景下为解决这些问题所采取的措施及其将来的目标介绍给大家。

对于余下的5个主题发言，首先是斯洛文尼亚卢布尔雅那大学的克拉尼奇(J. Krani)的《法学研究的博洛尼亚计划中罗马法的地位》。

第二个主题发言是波兰卢布林居里夫人大学[①]库里洛维奇(M. Kuriłowicz)教授的《罗马法教学中道德的和象征性的面相》。初一看这个题目很是费解，其实库教授想告诉我们的是，罗马法是建立在道德价值基础上的人道之法和公正之法的象征，这从一个侧面揭示了罗马法教学的必要性。我们从该报告中获悉，在1956年进行的一项关于拉贝奥对罗马法研究和教学重要性的国际调查中，波兰罗马法学家Jerzy Falenciak指出了罗马法教学的道德价值，作为例证，他引用了法国作家Louis Aragon和波兰诗人Mieczysław Jastrun的论述，这两位作者在提到希特勒占领期间的法西斯德国时都使用了这样的表达："罗马法停止存在"，在他们的作品中罗马法变成前文所述的建立在道德价值基础上的人道之法和公正之法的象征。罗马法的这种象征还为波兰诗人Adam Wazyk所使用，不过他的作品所指涉的是一个缺少正义之法的国家在社会主义时期的情形。因此，罗马法成为与罗马法在一段时期内停止存在的专制国家相对立的人道之法和公正之法，这也为罗马法教学的必要性在文学作品中找到一个支撑。

根据议程安排，接下来第三和第四个主题发言依次为哈萨克斯坦乌拉尔斯克大学的叶谢托娃(S. Esetova)和意大利国家科研委员会法律信息化的理论与技术研究所、佛罗伦萨大学的塔兑伊·埃尔米(G. Taddei Elmi)教授，但他们临场调换了顺序。

塔兑伊·埃尔米教授的发言题目是《对当今俄罗斯法律制度中罗马法的继受/传播/教学方面的俄语法律文献进行数字化汇编的规划》，这也是会议议程中所定的题目，虽不同于他所提交的书面发言《俄罗斯联邦、中东欧和亚洲的罗马法教学信息（计算机化的信息）》，但二者都涉及法律文献信息化的问题。在书面发言中，塔教授首先强调了互联网和法律信息的全球化对于促进

① 全名为"玛丽·居里—斯克洛多夫斯卡"大学。

不同思想和文化的交流与了解以及对从事古代法研究及其与现代的对比研究所具有的重要作用,其次利用网络上的计算机化信息考察了罗马法在俄罗斯联邦、中东欧和亚洲的普及程度、罗马法的继受程度以及罗马法的教学实践。同时他也指出其调查研究中存在的一些缺陷,例如他所利用的仅限于 ru. 域名的网站提供的信息,应扩展到其他苏联国家和中国的网站。在口头发言中,塔教授将俄罗斯所进行的俄语法律文献数字化建设的网络截图通过幻灯片直观地展示出来。

叶谢托娃的发言题目是《哈萨克斯坦高等教育机构中的罗马法教学:问题与展望》。

最后一个主题发言的是丹麦哥本哈根大学教授、法学与哲学博士塔姆(D. Tamm),他的口头报告是《为什么……罗马法?对罗马法在北欧国家的重要性的辩争与反思》,他并未提交书面材料。塔姆教授以海洋为背景的幻灯片吸引了与会者的眼球,他分别介绍了 18 世纪以来北欧主要的罗马法教授及其作品、研究领域等,北欧罗马法教学的历史及现状等。

至此,当地时间下午 5 点,本届会议的主题研讨全部结束,与会者合影留念后,卡塔兰诺、卡尔迪里、布鲁提、科凡诺夫教授等做会议总结。当尼娜博士将会议期间的记录照片——那些我们注意到的或者没有注意到但被东道主抓拍下的瞬间——投放在大屏幕上时,宁静温馨的场面带我们重温了过去 3 天的点点滴滴。两年后将于曾经的东罗马帝国首都、今日土耳其的伊斯坦布尔举行的一下届会议,让我们翘首以待吧!

"第4届罗马法·中国法与民法法典化"国际研讨会综述

徐铁英*

金秋十月，收获的季节。在首届会议召开15年之后，我们于2009年10月24日在北京赛特饭店迎来了"第4届罗马法·中国法与民法法典化国际研讨会"的隆重召开。本届会议得到中意法学界的高度重视，由中国政法大学罗马法与意大利法研究中心、中国政法大学法律史研究院、意大利和中国"罗马法背景下的中国法典化与法学人才培养研究中心"及中国政法大学出版社联合主办，意大利罗马第一大学、意大利罗马第二大学、意大利国家科研委员会文化遗产部、意大利罗马法传播研究组以及中国政法大学民商经济法学院协办。研讨会由著名法学家、中国政法大学终身教授江平教授与张晋藩教授任名誉主席，中国政法大学副校长朱勇教授与意大利著名罗马法学家桑德罗·斯奇巴尼教授分别担任组委会的中方和外方主席，中国政法大学罗马法与意大利法研究中心主任费安玲教授担任组委会执行主席。本次大会共有来自中国、意大利、德国、日本、韩国、秘鲁等国的180多位学者与会，他们围绕"从古代罗马法、中华法系到现代法：历史与现实的对话"的主题提交学术论文近90篇，分别涉及本届会议的4个论题，按时间顺序依次是：侵权责任法的立法及其理论、土地上的权利——罗马法与中国法的观念、债法和家庭法理论、法典化的思考——中华法系与罗马法的影响。

厦门大学法学院罗马法研究所所长徐国栋教授、博士生黄文煌、进修人员徐铁英参加了本次会议，并分别提交论文：《画落谁家——处理用他人材料绘画问题的罗马人经验及其现代影响》、《论侵权法上"损害"概念的变迁——从〈十二表法〉到〈欧洲侵权法原则〉》、《罗马奴隶法律地位探寻——以优士丁尼〈法学阶梯〉为依据》，时于台湾中正大学进修的博士生娄爱华提交了论文《论

* 罗马第二大学（Tor Vergata）法学院法的历史与理论系博士研究生。

债的发生根据体系之起源——以盖尤斯〈法学阶梯〉与 D. 44,7,1pr. 的矛盾为中心》。

开幕式:2009 年 10 月 24 日　上午 9:00

上午 9 时,开幕式按期举行,由中国政法大学罗马法与意大利法研究中心主任费安玲教授主持。其间,江平教授回顾了 22 年前与斯奇巴尼教授相识进而重启中国罗马法教学研究与西方联系的往事,高度评价意方在思想和财政方面给予中国罗马法事业的巨大支持,特别是斯奇巴尼教授以其远见卓识使罗马法在中国生根发芽,22 年来已出版了 20 余本罗马法著作并培养了一大批研究骨干。著名罗马法学家、罗马第一大学的桑德罗·斯奇巴尼(Sandro Schipani)教授为中国学界所熟知,是参加了全部 4 届会议并发挥领导作用的元老。斯奇巴尼教授见证了罗马法研究在中国、亚洲乃至世界范围内的发展,日本、韩国、德国、秘鲁研究人员参与此会即是明证。正如教授所言:罗马法建立了一种共同的语言,使我们不同国家之间逐渐增强的一体化交流成为可能。如今,这种超国家的人类共同遗产在中华古国已结出累累硕果,影响力日增:当前的中意罗马法交流已不限于原始法学文献的翻译,罗马史及政治制度方面的著作也开始被介绍到中国。值得一提的是,北京大学薛军教授已完成德·马尔蒂诺(Francesco De Martino)的传世之作——《罗马宪法史》第 1 卷——的翻译并已出版,意大利总统对此表示"最高的赞赏",此殊荣是全体中国罗马法学人的荣耀。中国法律如《物权法》亦已由纪慰民(Giuseppe Terracina)博士翻译成意大利文。中国政法大学张晋藩教授介绍了此次会议的筹备工作并表达了对会议的期望:找到历史的和现实的、中国的和外国的契合点。作为东道主的中国政法大学校长黄进教授藉致辞之机向大会的推动者特别是斯奇巴尼教授、江平教授以及虽已离我们而去但芳名永载中意法律交流史册的杨振山教授致敬。他指出,在中意有识之士的共同努力之下,大批罗马法原始文献已被译成中文,罗马法师资培养方面亦取得前所未有之成绩,有证据表明,这些工作已对我国立法活动产生影响。中国人民大学张新宝教授代表中国法学会民法学研究会及会长王利明教授对大会的召开表示最热烈的祝贺。意大利宪法法院名誉院长切萨雷·米拉贝利(Cesare Mirabelli)教授在致辞中带来了意大利国家科学委员会文化遗产部的问候,该部持续地推动着中意罗马法交流。最后,全国人大法工委扈纪华教授表示,罗马法与中华法系同为具有深远影响的法律体系,应得到足够的重视。

第一单元　10 月 24 日 上午 10:15

历史与现实的对话之一:侵权责任法的立法及其理论

会议主席　江平教授(中国政法大学)

C.米拉贝利教授(意大利宪法法院名誉院长、罗马第二大学)

合影留念之后,会议进入第一单元:侵权责任法的立法及其理论。依次发言的是全国人大法工委扈纪华教授、罗马一大(La Sapienza)斯奇巴尼教授、台湾大学王泽鉴教授、中国人民大学杨立新教授、罗马二大克劳迪奥·斯考拉米略(Claudio Scognamiglio)教授、日本中央大学森光教授。他们分别从中国立法实践的总结及外国专家的评介、罗马及中国立法史等多重角度对侵权责任法立法及理论进行梳理。

扈纪华教授的报告是《侵权责任法立法情况简介》,她对广受国内外关注的侵权责任法草案作了介绍,其发言充分体现了本届会议的主题——“历史与现实的对话”。她从制定侵权责任法的重要性、立法原则、内容和侵权责任法与其他相关法的关系四方面介绍了我国制定侵权责任法的现实必要性、指导思想以及核心内容,并就广受关注的热点问题如应采何种归责原则、是否规定精神损害赔偿、可否接纳惩罚性赔偿的概念阐明了起草团队的意见。

斯奇巴尼教授在题为《当代侵权法的范畴与重读〈学说汇纂〉》的报告中向我们展现了侵权法蕴涵的悠久的罗马法传统及其对现代立法的影响。在最广义的“侵权行为”名义下对若干在侵权法体系的演进过程中至关重要的并与当今热点相连系的问题予以阐述。我们知道,通过《阿奎流斯法》,罗马法较为系统地规定了侵权责任,它后来经裁判官和法学家的发展变得愈发精致,过错责任原则最终在优士丁尼的《国法大全》中成熟。该原则具有广泛的普适性,其基础来自经抽象得来的一般经验;该原则所蕴含的预防机理即使在新事物频繁出现的今日亦值得重视。斯奇巴尼教授以民众之诉为例说明了罗马法是如何在作为过错责任原则之例外的情形中运用不同的制度实现预防损害发生的目的的;在损害与过错间取得平衡的现实性要求我们将过错责任、勤勉义务作为侵权行为法的支柱;而其中的“损害”,除了财产性的还有人身性的,罗马法依“善良和公正”的原则对侵犯后者的人处以固定数额的罚金。其超越损害填补的惩罚性质看似与当代民法理念相悖,斯奇巴尼教授指出:对人身权这类本质不具财产性却又属民法基本内容的利益的保护表明,有必要将民法引出纯粹财产法的误区。此外,行为人的过错与受害人的勤勉义务也是息息相关的。他最后呼吁我们重新研读《学说汇纂》,其包含的那些侵权法体系初步形成时期即已成熟并被吸纳进优士丁尼法典的法律原则有助于我们认清其在新时代的各种体现。

台湾大学法学院王泽鉴教授的报告题为《台湾地区侵权法上的人格权保护与基本权利》。1929 年于中国大陆制订的台湾“民法典”吸收了潘得克吞学说和德国民法典的部分体例，如今却在许多方面突破甚至超越了德国法。这一趋向的体现之一就是基本权利的价值体系成为推动侵权法发展的主动力，具体表现是“宪法”上规定的基本权利与司法院大法官会议判解在 80 年代的结合，使前者具有了保护人的尊严、促进人格发展，抵抗公权力侵害和使司法解释依循宪法的价值体系三大功能。因此，这样的基本权利架构使台湾地区的侵权法发生了立法和司法两方面的变化：前者表现为在损害赔偿请求权之外规定了排除妨害请求权以及慰抚金；后者表现在诸多侵权案件中法官的判词体现基本权利制度的倾向。大陆与台湾同受罗马法、潘得克吞学派和德国民法的影响，并且都在不久前经历公权强私权弱的政治结构，在当今公民基本权利频遭侵犯的情况下，如何借鉴台湾地区经验、依据国情结合已有的制度构建起自己的权利保护体系，并实现对范本的超越，值得我们思考。

杨立新教授的报告是《侵权责任法草案对大陆法系和英美法系立法经验的成功借鉴》，他认为侵权责任法草案在立法的形式、模式、结构和内容上兼采了两大法系优势，并以其相对独立的成文法性质、仅次于《埃塞俄比亚民法典》侵权法的条文数量、大的一般条款、总则分则的结构安排形成了自己的特色。他也指出了草案存在的一些不足，如类型化程度较低、欠缺侵犯债权责任和帮工责任等。

紧接杨立新教授的报告之后的是克劳迪奥·斯考拉米略教授的报告《中华人民共和国民事责任法改革简述》，他从一位外国学者的视角出发对该草案所做的评价愈发引人注目。他认为这一草案很好地吸收了西方学者近年来关于侵权法功能的论战成果，并规定在第 1 条；在实现功能的具体手段上，囊括了各种保护民事权利的方式，打破了将侵权法的功能定位于事后损害赔偿的传统而强调预先保护；在可获得赔偿之损害方面，从财产损害与非财产损害的角度评介草案第 1 条、第 2 条和第 7 条。他认为这一草案在基本结构上同意大利一样采取了折中的方案；此外，在医生责任、建筑物致人损害、环境污染等特殊侵权方面具有相当的原创性。

本单元最后发言的是日本中央大学森光教授，他的题目为《租赁人对物的返还义务——关于拉贝奥的 D. 19,2,57 的解释》。报告围绕对拉贝奥的 D. 19,2,57 分析展开，该法言讲的是这样一个案例：一个房屋所有人把邻近自己房屋的一块空地租给邻人用，该邻人在其自己的土地上建房，把废土堆置在租来的空地上，高得超过了出租人房子地基的高度。由于连降大雨，这些废土的湿气变得很重，引起出租人房屋倒塌，此时应如何追究责任？森光教授先介绍了罗马人处理相邻关系的诸制度：新施工警告、潜在损害保证、不动产占有令状、侵辱之诉等，得出它们都不能用于解决手中的案件的结论。然后考虑了适用阿奎流斯法之诉的可能并予以排除。最后按拉贝奥的意见，断定只能提起租赁之诉，不适用不法侵辱之诉，因为不是土堆，而是土堆中的湿气引起了损害，不法侵辱之适用于某种外部原因造成的损害。针对拉贝奥的这一法言，森光教授分别设想了按相邻关系法、阿奎流斯法之诉和租赁之诉解决有关案件的可能，并介绍了有关的前人研究成果。作者时时不离原始文献（日文中叫作"史料"，妙哉斯译！不过略嫌宽泛）作为论据，表明这种先进的罗马法研究法并非在东瀛已灭绝。看来，日本的罗马法研究仍保持较高的水准。

第二单元　10月24日 下午13:30

历史与现时的对话之二：土地上的权利——罗马法与中国法的观念

第一阶段：大会报告

会议主席：李永军教授（中国政法大学）

乔万尼·罗布兰诺（Giovanni Lobrano）教授（意大利萨萨里大学）

简短的茶歇之后，大会进入第二单元。首先是罗马一大奥利维耶罗·迪里贝尔托（Oliviero Diliberto）教授题为《论所有权的范围及其限制——从罗马法到近代民法典的历史流变与简评》的报告，作者从罗马法原始文献出发重思所有权的既有定义，得出了罗马法中的所有权的归属具有多样性的结论；立法针对不同性质的物的所有权灵活规定；执法官干预权利人对所有物的使用与公共利益的抵触。这些说明了绝对而神圣的所有权在罗马法中无从觅踪，那种认为罗马法中的所有权是绝对，仅仅是附有若干特殊限制的观点并非史实，而只是中世纪法学家的创造，并最终在《拿破仑法典》中得到肯认，反映的是19世纪资产阶级的意识形态。当今学说已超越了这种统一、绝对、神圣、无限、弹性的所有权概念。中国物权法正确解读了罗马法原始文献，依据权利客体性质的不同规定了复数的所有权类型，未作所有权绝对的规定，表明中国立法者充分吸收了近几十年来的学术成果。

华东政法大学高富平教授的报告题为《中国土地使用权的物权定位——〈物权法〉规定之评析》。高教授认为，不动产制度扎根于特定社会，应予本土化。大陆法系的用益物权不论其历史还是现今各国的规范，都非社会最基本的不动产物权形式，而是在个人所有权基础上派生出来的，是调整作为私人的不动产物权人之间、所有权人与物之用益人之间关系的产物。在我国仅存在两种公有制的土地所有权的本土背景下,土地使用权并不应当因其派生于所有权就被对号入座称为用益物权,它其实是土地物权化的工具,具有作为他项物权之基础的近似于自物权的地位。因此,应在我国构建土地所有权——土地使用权(含建设用地、农用地、海域的使用权)——他项权的三层次体系。将土地使用权独立成编,再设用益物权编规范私人不动产物权基础上的用益物权,做到名实相副。

比萨大学法学院阿尔多·贝特鲁奇(Aldo Petrucci)教授的报告题为《农地使用的法律制度:对罗马法相关历史及意大利立法的简单反思》,作者从罗马史出发研究农地使用的法律制度。他将其大致分为三个阶段,期间罗马农业土地特别是其中的公用农地(ager publicus)随各时期政治、经济形势的不同以各异的法律制度规范。在数百年的漫长时间里,公地以各种形式完成了私有化,法在这一过程中起了制度化、稳定化的作用。到了现代,二战后的意大利立足于消灭大庄园制和防止土地过于分散的政策,在其民法典第846条中确立了"最小耕作单位"的概念,此乃限制所有权之理念在当代的展现。

在前几位学者专注于土地制度之后,厦门大学徐国栋教授的报告题为《画落谁家?处理用他人材料绘画问题的罗马人经验及其现代影响》。他从对处理用他人材料绘画问题入手研究添附制度的方法令我们耳目一新。徐教授首先从"板添画"规则在盖尤斯《法学阶梯》2,78及其衍生文本《论日常事物或金言集》间的差异,以及承继前者的优士丁尼《法学阶梯》I.2,1,34的文本出发,指出盖尤斯前后文本具有四方面的差异:作者转变为倾向于保护板主而对恶信画家科加不利的法律处遇,指出优士丁尼之所以"采旧弃新"是因为盖尤斯在其新文本中贬低了的画家的地位正是前者希图提升的。"板添画"规则的意义在于:赋予绘画高于写作的地位、仅适用于动产间的添附、排除了恢复原状和设立共有的可能性等。最为重要者有二:其一,揭示了"板添画"规则与画幅所有权的归属无关,"画落谁家"取决于请求,但得画者须支付对方的支出;其二,将被《德国民法典》合二为一了的添附规则与所有权分配规则予以厘清,前者维护业已形成之社会财富不受破毁,后者以维护所有权之安宁为旨归。我们从中可知,盖尤斯的文本并非一些学者认为的那样是著作权之起源,那是印刷术发明后的事情。他批判了"主物的所有者就是整体的所有者"、"罗马法的添附制度未考虑经济因素"、"添附人的主观状态只影响可获补偿的程度而不影响所有权的取得"这些错论,它们都产生自脱离文本的"拍脑壳"式研究,只有回到文本才能追本溯源、厘清问题,这是研究罗马法的核心方法论。

接下来的是中国政法大学费安玲教授的报告《不动产登记的效力：调研与思考》。作者在对11个省、市、自治区进行实证调研的基础上指出了我国《物权法》施行后的不动产登记制度的若干问题。她指出，虽然《物权法》通过14个条文为不动产物权登记提供了基本规则，但因缺乏细化规定，完整的不动产物权登记制度并未建立起来。具体说来有以下问题：不动产登记行为性质的不确定性导致登记机关在设置、权限、审查方式、责任承担方面具有可变性；不同类型的登记及相互间的界限模糊导致登记效力的不稳定；登记效力的产生和消灭条件的框架过于粗糙使登记的权威受质疑；立法缺乏对物权登记审查方式的明确规定导致各地自行其是。

意大利帕维亚大学比较法教授加布里埃莱・克雷斯皮・雷吉奇（Gabriele Crespi Reghizzi）用题为《论中国农村土地的归属和利用》的报告给我们带来了一位外国专家对深具特色的中国土地制度的观察。他认为此等制度有几个特点：第一，土地所有权归属主体上的特殊性的出现相对晚近，归属的二元格局直至1982年宪法才最终形成，此前均承认土地的私人所有制；第二，国有土地和集体土地的划分标准在规范上并不协调。《物权法》第58条第1款规定土地是否属于集体所有取决于法律的规定，这与宪法第10条除非法律明文规定属于国家所有的之外，其余农村和城市郊区土地均应归集体所有的原则不尽一致；第三，将土地所有权划分为国家所有和集体所有并无多大意义，二者在权能上亦无差异，与公民的私有财产一样受法律保护而不得侵犯。而农村集体土地上众多的用益物权，特别是其中的土地承包经营权体现了性质不同的公、私法在该领域的博弈。在与意大利战后的土地及农业法进行一番简短对照后，他总结道：立法者的政策考虑在两国均发挥了重要作用，农业土地立法在应对急速的城市化进程这个背景下的外国经验应受到中国立法者的重视。

在讨论阶段，来自德国的贝诺贺教授问徐国栋教授为何中国没有规定添附制度，徐答不光没有规定添附，而且未规定所有权的取得制度，原因在于一个法律必须在一张报纸上登出来，不能超，因此，规定了这个，就不能规定那个，篇幅留给规定国家所有权、集体所有权和个人所有权的三位一体了。总之，中国的法律漏洞之大，不仅可漏吞舟之鱼，而且可漏航空母舰。李显冬教授附和徐国栋教授的意见，李永军教授则说徐国栋教授的回答是半开玩笑。张礼洪教授站出来，说当着外国学者不能乱说；他指出最高法院关于民法通则的司法解释规定了添附问题。

第二阶段　分会场报告与讨论

第一组　债法组

主持人：刘保玉教授（北京航空航天大学）

克劳迪奥·赛奥拉米略教授（罗马第二大学）

烟台大学王洪平老师宣读了他与房绍坤教授的合作论文《论民事损害赔偿与征收损失补偿之分立与合流——以征收损失补偿的原则为核心》。他们认为，损害赔偿与损失补偿在语意上是相同的，因而，大陆法系通说认为二者分属私法与公法上并不确切。伴随公私二分法藩篱的消解，二者在现代法上已渐趋合流，前者的一般理念、原理、规则可适用于后者，完全赔偿应为其最高指导原则，因为德、日、美、澳及独联体国家在征收中均奉行完全补偿的原则。该原则一旦确立，间接损害补偿、非财产上损害及第三人损害就有必要在我国未来的征收立法中得到体现；补偿理念也要转为以人为中心，对因征收而导致的所有损失均予填补而不限于对个别财产的价值的补偿；补偿应着眼于作为整体的人的生活本身或该人的生活设计，这在大规模征地拆迁的"生活权补偿"上体现得尤为明显。

对外经济贸易大学法学院苏号朋教授的发言《论中国法上的惩罚性赔偿》对我国法上惩罚性赔偿的现状、问题与未来立法进行了思考，在检视了《消费者权益保护法》第 49 条、《商品房买卖司法解释》第 8 条和第 9 条以及《食品安全法》第 96 条这三部法律中已有的惩罚性赔偿规范在适用领域（合同、缔约过失、侵权）、加害人主观恶性、赔偿数额的确定标准、适用主体和条件方面的成败得失后，他总结道，立法应坚持惩罚性赔偿横跨违约责任、缔约过失责任、侵权责任三大领域的做法，并予细化：前两者应限于消费者合同，统一规定于《消费者权益保护法》中；后者应限定在产品责任、环境侵权、知识产权侵权等少数领域。其适用应以行为人具有高度的可责罚性为前提。惩罚性赔偿金的计算标准不宜再延续依据商品价格或服务费用的做法，立法应限定最高赔偿额并允许各地制定自己的标准、允许法官适度自由裁量。

中国人民大学博士后朱虎的发言《侵权责任构成的规范基础》反思了侵权责任构成的规范基础：人们说权利在侵权责任构成中处于核心地位，但这样的观念并未体现在侵权法理论和立法中。从受害人权利受侵害的角度对侵权责任构成进行的描述无法解释许多侵权类型，也不能因应过错、因果关系、违法性等关键术语。于是，我们必须从加害人的角度入手论述侵权责任构成之规范基础，亦即不正当的行为。具体而言，它包括违反义务、违反保护他人法律以及故意违反善良风俗。侵权法的规范构成应当围绕着"可归责性"来展开，以之作为思考和论辩的基点。

中国政法大学教师陈汉的发言《意大利法中的危险责任》对《意大利民法典》第2050条规定的危险责任与我国侵权法草案中的高度危险责任进行比较，二者在范围和危险与高度危险的区分上有多处不同，如侵权法二稿第73条将航空、核设施纳入高度危险的范畴，而未考虑到原子能责任赔偿的特殊性质，似欠缺思量；而在许多部门法已规定了航空、铁路、公路发生的侵权责任的情况下，再在侵权法中规定高速运输工具责任，亦值得商榷。

福建师范大学教师杨垠红的发言《论不作为侵权责任的罗马法渊源》追溯了看似颇具现代性的不作为侵权责任的罗马法源头，即未尽提醒义务的责任、未尽治疗义务的责任、倒泼和投掷的责任与堆置或悬挂物件的责任、船舶经营人、旅馆业主和马厩经营人的责任。可见罗马法上已有少量关于保障他人人身、财产安全之义务的规定，唯较现代法而言，其一般性色彩较淡，亦未全面涉及因第三人侵害而导致的责任。

在随后的讨论阶段，来自北京市高级人民法院的亓培冰法官以几类易判原告胜诉的案件如学校侵权案件为例，对认定过错的抽象理论和具体实践中的操作关系发出质疑，认为当前的侵权法负担了过多的、原本应由保险、社会保障制度承担的功能。在社会尚不发达的情况下，这些实践中的因素应否纳入侵权法颇值得思考。他的发言引发了激烈讨论。张礼洪教授认为这是价值判断的问题，现代侵权法的功能被分散，往往出于正义观念来判断责任之成立，过错并非必须要素。刘保玉教授认为法官的主观能动性应在具体案件中发挥重要作用。

第二组　物权组

主持人：赵万一教授（西南政法大学）

加布里埃莱·克雷斯皮·雷吉奇教授（帕维亚大学）

中央财经大学陈华彬教授作了题为《近代民法学围绕所有权的转移而对尤里安和乌尔比安的法言的解读》的发言，对19世纪格鲁克、普赫塔、萨维尼3位法学家对尤里安的D.41,1,36和乌尔比安的D.12,1,18的解读进行梳理，前一文本认为交付人对交付原因发生错误并不影响交付的效力，后一文本认为，受领人对交付的原因发生错误时，交付无效。陈教授认为，在上述3个解读者中，持有因性解读者紧扣了这两个法言的真实文意，而持无因性解读者则偏离了文意。他进一步阐明了上述两个文本对现代民法典有关规定的影响。

上海大学李凤章教授的报告题为《法律移植，移植什么？——以土地所有权的中国命运为中心》，其中提出了应如何进行法律移植的问题，并回应了高富平教授的发言。他认为，欧洲中世纪的土地所有权与公共权力纠结在一起，为各级领主瓜分，他们可对土地上的农奴行使征税与司法权。中世纪后期，国家权力加强，将公共权力收归统一的中央政府，剩下的土地所有权成为纯粹的私权。所谓所有权的绝对和神圣实际上是国家公权力对于土地占有的退让，这才是土地所有权制度的精髓。虽我国移植了所有权的概念，但土地所有权仍负担着重要的财政、公共管理及社会保障职能，它不是西方意义上国家权力的边界，而恰是国家权力本身。民法学者应依民法的权利本位和自由理念辨明同一名称下不同制度的巨大差异，警惕打着私法旗号为公权力招魂的做法。

在讨论阶段，王明锁教授、贝特鲁奇教授、陈华彬教授、薛军教授与韩国学者尹喆洪教授就土地所有权的性质开展了卓有成效的探讨。贝特鲁奇教授回顾了古罗马土地归属问题的演进史，认为在罗马市民使用土地但没有所有权的地位与当今中国的土地使用者的地位极为相似；古罗马的私人所有权绝非绝对权利，国家可收回抛荒土地，那种绝对私人权利的观念只是在《拿破仑法典》时才出现的。尹喆洪教授则认为所有权不是理论的而是历史的范畴。认为罗马的所有权是自由的、绝对的，罗马法关于土地所有权有很多限制，但是精神是绝对主义的，是完全自由的所有权。高富平教授同意尹喆洪教授的观点，认为土地只是在近代才被财产化，要根据用途来界定土地所有制到底是公法性质的还是私法性质的，故我国法律不应该把关乎公共利益的土地所有权放在民法中。徐国栋教授精炼地将参与讨论的两种对立的观点总结为所有权与非所有权两条路线之争。

第三组　法制史和家庭法组

主持人：林乾教授（中国政法大学）

　　　　乔万尼·罗布兰诺教授（萨萨里大学）

本组的2位发言人王宏治教授和刘广安教授均执教于中国政法大学，展现了法大在法史研究领域的领头羊地位。王宏治教授的报告题为《试论中华法系的原典精神》，他认为世界各国的法律大都以传统文化精神为其内涵。在外国这主要体现为宗教；在中国，儒家思想承担了同样的作用。秦朝法制的本质是儒家学说，秦统一后，儒家的礼乐制度成为中国传统法律思想的核心内容。礼乐是其表象，经史是其实质，经史之学从此成为中国原典文化的基础。自汉武帝废黜百家、独尊儒术以来，经学和法律融为一体，《唐律疏议》的大量条文都是用经书解释的即为明证。这种一脉相承的原典精神正是民族文化背景的反映。中华法系能否复兴，很大程度上取决于原典精神能否与时俱进。

刘广安教授发表题为《对中华法系的再认识》的演讲。他指出我国法学界对中华法系概念的认识多是从以《唐律》为代表的成文法及其对东亚诸国影响的角度展开，惜乎不能囊括先秦法律传统，亦无法衔接清末以来的近现代法律乃至当代的社会主义法律体系。法系实与文化不可分割。为弥补前述缺陷，他从中华法系产生根源的视角重新将其定义为“在华夏族文化基础之上产生发展起来的一种法律传统”，具有重视家族关系和民族关系的法律调整以及民间纠纷的调解解决三大特征。时常听到的中华文明数千年未曾中断的说法其实体现在家族关系和民族关系方面，分别产生了“亲亲”观念、“以孝道治天下”的重孝思想与“华夷”观念。清末法制改革以来，家族关系，特别是在农村中，依然没有消亡，仍在社会秩序的构建中发挥重要作用；调整民族关系的法律随民族关系不断发展，愈发受国家重视，民族区域自治制度即为其结果；人民调解制度的深刻内涵亦使其在当今发挥重要功能。可见，中华法系的发展与中华文明的演进相互依存，将继续焕发新的生命力。

之后，张中秋教授、高见泽磨教授、王宏治教授、刘广安教授、罗布兰诺教授、王焕生教授、林乾教授就《乐经》的存在以及其调解/仲裁制度的作用、王法与人民意志的关系、中华法系的传承以及习惯法的相关理论进行了深入探讨。

第三单元　2009 年 10 月 25 日 上午 8:30
历史与现实的对话之三：债法和家庭法理论
第一阶段 大会报告
会议主席：徐国栋教授（厦门大学）
奥利维耶罗·迪里贝尔托教授（罗马第一大学）

会议进入第二天，首先发言的是罗马第一大学教授、意大利国会议员马西莫·布鲁迪（Massimo Brutti）教授，他的题目为《债：财产性和债权人利益》。他在演说中深入论述了债的财产性问题，指出自莫德斯丁开始，债务与金钱的概念便被联系在一起，给付总是以一定数量的金钱表示的。债权人利益与此息息相关，他引用帕比尼安的一个法言（D. 18,7,6pr.）论证债权人的非财产性利益与债的关系，即该利益可以罚金的形式得到保护。布鲁迪教授把债归结为一项财产法制度，有利于淡化它本身包含的矫正性，把民法与刑法区分开来。

清华大学崔建远教授的报告题为《履行抗辩权探微》。他对质疑我国《合同法》将同时履行抗辩权和先履行抗辩权分立模式的所谓法律漏洞说发表了不同看法，认为该理论有以下缺陷：(1)忽视了在履行抗辩权方面除同时履行抗辩权、不安抗辩权外还存在一系列其他抗辩权的事实，它们相互之间配合衔接，并不存在法律漏洞；(2)同时履行抗辩权是否包括先履行抗辩权，不同的立法例采不同的对待。中国《合同法》上的同时履行抗辩权较日本民法、中国台湾地区“民法”上的同时履行抗辩权在外延方面为窄。在某些情况下，同时履行抗辩权、先履行抗辩权、履行期尚未届至的抗辩权或履行期尚未届满的抗辩权可能并存。在当事人不能主张同时履行抗辩权、无法主张先履行抗辩权的情况下，时常存在着履行期尚未届至的抗辩权、履行期尚未届满的抗辩权或不当给付的抗辩权等，当事人可选择行使获得法律救济。既然法律提供了救济之道，所谓的法律漏洞说当然不能成立。

罗马第三大学的恩里科·德·普拉托(Enrico del Prato)教授做了题为《债和义务：内容与保护》的发言。他在报告中指出并非所有的义务都具有债的特点，要从其内容、指向对象和违反后果等方面考察。在家庭关系中如夫妻的忠实义务上，法官日益倾向于通过损害赔偿的办法对其保护，这与布鲁迪教授对债的研究结论契合。债的扩张力还表现在将保护义务纳入其范围，债的制度由此不仅可解决事后的责任承担问题，还能积极提供保护措施以防止损害发生。

柏林洪堡大学汉斯·皮特·贝诺贺(Hans-Peter Benöhr)教授的报告是《与暴利行为的两千年抗争》。他从一个当代案例引出了暴利行为三要素：双方给付的明显不对等、受不利益的合同一方处于劣势、该劣势被他方利用。三者构成“概括条款”理论的基础，后者是德国法限制暴利行为的主要工具。在该制度于19世纪形成之前，暴利行为自古受立法者重视：在借贷合同方面，是自《十二表法》规定利息的上限开始，到《圣经》对利率的规定及教会对利息的一般性禁令，再到近代各城市国家有关最高利率的规范；在买卖合同方面，是从戴克里先保护土地出卖人的敕令发展而来的“非常损失规则”理论的出现及其被扩张适用于保护买受人及其他类型合同。同样是戴克里先皇帝于301年发布了价格敕令，规定了37类商品和服务的最高价格，这类做法在16世纪得到广泛应用，在二次大战后亦是如此。由于旧的做法的效果无法使人满意，而“概括条款”可在具体案件中调整双方给付的不平等，现在看来是最好的方法。

罗马二大里卡尔多·卡尔迪里(Riccardo Cardilli)教授的报告题为《大陆法系传统中的连带之债》。他为我们展现了罗马法体系传统中的连带之债的发展历程，指出连带之债发轫于誓约，保证人(adpromissor)以要式口约担保债务，此时两个承诺应同时做出。具有特别的消灭债的效力是其基本特征。自共和晚期始，市民法为适应贸易及新合同类型的需求，确立了钱庄主合伙(socii argentarii)这一连带之债类型。它将连带之债扩展至设立行为之当事人以外的人。连带关系的这个抽象化的过程将非合同当事人卷入，扩展了受约束的债务人的范围，总管之诉(actio institoria)在该过程中形成。最终，连带之债的典型结构在其最初形成领域之外确认一套法律调整方案，连带规则独立于基础合同，适用于诸多领域。

罗马二大切萨雷·米拉贝利教授的报告题为《意大利家庭法概述》。他认为，作为一种自然共同体的家庭，其权利优先于国家，法律仅规定其众多方面中的某一些。作为一种社会基本单元，家庭不仅是最有效的社会减震器，还有助于经济的繁荣和发展，有显著的社会功能。为了与1948年意大利宪法及欧盟规范适应，意大利近几十年对家庭法做了相当大的修改，例如引进了离婚制度，废弃了女性在作为家长、选择住所和姓氏方面的不平等地位，赋予非婚生子女平等权利。

萨萨里大学教授乔万尼·罗布兰诺作了题为《家庭：解读笔记》的发言。他总结道，当代对罗马家庭法的认识建立在家父权(patria potestas)是在家子和其他家庭成员之上并针对他们的一种权力这个观念之上。该理论认为家父权是一种具有经济属性的权力，主要针对家庭内部并达到保护并增加家庭财产的目的。他指出，这一学说是用现代观念观察古代史实的错误结果，即宗教改革后家庭趋于向企业转变的趋势形成了“家父是企业的主人”这一特征及对权力的认识。我们从原始文献出发可窥见罗马家庭的真实属性：家父同家子一样同处于父权之下，即使没有家子亦可因其拥有对自己的权力而成为家父；在对外的一面还构成与其他权力拥有者（其他家父、罗马共同体和上帝）间关系的基础。总而言之，家父只是那些处于自己权力下的人，它并不意味着等级制度。

第二阶段　分会场报告和讨论

第一组　债法组

主持人　崔建远教授（清华大学）

　　　　恩里科·德·普拉托教授（罗马第三大学）

扬州大学法学院焦富民教授的发言题目是《罗马法物件致人损害责任制度的设计及启示》，他追溯了罗马法中两种主要的准私犯：“倒泼和投掷的责任”与“堆置与悬挂物件的责任”。虽然二者都是因空中某个物件的坠落而致害，但在致害行为的性质及致害物与建筑物是否是一体两点上显著不同。尽管近代以来，法、德、瑞士等国民法典仅规定了后者而将前者留给司法解决，但基于我国的社会公德现状和统一司法实践的考虑，宜对后者亦进行立法规定，从而构建完整的物件致人损害责任制度。

接下来，苏州大学方新军教授作了《论自然债务》的发言。在法史上，在《德国民法典》之前基本肯定自然债，之后基本采用否定态度。即使是在承认这个概念的国家，对其性质也存在着不同认识。我国制定民法典应追本溯源，对此予以澄清。此外，自然债不同于自然法。在古典时期，自然法高于实在法的观点并不存在。我们若排除自然法对于实在法的高级法意义，实际上自然法就是万民法。也就是说，自然法仅是反映人之本性的法，万民法是作为广义的市民法而存在着的。整个万民法的发展有扩张债的趋势，特别是为了在奴隶和家子缔结合同的情境中实现正义，自然债务理论应运而生。

吉林大学霍存福教授的发言题为《契约的本性与古代中国的契约自由、平等》，他以大量史料为依据缕析古代中国的契约自由。契约的本性是自由，平等是契约自由的前提。自北凉、高昌至宋、元时期，契约中频繁使用的“两和立契”和“两共对面平章”套语是自由和平等两者在我国古代契约语言中的体现。这说明等级社会结构形态并没有在根本上影响契约的存在和作用的发挥。虽如此，在此等等级社会结构形态下，国家强力、豪强、平民三者在利益上的冲突不断，突出表现在借贷契约上。如宋高宗于绍兴八年免除一切民间宿债的敕令在代表官僚地主阶层的武将的反对下不得不撤销的史实便是这一斗争的明证。这种债权人和债务人斗争在法律上的表现不禁使人联想起早期罗马在贵族与平民间发生的类似的持续冲突，使人惊叹东西方法律制度于发展初期的惊人相似。

接下来，比萨圣安娜高等学校法学博士生李一娴的发言题为《意大利侵权法中危险活动责任的归责原则与应用》。她指出规范意大利危险责任的民法典第 2050 条由于受过错责任和客观责任二者的复杂影响，采取了一种模棱两可的态度：表面采过错推定的责任归属方式，实际上其所采取的一般条款的立法技术却将危险活动的认定权交给了个案中的法官。在司法实践中，法官基于宪法“社会团结协作”和福利国家的理念，多令更具经济实力的行为人承担责任。

在讨论阶段，与会者对自然债表现出了浓厚兴趣。方新军老师首先澄清了一个认识上的误区，即认为违反公序良俗的合同（如借腹生子后拒绝给付）属自然债问题，事实上，此等事实违法行为并不在罗马法债的体系之中。李永军教授对此补充：教科书上过了诉讼时效的债为自然债的说法是错误的，该术语系指不得经由诉讼程序解决的债，而已过诉讼时效的债是可以进入诉讼程序的，只不过对方享有抗辩权而已。徐国栋教授则质疑奴隶仅得为家父取得权利却不得使其负担义务的史实的存在时间，认为裁判官会责令家父对奴隶缔结的债承担责任。

第二组　物权组

主持人：高富平教授（华东政法大学）

森光教授（日本中央大学）

本组与法制史和家庭法组均无主题发言，在主持人引导下自由讨论。克雷斯皮教授、高富平教授、王洪平教授就我国土地征收立法以及所有权的概念展开激烈的讨论，厘清了“征收”与“征用”两术语在我国立法史上运用的变迁，认为《物权法》斧正了以往的认识误区。高教授认为，所有权有两层含义。我们在理解所有权概念时须区分动产与不动产——尤其是土地，那种“物完全归我支配”意义上的所有权概念往往仅于动产上成立。此外，两大法系上的所有权均有广义和狭义的理解，分别是财产法和物权法意义上的，应具体区分。斯奇巴尼教授认为，中国学者正在构建自己的物权理论体系，无需与外国概念一一对应；他还对日本的罗马法教学研究情况表示强烈关注。森光教授则回答道，罗马法在日本大学是三、四年级的选修课，唯在其执教的中央大学，出于利于以后学习民法的考虑被安排在二年级；由于日本的罗马法研究人员过少且研究极为深入，因而缺乏对民法学界的影响。中国罗马法学界或可感到欣慰，虽然中国的罗马法研究开始远晚于日本，但近几十年取得了显著进步：不仅已在厦门大学、中国政法大学和湖南大学建立起专门的罗马法研究机构，还出版了亚洲唯一的罗马法刊物——《罗马法与现代民法》；此间罗马法研究与民法学界的紧密联系也是显而易见的，不少学者在这两方面均有不凡的造诣。

第三组　法制史和家庭法组

主持人：张生教授（中国政法大学）

门德斯·张教授（秘鲁天主教教皇大学）

北京工商大学李仁玉教授提出意大利法中家庭的诉讼主体地位问题，米拉贝利教授回复说，家庭确实可作为一种法人，由家长作为代表。为了回答孙耀刚老师关于罗马家庭的问题，米拉贝利教授简要介绍了从共和时期到帝国时期罗马家庭的特点，可归之为三点：贯彻始终的一夫一妻制；家长在法律上掌控一家财权，在现实生活中其余家庭成员也享有财产权；继承人在同样的位置上接替被继承人，在六亲等内若无合法继承人则由国家继承，无嫡长子继承制。孙老师与门德斯教授探讨了罗马法在秘鲁的继受情况，后者的城乡二元结构的教训可作为我国立法的参照：《秘鲁民法典》几乎仅在城市实行，农村自有一套规则，甚至在那里家庭和土地有另外的概念。我国农村同秘鲁一样具有自己的独特性质，由此可联想到城乡二元结构在民法典制定过程中应在何种程度上予以平衡的问题，是否应在制定民法典的程序中纳入调查民间习惯这一步骤，都是立法者和民法学界亟须迫切考虑的问题。

第四单元　2009 年 10 月 25 日 下午 13:30

历史与现实的对话之四：法典化的思考——中华法系与罗马法的影响

第一阶段　大会报告

会议主席：尹田教授（北京大学）

马西莫·布鲁迪教授（罗马第一大学）

中国政法大学李青教授代表张晋藩教授作了题为《再论中国古代民法》的报告。该文从晚清修律者的中国固有民法观及其特点以及中国民法发展缓慢的现象出发，将中国民法的形成上溯至西周。《周礼》所载的“质剂”和“私约”乃担保物权之始；有关“媒氏”的记载则是婚姻契约的滥觞。此后历代律例中户婚诸条实属民法。及至《民国民法典》于 1929 年颁行前，刑律中的有关民事法律依然有效。由是可知，中国固有民法有如下特点：立法分散；法律渊源多样，包含民事习惯、乡规民约、家族法规和礼俗；民间私约广泛，如买卖契约有“红契”、“白契”之分；婚姻继承带有明显的宗法性质。虽然中国固有民法起源很早，但在占统治地位的自然经济、封建专制的政治制度、等级特权性的社会结构等因素的影响下发展缓慢，始终未能形成相对独立的民法典。

中国政法大学张中秋教授的报告题为《中华法系与罗马法的原理及其哲学比较》，他认为前者的基本原理是道德性的。从哲学角度来说，是以万物构成的原理说明法律，亦即阴阳之理，即“道”：阳性的因素反映生命力，在哲学上用“德”来表达，表示事物的性质；阴性的因素反映了生命的合成，表示一种秩序，是事物的结构。我们说的礼法结合就是阴阳结合，德主刑辅也就是阳主阴辅，两者形成一个有机体系。反观罗马法系，尤其是其中的私法，为自由原理法。相对于中国有机的自然观，西方自古希腊、罗马以来一直是无机的或称机械的自然观占主导地位。罗马法从个体出发追求自由，讲求平等，形成了民主自由理念。这两种不同原理下的法律文化各有其价值，从个人出发，自由是人的内在追求；从人类整体出发，道德是更高的要求。在理解和化解西方制度与中国社会的脱节，以及解决人类争端和全球性生态危机问题上，中华法系的道德原理有重大指导意义。

自西法东渐以来，东亚各国普遍继受欧洲法制，在此过程中亦不时相互借鉴。东京大学教授高见泽磨的报告《日本民法学家我妻荣对〈中华民国民法典〉的注解》对这方面的活动进行了考证。对20世纪30年代到40年代前半期的日本法学家而言，20世纪20年代开始的中华民国法律建设极具考察意义，他们为此作了大量工作，最重要的是对《中华民国民法典》的物权编进行了注解。对于正处在民法典制定过程中的我国，移译各国民法典并择典型者注释之，更是十分必要。近十年来，民法典的翻译工作取得了很大进展，除学界熟知的德、法、意、日、瑞士等国民法典外，世界最新的《巴西新民法典》、邻国且同具社会主义背景的越南、蒙古、土库曼斯坦等国民法典亦已译成中文。相对于参考资料有限的日本及民国立法者，今人应制定出一部经得起推敲的传世之作，勿使后人感叹今人未利用此等丰富资源。

韩国崇实大学尹喆洪教授的报告是《〈韩国民法典〉的修改现状及其今后的课题》。作为我们的近邻并且其民法传统同样年轻的韩国，于1958年制定了自己的民法典，该民法典至今已修改16次。从2009年开始，组织了37名专家组成的委员会进行最近的修改，其内容为改造禁治产和限定禁治产制度、成年监护和限定监护制度；放宽了非营利法人的设立门槛，由许可主义改为认可主义、增设根抵押制度、缩短时效期间等。显然，韩国为适应全球化和现代化的挑战修订民法典的工作经验值得我国借鉴。

秘鲁天主教大学门德斯·张(Elvira Mendez Chang)教授以《罗马法中的所谓“一般国民待遇”》为题发言，该研究报告在全球化程度日益加深的今天具有新的意义。她探索了一般国民待遇条款的罗马法根源。作为其基础的自然理性表明，对人类而言存在最低限度的法律上的共性，这种共性超越了特定区域，且制约着统治者的意愿。该发言令我们不仅想起自然理性在今天的体现：欧洲法律统一运动。

在讨论阶段，诸位学者就中国古代是否有民法进行了深入探讨。徐国栋教授的看法是，社会契约论和市民社会与民法不可分割，二者决定了某一社会制度是否能被赋予“民法”的称呼。张晋藩教授回应道：中国古代并无民法概念，但有近代民法意义的那些规范，即户婚田土偿债之法，所以古代民法研究者借用了现代民法概念。斯奇巴尼教授精辟地将本单元的主题厘定为罗马法在不同环境的复杂文化下的作用，不同文化的共同点为我们的交流提供了基础。

第二阶段：分会场报告和讨论

第一组　债法组

主持人　李仁玉教授（北京工商大学）

　　　　里卡尔多·卡尔迪里教授（罗马第二大学）

方新军老师就诚信诉讼和事实诉讼的区分以及有名合同的出现等问题与卡尔迪里教授展开了交流。我们从卡尔迪里教授的回答中得知：诚信诉讼是先有有名合同，因合同而产生诚信义务，建立在既有合同之上；事实之诉则是裁判官基于事实给予的保护。有名合同根据司法实践慢慢积累而成，具有简化法律关系的效用，其余的便是无名合同。早期的罗马人仅重视合同的合意，拉贝奥之后方注重其实质性的对价。无论是否落入某种有名合同名下，某一交易只要具备合意和对价即应予以保护。高富平教授就民法典债编的安排和设置债法总则的必要性向尹喆洪、卡尔迪里两位教授提问，结论是虽然抽象出总则以节约成本并适应未来情况发展的目的不见得总能实现，而合意之债与法定之债也存在诸多差异，但从罗马法出发它们有本质上的共同点，所以应设置债法总则；况且，若无债总的设置，侵权中的给付就会被看成是一种报复，犹如早期罗马法中的私犯。徐国栋教授认为，合同法调整横向关系而侵权法调整的是纵向关系，后者实与刑法类同，提出了二者的纵横异质性问题。高富平教授认为，尽管二者在请求权产生上不同，但在救济的层面上依然同质。

第二组　法制史、家庭法和物权法组

主持人：王宏治教授（中国政法大学）

　　　　贝特鲁奇教授（比萨大学）

熊继宁教授的发言题为《罗马法与法生成》，他将法的演化总结为三种典型模式：空无自史模式、实有自史模式和藐史模式，对罗马法的生成和演化进行研究。王明锁教授指出研究法律离不开本国的政治理论和指导思想，我们在接受罗马法的同时亦应对其超越。付翠英教授就遗嘱自由及其限制向意大利同行求教，田士永副教授从本届会议的副标题引出罗马法对中国法的第一次影响发生于何时、后者是否亦曾反过来影响过前者的问题。斯奇巴尼教授在回答中回顾了会议名称的历史，副标题的更新意味着对“中国法”这一概念的内涵理解上的深化，这一方面有利于法系的构建，另一方面有益于从法的延续性的视角理解当下的法观念。贝特鲁奇教授回应了付老师的问题，指出古罗马的遗嘱必须考虑子女利益；即使在现代意大利法，财产的3/4必须留给妻子儿女，仅1/4属于遗嘱自由的范围内。这一公权力出于政策考量作出的强行性规定不禁再次令我们质疑民法私法说的正当性。

闭幕式：2009年10月25日 下午17:00

斯奇巴尼教授发表闭幕致辞，他指出本次会议的重点是把罗马法与中华法系的历史进程进行比较，延伸至侵权、物权、债权几方面的问题，同时首次将家庭问题纳入讨论。关于侵权责任，整个会议非常认真地围绕着侵权责任的传统及其限制以及预防措施，高度关注了侵权责任法草案。物权方面主要讨论了城市和农村的土地问题，并在所有权、他物权和房屋登记等问题上取得了不俗的成果。在债的问题上，我们可从优士丁尼《法学阶梯》中看到。那里既有总体的规定，又有罗马法各种债的特点，不仅仅包括合同，还有其他非法行为，它们由义务及其违反衔接起来。简言之，就是威胁动用债务人资产偿还其债务，这种义务是罗马法的中心问题。斯奇巴尼教授最后特别感谢所有到会学者和主办方，并对今后的罗马法研究寄予厚望。谢飒大使向中国政法大学和参与此次会议的教授们致谢，也感谢斯奇巴尼教授和他率领的专业素养极高的意大利代表团。具有法学教育背景的谢飒大使认为：罗马法奠定了西方大陆法系国家的民法基础，亦曾试图成为国际法，一如当年的万民法，并在当今欧洲的许多国家中得到了延续。中国学者对于罗马法的研究加深了不同国家的人们对不同文化的理解。他还高度评价了中国的国内立法，特别是知识产权保护法，最后祝愿在即将来临的中意建交40周年的2010年中意两国法律界的合作愈加深化。至此，大会顺利闭幕。

超世法学的出世与入世

——评汪琴的《基督教与罗马私法》

尹春海

汪琴副教授的《基督教与罗马私法》是在其博士论文基础上完善而成的，也是国内首篇专攻罗马法的博士论文。[①] 该书不仅具有罗马法专业的开创意义，甚至也在问题意识上先知先觉，自觉地运用了比较文化学、宗教史学的方法，为罗马法的研究方法提供了基于原始文献却又不囿于之的研究视角。笔者在此专论本书的方法论，也是想借此阐明笔者对身为小众法学科领域的罗马法研究方法的一点管见。

作为大陆法系的我国私法学容易从其源头导入法制度的沿革，这就通常不得不上溯到罗马法。而民法论著往往受制于其专业领域，对于罗马法的启示仅仅是只言片语，不言分期(不同分期下罗马法学对同一问题的优势意见都有不同)，同时在不求证原始文献的基础上往往将罗马法的类似内容“现代化”。这其中既有想当然的成分，更有依赖二手资料，以讹传讹的弊端。甚至西方法学史基础知识的阙如让有关论作令人啼笑皆非。但本书与此不同，不仅因为本书专考罗马私法中的人法，更因为作者具备的历史主义观的问题意识，广博的历史、宗教知识，这都加重了本书的历史深度。

就本书各种特色，暨作论罗马法研究方法的心得，试做纲罗如下：

第一，采用了历史主义的研究态度。尽管真正的罗马法研究必须依靠原始文献的佐证，然而徒有原始文献仍然无法把握法发达的历史脉络，也就无法发现隐含在法规则、法学说之后的史的合理性。如同本书第一章综述部分所言，依据相同原始素材可能得出大相径庭的推论。就像现代司法界突出的“同案不同判”问题一样，尽管规则是不变的，受推理(裁判)主体的前见、其社会生活背景、待决事项的个体利益衡量诸要素影响，得出结论有着云泥之差。但

① 徐国栋序，第2～3页。

是，同司法界这一紧要务实问题不同，法科学的研究并无这样突出的社会需求与期待。依据同一文献做出的不同结论反而被赋予了自圆其说的正当性。法史学无论是作为历史学的一分支还是法学的一血脉，作为社会科学的一种，依然应受到“科学性”的系统检讨。而这种检讨应是在获得主体间性认同基础上进行的。基于此，罗马法的研究应本着两步规则的进路展开：首先是祛除前见过程，也就是对原始文献的再构成。Esegesi 方法正是应对各种 interpolatio 的还原法。通过 esegesi，我们可以保持对罗马法不同发达阶段的法规则构成的清醒认知。其次是需要将法构造还原到其当时代的语境下，进行历史主义的再构成。这样才能减少单就原始文本进行智力游戏，以臆断方式得出论断的可能性。也因此，罗马法学的研究才获得了从历史必然性角度看的当代意义。

从本书内容来看，多处体现作者这一用心。在此仅向读者举出一例。本书第四章第一节中研究了罗马法对堕胎态度的变化（第 201 页以下）。堕胎问题从夫妻（特别是妻子一方）来看，由于其享有生育权，因此也就有着不生育的自由。而若从胎儿观之，如果其享有生命权，那么其享有生命不被剥夺的权利。同样作为两个重要的身体权之间进行利益衡量，从经验主义角度来想，应该是生命权占有更为重要的地位。那么胎儿在法律上的地位究竟如何，就成为二者衡量的核心前提要件。但是，如果仅仅研究胎儿是否享有法律人格的法律政策，那么就不具有训诂以外的其他意义。作者在考察了历史上的少子化问题和解决方案后，指出了堕胎定罪的深刻历史规定性，而这也是胎儿保护与基督教伦理相遇的契机。对于尚在实行计划生育国策的今日中国来说，它也提供了堕胎（包括先天病患儿）非罪之合法性的历史前见。

第二，倚重原始文献的分析，言必有据。本书不仅几乎页页具有出注，事事俱有所典，而且大量引用斯奇巴尼教授主持翻译的《民法大全》；同时借助互联网，作者还检阅了大量英译本的罗马诸法典（如《狄奥多西法典》，优士丁尼《法典》等等），这表明作者严谨认真的治学态度和求真精神。我国西方法史学（包括民法论著的法史探究部分）作品多基于现代法学者的法史研究成果，这样尽管省去归纳整理的麻烦，但其很大的弊端在于研究不可避免地带有很强的价值先见，也很依二手材料操作者的态度来决定论述的走向。但是，本文作者在对待具体私法制度时，大量检阅原始文献，使得资料的准确性一方面得以确保，另一方面也避免了很多先入为主的结论。

第三，注重对西方前沿法学领域的关注，有法、意、西、英各国语文研究材料的剖析及整理。这当然同作者在外国语学习上付出的很大努力相关。外国语能力对于科学研究来说是掌握该学科前沿问题的金钥匙。但是,学习起来却往往花费数倍于同龄人的时间,在同龄人借助国语文献迅速网罗资料并开始学术产出时,可能对重视外语的研修者需要更大的定力考验。用日本罗马法学家粟生武夫博士的话来说,法史研究"劳多功少"。幸运的是,作者的辛勤耕耘满足了她完成这样一份充满历史分量感作品的需求。我们在文中看到了作者选用了很多切题的英文、意大利文文献,为我们提供了很多学人无法看到的视角,而且这种视角往往产生在孕育该文化的罗马法世界中。对外文文献的选用,汪琴也很注重作者及作品的权威性。如英国著名法史学家巴克兰(W. W. Buckland)、美国罗马法学者沃森(A. Watson)、意大利著名罗马法专家阿尔贝尔塔流(E. Albertario)、塔拉曼卡(M. Talamanca)、阿兰乔·路易兹(V. Arangio-Ruiz)的作品被反复引用和比较分析,这说明了作者的外语功力和精译精研的研究态度。这在研究速度加快、与"质"相比更注重"量"的产出的现代法学研究来说,是十分难能可贵的。

第四,对掌握的文献具有综合分析、纵深把握的能力,超越一般法学文献在比较法研究中的"国别类"整理。我们看到,现今多数法学文献对既存成果的整理分析采用国别类的比较法研究。这固然是一种比较省力的方法,然而对于法学史来说,却是一种不系统的方法。须知的一点是,西方法学史,特别是包含欧陆法学流变的罗马法学,有时很难用国别类加以区分。虽然地区间法规则差与法学认识差同样存在,但历时性差多于共时性差。因此,学说类的整理更加能体现罗马法学的研究特色。这对作者分析、归纳、翻译、整理文献的能力提出了更高的要求。如果看到本书导论对综述部门的出色归纳,就可以看出作者采"学说别"分类带来的清晰脉线,对于了解本书问题域指向的内容具有超越一般综述及专论的参考价值。

第五,参考文献种类丰富,不限于法学,政治史、宗教史和比较文化人类学的文献也参酌良多。法史学者不仅要熟知法的基本概念,更应注重历史学、社会学、文化学、经济学方面的修养。举例来说,本书对前基督教时代到基督教时代准婚生法律子女法律地位变化的原因分析,充满历史的、社会学的背景分析(第233~239页)。这种历史主义的见地比比皆是。因为罗马法研究不同于现代实证法学的主流的分析技术(即概念、演绎、衡平等),单纯的概念论对分析论题并无多大意义。只有把相关法制度、学说放入特定历史状态、装入特定文化社会背景,才能发现它的历史规定性。本书在完成过程中参阅了大量哲学史、基督教史、文化人类学和社会学方面的论著,为我们讲述了"法后之法"的诸成立要素。这一点正是我们应当从读史中发掘而援用到现代法实践中的方法和态度。

以上是对该书主要特色的一简略考察。读者自会在阅读中体味自己独特的感受，找到各自所需的罗马人法领域中殷实的素材。我想即使无意从中寻找罗马法学的法技术成果，希望从历史中寻求法的现代化理想的学者，也依然可以从作者所采用的研究方法中找到思寻的灵感。